미륵불佛과
재림再臨예수 1

Maitreya Buddha, Second-coming Jesus

미륵불佛과 재림再臨예수 Ⅰ
Maitreya Buddha, Second-coming Jesus

2010년 02월 20일 초판 1쇄 인쇄
2010년 02월 25일 초판 1쇄 발행

지은이 彌照 金重泰
펴낸곳 華山文化
펴낸이 許萬逸

등록번호 2-1880호(1994년 12월 18일)
전화 02-736-7411~2
팩스 02-736-7413
주소 서울시 종로구 통인동 6, 효자상가 A 201호
e-mail huhmanil@empal.com

ISBN 89-978-93910-03-2
　　　 89-978-93910-02-5(전 2권)
ⓒ 김중태, 2010

미륵불佛과
재림再臨예수 Ⅰ

Maitreya Buddha, Second-coming Jesus

彌照 金重泰 지음

화산문화

책머리에

옛부터 우리 땅에는 삼신 신앙이 있었다. 미륵님이 오신다는 미륵 신앙도 있었다. 우리들은 할머니로부터 삼신과 미륵에 대한 이야기를 무수히 들어 왔다. 집안에 크고 작은 일이 있을 때마다 우리네 할머니들은 뒷 장독대에 정화수를 떠놓고 밤새 칠성님께 두 손 모아 빌었다. 이 소박한 그러나 더없이 정성을 다해 올린 기도는 하늘과 땅에 닿았다.

몇 해 전 정부의 어느 기관 공직자들이 자신들과 소속되었던 조직을 "영혼 없는……" 표현하여 많은 국민들로부터 빈축을 산 일이 생각난다.

彌照 金重泰 선생은 "'영혼', '영'이 무엇인지, 이 '영'은 어떻게 우리 인간에게 들어와 있는지, 또 어떻게 본래로 돌아가는지?" 이 책에서 형이상학의 유일한 주제인 '영혼' 문제를 우리들에게 잘 설명해주고 있다.

또 유교의 영향과 일제 식민시대에 잘못 알려진 단군 이래 우리 조상들의 훌륭한 유풍과 사상을 저자는 동서양 철학에 대한 깊은 사유와 연구를 통해 이를 바로 잡아주고 있다.

앞으로 닥쳐올 우리 민족과 인류의 미래에 대해서도 많은 성직자와 종교학자, 세계의 석학들이 논란을 펴고 있습니다만 10년 전 저자가 쓴 『원효결서(元曉訣書)』의 재물일도(宰物一道)에서 세계 사상과 종교의 통일을 밝혔듯이 미륵불(佛)의 출세(出世)와 재림(再臨) 예수의 강림(降臨) 문제를 명쾌히 밝혀주고 있다.

저자인 彌照 金重泰선생께서 『원효결서』 이후 이 책을 집필하게 된 경위와 그 뜻을 이 책 2권 말미에 '후기(後記)'로 붙여 놓았기에 부득이 책머리에 이 책을 펴낸이로서 대신 몇 자 적었음을 양해구하는 바입니다.

2009년 12월말

許萬逸 識

〈제1권〉

차례

제1장 동서양 사상의 회통(會通)

1. 설산십육자(雪山十六字), 선팔자 후팔자의 의미   12
2. 잘못 알고 있는 유교와 도교   21
3. 성경에 대한 회의   27
4. 『탈무드 임마뉴엘』(Talmud Immanuel)   30
5. 한국 철학과 종교에 나타난 윤회(輪廻)와 열반(涅槃)사상   41

제2장 태양앙명인중천지일(太陽昻明人中天地一)

1. 천부인(天符印) 3개   65
2. 한웅천왕의 태양중심설과 계해력(癸亥曆)   69
3. 천도의 순리를 거역한 요(堯)임금의 갑자력(甲子曆)   76
4. 갑자력의 역사적 의미   83
5. 태양앙명인중천지일도가 지리에 미친 영향   104
6. 태양앙명인중천지일도와 가림토(加臨土) 문자   114
7. 「훈민정음 제자해(制字解)」의 비과학성   115
8. 국문정음과 훈민정음을 관통하는 철학의 공통성   122
9. 세종(世宗)과 『징심록』(徵心錄)   124
10. 태양앙명인중천지일도의 과학성과 세계성   129
11. 「훈민정음 제자해」는 세종의 작품이 아니다   134

제3장 한자의 기호해석학

1. 천(天) 150
2. 지(地) 153
3. 왕(王) 156
4. 무(巫) 166
5. 선(禪) 175
6. 령(靈)자의 잘못 191
7. 령(囯)자와 그 이칭(異稱) 194
8. 신(神)자와 榲자 249
9. 여(呂) 251
10. 丵 258

제4장 한검(桓儉)단군과 가륵(嘉勒)단군의 즉위조서(即位詔書)

- 1세 단군왕검 즉위조서(B.C. 2333년 戊辰 10월 3일)와
  3세 가륵단군 즉위조서(B.C. 2176년 乙巳 9월) 261
1. 천심(天心), 도심(道心)과 일심(一心) 267
2. 충(忠)이란 무엇인가 289
3. 경천(擎天)의 올바른 이해 303
4. 효친(孝親) 305
5. 사인여천(事人如天) 343
6. 극애물(克愛物) 349
7. 성기(成己) 362
8. 자유(自由) 363
9. 개물평등(開物平等) 383

〈제2권〉

차례

제4장 한검(桓儉)단군과 가륵(嘉勒)단군의 즉위조서(卽位詔書)

  10. 천하자임당존(天下自任當尊)   9

제5장 홍범구주(洪範九疇)

- 홍범구주의 유래   47
1. 오행(五行)   54
2. 오사(五事)   63
3. 팔정(八政)   67
4. 오기(五紀)   92
5. 건용황극(建用皇極)   96
6. 삼덕(三德)   96
7. 명용계의(明用稽疑)   104
8. 서징(庶徵)   111
9. 오복(五福)과 육극(六極)   126

제6장 여호와와 예수

1. 그리스도교와 로마제국   135
2. 예수교가 아닌 바울교   146
3. 윤회(輪廻)와 환생(還生)과 부활(復活)   153
4. 성령(聖靈)   160

5. 원죄와 구원과 교회의 문제 · 163
6. 신앙(信仰)의 문제 · 178
7. 노예 도덕의 문제 · 181
8. 변형(變形)과 기적(奇蹟)의 문제 · · · · · · · · · · · · · · · · · · 183
9. 여호와는 신인가, 악마인가 · 197

제7장 석가모니와 원효

1. 불교철학의 딜레마 · 217
2. 일관도(一貫道)와 궁장조사(弓長祖師) · · · · · · · · · · · · 240
3. 미륵불(佛)의 출세(出世) · 245
4. 투화지근(偸花之根) · 262
5. 신라 불교와 여타 불교 · 267
6. 원효(元曉) 사교(四教) · 306

제8장 一과 O의 비밀

1. 하느님 그 불완전의 운명 · 329
2. 하나님의 잠 · 335

제9장 재물일도(宰物一道)

1. 예수의 예언 · 353
2. 에너지의 위기와 석유전쟁 · 359
3. 창조주의 생명법칙과 청산되어야 할 사이비 진리들 · · · 372
4. 미륵불(佛)과 재림(再臨) 예수 · · · · · · · · · · · · · · · · · · · 388

■ 후기(後記) · 398

제 1장

동서양 사상의 회통(會通)

　인간의 근본문제는 삶과 죽음을 향한 끝없는 질문이다. 삶과 죽음은 무엇인가? 삶과 죽음 사이에는 어떤 연속성이 존재하는가? 아니면 아무런 상관이 없는 비연속성인가?
　현대 의학은 심장이 정지한 상태, 호흡이 정지한 상태, 장기간 의식을 회복하지 못한 뇌사상태를 모두 죽음으로 규정한다. 이 세계에 살고 있는 대부분의 사람들은 인생을 일생일사(一生一死), 즉 삶도 한번 죽음도 한번 뿐이라 여기고 있으며 이를 진실로 받아들이고 있다. 그렇다면 죽은 후 인간존재의 운명은 어떻게 되는가? 불교나 기독교에서는 사람이 살아 있을 때 선행을 하면 죽어서 천당이나 극락세계로 왕생하고 악행을 하면 지옥에 떨어진다고 사후세계를 말하고 있지만 이러한 논리는 살아 있는 사람에게 악행을 저지르지 말라는 경고와 함께 죽은자의 영혼을 달래기 위한 덕담으로 받아들여질뿐 천당지옥설을 피할 수 없는 진리로 생각하는 사람의 수는 점차 줄어들고 있다.
　과학의 발달과 기술의 진보가 전통적 종교 교리를 실체 없는 허황한 공론 내지 미신으로 격하시키고 있기 때문이다. 그렇다면 현대 과학은 인간의 근본 문제인 삶과 죽음, 그리고 삶과 연결된 행복이란 과연 무엇인가라는 질문에 어떤 해답의 실마리라도 제공하였는가? 현대 과학은 삶과 죽음의 문제를 의도적으로 회피하고 있다. 현대 과학의 주 관심사는 물질의 풍요, 물질의 획득과 재산에 대한 열광 및 경제적 부가가치에 대한 광신, 과학기술을 새로운 신으로 숭상하는 물신주의(物神主義)의 확산 등에 있으며 인간의 영혼문제, 소외의 문제, 지구공동체 내부에 있어 선악의 문제, 정의와 부정의 문제, 부의 균등한 분배 문제, 환경오염 문제 등 근본적 문제는 애써 외면하고 있다. 현대 과학기술 자체는 보법(普法)이 아닌 유행법(流行法)이다.

예컨대 마르크스의 유물변증법은 한때 반짝하다 사라지고 마는 유행법이다. 왜냐하면 그것은 그릇된 가정 위에서 진리의 가면을 덮어쓴 사이비 논리이기에 생명력이 길지 못한 것이다. 한편 시간과 공간에 제한 당하지 않고 우주의 어느 공간 어느 시간에서도 통하는 불멸의 진리가 보법이다. 우주의 유일한 보법은 별들과 신들과 인간을 포함한 우주 만유(萬有)에 편만(遍滿)한 생명과 영혼의 법칙성에 관한 문제이다. 생명이 태어나 활동하다가 그 운동을 정지한 상태는 생물학적 관점에서 본 죽음의 의미이다. 생물학적 의미의 죽음은 시간의 비가역성(非可逆性)을 말해준다. 죽은 자는 다시 살아날 수 없고 흘러간 물은 되돌아올 수 없으며 현재가 과거로 복귀할 수 없는 이치는 분명 시간의 비가역성이다. 반대로 죽은 자가 부활하고 흘러간 물이 되돌아올 수 있다면 이것은 시간의 가역성(可逆性)을 인정하는 것이 된다. 만약, 시간을 끝없는 직선개념으로 파악한다면 시간은 분명코 비가역적이지만 시간을 순환하는 원(圓)운동으로 볼 때 시간의 가역성은 가능하다. 이러한 의미에서 모든 종교는 시간의 가역성을 전제로 성립된 사상과 신앙의 다양한 표현일 뿐이다. 죽었던 육신에 거주하던 영혼이 윤회의 사이클을 통하여 새로운 육신을 받아 현재의 시간 속으로 체현(體顯)된다는 사상이 불교의 가르침이다. 불교의 전신인 바라문교와 바라문교의 후신인 힌두교도 윤회전생(輪廻轉生)을 기본교리로 하고 있으며 지나 땅에서 꽃을 피운 유교와 도교 역시 이와 같다.

대부분의 사람들은 유교와 도교에 무슨 윤회사상이 있느냐 의아해 할 것이다. 나아가 유교의 창시자는 공자이고 도교의 창시자는 노자이며 이들은 지나인임으로 유교와 도교의 기원은 지나가 아니냐고 반문할 것이다. 그러나 유교의 가장 오래된 경전인 홍범구주(洪範九疇)는 은나라 망명군주인 기자(箕子)의 가르침이 아닌 모든 인간을 홍익인간으로 만들기 위한 한검단군(桓儉檀君)의 가르침으로 태자 부루(扶婁: 2세 부루단군)를 통해 하(夏)나라 우(禹)왕에게 전수되었으며 유교 최고의 형이상학서인 『중용』(中庸)과 유교 윤리인 오륜(五倫)은 3세 가륵(嘉勒) 단군의 즉위조서(卽位詔書)내용을 그대로 옮겨 적은 것이다.

한검단검과 가륵단군의 즉위조서에서는 유교의 기본 종지(宗旨)인 경천(擎天), 충(忠), 효(孝), 다섯 가지 인륜(五倫), 천심(天心), 도심(道心) 윤집궐중(允執厥中) 등의 용어가 차례로 등장하므로 유교 사상의 근원은 단군보다 훨씬 후대 사람인 이윤(伊尹)이나 공자에서 찾을 것이 아니라 두 분 단군의 즉위조서에서 찾아야 마땅하다(제4장 한검단군과 가륵단군의 즉위조서 참조).

선(仙)으로 집약되는 노자의 도가(道家) 사상도 3900년 전11세 도해단군(道奚檀君) 때 창설된 국자랑(國子郞)들의 국선도(國禮道)에서 그 원류를 찾을 수 있으며 이는 한웅시대부터 전승되어온 신시의 유풍이다.

동양의 대표적 종교, 대표적 사유 철학 체계가 불교라면 서양을 대표하는 종교 및 그 사유 철학 체계는 기독교이다. 인류의 정신문화에 가장 광범위하고도 심오한 영향을 미친 두 인물이 누구냐고 묻는다면 누구나 석가모니와 예수를 지칭할 것이다. 하지만 인류는 아주 오랜 기간 동안 두 지인(至人)의 가르침이 서로 다를 뿐 아니라 심지어는 상반(相反)된 내용을 담고 있는 것으로 이해하여 왔다. 여기서 만약 예수의 진정한 가르침이 신약성서에 쓰여져 있는 내용과는 달리 석가모니의 가르침과 똑같다. 즉 예수도 석가와 마찬가지로 윤회와 열반을 가르쳤다고 말한다면 아마도 세상 사람들은 경악을 금치 못할 것이다. 석가와 예수의 가르침이 동일한 내용이라는 명제는 만약을 전제로 한 가정(假定)도 필자가 임의로 꾸며낸 가설도 상상력의 비약도 아닌 엄연한 사실이며 이 역사적 진실을 밝히려는 의도가 이 책을 쓰게 된 중요한 이유이기도 하다. 먼저 불교부터 살펴보자.

1. 설산 십육자(雪山十六字), 선 팔자와 후 팔자의 의미

도솔천(Tusita)에서의 전생담(前生談) 및 사바세계에 태어난 후 석가의 일생을 기록한 『팔상록』(八相錄), 조선 세종 때 언문으로 번역된 『석보상절』(釋譜祥節)과 『열반경』에는 다음과 같은 일화가 기록되어 있다.

석가가 전생에 도솔천에서 설산동자로 있던 시절, 설산에 있는 수풀이 우거진 시냇가의 바위 위에서 우주의 진면목을 찾아 진리를 깨우치고자 조용히 눈을 감고 명상에 잠겨 있었다.

이때, 도솔천의 천주(天主)인 옥황상제 한인하나님에게 환희라는 천사가 있어 설산동자(雪山童子)가 열심히 수도하고 있다는 말을 들었다. 이에 한인 하나님께서는 "물고기가 알은 많이 낳지만 그 가운데 물고기로 되는 수는 극히 적고 암마라 나무가 꽃은 많이 피어도 그 가운데 열매는 적을 수밖에 없는 것과 마찬가지로 중생들 중에도 진리를 깨닫고자 발심(發心)하는 사람은 많아도 성불하는 이는 지극히 적다. 진금인지 아닌지는 불에 달구어 두들겨 보면 알 것이다." 이렇게 말하고 난 제석천(帝釋天) 한인은 설산동자의 보리심(菩提心, Bodhi-citta: 진리를 구하려는 마음)이 얼마나 강한가? 결코 물러설 수 없는 마음으로 성불할 수 있는가를 시험해 보기 위해 사람을 잡아먹는 흉악한 나찰귀신의 몸으로 변하여 설산으로 갔다. 그리고는 설산동자가 고행정진하고 있는 곳에서 조금 떨어진 자리에 서서 밝은 음성으로 제행무상 시생멸법(諸行無常 是生滅法)의 8자를 읊었다. 지그시 눈을 감고 명상에 잠겨 있던 설산동자는 이 글귀를 듣고 정신이 번쩍 났다. 이 여덟 글자의 뜻이야말로 자신이 찾고 있던 진리임에 틀림없다고 마음에 계합(契合)하였기 때문이다. 이에 설산동자는 그 게송(偈頌: 진리의 말씀 보통 8글자가 한구를 이룸)을 읊은 주인공을 찾아 기쁨과 기대에 가득찬 마음으로 주위를 살펴보았으나 아무도 발견할 수 없었다. 그러나 다시 한 번 자세히 주위를 살펴보니 이빨이 툭 튀어나오고 뒤집힌 눈알을 부라리며 곧 자신을 잡아먹을 듯이 하고 있는 나찰귀신을 발견하였다.

그리하여 설산동자는 혹시 나찰귀신이 이 게송을 읊었는지 모른다고 생각하고서는 그에게로 다가가 게송의 마지막 반 구절을 말해달라고 졸라대었다. 그러자 나찰귀신은 말하기를 "그대는 나에게 더 이상 묻지 말라. 나는 하도 여러 날을 굶어 배가 고파 아무런 말도 할 수 없구나." 설산동자는 나찰귀신에게 다시 말했다. "어르신께서 만약 나머지 게송의 반을 마저 가르쳐 주신다면 저는 일생을 두고 어르신의 제자가 되어 지성으로 받들어 모시겠습니다." 이에 나찰귀신은 다시 말하기를 "나는 지금 배가 너무 고파서 아무 말도 할 수 없다고 하지 않았느냐." 설산동자는 "그러시다면 제가 계곡의 시원한 물과 맛있는 열매들을 따서 어르신에게 올릴 테니 이것을 드시고 기운을 차려 저에게 진리의 마지막 부분을 말씀해 주십시오." 그러자 나찰귀신은 다시 말하였다. "내가 먹는 음식은 나무 열매나 시원한 물이 아니다. 내가 좋아하는 음식은 사람의 살과 사람의 더운 피다. 나는 전생에 극악무도한 죄업을 지었기 때문에 사람을 잡아먹어야 하는데 천상의 신들이 사람들을 수호하기 때문에 우리 같은 악신이 사람을 쉽게 잡아먹을 수 없느니라."

　이 말을 들은 설산동자는 기꺼이 말했다. "어르신께서 만약 남은 반쪽의 게송을 마저 가르쳐 주신다면 저는 기꺼이 이 몸을 어르신에게 공양하겠습니다. 설사 제가 좀더 살다가 죽는다해도 이 육신이야 무슨 별수가 있겠습니까? 필경에는 호랑이, 늑대, 여우의 밥이 되기는 마찬가지이니 저에게 진리의 법문(法門)을 일러준 어르신께 이 몸을 바치는 것이 공덕이 될 것입니다. 보잘것없는 육신의 몸을 버리어 금강같은 법신(法身, dharma-kaya: 법의 몸으로 영혼을 말함)을 구하려는 것이니 조금도 의심하지 마시고 나머지 법문을 어서 말씀해 주십시오." 이렇게 말을 마친 설산동자는 바위 위에 올라가서 나찰귀신을 향하여 몸을 던져 땅으로 추락하였다. 이에 제석천한인은 설산동자를 시험해보기 위해 일부러 나투었던 나찰귀신의 몸을 본래의 몸인 하나님의 몸으로 돌아와 설산동자가 땅으로 추락하기 직전에 두 손으로 동자의 몸을 받들어 땅에 안전하게 내려놓은 후 말하였다.

　"그대의 진심을 이제 알았노라. 내가 나찰귀신으로 변화한 것은 그대의 진리를 갈구하는 마음이 진실인지 아닌지를 시험해보기 위해서였다" 하시면서 生滅滅已 寂滅爲樂의 나머지 8자를 읊어 주었다.

　　　諸行無常 是生滅法 生滅滅已 寂滅爲樂

　이 16자를 설산 16자라 하는데 불교의 모든 경전 즉, 8만 법문은 모두 설산 16자에 내포되어 있는 진리를 설명하는 문헌이다. 설산 16자를 이해하게 되면 불교의 전부를 알았다고 해도 결코 지나친 말이 아니다. 설산 16자 중 후반 8자인 生滅滅已 寂滅爲樂은 설산동자가 나찰귀신에게 사신(捨身: 자신의 몸을 호랑이나 흡혈귀 등에게 먹이로 바치는 것 즉, 몸 보시를 말함. 심청이가 바다에 몸을 던져 용왕에게 자신의 몸을 공물(貢物)로 바친 것이 좋은 예)을 약속한 후 하나님으로부터 받은 8글자이므로 이를 후팔자(後八字)라 하고 諸行無常 是生滅法의 8자는 사신 약속 이전에 받았음으로 이를 선팔자(先八字)라 한다.

"諸行無常 是生滅法 生滅滅已 寂滅爲樂"의 설산 16자를 동국대학교 역경원에서 발간한 『대반열반경』(大般涅槃經) 한글대장경 번역본은 "모든 행(行)은 무상하니 그것은 생하고 멸하는 법이다. 생하고 멸하는 일이 모두 멸하고 나면 그 적멸함이야말로 즐거움이네"로 번역하였다. 이런 류의 번역은 한문 글자의 뜻을 단순히 옮겨 적은 것으로 무슨 뜻인지 이해할 수 없다.

이보다 나은 해석으로 불교학자 이종익 교수가 편역한 보련각 간행 『팔상록』에는 설산 16자를 "현상계의 모든 것은 다 무상하고 허망하여 있다가 없다가 나고 죽고 하는 생사의 세계이거니 나고 죽는 법 다 없어지고 나면 고요하고 그윽한 그곳에 즐거움 뿐이리"로 번역하였으나 그 뜻이 명확하게 드러나지는 않았다.

諸行無常을 "모든 行은 無常하고 허망하다"로 번역하면 인간의 모든 행위는 모두 부질없고 덧없다, 허무하다로 받아들여지게 된다. 바로 이러한 해석이 당(唐)의 한퇴지(韓退之)나 남송(南宋)의 주희(朱熹) 같은 유가철학의 신봉자들에게 불교를 허무적멸주의로 매도할 수 있는 논리적 근거를 제공한 것이다. 불교는 인간의 일생도 허무, 성년이 되어 짝을 이루는 결혼도 허무, 처자식과 더불어 단란하게 사는 가정도 허무, 집단적 인간의 구성체인 사회나 국가도 허무, 군신(君臣) 간의 의리와 부모와 자식 간의 인륜도 부정하고 현세(現世)를 고해(苦海)로 부정하면서 오직 내세(來世)의 행복만을 추구하는 현실도피적 허무적멸주의로 비난받고 매도당하는 결과를 낳게 되었다.

그런데 진실을 말하자면 諸行無常은 허무주의와 전혀 관계가 없다. 한인하나님이 무슨 할 일이 없어 설산동자에게 허무주의를 가르치겠는가? 불교에 대한 오해는 諸行의 '行'의 의미가 정확히 무엇을 뜻하는지 모르는 데서 나온 것이다. '行'은 갈 행이다. 보행(步行), 행선지(行先地) 할 때의 '行'은 어떤 공간에서 다른 공간으로 간다, 옮겨간다는 뜻이며, 도덕적 의미에서 '行'은 실천을 뜻하는 것으로 선(善)을 실천함을 선행(善行), 악의 실천을 악행(惡行)이라 한다. 뿐만 아니라 '行'의 물리학적 개념은 운동이고 생물학적 개념은 활동이라 부르는데 우주에 거주하는 모든 존재(Being)는 운동하고 활동한다. 지구는 태양으로부터 빛과 열을 받기 위해 태양의 주위를 공전하고 북두칠성이 북극성을 정기적으로 선회하듯이 우주의 모든 별들은 운동하며 운동을 그친 별들은 이미 죽은 별이다. 또한 지구에 서식하는 모든 생물은 그 생명을 보존하고 유지하기 위해 운동하고 활동하며 한 위치에 고정되어 있는 식물도 수분을 섭취하고 햇빛을 받아 광합성 운동을 한다. 無常은 항상 있지 않다. 항상 존재하지 않는다. 즉 영원하지 않다는 뜻이다. 한국인들이 자주 사용하는 인생무상(人生無常), 권력무상(權力無常)은 사람의 육체는 영원히 살 수 없다, 권력은 영원하지 않다는 뜻이다.

다음 구절 是生滅法은 나고 죽고, 죽고 나고를 거듭 반복하는 윤회법을 말한 것이다. 어떤 생(生)이든 한 번 살다가 한 번 죽으면 그것으로 끝나는 것이 아니라 죽었던 생(生)이 다른 육신의 옷을 갈아입고 환생(還生)하고, 환생한 존재는 얼마동안 살다가 죽고 이런 방식으로 생과 사를 끊임없이 반복하는 윤회법이 是生滅法이다. 고로 諸行無常 是生滅法의 선팔자는 "우주 시공연속체에 존재하는 별들과 인간들과 동식물들을 망라한 모든 생명의 물리적 신체(Physical body)는 영원히 살 수 없기 때문에 나서 죽고, 죽고 나기를 거듭하는 윤회법으로부터 벗어날 수 없다."라는 뜻이다.

生滅滅已를 직역하자면 이종익 교수의 번역처럼 "나고 죽는 법이 다 없어진다"는 뜻이 된다. 하지만 이런 내용의 번역으로는 불충분하다. 왜냐하면 '나고 죽는 법이 다 없어진다'고 하면 대부분의 사람들은 이 뜻을 생물의 멸종 내지 지구의 멸망으로 받아들이기 때문이다.

1966년 경남 거창에서 최후의 늑대가 사살됨으로써 늑대는 한반도에서 멸종되고 말았다. 늑대 종자가 멸종되었는데 새로운 늑대 새끼가 태어날 리 없고 늑대가 없는데 늑대가 죽을 리 없다. 또 만약 핵전쟁이라도 일어나 인류가 전멸한다고 가정하면 새로 태어날 사람도 없고 죽은 시체가 또 다시 죽는 법도 없다. 이것이 '나고 죽는 법이 다 없어졌다'는 뜻 아닌가? 따라서 生滅滅已는 나고 죽고 죽고 나고를 거듭 반복하는 윤회를 그쳤다. 더 이상 육도(六道) 윤회를 하지 않는다는 뜻이다.

윤회를 그쳤다는 것은 다시는 육신을 가진 존재로 태어나지 않는다는 것을 의미한다. 실제로 석가의 전생인 설산동자는 한 번 생애, 단 한 번만 육신을 가진 인간으로 윤회한 일생보처보살(一生補處菩薩, Ika Jati-pratibaddha bodhisattva)이며 석가는 싯달타를 최후의 육신으로 하여 다시는 육신을 가진 존재로 태어나지 않는, 육신을 영원히 멸(滅)한 윤회를 그친 부처가 되었다. 사람은 육신과 영혼으로 이루어져 있으며 육신으로부터 영혼의 분리가 곧 죽음이다. 그렇다면 죽은 육신은 썩어 흙으로 돌아갔는데 망자(亡者)의 영혼은 어디로 되돌아가는가?

사람이 죽었을 때 한국인들은 "죽었습니다" 하지 않고 "돌아가셨습니다"라는 표현을 사용한다. 도대체 어디로 돌아갔다는 말인가? 영혼이 본래 왔던 곳, 영혼의 본향(本鄕)인 한인하나님의 영(田)으로 되돌아갔다는 뜻이다. 이를 한문으로 歸天, 불교식 표현으로 涅槃이라 한다(田자에 대해서는 제3장 한자의 기호해석학에서 상세히 설명하였으니 참조바랍니다).

신라 10성(聖) 중 한 분이신 표훈대사(表訓大師)께서 지은 『표훈천사』(表訓天詞)에 이르기를

세상에 머무는 것을 삶(生)이라 하고 하나님으로 되돌아감을 죽음이라 한다
죽음은 영구한 생명의 근본이다. 그러므로 죽음이 있으면 반드시 삶이 있다
住世爲生 歸天爲死 死也者永久生命之根本 故 有死必有生

하였다. 사람이 죽게 되면 영혼이 육신으로부터 해방되어 49일 만에 하나님의 영혼으로 자기복귀를 하게 되는 것을 일러 열반이라 한다.

일단 하나님의 영(田)인 천령(天田)에서 분기되어 나갔던 사람의 영혼이 육신을 버리고 천령에 복귀했을 때 석가모니의 영혼같이 완전한 깨달음을 얻은 영혼은 더 이상 윤회하지 않고 천령과 합일되어 영원한 낙을 누리게 되는데 이것이 완전한 열반인 구경열반(究竟涅槃, 파리니르바나, Parinirvana)이며 설산 16자 중 후팔자의 부분이다. "출생과 사망을 거듭하는 윤회를 그치고 나면 제석천한인의 천령에 합일되어 영원한 즐거움을 누리리라"는 뜻이 生滅滅已 寂滅爲樂의 올바른 해석이다.

寂滅爲樂의 마지막 글자 樂은 고제(苦諦)에 대한 대비(對比)이다. 육신은 고집멸도(苦集滅道)의 4성제(四聖諦) 중 고제에 속한다. 육신이 있음으로 인하여 춥고 덥고 배고프고 목마르고 병들어 아프고 괴롭다. 때문에 고제를 영원히 여읜 영계에는 괴로움은 없고 오직 즐거움만이 있을 뿐이다. 한편 완전히 깨닫지 못한 영혼은 완전한 깨달음을 얻어 육신을 영원히 소멸시킬 때까지 계속 태어남과 죽음을 반복하는 것이 윤회다.

나의 전생은 유관순이고, 유관순의 전생은 잔 다르크, 잔 다르크의 전생은 측천무후, 측천무후의 전생은 클레오파트라, 클레오파트라의 전생은…… 100만 개의 이름 모를 육신들이다. 하나의 영혼이 100만 4개의 육신을 윤회하여 현재 나의 육신 속에 거주하고 있다. 이럴 경우 영혼의 입장에서 보아 '나'라고 할 수 있는 육신이 100만 5개나 되어 어느 육신을 '나'라고 해야 할 지 구분할 수 없게 된다. 따라서 100만 5개의 각각 다른 육신은 모두 일시적인 나일 뿐 진짜 내가 아니다. 이것이 불교의 空 사상에서 말하는 假有 = 我空 = 無我의 논리다.

假有: 나의 육신은 일시적으로 존재하는 것일 뿐 영원한 '나'가 아니다
我空: '나'라고 할 수 있는 육신이 100만 5개나 되므로 '나'라고 부를 수 있는 실체는 없다.
無我: '나'란 없다. 왜냐하면 일시적으로 '나'라고 불렀던 100만 5개의 다른 육신을 영구적인 '나'라고 할 수 없기 때문이다. 그렇다면 진짜 나 (眞我)는 누구인가? 100만 4개의 다른 육신을 장구한 세월에 걸쳐 윤회하여 현재의 나 즉, 임시적 나 속에 거주하고 있는 하나님의 영혼 그것이 진짜 나이다.

고대 그리스의 엘레아 학파에 속한 제논의 역설(Zenon's Paradox) 가운데 "날아가는 화살은 날아가지 않는다"는 유명한 파라독스가 있다. 날아가고 있는 화살은 각 순간에 화살의 크기와 같은 공간을 차지하고 있으며 이것을 정지라 부르기에 각 순간의 화살은 정지해 있다. 때문에 모든 운동은 정지 상태의 총화(總和)라는 논리다. 이 논리를 적용시켜 만약 날아가는 화살의 공간적 거리가 무한이라고 가정한다면 날아가는 데 걸리는 시간도 무한이 된다. 따라서 무한한 공간의 총화는 무한한 시간의 총화이고, 무한한 시간의 총화는 무한한 정지 상태의 총화이며, 무한한 정지상태의 총화는 무한한 고요함의 총화로서 처음도 끝도 없는 영원

(永遠), 영겁(永劫)이다.

그러므로 寂靜涅槃이나 寂滅爲樂은 처음도 없고 끝도 없고 과거, 현제, 미래의 구분도 없는 영원한 시간, 영원한 고요함 속으로의 자기 복귀인 것이다. 노벨 문학상 작가 헤르만 헤세는 그의 소설 『싯달타』에서 "싯달타 태자는 자기 본성의 깊은 곳으로부터 불멸의 아트만(Atman: 하나님의 영혼으로부터 이전된 자기 영혼)을 발견하고 아트만은 우주와 합일된 브라만(Braman: 우주 창조자의 영혼)의 일부임을 깨달았다"고 썼다. 아트만이 브라만의 일부임을 깨달은 싯다르타는 옴(Om)을 활(弓), 영혼은 활을 떠난 화살(弓矢), 브라만은 기필코 맞추어야 할 과녁으로 설정하였다. '옴'이 무엇인가? 불교 이전의 바라문 교에서는 옴(Om)이라 불렀으나 불교 이후 힌두교에서는 Om을 Aum이라 부른다. Aum에 있어

A = 창조의 신인 브라흐마
U = 현상 유지의 신인 비슈누
M = 파괴의 신 시바로 Aum(아움)은 윤회와 열반을 뜻한다.

바라문교 최고의 신인 브라만은 인드라(Indra) 신으로 제석천한인을 말하며 힌두교에서 말하는 창조의 신 브라흐마도 인드라 신과 똑같은 사크로디벤드바(Sakrodevendva)인 제석천한인을 말한다. 브라흐마 신은 무엇을 창조하셨나? 사람과 만물에 내재하는 영혼을 창조하였다. 비슈뉴 신은 무엇을 유지하는가? 인드라 신으로부터 부여받은 영혼이 깃들어 있는 육신을 일정기간 유지하려고 한다. 시바 신은 무엇을 파괴하는가? 늙고 병들어 살만큼 산 인간의 육신을 파괴한다. Aum은 육신은 비록 늙고 병들어 죽음의 운명을 맞이하지만 브라흐마 신의 일부인 영생불멸의 아트만은 자신의 본향인 브라만으로 귀환하여 하나로 합일되는 이치를 나타낸 열반의 다른 이름이다. 이렇게 볼 때 바라문교, 불교, 힌두교는 명칭만 다를 뿐 똑같은 윤회, 열반 사상을 기초로 성립된 종교임을 알 수 있다.

2. 잘못 알고 있는 도교와 유교

『도덕경』16장에 말하기를

무릇 만물은 한때 무성하지만 마침내 각각 그 근본으로 돌아간다. 근본으로 돌아가는 것을 고요함(靜)이라 하고 이것을 명(命)에 돌아간다고 한다. 명에 돌아가는 것을 常이라 하고 常을 아는 것을 明이라 한다.
夫物芸芸 各歸其根, 歸根曰靜, 是謂復命, 復命曰常, 知常曰明

위의 문장을 상세하게 분석 해석해보자.

만물이 한때 무성하지만 마침내 그 근본으로 돌아간다(夫物芸芸 各歸其根)는 생자필멸(生者必滅)의 법칙 즉, 육신이 죽는 것을 말하고 근본으로 돌아감은 육신은 죽되 불멸의 영혼은 본래 왔던 곳으로 되돌아간다는 뜻이다. 근본으로 돌아감을 靜이라 함은 앞서 설명한 바와 같이 만물의 영혼이 천령(天靈)으로 적정열반(寂靜涅槃)함을 뜻한다.

근본으로 돌아감을 靜이라 하고 이것을 命에 돌아간다고 한다(歸根曰靜 是謂復命) 할 때의 命은 무엇인가? 命은 하나님의 영인 천령(天靈)을 말한다. 수명(壽命)이라는 단어에 있어 壽는 목숨수이나 여기서 목숨은 육신의 목숨이다.

命 역시 목숨명자이나 육신이 아닌 영혼의 목숨이며 영혼은 영생불멸이며 장생불사(長生不死)이다. 壽는 육신, 命은 영혼을 뜻하기에 사람이 오래 사는 것을 장수(長壽)한다고 표현하지, 장명(長命)한다고 하지 않는다.

우리가 일상생활에서 자주 사용하는 생명이란 단어도 수명과 마찬가지의 뜻을 가지고 있다. 살아 있는 육신을 生, 기능이 정지된 육신을 死라

하며 命은 지수화풍(地水火風)의 물질 화합으로 이루어진 육신과는 달리 불멸의 영혼이므로 나지도 않고 죽지도 않는 불생불사(不生不死)의 특성을 가지고 있다.

따라서 노자 철학의 중심 개념인 복명(復命)은 석가가 말한 열반(Nirvana)과 그 내용이 동일하다.

마지막 구절 命에 돌아가는 것을 常이라 하고 常을 아는 것을 明이라 한다(復命曰常 知常曰明)에 나오는 常의 의미는 영구불변의 법칙성을 말한 것이다. 다시 말해 육신은 죽으나 영혼은 천령으로 돌아가 합일되는 복명(復命)의 법칙은 항구불변의 진리라는 뜻이다.

『도덕경』 14장에 나오는 '물질의 세계가 아닌 곳으로의 복귀'(復歸於無物)와 28장의 '무극으로의 복귀'(復歸於無極)도 복명(復命)과 같은 뜻이다. 1세기 초 불교가 서역을 거쳐 지나 땅에 유입되어 오호십육국(五胡十六國) 시대에 이르기까지 400여년 동안 대륙에서는 노자의 無사상에 기초하여 석가의 空사상을 해석하려는 학문적 풍조가 있어 왔으니 이를 격의불교(格義佛敎)라 한다. 노자의 無와 석가의 空은 같은 개념이며 無는 없는 것이 아니고 空도 텅빈 것이 아님을 알아야 한다. 영혼은 눈으로 볼 수 있는 형상도 없고 실체가 없으므로 無 또는 空이라 부르는 것일 뿐 영혼 자체가 존재하지 않는 비존재(非存在)는 아니다. 서산대사(西山大師, 1520~1604)의 『선가귀감』(禪家龜鑑) 첫머리에 一物이란 용어가 등장한다.

有一物於此 從本以來 昭昭靈靈 不曾生不曾滅 名不得狀不得

여기 한 물건이 있으니 본래 밝고 밝아 신령스러워 일찍이 나지도 않고 죽지도 않으니 이 한 물건은 이름 붙일 수도 모양 지을 수도 없도다

이어 한 물건(一物)을 찬양하는 송(頌)에 이르기를

三教聖人 從此句出 誰是擧者 惜取眉毛

불교의 석가, 도교의 노자, 유교의 공자로 대표되는 삼교(三教)의 성인이 모두 이 한 글귀에서 나왔으니 누가 있어 이를 거론할 수 있으랴. 태어나 늙어 눈썹이 하얗게 변하고 머리카락이 다 빠질 때까지 한 물건을 말해도 오히려 모자람이 있다

형상도 없고 이름할 수도 없는 한 물건이 도대체 무엇인가? 여기서 말하는 한 물건이란 두말할 필요도 없이 만물에 내재해 있는 신령이며 신령의 궁극적 귀의처인 한인상제(桓因上帝)의 천령을 말한다.

서산대사는 유불선 삼교의 교리가 같은 뿌리에서 출발한 동근생(同根生)의 진리라 하였고 서산대사보다 천년 앞서 신라의 대학자 최치원(崔致遠)은 난랑비문(鸞郎碑文)에서 유불선 삼교의 가르침이 우리 고유의 화랑풍류도(花郎風流道)의 본목(本木)에 접하여 싹을 틔어 갈라져나간 접화군생(接化群生)의 지목(技木)이라 설파하였다. 불교의 空과 도교의 無는 용어만 다를 뿐 같은 뿌리에서 출발한 동일한 진리임을 알 수 있는데 그러면 유교의 기본 교리는 무엇이며 그것의 시원은 어디에서 왔나?

많은 사람들은 유교는 불교나 도교와는 전혀 다른 철학 체계로 이해하고 있다. 공자의 손자인 자사(子思)가 성인(聖人)의 도가 끊어질 것을 염려하여 편찬한 유교 최고의 형이상학서인 『중용』(中庸) 1장에 이르기를

天命之謂性 率性之謂道 修道之謂教

하늘이 명령한 것을 性이라 하고 性에 따르는 것을 道라 하며 道를 닦는 것을 일러 敎라한다

『중용(中庸)』 장구(章句)를 써 이를 해석한 주희는

命猶令也 性卽理也 天以陰陽五行化生萬物 氣以成形而理亦賦焉 猶命
令也 於是人物之生 因各得其所賦之理 以爲健順五常之德 所謂性也

命은 오히려 令과 같다. 性은 곧 理다. 天은 음양오행으로서 만물을 화생(化生)
한다. 氣로서 모양을 만들고 理도 역시 이에 보태는 것이 오히려 명령과 같다.
이에 있어 人과 物과의 生이 각기 그 보탬을 받은 바의 理를 얻음으로써 건순
오상(健順五常)의 덕을 이룬다. 이것이 이른바 性이다

또한 率자를 풀이하기를

率循也 道猶路也 人物各循其性之自然 卽其日用事物之間 莫不各有當
行之路 是則所謂道也

率은 循이다. 道는 오히려 길(路)과 같다. 사람과 사물이 각기 그 性의 자연에
따르면 곧 일용사물 사이에는 각각 마땅히 가야 할 길이 있지 않음이 없다.
이것이 이른바 도이다

마지막으로 닦을 修자를 해설하기를

脩品節之也 性道雖同而氣稟或異 故不能無過不及之差 聖人因人物之
所當行者而品節之 以爲法於天下則謂之敎 若禮樂刑政之屬是也

修는 이를 품절(品節)하는 것이다. 性과 道는 같다고 해도 기품은 다른 까닭에
지나침과 미치지 못함의 차이가 없을 수 없다. 성인은 사람과 물체가 의당 가
야할 곳에 의해 이를 품절함으로써 법을 천하에 펴니 곧 이를 敎라 하며 예악
형정(禮樂刑政)에 속한 것이 이것이다

이상이 주희의 『중용』(中庸) 1장에 대한 해석인데, 본문보다 주희의 해설이 더욱 어렵다. 천명(天命)을 하늘의 명령이라 해석하는 것부터가 큰 잘못이다.

天을 무조건 하늘로 번역해서는 아무런 뜻이 되지 않는다. 영어의 Sky와 Heaven은 다 같이 하늘로 번역되나 그 의미가 판이하다. Sky는 대기와 구름들로 뒤덮인 공간(the region of the clouds or the upper air) 지구 위에 형성된 대기권(the upper atmosphere of the earth)으로서 비 오는 하늘, 맑게 갠 하늘, 바람 부는 하늘, 푸른 하늘 등의 자연 天을 의미한다. 한편 Heaven은 신과 천사들이 거주하는 집(the abode of God and Angeles) 우주의 정신층인 신(Celestial Power God)이며 주기도문에 나오는 '하늘에 계신 우리 아버지'는 영어의 'Our father which art in Heaven'을 번역한 것이다. 고로 Heaven은 한국어의 하나님, 한문의 상제(上帝)이며, 또는 우주만물을 창조하고 우주만사를 주관하는 조물주가 계시는 천당(天堂), 천궁(天宮)을 의미한다.

요즈음은 북경의 천안문(天安門)을 원음 그대로 '티엔안맨'으로 표기하지만 1970년대 말까지 뉴욕타임스는 천안문의 뜻을 살려 'Heavenly Peace-gate'로 표기했었다. 『논어』 『대학』 『맹자』 『중용』 『시경』 『서경』 『역경』에 나오는 天자의 거의 100%가 하나님을 뜻한다. 그러므로 天命은 하늘의 명령이 아닌 하나님의 영혼이다.

이에 따라 天命之謂性을 다시 한 번 해석하자면 상제의 영(靈)은 영원불멸이므로 영원불멸성이 바로 "상제의 본성(本性)이다"라는 뜻이다. 인간의 본성은 상제로부터 왔다. 다시 말해 상제의 영혼의 일부분이 인간의 영혼으로 분유(分有)되고 이전된 것임으로 인간도 상제의 본성을 닮아 육신은 죽어 윤회를 거듭할지라도 인간의 영혼만은 영원불멸이며 이러한 영원불멸의 신성(神性)이 인간의 본성으로 이전된 것을 깨닫는 것이 곧 진리이다라는 뜻이 率性之謂道이다.

　마지막 구절 修道之謂敎는 영원불멸성인 영혼이 곧 진리이기에 이 진리를 알고 터득하여 영혼의 가르침으로 자신의 육신을 조정하고 움직여 행동하는 것이 배움이다라는 뜻이다. 敎는 가르친다는 뜻과 그 반대인 배운다는 뜻을 다 내포하고 있다.

　天命之謂性 率性之謂道 修道之謂敎의 문장은 『삼일신고』(三一神誥)에서 가져왔다고 여겨진다. 『삼일신고』는 천상(天上)에서 태백산으로 강림한 한웅거세발한(桓雄居世發桓)의 가르침으로 그 5장에 이르기를

사람과 만물은 다 같이 삼진(三眞)을 조물주로부터 받았으니 성명정(性命精)이 그것이다. 사람은 성명정을 온전히 받았으나 만물은 그것을 치우치게 받았다

人物同受 三眞曰 性命精 人全之 物偏之

　위에 나오는 性은 물론 인간에 내재되어 있는 상주불변한 하나님의 본성 즉, 천성(天性)을 말하며 命은 영생불멸의 천령이 사람과 만물에 분유되고 이전되었다는 말이고 精은 온갖 착함으로서 섬돌을 삼고 온갖 덕으로서 문을 삼아 중생들의 영혼에 거주하는 하나님의 정신(階萬善 門萬德 一神攸居 群區)을 말한다. 사람은 하나님의 본성과 하나님의 영혼과 하나님의 정신을 온전히 부여받았으나 사람이외 다른 생물들은 하나님의 性命精을 편벽하게 받았다는 『삼일신고』의 가르침은 후일 사람만이 한울님 영혼의 가장 수승(殊勝)한 부분을 받았으므로 사람이 만물 중 최령자(最區者)이며 사람이 바로 한울님이라한 동학의 인내천(人乃天) 사상으로 표현되었다.

　이상으로 동양에서 시작된 종교철학 사상인 바라문교, 불교, 힌두교, 도교, 유교는 지금까지 대부분의 사람들이 알고 있는 것과는 달리 윤회

와 열반 사상에 기초해 있음을 알 수 있다. 그럼 여기서 서양의 대표적 종교사상인 기독교의 사유체계가 무엇인지를 살펴보자

3. 성경에 대한 회의

필자는 기독교 집안에 태어나 갓난아이시절부터 어머니의 등에 업혀 교회를 다녔다. 그럭저럭 세월이 흘러 14세가 되던 중학 2학년 시절 처음으로 기독교에 강한 회의감과 거부감을 느끼기 시작하여 1997년 말까지 계속되었는데 그 이유는 신약성서에 나와 있는 예수의 몇 가지 가르침을 도저히 납득할 수 없었기 때문이다.

첫째, 인간은 누구나 죄인으로 태어났다는 원죄(原罪)설이다. 『로마서』5장 12절에 "이러므로 한 사람으로 말미암아 죄가 세상에 들어오고 죄로 말미암아 사망이 있나니 이와 같이 모든 사람이 죄를 지었으므로 사망이 모든 사람에게 이르렀느니라"라고 기록되어 있다. 여기서 말하는 한 사람이란 여호와의 명령을 거역하고 선악과를 따먹은 아담을 말하며 결국 아담이 저지른 죄 때문에 그의 후손인 모든 인류는 태어날 때부터 원죄의 속박에서 벗어날 수 없다는 논리가 가톨릭과 개신교, 동방교회(희랍정교)를 합한 범기독교계의 주장이다. 하지만 아담은 유대인이고 우리는 한국인이며 혈통이 분명 다른 한국인이 유태인의 첫 조상이 저지른 죄의 결과로 사망에 이르다니! 사망은 육신이 병들고 노쇠해져 발생하는 생물학적 현상일 뿐 어떻게 원죄의 결과인가? 필자는 원죄설을 도저히 납득할 수 없었다.

둘째, 『마태복음』5장 3절에 나오는 예수의 산상설교 중 "마음(개정판 성경에는 심령이라 표현)이 가난한 자는 복이 있나니 천국이 저희 것임이요"라는 구절에 의문이 있었다.

6·25전쟁의 참화를 겪고 난 직후인 1954년 당시의 한국은 온통 못사는 사람들, 가난한 사람들투성이었고 대구와 부산의 거리들은 북쪽에서 내려온 피난민들의 파도로 넘쳐흘렀으며 오늘의 먹을 양식도 내일의 희망도 기약할 수 없는 한마디로 암담한 시대였다. 물질적 궁핍이 가장 큰 사회적 문제였던 이러한 시대적 북새통 속에서 만약 사람들의 마음마저 가난해져 인정이 메말라버린다면 전쟁으로 부모 잃은 고아들과 남편 잃은 과부들과 혈육을 잃어버린 이산가족들의 집단적 상처는 누가 있어 치유할 것인가. 물질적으로는 비록 가난하나 마음만은 풍요로워야 떡 한 조각이라도 나누어 먹는 이웃사랑을 실천할 수 있지 않을까? 이러한 이유로 "마음이 가난한 자는 복이 있나니 천국이 저희 것임이요"를 진리로 받아들일 수 없었다.

　셋째, 기독교에 등을 돌리게 된 결정적 계기는 『마태복음』10장 34절에서 38절에 이르는 예수의 말씀이었다. 34절: 내가 세상에 화평을 주러 온 줄로 생각지 말라. 화평이 아니요 칼을 주러 왔노라. 35절: 내가 온 것은 사람이 그 아비와 딸이 어미와 며느리가 시어미와 불화하게 하려 함이니. 36절: 사람의 원수가 자기 집안식구리라. 37절: 아비나 어미를 나보다 더 사랑하는 자는 내게 합당치 아니하고 아들이나 딸을 나보다 더 사랑하는 자도 내게 합당하지 아니하고, 38절: 또 자기 십자가를 지고 나를 쫓지 않는 자도 내게 합당치 아니하니라.

　예수는 약육강식과 살육과 투쟁으로 점철된 이 세계에 평화의 언약을 그리고 증오와 질투와 갈등과 반복으로 얼룩진 인간사회에 조건 없는 사랑의 기쁜 소식을 전해주러온 구세주로만 알고 있었는데 34~38절의 말씀은 예수의 인격을 의심케 하는 매우 실망스런 내용이라 아니할 수 없다.

　"나는 평화를 주러온 것이 아니고 칼을 주러 왔다"면 예수는 전쟁과 살육을 선동하고 사람을 죽이는 검투사인가? 기독교도들은 무슬림들이

'코란 아니면 칼' 즉 코란을 받들어 무슬림으로 개종하면 살려주고 아니면 칼로 죽음을 주는 호전적 종교라 비방하나 위의 문맥으로 보면 기독교도 이슬람교와 하등 다를 바 없는 전투적 종교임을 부인할 수 없다. 실제로 9차례의 십자군 전쟁과 종교재판을 통해 학살된 5천만 명의 인명과 남북아메리카 대륙에 걸쳐 개신교도들과 천주교도들에 의해 자행된 1억 8천만에 달하는 아메리카 원주민의 대학살이 이교도와 이단은 죽여도 좋다. 그것은 신의 성사(聖事, God's work)이며, 신이 원하시는 일이라는 해괴한 논리로 미화되었는데 이러한 논리의 성서적 근거가 『마태복음』10장 34절인 것이다.

"내가 온 것은 아들이 그 아비와 딸이 어미와 며느리가 시어머니와 불화하게 하려 함이니"의 35절은 인륜과 효도의 폐기 및 가정의 해체 내지 파괴를 선동하는 내용으로 받아들여진다. 그런데『예베소서』6장 1절: 자녀들아 너희 부모를 주 안에서 순종하라. 이것이 옳으니라, 2절: 네 아버지와 어머니를 공경하라. 이것이 약속 있는 첫 계명이니, 3절: 이는 네가 잘 되고 땅에서 장수하리라고 기록되어 있어 도대체 무엇이 옳고 그른지 어느 것이 예수의 진짜 말씀인지를 알 수 없게 만들어 놓았다. "아비나 어미를 나보다 더 사랑하는 자는 내게 합당치 아니하고 아들이나 딸을 나보다 더 사랑하는 자도 내게 합당치 하니하고"의 37절은 아버지, 어머니, 처자식과의 혈연관계를 단절하고 세속적 가치도 모두 포기한 채 오직 예수만을 위해 살면서 예수의 재림만을 기다려야 하는 환상 속의 비현실적 인간상을 가장 충실한 기독교인으로 묘사하고 있다.

실제로 예수의 이름을 빙자한 사이비 종교단체들은 바로 이 구절을 원군으로 삼아 교도들의 혈연관계를 단절토록 강요하여 가정을 해체시키고 재산을 강탈하여 신의 대행자로 자처하는 교주 자신의 명령에 맹종하는 자동 노예 기계로 인간을 전락시킨다.

4. 『탈무드 임마누엘』(Talmud Immanuel)

필자가 1997년 『원효결서』를 저술하고 몇 달이 지난 1998년 어느 봄날이었다. 『원효결서』를 읽어본 LA거주 이재건목사로부터 『탈무드 임마누엘, 예수 그리스도라 이름하는 임마누엘의 가르침』이란 표제를 단 책 한 권이 배달되어 왔다. 흥미를 가지고 서문부터 읽어보니 이 책은 1963년 인도 카시미르 스리나가르지역에서 발견된 예수의 동굴 무덤에 보존되어 있던 수지(樹脂)로 방부 처리된 두루마리 중 1/4분량에 해당하는 36본을 번역한 것이라 소개되어 있었다.

동굴 무덤의 발견자는 희랍정교회 사제인 이사라시트이고 두루마리의 발견자는 스위스인 에두아르트 빌리마이어로 그가 아람어로 기록되어 있는 임마누엘(신과 같은 지혜를 가진 지혜의 왕이라는 뜻)의 가르침을 독일어로 번역한 사람이다. 예수의 동굴 무덤이 인도에 있다니 이게 웬 소리인가. 기존 성경에는 분명히 예수께서 죽은 지 3일만에 부활하여 가롯 유다를 제외한 11명의 제자들과 음식을 드시고 그들에게 마지막 사명을 위탁하신 후 "주 예수께서 말씀을 마치신 후에 하늘로 올리우사 하나님 우편에 앉으시니라"(『마가복음』16장 19절), "예수께서 저희(11명의 제자)를 데리고 베다니 앞까지 나가사 손을 들어 저희에게 축복하시더니 축복하실 때에 저희를 떠나 하늘을 올리우시니"(『누가복음』24장 50~51절)로 기록되어 있지 않는가. 또한 『마태복음』 27장 57~60절에는 "예수의 제자인 아리마대부자 요셉이 빌라도에 가서 예수의 시체를 달라 하여 허락을 받고 요셉이 시체를 가져다가 깨끗한 세마포로 싸서 바위 속에 판 자기 새 무덤에 넣어두고 큰 돌을 굴려 무덤 문에 놓고 가니…"로 되어 있다.

그러나 죽은 지 사흘 만에 부활하여 승천하셨다는 기존 성경과는 달리

『탈무드 임마누엘』에는 "임마누엘을 따르던 아리마태아의 요셉이 인도에서 온 임마누엘의 친구들과 함께 임사(臨死) 상태로 혼절해 있는 예수의 육신을 이미 죽었다고 오판한 빌라도의 허락을 얻어 장차 자기가 죽었을 때를 위해 바위를 깎아 만든 무덤에 안치하였다"고 기록되어 있다.

그 무덤에는 2개의 출입구가 있었으나 무덤을 지키는 병사들은 이를 알지 못하였고 요셉은 바위로 봉인하여 병사들이 지키고 있는 출입구가 아닌 다른 비밀통로를 통하여 임마누엘의 육신을 옮기고 인도에서 온 임마누엘의 친구들인 동방박사들과 함께 고약과 약초로 임마누엘을 치료하여 사흘이 되던 밤에 이르러서는 충분히 걸을 수 있을 정도로 임마누엘은 회복되었다. 사흘째 되던 날 공중으로부터 커다란 천둥이 치더니 빛 하나가 하늘로부터 내려와 무덤에서 멀지 않은 곳에 착륙하였고 그 빛으로부터 한 수호천사가 나타나 입구의 돌을 치우고 임마누엘의 탈출을 도왔다. 무덤을 탈출한 임마누엘은 갈릴레아에 있는 산에서 제자들과 마지막 상봉을 한 후 "들으시오, 내가 마지막으로 그대들에게 말합니다. 나는 이제 떠날 것이며 다시는 돌아오지 않을 것입니다. 나의 길이 나를 인도로 이끌고 있습니다"라고 말씀을 마치신 임마누엘은 모친인 마리아, 동생 토마와 함께 레바논, 시리아, 흑해 연안 국가들을 거쳐 인도로 갔다. 임마누엘이 38세 되던 해 모친 마리아는 서히말라야산맥의 마지막 산기슭에서 병으로 죽었고 임마누엘은 계속 이동하여 인도 카시미르지역으로 갔다. 임마누엘은 인도 북쪽의 광대한 지역뿐만 아니라 이스라엘에서 이주해 간 10개의 부족들이 정착해 있던 아프카니스탄 서파키스탄 지역까지 돌아다니며 혁명적인 가르침을 베풀었다.

임마누엘은 문맹자가 대부분이었던 당시 사람들의 이해 수준이 도저히 받아들일 수 없는 혁명적인 가르침을 베풀어 생명이 살해당할 위기를 수없이 겪었으나 결국 110세에서 115세 사이에 노환으로 사망하여 스리나가르의 동굴 무덤에 안장되었고 『탈무드 임마누엘』은 그곳에서 발견되었다. 예수가 젊은 시절을 인도에서 보냈다는 사실은 모르몬교를 비롯한 기독교의 여러 종파와 많은 신학자들 사이에 정설로 받아들여지고 있다. 하지만 로마제국의 유대총독 빌라도에게 재판받는 과정을 설명한 『마태복음』27장은 예수와 인도와의 관련 사실이 누락되어 있으나 『탈무드 임마누엘』29장에서는 다음과 같이 기록되어 있다.

"인도에서는 여러 해 동안 살았습니다. 그곳에서 나는 위대한 구루(힌두교의 성자)들과 현자인 스승들로부터 많은 지식과 수많은 비밀을 배웠습니다. 내가 이곳에서의 임무를 완성하고 나면 나는 신실한 제자이기고 한 동생 토마와 함께 그곳으로 되돌아갈 것입니다."

여하튼 예수가 청년 시절을 인도에서 보냈느냐 아니면 이스라엘 지역에서 보냈느냐의 문제와 예수가 죽은 지 3일 만에 부활하여 승천(昇天)했느냐 아니면 3일 만에 임사 상태로부터 깨어나 인도로 갔느냐 하는 의문은 그리 대단한 문제가 되지 못한다.

정말 중요한 것은 『탈무드 임마누엘』에 수록되어 있는 임마뉴엘의 말씀 내용이 기존의 신약성경과는 전혀 다른 진정한 예수의 가르침이라 필자는 확신하기에 여기서 예수께서 가르치신 핵심적 내용이 무엇인지 개괄적으로 밝히고자 한다.

책을 들자마자 필자는 앞에서 말한 기독교 교리에 대해 평소부터 품어 왔던 의문점 즉,

1) "아담과 이브가 선악과를 먹고 저지른 원죄 때문에 인간은 태어날 때부터 원죄의 멍에를 짊어지고 나온 죄인인가?" 하는 부분.

2) 『마태복음』5장 3절에 나오는 "마음이 가난한 자는 복이 있나니 천국이 저희 것임이요" 하는 부분.

3) 『마태복음』34~38절의 기록인 "내기 세상에 화평을 주러 온 줄 생

각하지 말라. 나는 화평을 주러 온 것이 아니라 칼을 주러 왔노라는 부분을 예수께서 정말 말씀하셨는지부터 찾아보았다.

원죄설에 대한 언급은 『탈무드 임마누엘』 어디에도 찾아볼 수 없었고, 18장 46~64절에 사람들이 저지른 잘못과 벌에 대한 언급이 있어 좀 긴 문장이지만 여기 적는다.

46절: 사람들의 삶은 영혼의 완성을 성취하도록 예정되어 있습니다. 그리하여 그때부터 그들도 완전함 속에서 살 수 있는 것입니다. 47절: 설혹 사람들이 잘못을 저지르는 경우라 하더라도 그것은 창조주의 창조 법칙에 따라 움직이고 있는 것입니다. 그들은 잘못으로부터 지각과 지식을 배우고 이를 축적하는 것입니다. 그럼으로써 그들의 영혼을 계발(啓發)하고 영혼의 능력에 따라서 행동할 수 있게 됩니다. 48절: 잘못을 저지르는 일이 없이는 영혼의 계발에 필요한 논리와 통찰력과 지식과 지혜를 쌓는 것이 불가능합니다. 49절: 너는 진실로 그대들에게 말합니다. 사람들이 잘못을 저지르게 되면 신이나 창조주로부터 벌을 받을 것이라고 하는 대사제들이나 율법학자, 그리고 바리사이파 사람들의 가르침은 속임수이며 그릇된 것입니다. 잘못은 지각과 지식을 얻게 해줍니다. 따라서 영혼의 진보에 보탬이 되는 것입니다.

50절: 지각과 지식 및 영혼의 진보에 이바지하는 한 처벌을 받아야만 하는 잘못이란 없는 것과 마찬가지로 이생 또는 다음 생에서도 그로인해 대를 이어가면서 처벌되어야 할 잘못이란 없는 것입니다. 51절: 그러한 잘못에 대한 처벌은 모든 자연의 법칙들과 창조주의 생명 법칙과도 모순되는 것입니다. 52절: 만일 어떤 사람이 영혼의 통찰력과 지식에 도움이 되는 잘못을 저질렀다고 해도 그는 이생이나 다음 생에서 처벌을 받지 않습니다. 53절: 사람들이 그들이 저지른 잘못들을 통해서 영혼을 완전하게 하고 통찰력과 지식을 습득해야만 하는 사명을 깨닫고 살게 된다면 그들은 창조주의 법칙들에 의해 예정된 삶을 살고 있는 것입니다. 54절: 창조의 법칙들에 의해 지배되는 영혼의 위대성에 따라서 끊임없이 배워야 함에도 불구하고 사람들이 배우지 않기 때문에 그들은 필연적으로 직면해야 할 상황에 부딪쳐 함정에 빠지게 됩니다. 그리하여 자신의 의식과 생각, 감정, 행동을 잘못된 길로 이끌고 나서는 스스로에 대한 죄책감에 사로잡혀 다른 사람들의 영향력이 파고들 수 있도록 자기의 영혼을 열어놓게 되는 것입니다.

55절: 다른 사람들이 가진 영적인 힘은 좋게든 나쁘게든 개인의 삶에 영향을 미치게 됩니다. 56절: 만일 사람들이 이 시점에서 생각하고 이해하기를 시작하려 하면 그들에게는 가르침이 필요합니다. 그러므로 하늘의 아들들은 예언자들을 보내어 인류에게 창조주의 진정한 법칙과 삶에 관한 지식을 가르쳐 왔습니다. 57절: 그러나 사람들은 아직도 무지하다는 것이 판명되었으니 이는 사람들이 나의 새로운 가르침이 진정한 진리임을 이해하지 못하고 대사제들과 성서를 왜곡하는 자들의 그릇된 율법을 추종하고 있기 때문입니다. 58절: 이런 사람들에게는 이해가 결여되어 있기 때문에 필연적으로 그들에게 전해져야만 하는 진리를 저주합니다. 그래서 그들은 예언자들을 저주하고 돌팔매질하며 죽이고 십자가에 메어다는 것입니다. 59절: 그러나 예언자들은 진리에 대한 가르침을 사람들에게 전해야 하므로 그들은 사람들에게 저주를 받으면서도 무거운 짐과 고통을 감당해야만 하는 것입니다.

60절: 사람들은 많은 예언자들을 박해했던 것과 똑같이 지금 나의 생명을 뒤쫓고 있습니다. 61절: 나는 비록 결백하지만 유죄가 선고될 것이라는 피할 수 없는 운명의 예언이 내게 적용될 것입니다. 62절: 그렇지만 나는 죽지 않을 것입니다. 다만 임사상태에 빠져서 죽은 것으로 간주된 채 사흘 밤과 낮 동안을 지낼 것입니다. 나는 무덤에 안치될 것이니 이는 요나의 징표를 성취하기 위한 것입니다. 63절: 멀리 인도에서 온 의술에 매우 뛰어난 내 친구들이 나를 돌볼 것이며 내가 셋째 날에 무덤에서 탈출하는 것을 도울 것이니 그럼으로써 인도에 있는 사람들에 대한 나의 사명을 완수하기 위한 것입니다. 64절: 나는 이사건을 통해 어떤 통찰을 얻고 지식을 늘리며 영혼과 의식속에서 새로운 능력을 갖게 될 것입니다.

두 번째 의문인 『마태복음』 5장 3절의 "심령이 가난한 자는 복이 있나니 천국이 저희 것임이요"는 『탈무드 임마누엘』 5장 3절에 정확히 "영적으로 부유하여 진리를 깨닫는 사람들은 축복받나니 생명이 그들의 것이기 때문입니다"라고 기록되어 있다. 마지막 『마태복음』 10장 34~38절의 말씀은 『탈무드 임마누엘』 10장 43~49절에 이렇게 나와 있다.

43절: 내가 이 세상에 평화를 가지고 온 줄로 생각하지 마시오. 44절: 나는 평화를 가지고 온 것이 아니라, 진실로 인간 안에 깃들이 있는 영혼의 능력을 열기 위한 지식이라는 칼을 가지고 왔습니다. 45절: 나는 지혜와 지식을 가지고 아들이 아비에게 맞서게 하고, 딸이 어미에게 맞서게 하며 며느리가 시어미에게, 하인이 주인에게, 백성이 그 정부에게, 또한 믿는 사람들이 설교자와 사제에게 맞서도록 하기 위해서 왔습니다. 46절: 그리하여 사람들의 적은 바로 자기들의 가족이 될 것입니다. 47절: 진리로 가는 길은 멀고, 지식을 통한 지혜는 오직 서서히 침투될 것입니다. 48절: 영혼의 진리가 사람들에게 깊숙이 파고들 때까지는 암흑의 시대가 수백년, 수천년 간 지속될 것입니다. 49절: 율법학자들과 사제들과 종교적 권세를 가진 자들을 포함한 모든 의롭지 못한 자들과 무지한 자들은, 일반 사람들이 지식을 갖는 것을 싫어할 것입니다. 따라서 그들은 지식을 갖고자 하는 사람들을 박해하고 증오의 씨앗을 뿌릴 것입니다."

예수께서 제자들과 대중들에게 가르친 진리의 핵심은 창조주와 인간은 둘이 아닌 하나 즉 동일한 존재임을 천명한 데에 있다.

『탈무드 임마누엘』34장 39절 : 사람 안에 있는 영혼은 창조주의 한 부분이므로 그것은 창조주와 더불어 하나입니다. 따라서 그것들은 둘이 아닙니다.

16장 44절: 영혼의 능력을 결코 의심치 마시오. 그것은 창조주 자신의 한 부분이므로 영혼의 능력에는 한계가 없습니다.

창조주와 인간을 동일 존재로 보는 예수의 진정한 가르침은 유대교 및 기독교의 핵심 교리인 '엔카르나시온'을 부정한다. 라틴어 Incarnation은 한자 사용 문화권에서 수육(受肉)으로 번역되며 여호와로부터 피와 살을 받았다는 뜻이다. 수육설(受肉說)의 성서적 근거는 『창세기』 1장 27절 "여호와가 자기 형상 곧 신의 형상대로 사람을 창조하시되 남자와 여자를 창조하시고"에 있다. 영혼+육체가 인간 존재인데 부모가 아닌 여호와로부터 혈육(血肉)을 받았다는 교리도 이상하거니와 그렇다면 인간의 영혼은 도대체 어디로부터 누구로부터 어떻게 생겨난 것인지 신구약 66권 어디를 뒤져봐도 아무런 설명이 없다.

『탈무드 임마누엘』은 신의 인간 창조를 부정한다.

3장 세례자 요한(John the Baptist)편 4절: 그러나 세례자 요한은 신이 최상의 존재가 아니라 신 위에 이 세상과 우주와 살아 있는 모든 것들을 창조한 존재인 창조주가 계심을 가르쳤습니다. 5절: 그리고 그는 성(性)의 구별조차 없는 창조주야말로 삶과 죽음, 빛과 어두움, 존재와 비존재 등 모든 비밀 중의 비밀임을 가르쳤습니다. 6절: 또한 그는 이 인류와 멀리서부터 온 하늘의 아들들의 주님이며 지배자이신 신 역시 창조주를 높이 받든다는 것을 가르쳤습니다.

16장 52절: 그러나 창조주는 신의 위에 존재하시니 신 또한 창조의 법칙들을 충실하게 따르며 존중하십니다. 따라서 창조주가 전능하실 뿐 신이 전능한 것은 아닙니다. 53절: 그러므로 자기 자신을 신으로 불리는 것을 자신에게 허용하고 또한 문자 그대로 모든 황제들과 왕들 위에 군림하시는 신에게도 한계가 있는 것입니다. 54절: 사람들은 무지하고 어리석어서 신을 창조주라고 믿고 있으며, 또한 성서를 왜곡한 자들이 섞음질을 한 그릇된 가르침을 따르고 있습니다. 55절: 사람들이 신을 전능한 창조주라고 믿을 때, 사람들은 창조의 진리에 대해 제대로 알지 못하게 됩니다. 왜냐하면 신 또한 우리와 마찬가지인 인간이기 때문입니다.

56절: 그러나 신과 우리 인간과는 커다란 차이점이 있으니, 그것은 신은 그의 의식과 지혜, 그리고 논리와 사랑에 있어서 우리보다도, 또 지구상의 모든 사람들보다도 수천 배나 위대하다는 것입니다. 57절: 그렇지만 신이 곧 창조주는 아닙니다. 창조주는 무한하며 형태가 없습니다. 58절: 따라서 신 또한 창조주의 피조물이니, 창조주야말로 논리적이지 못한 인간들의 판단에 따르면 시자도 끝도 없는 존재입니다.

세례자 요한은 우주만물을 창조한 지고(至高)의 존재는 신이 아닌 창조주라 했고 예수는 신이 비록 우리 인간들보다 의식과 지혜, 논리와 사랑에 있어 수천 배나 위대한 존재이기는하나 신도 육신을 가진 인간이며 창조주의 피조물이라고 했다. 가장 중요한 점은 『탈무드 임마누엘』에서 말하는 신이 여호와가 아니라는 사실이다. 유대교의 대사제들과 율법학자와 바리새 유대인들은 이스라엘 민족이야말로 여호와의 성육신(聖肉身 : Incarnation)을 받은 선택된 민족이며 그 물적 증거가 여호와와 모세 간에 계약된 십계명을 석판에 기록, 이를 내장(內藏)하고 있는 언약궤(言約櫃 : Ark of the Covenant)라고 믿는다. 하지만 예수는 이스라엘 민족의 선민의식을 질타하고 창세기, 출애굽기, 레위기, 민수기, 신명기의 모세 5경을 위작으로 매도함으로써 여호와의 존재조차 간접적으로 부정하고 있다.

『탈무드 임마누엘』 15장 22절: 이스라엘 사람들은 창조주의 법칙들에 충실하지 않기 때문에 저주를 받아서 결코 평화를 찾지 못할 것입니다. 23절: 그들은 피를 뿌리게 될 것이니, 이는 그들이 끊임없이 창조주의 법칙들을 거역하여 불법을 자행하기 때문입니다. 24절: 그들은 스스로를 선택된 민족이며 또한 별개의 종족으로서 다른 모든 인류의 위에 존재하는 것으로 생각합니다. 25절: 이 얼마나 사악한 잘못이며 사악한 생각입니까? 왜냐하면 원래 이스라엘이란 결코 한 나라나 한 인종이 아니었으므로, 따라서 결코 선택된 인종이 아니기 때문입니다.

26절: 창조주의 법칙에 충실하지 않은 이 이스라엘은, 살인과 방화로 규정지을 수 있는 불명예스러운 과거를 가진 인간들의 집단일 뿐입니다. 27절: 이 불충실한 집단 가운데 불과 몇 사람들만이 명예로운 과거와 거슬러 올라갈 수 있는 가계를 가지고 있을 뿐입니다. 28절: 불과 몇 안 되는 사람들만이 독사의 세대에 속하지 않고 나머지 이스라엘 인들은, 29절: 모세로부터 취한 그릇된 유대의 믿음과 가르침에 스스로를 저당 잡힌 사람들입니다. 이 그릇된 믿음과 가르침 또한 모세가 이집트인들에게서 도용(盜用)한 것입니다.

이집트인들은 B.C. 4236년에 천지창조가 있었다 믿고 있으며 유대인들은 B.C. 3761년에 여호와에 의해 천지창조가 이루어졌다고 믿는다. 유태력에 의하면 서기 2009년인 금년은 천지창조 5770년이다. 하지만 천체물리학자들이 말하는 것처럼 현생 우주의 나이가 180억 세, 태양의 나이 50억 세, 지구의 나이 45억 세라면 5770년 전에 여호와가 천지를 창조하였다는 창세신화는 하나의 공허한 농담일 뿐이다. 살상가상으로 다윈의 진화론은 여호와의 인간창조설을 고집하는 유대교 및 기독교 교리의 죽은 관 뚜껑에 최후의 못질을 하고 말았다. 진화론의 주장대로 현생 인류인 호모 사피엔스(Homo Sapiens: 이성을 갖춘 현명한 인간)는 10만

~20만 년 전에 있었던 호모 파베르(Homo Faber: 나무와 돌로 도구를 만들었던 공작인)에서 진화하였고 호모 파베르는 100만 년 전에 있었던 호모 에렉투스(Homo Erectus: 直立猿人)가 진화한 것이라면 여호와에 의한 인간 창조는 한갓 거짓말에 불과하기 때문이다.

예수의 말씀대로 "모세로부터 취한 그릇된 믿음과 가르침이 이집트인들의 창세 신화를 도용한 내용"이라면 아담과 이브가 선악과를 따 먹고 저지른 원죄도 원인 무효가 된다. 모든 인간은 그 육신을 부모로부터 받고 영혼은 창조주로부터 받았다는 간단명료한 말씀이 예수가 설(說)한 진리의 내용이다. 물질화합으로 이루어진 육신은 생자필멸의 법칙에 따라 진멸(塵滅)되지만 창조주의 영혼은 영원불멸이다. 왜, 창조주는 육신의 형상이 없는 다시 말해 죽을 육신이 없는 순수 영(田)이기 때문이다. 따라서 창조주의 영혼이 분유되고 내재화 되어 있는 우주의 모든 존재는 그 자체로 만들어져 있는 창조주 자신이기 때문에 쿠자누스의 말처럼 '창조주는 우주의 포섭(complicatio)이고 우주는 창조주의 공간적 시간적 전개(explicatio)'인 것이다.

영혼의 능력은 무한하고 한계가 없다. 그러므로 인간 안에 깃들어 있는 영혼의 무한한 능력을 열기 위해 지식이라는 이름의 칼을 가지고 오신 예수는 진정한 진리의 전등자(傳燈者)이기 때문에 그의 말씀이 위조되거나 변조되지 않은 채 아무런 가감 없이 수록되어 있는 『탈무드 임마누엘』이야말로 예수의 진짜 가르침인 것이다. 어느 것이 진리인지는 기존 성경에 나와 있는 주기도문(The Lord's Prayer)과 『탈무드 임마누엘』에 수록되어 있는 주기도문을 대비해 보면 자명해진다. 기존 성경의 주기도문은 예수께서 결코 가르친 적이 없는 신이 내 마음 밖 하늘 저 멀리 높은 곳에 계신다는 외재신관(外在神觀)의 바탕 위에서 조작된 것이고, 『탈무드 임마누엘』에 나와 있는 주기도문은 창조주의 영혼이 곧 내 영혼이므로 창조주가 내 안에 형연중존(炯然中存)하시다는 내재신관(內在神觀)의 바탕 위에서 작성된 것이다.

한국어 성경은 영국의 킹 제임스(King James) 판이 청나라 때 한문으로 번역된 것을 구한말 다시 한글로 옮긴 것이기 때문에 괄호 안에 킹 제임스 판 영어 원문을 넣었다.

기존 성경에 나와 있는 주기도문:

"하늘에 계신 우리 아버지, 아버지의 이름이 거룩하게 되시옵고 아버지의 왕국이 임하시오며 아버지의 뜻이 하늘에서와 같이 땅에서도 이루어지이다. 오늘 우리에게 일용할 양식을 주시옵고 우리가 우리에게 빚진 자들을 용서하는 것 같이 우리의 빚진 것들도 용서해 주시오며 우리를 시험해 들지 말게 하옵시며 다만 악에서 구하여 주시옵소서. 그 왕국과 권세와 영광이 영원토록 아버지의 것이옵니다. 아멘."

(Our Father which art in Heaven, Hallowed by thy name. Thy kingdom come, Thy will be done on earth, as it is in heaven. Give us this day our daily bread, and forgive us our debt, as we forgive our debtors, and lead us not into temptation, but deliver us from evil. For Thine is the kingdom, and the power, and the glory, for ever. Amen.)

『탈무드 임마누엘』에 나와 있는 임마누엘이 가르친 기도문:

"나의 영혼이시여, 그대는 전지전능하십니다. 그대의 이름이 거룩하게 되기를 비옵니다. 내 안에 그대의 왕국을 스스로 구현하도록 하시옵소서. 그대의 능력이 내 안과 지구 위에서 그리고 하늘들 안에서 펼쳐지도록 하소서. 오늘 하루 분의 양식을 주서서 나로 하여금 내 잘못을 인식하고 진리를 깨닫게 하소서. 그리고 유혹과 혼란으로 이끌지 말고 나를 잘못으로부터 구원하소서. 이는 내 안의 왕국과 능력과 지식이 영원히 당신의 것이기 때문입니다. 아멘."

『탈무드 임마누엘』의 핵심적 내용은 아래와 같다.

1) 창조주는 육신의 형체를 갖지 않는 순수한 영(靈)이며 인간의 영혼은 창조주 영혼의 일부이다. 따라서 인간과 창조주는 분리될 수 없는 하나의 진실제(眞實際)일 뿐 결코 분리된 둘이 아니다.

2) 지구의 지배자이며 인류의 조상인 신이 우주와 만물을 창조한 것이 아니라 창조주께서 우주만물을 창조하였으며 신도 우리와 마찬가지인 인간이고 창조주의 피조물이다. 신은 돌들로부터도 아브라함의 육체를 만들 수 있으나 영혼은 창조할 수 없다. 신의 영혼도 창조주 영혼의 일부이며 우주만유에 내재하는 영혼은 오직 창조주만이 창조할 수 있다.

3) 영혼의 완성은 인간에게 부여된 필연적 운명이며 궁극적 목표이다. 영혼의 궁극적 깨달음을 얻어 창조주와 하나로 합일될 때까지 인간은 나고 죽고, 죽고 나고를 거듭하는 윤회의 사이클을 벗어날 수 없다. 잘못과 실수는 영혼의 계발과 완성에 도움이 되기 때문에 잘못을 저질렀다해서 신이나 창조주로부터 처벌받는 일은 없다. 이는 결국 죄지은 자는 지옥에 떨어진다는 지옥실제설을 부인하는 것이다.

5. 한국 철학과 종교에 나타난 윤회(輪廻)와 열반(涅槃)사상

지금까지 바라문교 불교 유교 도교 및 예수의 진정한 가르침이 기록되어 있는 『탈무드 임마누엘』이 비록 표현 방식은 다르나 동일한 사상적 내용인 윤회와 열반의 기초 위에 정립되었음을 확인하였다. 이제 윤회와 열반에 관련된 우리 민족의 사상 체계를 되돌아볼 시간이 되었다.

최치원(崔致遠)이 난랑비서(鸞郞碑序)에서 말한 대로 불교, 유교, 도교가 우리 국선도(國禮道)의 원류에서 갈라져 나간 사상적 지류들이라면 한웅의 신시개천 이후 5906년의 한국사상사 속에 형이상학의 보편적 주제인 신과 영혼, 특히 영혼의 윤회와 열반에 관련된 사상체계가 기록되어 있는 문헌적 실증이 있어야 한다. 이런 의미에서 필자는 윤회와 열반에 관련된 우리의 철학 종교 사상을 현재에서 과거로 거슬러 올라가는 방식으로 조명해보고자 한다.

먼저 한국 근세사에 뚜렷한 발자취를 남겼던 동학사상부터 살펴보자. 동학은 한마디로 시천주(侍天主)와 내유신령(內有神靈)을 교리로 삼고 있다. 시천주는 나의 육신 속에 한울님을 모시고 있다. 내유신령은 나의 육신 속에 한울님의 영혼이 거주하고 계신다는 뜻이다.

같은 천주(天主)라는 신칭(神稱)을 사용하지만 동학의 천주는 나의 육신 속에 거주하는 '하나님의 영'이고 서학(천주교)의 천주는 나의 육신이 아닌 하늘 위에 홀로 존재하면서 인간만사에 일일이 간섭하며 나 홀로 경배받기만을 좋아하는 질투의 신 여호와이다. 따라서 동학의 천주는 내재신(內在神)이고 서학의 천주는 외재신(外在神)이다.

동학의 2대 교주 해월신사(海月神師)는

육신이란 내 속에 거주하는 한울님의 영혼이 간섭하지 않으면 고요한 한 덩어리의 물질이니 이를 죽음이라 이르며 한울님의 영혼이 항상 간섭하면 지혜로운 한 영물이니 이를 삶이라 하느니라
天不干涉則寂然一塊物 是曰死矣 天常干涉則慧然一品物 是曰生矣

사람이 바로 한울님이요 한울님이 바로 사람이니 사람 밖에 한울님이 따로 없고 한울님 밖에 사람이 따로 없느니라
人是天 天是人 人外無天 天外無人

말씀하셨다.

또한 대인접물(待人接物)에서

내가 청주를 지나다가 서택순의 집에서 그 며느리의 베짜는 소리를 듣고 서군에게 묻기를 '누가 베를 짜는 소리인가' 하니 서군이 대답하기를 '제 며느리가 베를 짭니다' 하는 지라 내가 다시 묻기를 '그대의 며느리가 베 짜는 것이 참으로 그대의 며느리가 베짜는 것인가' 하니 서군이 나의 말을 분간치 못하더라. 어찌 서군뿐이랴! 동학교도의 집에 사람이 오면 사람이 왔다 말하지 말고 한울님이 강림하셨다 말하라

余過淸州徐垞淳家 聞其子婦織布之聲 問徐君曰 彼誰之織布之聲耶 徐君對曰 生之子婦織布也 又問曰 君之子婦織布 眞是君之子婦織布耶 徐君不卞吾言矣 何獨徐君耶 道家人來 勿人來言 天主降臨言

한울님의 영(天靈)이 사람에게만 강림해 있는 것이 아니라 한울님의 영을 모시지 않은 만물은 없으니 능히 이 이치를 알면 살생은 금지 아니 해도 자연히 금해지리라

萬物莫非侍天主 能知此理則 殺生不禁而自禁矣

하였다. 논학문(論學文)에서 수운(水雲) 대신사(大神使)는 천도무왕불복지리(天道無往不復之理) 즉, "한울님의 진리는 갔다가 다시 돌아오지 않음이 없는 이치다"라고 말씀하셨는데 이는 두말할 필요 없이 윤회와 열반의 이치를 밝힌 것이다. 자세하게 말하자면 나의 육신 속에 가주하던 하나님의 영혼이 육신과 사별한 후 그의 본령인 하나님의 영혼으로 돌아갔다가(여기까지가 열반) 다시 새로운 육신을 부여받아 인간세계로 환생하는 윤회의 이치를 설명한 것이다.

삼국시대로 거슬러 올라가 보자.

『수서』(隋書) 고구려전에 "고구려 사람들은 장례를 치를 때 북을 치고 노래 부르고 음악을 연주하면서 죽은 사람을 보낸다"고 하였다. 이 구절이 시사하는 바가 무엇인가? 만약 인생이 많은 사람들이 믿고 있는 것처럼 사는 것도 한 번 죽는 것도 한 번뿐인 일생일사(一生一死)라면 죽은 사람을 떠나보내는 장례식에 북 치고 장구 치고 춤추면서 음악을 연주하는 행위는 망자에 대한 엄청난 모독이며 흉사를 길사로 착각하는 정신착란자의 실성한 행위로 매도되어야 할 것이다.

하지만 고구려인들은 미친 사람들이 아닌 정상적인 사람들이었다. 한인하나님의 가르침인 『천부경』과 『삼일신고』를 날마다 봉송(奉頌)하는 것으로 일과를 삼았던 고구려인들이 육신의 죽음을 슬픔이 아닌 기쁨으로 받아들일 수 있었던 이유는 죽은 자의 영혼이 다시 새로운 육신을 받아 이 세상에 보다 높은 영격(靈格)을 갖춘 인간 존재로 환생한다는 믿음 때문이었다.

『삼국사기』 신라본기에 다음과 같은 기록이 있다.

진흥제 홍제(鴻濟) 1년(572) 겨울 10월 20일 전사한 사졸들을 위하여 팔관연회를 외시(外寺)에서 베풀고 7일 만에 파하였다

冬十月二十日 爲戰死士卒 設八關筵會於外寺 七日罷

팔관회는 어떤 성격의 모임인가? 고려 태조 왕건의 훈요(訓要) 6항에

짐의 지극한 소망은 연등과 팔관에 있나니 연등은 부처를 섬기는 일이요 팔관은 하나님의 영혼을 섬기는 일이다

朕所至願 在於燃燈八關燃燈所以事佛八關所以事天靈

고려의 팔관회는 신라의 팔관회를 계승한 것이다. 다시 말해 팔관회는

하나님 영혼의 한 부분인 인간의 영혼이 하나님의 영혼으로 귀환하여 합일되는 절대불변의 진리를 축하하는 우리 고유의 종교의식임을 알 수 있다. 따라서 장례식은 슬퍼할 일이 아닌 오히려 경하할 만한 축제이기에 음악을 연주하고 춤추고 노래 부르는 것이다. 그렇다면 고구려 사람들이 장례식을 지낼 때나 신라 사람들이 팔관회를 열었을 때 등장하는 악기는 무엇이며 불렀던 격려가는 무엇인가? 악기는 북과 방울이며 불렀던 격려가는 각설이 타령이다. 타령(打鈴)의 타(打)는 때릴타자로서 북치는 것을 말하고 령(鈴)은 방울영자로 방울 흔드는 것을 말하며 각설은 본래 객설(客說)이던 것이 와전되어 각설이 된 것이다.

이미 나←유관순←잔다르크←측천무후←클레오파트라←100만 개 이름 모를 제각각의 육신의 예화에서 밝혔듯이 100만 5개의 다른 육신을 임시적 나로 삼아 윤회를 계속해온 내 혼은 창조주 영혼의 한 부분으로서 영원불멸한 진짜 나(眞我)의 주인이고 백만 5개의 다른 육신은 잠깐 동안 이 세상에 머물러 있는 손님이므로 육신을 나그네 즉 객이라 한다.

『능엄경』정종분(正宗分)에 석가가 제자 아난을 교화하여 말하기를 "아난아! 길 가는 나그네는 여관에 묵으며 밥 먹고 잠 잔 뒤 이튿날 다시 여장을 챙겨 길을 떠나지만 여관 주인은 가는 데 없이 항상 그 여관에 머물러 있다. 윤회의 법칙도 이와 같아서 여관 주인에 해당하는 영혼은 상주불변(常住不變)하여 움직이지 않으나, 손님에 해당하는 육신은 어느 한 곳에 편안히 머무를 겨를 없이 항상 객진번뇌(客塵煩惱)로 가득 찬 사바세계에서 성과(聖果: 완전한 깨달음)를 얻을 때까지 피곤한 나그네 길을 감당해야만 하느니라"

그러므로 객설은 나그네인 육신을 버린 후, 주인인 소아(小我)의 내 영혼이 그의 참고향인 하나님의 대아적(大我的) 영혼에 합일(合一)하는 것이며 타령은 북 치고 방울 울림으로서 어서 빨리 속세를 벗어나 하나님의 영으로 자기복귀하기를 응원하고 독려하는 음악인 것이다.

객설 타령의 키워드인 "얼 시구 시구 들어간다"가 무엇인지 알면 금방 이해가 간다. 이것을 알기 위해서는 춘추전국시대 음양학의 창시자인 추연(鄒衍)이 만든 靈자 대신 靈자의 고자(古字)이며 우리식 한문인 曱자에 담겨 있는 뜻을 이해하여야 한다.

曱자는 북두칠성 모양 尸자 2개와 口자 2개로 이루어져 있다. 尸자를 한문 사전에서는 주검시, 시체시(屍)로 잘못 해석하고 있다. 단군조선과 단군조선의 분봉국(分封國)이었던 하은주(夏殷周) 삼대 시절에 나라에서 천제(天祭)를 올릴 때마다 어린 소년을 제단의 중앙에 좌정(坐定)시키는데 이를 시동(尸童)이라 부른다. 어린이의 영혼은 청정 순수하여 속세의 풍진(風塵)에 오염되지 않았기에 한인 상제의 영이 어린이의 영에 강령 접신되어 응감한다고 생각하였기 때문이다.

만 12세에 신라의 시조 임금으로 추대된 박혁거세는 시동(尸童) 출신이다. 여기서, 만약 尸자를 주검시로 풀이하게 되면 시동은 12살 먹은 어린 박혁거세의 시체를 제단 위에 올려놓고 천제를 올렸다는 말밖에 되지 않으므로 이것은 어불성설이다.

尸자는 북두칠성의 모양을 뜻하므로 역사적으로 북두칠성은 인간의 출생과 사망을 함께 관장하는 칠성님으로 전화(轉化)되었다. 칠성님, 칠성원군, 칠성여래, 칠아성군이 모두 한인상제의 별칭이다. 우리 고유의 장례법에 의하면 죽은 사람의 영장은 염(殮)을 할 때 반드시 일곱 매로 묶어 칠성판(七星板) 위에 안치하여 상여(喪輿)로 옮긴다. 또한 상주가 머리에 쓰는 굴건(屈巾)과 하의(下衣)인 중치막에는 전삼후사(前三後四) 즉 안쪽에 주름 3개 뒤쪽에 주름 4개 도합 7개의 주름을 잡아 칠성님의 숫자와 같게 만든다.

尸자 2개, 口자 2개로 이루어진 曱자 속에 있는 2개의 口자는 무엇인가?

첫 번째 □자는 우리말로는 '얼', 한문으로는 혼(魂)이며 전지전능한 하나님의 지혜로부터 인간에게 분유(分有)된 천생지(天生智)를 말한다. 두 번째 □자는 우리말로 '신' 이며 한문으로도 신(牲)이다. 날 生자 2개를 합친 牲은 우리 고유의 한문자이다.

신(牲)은 비단 사람에게만 있는 것이 아니라 모든 다른 생물의 육신 속에도 존재하는 것으로 추위와 더위 그리고 배고프고 목마르고 아픔을 느끼는 감각이 모두 신의 작용이다. 따라서 '얼신' 은 지혜+감각 일체다. 노름에 미친 아들을 아버지되는 어르신이 준열히 꾸짖어 말하기를 "야, 이 얼빠진 놈아! 앞으로 두 번 다시 노름방에 '얼신' 거리지도 말라" 한다. 물을 풀어 쓰면 무르, 불을 풀어 쓰면 '부르' 가 되듯이 얼을 풀어 쓰면 '어르' 가 되므로 어르신은 얼신의 풀어쓴 말이며 '얼신거리지도 말라' 는 너의 지혜와 감각을 노름에 빼앗겨 상실하지 말라는 뜻이다.

사람이 죽으면 육신의 기능은 정지되고 감각도 자동소멸하나 지혜의 부분인 얼(魂)은 살아 그것이 본래 왔던 곳인 창조주의 영(囲)으로 돌아가는 이치, 바로 이것이 '얼시구 시구 들어간다' 의 불변하는 법칙이다.

얼이 '시구시구' (尸口尸口)에 들어가기까지는 49일이 걸린다. 尸가 북두칠성을 나타낸 수자 7이기 때문에 尸口尸口 = 7 × 7 = 49가 된다.

고구려 고분 장천(長天) 1호분 천장에는 오른쪽에서 보는 바와 같은 북두칠성그림이 있다. 이 그림 동그라미 2개 중 하나는 하나님의 o (囲)이고 또 하나는 육신을 여읜 자의 얼이다. 하나님은 여읠 육신이 없으므로 하나님의 o에는 신(牲)부분이 없고 오직 전지전능한 지혜와 무한한 능력을 갖춘 혼(魂)만이 있다. 따라서 장천 1호분 천장에 그려져 있는 그림은 하나님의 o 과 망자의

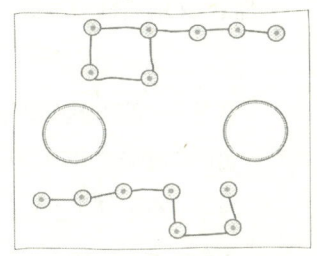

o 이 하나로 합일(合一)된 尸口尸口 즉, 囲의 진리를 형상화한 것이다. 뿔피리를 불고 거문고를 타면서 승천하는 고구려 오희분(五戲墳) 4호의 비천주악도(飛天奏樂圖)는 망자의 얼굴에 학의 날개와 용의 꼬리로 상징화된 망자의 혼을 그려놓고 있다.

　신라의 천마총(天馬塚)도 동일한 진리를 나타낸다. 무덤 벽면에 그려져 있는 날개 달린 말 천마는 실제 존재하는 말이 아닌 죽은 자의 영혼을 실어 나르는 송혼마(送魂馬)다. 우리와 같은 알타이 문화권의 티베트도 센랍미우체가 창시한 뵌포교의 영향으로 광명(죽은 자의 혼)을 실어 나르는 바람의 말 룽다와 룽다가 거쳐 가야 할 나루터인 타루초를 험한 고개마다 설치하는 풍속이 있다. 천당을 향해 날아가는 날개 달린 천마와 바람처럼 빨리 달리는 룽다가 바로 얼시구시구 하나님의 o 으로 자기 복귀하는 망자의 혼을 그림으로 형상화한 것이다.

　고구려 정신은 다물(多勿) 두 글자로 요약된다. 다물은 이두음으로 '다 물린다', '다 되돌린다', '모두 다 근본으로 돌아간다' 는 뜻이다. 시조인 동명성제의 연호가 다물이고 19대 광개토대왕이 시조의 다물정신을 계승하여 영토를 크게 확장하였으므로 사가(史家)들은 다물을 지나인들에게 빼앗겼던 단군조선의 옛 영토를 다시 찾아오는 고구려의 영토회복정신 내지 식민지확대 정책으로 오해하고 있다. 하지만 다물정신은 영토확장 정책과는 전혀 관련이 없다. 다물을 연호로 쓴 동명성제는 즉위조서(卽位詔書)에서 가로되

　　천신께서 만인을 창조하실 때 하나의 상(像)으로서 균등하게 성명정(性命精)의 삼진(三眞)을 주셨으니 이에 사람은 하나님을 대신하는 대리자로 능히 세상에 바로 서게 되었다

　　天神造萬人 一像均賦三眞於 是人其代天而能立於世也

고 하였다. 모든 인간은 성명정의 삼진을 하나님으로부터 고르게 부여받았다는 표현은 『삼일신고』에 나오는 말씀을 그대로 옮긴 것이다.

광개토대왕을 말 잘 달리고 칼 잘 쓰고 활 잘 쏘는 단순한 무장으로만 보는 견해도 크게 잘못된 것이다. 18세에 임금이 된 광개토대왕은 정기적으로 마니산 참성단에 올라 천제를 지냈으며 신라의 요청으로 왜구를 물리치기 위해 삼년산성에 출병했을 때도 이른 아침을 기해 인근 천고산(天鼓山) 제천단에서 천제를 올리는 것으로 공식행사를 시작한 분이다. 고구려, 발해 시대는 임금으로부터 백성들에 이르기까지 전 국민이 천경신고(天經神誥, 천부경과 삼일신고)를 독송함으로써 하루를 시작하는 풍속이 있었다. 따라서 다물은 앞서 말한 북 치고 방울 흔들고 춤추고 노래하면서 망자를 떠나보내는 고구려의 장례 풍속과 관계가 있다.

정확히 말해 다물은 인간의 육신에 거주하는 영혼은 모두 하나님의 영혼이므로 육신의 소멸과 더불어 망자들의 모든 영혼이 하나님의 영혼으로 되돌아간다는 뜻이다.

그렇다면 최수운이 말한 "한울님의 진리는 갔다가 다시 돌아오지 않음이 없는 이치"(天道無往不復之理)와 최해월의 "사람 바깥에 한울님이 따로 없고 한울님 바깥에 사람이 따로 없다"는 인외무천 천외무인(人外無天 天外無人)과 팔관회 때 부르는 "얼시구 시구 들어간다"와 고구려의 다물 등 영혼의 자기복귀를 교시(敎示)하는 공통된 사상의 원류는 어디에서 나왔나? 정답은 5906년 전 계해(癸亥)년에 한인하나님의 허락으로 한웅 거세발한(居世發桓)께서 삼위태백(三危太伯)으로 조림(照臨)하실 때 가지고 온 『천부경』(天符經)에 그 근원이 있다.

『천부경』81자 중 53번째 글자로부터 67번째에 이르는 다음 15에 있다.

一妙衍 萬往萬來 用變不動本 本心本
일묘연 만왕만래 용변부동본 본심본

대단히 난해한 문장이므로 상세한 해설이 필요하다. 글자별로 한자 한 자 해설한 다음 15자를 종합적으로 해석하고자 한다.

1) 一은 한국말로 하나라 부른다. 하나에 인격을 부여하여 님 자를 붙이면 하나님이 된다. 고로 一은 하나님을 말하는 것이며, 수학적 의미의 一이 아니다.

2) 妙衍의 묘(妙)는 신비할묘, 묘할묘 즉, 지극히 작으면서도 지극히 클 묘이다. 연(衍)은 무성할연, 뻗을연, 넘치게 가득 찰연이다. 따라서 一妙衍은 우주의 본체인 하나님의 영혼은 오묘(奧妙)하고 절묘(絶妙)하고 현묘(玄妙)하고 신묘(神妙)하여 극소자인 불개미로부터 극대자인 별들에 이르기까지 그들의 물리적 신체 속에 분유(分有) 내유(內有)되어 우주에 넘쳐날 만큼 가득 차게 현현(現顯)한다는 뜻이다.

3) 萬往萬來를 직역하면 만 번을 왔다 갔다 한다는 뜻이나 여기서의 만 번은 무한 수를 나타내는 말이다. 한국인에게 있어 무한 수는 5만(예, 오만 가지 고생, 오만 가지 반찬 등)이고 지나인은 8만 4천, 인도인은 항하사수(恒河沙數: 간지스 강의 모래알 수)이다. 불경 한역(漢譯)의 일인자인 구마라습(鳩麿羅什)이 간지스 강의 모래알 수만큼이나 많은 불경을 8만 4천 법문(法門)으로 나눈 것은 지나인들의 무한 수 개념인 8만 4천에 맞추기 위해서였다. 따라서 여기서의 만왕만래는 만 번이 아닌 무수히 많은 영원히 왔다 갔다 한다는 뜻이다.

4) 用變不動本을 직역하면 쓰임에 변화를 가져와도 본은 움직이지 않는다는 뜻이다. 하지만 이런 해석으로는 뜻을 명확하게 이해할 수 없다. 우주만물은 크던 작던 자기대로의 형상(form)이 있으며 그것에 따른 덩치가 있다. 한편 하나님은 예수의 말씀대로 육신의 형체가 없이 우주에 중존(中存)하고 있는 순수 o (田)자체다. 따라서 용변부동본은 형상 없는 하나님의 영혼이 형상을 가진 우주만물의 물리적 신체 속에 무형의 田을

나누어 가지게 하여 자신의 분령(分靈)인 만물을 작동 변화시켜도 본령인 천령은 움직이지도 변하지도 않는다는 뜻이다. 용변부동본의 뜻을 훌륭하게 설명한 철학자에 아리스토텔레스가 있다.

그는 데올로기아(Theologia, 신학)와 데아니마(De Anima, 영혼론)에서 제일운동자(The first mover)를 설정하여 모든 운동의 시발자이자 구극인(究極因)인 제일운동자를 신이라 불렀다. 제일운동자인 신은 자신은 전혀 운동하지 않는 부동의 상태에서 다른 사물들을 운동하게 만드는 자(The unmovable mover)이고 자신은 변화하지 않은 채 다른 사물들을 변화시키는 (The changeless change) 존재라 하였다. 제일운동자에 의해 운동하고 변화하는 만물은 그에 내재하고 있는 고유의 본질을 향한 목적론적 엔텔레캐이야(Entelecheia, 실현태완성태)의 끊임없는 상승운동을 계속한다고 말하였다. 하나님은 육체가 없기 때문에 손도 없고 발도 없다. 손으로 자신의 영혼을 만물에 집어넣는 것도 아니고 발로 움직여 우주의 구석구석을 돌아다니며 자신의 영혼을 분배해 주는 것도 아니다. 때문에 用變不動本이라 한 것이다.

5) 지금까지 영혼을 논하다가 왜 갑자기 마음심(心) 자가 등장하는지 의아해 할 것이다. 때문에 本心本을 해설하기 전에 먼저 영(靈)과 심(心)의 상관관계부터 살펴보자.

표훈대사는 '眞我眞心者一檀靈攸居之家也'(참나 참마음은 하나님의 영혼이 거주하는 집)이라 했으므로 영(靈)과 심(心)은 글자만 다를 뿐 의미하는 내용은 같다. 우주의 본체를 하나님이 영혼으로 보면 이는 가륵단군의 즉위조서에 나와 있는 중일(中一)이고 우주의 본체를 하나님의 마음으로 보면 이는 한검단군의 즉위조서에 나와 있는 본심(本心) 또는 천심(天心 = 道心 = 一心)이 된다. 덧붙여 말하자면 우주의 본체를 대일여래의 영혼으로 보면 이는 중관학파(中觀學派)의 공사상이 되고 대일여래의 유심(唯心)으로 보면 이는 유식학파(唯識學派)의 일심(一心) 사상이 된다. 진공(眞空)과 일심(一心)이 같다는 것을 밝힌 사람이 신라의 원효다. 예컨대 자본금 1억 원을 투자하여 식당을 개업한 사람에게 있어 1년 수입도 1억 원, 1년 지출도 1원 원이라면 본전 1억 원은 망실되지 않은 채 항상 그대로 남아 있게 된다. 윤회와 열반의 법칙도 이와 같아서 하나님의 마음인 본심(本心)을 일 년에 1000조 개 창조하여 새로이 생(生)을 얻은 만물의 육신 속에 거주시키지만 또한 동시에 육신의 사멸(死滅)과 더불어 하나님의 본심으로 복귀하는 수도 1000조 개라면 하나님의 마음인 본심은 불지도 않고 줄지도 않는 부증부감(不增不減)의 본심본(本心本)이다.

이상의 설명을 바탕으로 一妙衍 萬往萬來 用變不動本 本心本을 해석하면 아래와 같은 뜻이 된다.

"하나님의 마음인 본심의 작용은 오묘, 절묘, 현묘, 신묘하기 그지없어 무내(無內)의 극소자로부터 무외(無外)의 극대자에 이르기까지 우주만유의 물리적 신체 속에 넓게 고르게 가득차고 넘치게 내재되고 현상세계에 현현(現顯)하시어 영원한 윤회상(輪回狀)을 만들어 그 쓰임(用)을 변화시키지만 하나님의 본심은 여전히 불지도 줄지도 않은 채 상연여여(常然如如) 항상 변치 않는 그렇고 그러한 하나님일세"

한님, 한울님, 창조주, 조물주, 천주, 천신, 상제, 옥황상제, 화화옹(化化翁), 절대자, 독존(獨尊), 천독(天獨), 창천(蒼天), 호천(昊天), 민천(旻天), 상천(上天), 칠성님, 신령님 이 모두 우주만물의 창조자이며 궁극적 실제인 한인(桓因)하나님의 별칭이다. 한자에는 동자이음(同字異音)이 부지기수로 많다. 그러므로 桓因, 桓雄, 桓儉은 한인, 한웅, 한검으로 읽어야 하며 환인, 환웅, 환검으로 읽어서는 아니 된다. 한인(桓因)이 무엇인지 그 의미를 풀어보자.

먼저 한(桓)을 풀어보면 '한'에는 1) 하나(한마음, 한지붕, 한울타리), 2) 처음(한새벽, 한울림), 3) 크다(한국, 한글), 4) 으뜸(칭기스한, 쿠빌라이한, 묵돌가한, 서불한), 5) 통일(풀색과 녹색은 한 가지 색깔, 너와 나는 한가족)의 뜻이 있다.

인(因)은 1) 원인, 2) 이유, 3) 인연을 뜻한다. 따라서 한인의 뜻은 1) 우주만물을 존재케 한 최초의 원인, 2) 우주만물을 창조한 하나의 필연적 이유, 3) 자신의 본심을 우주만유에 강림(降臨)케 함으로서 하나님이 곧 우주만유요 우주만유가 곧 하나님인 전일적(全一的) 생명연대를 하나의 천망(天網)으로 엮은 한인연의 창조자로 풀이할 수 있다.

하나님이 우주에 편만(遍滿)한 하나밖에 없는 한령(桓靈)이고 하나밖에 없는 마음인 일심(一心)이고 모든 존재에게 본심(本心)을 부여한 본심본(本心本)이라면 결국 진리도 하나일 수밖에 없으므로 진리의 등불을 전달해 주기 위해 이 세상에 오신 전등자(傳燈者)들의 말씀도 표현 방법은 비록 다르다 할지라도 그 내용은 동일한 것이 되지 않으면 안 된다.

철학이란 용어는 그리스어 필로소피아(philosophia)를 번역한 말이다. philo = 사랑, sophia = 영혼의 지혜를 말하므로 Philosophia는 영혼의 지혜를 사랑한다, 진리를 사랑한다는 뜻이다. 영혼의 지혜는 하나님의 전지전능한 영혼으로부터 우리 인간들에게 분유된 큰 슬기이며 천생지(天生智)며 대혜(大慧)일 뿐 레토리케(Rhetorike, 변론술)를 중심으로 후천적으로 개발한 기술지(技術知, technical knowledge)가 아니다. 지금 이 시점을 기준을 삼아 말하자면 제대로 된 이론 체계를 갖추어 종교적 교리로 승화시킨 필로소피아는 23억 명의 신도를 자랑하는 기독교와 방대한 양의 불경을 남긴 불교밖에 없다. 하지만 23억 명의 기독교인들은 예수의 진정한 가르침과 만나고 있는 것이 아니라 바리새유대인 사울(바울)이 기독교를 로마 제국의 국교로 세우기 위해 정치권력과 타협하는 과정에서 진리의 핵심을 삭제하고 예수의 말씀을 변조하고 위조한 가짜 가르침과 만나고 있는 것이다. 이런 의미에서 현 기독교는 예수의 이름을 가탁(假託)한 예수교의 외피(外皮)를 뒤집어쓴 바울교일 뿐 진정한 예수교가 아니다. 물론 23억 명의 기독교인들에게는 아무런 잘못도 책임도 없으며 또한 죄를 지은 것도 아니다. 그러나 진리의 광채는 감추어질 수 없는 법-2천 년이 지나면 예수의 진정한 가르침이 세상에 알려지게 되고 바울에 의해 조작되고 왜곡된 사이비 진리를 척결하기 위해 재림예수는 반드시 온다고 『탈무드 임마누엘』은 기록하고 있다.

15장 75절: 이천 년 이내로 사람들이 알고 생각하기 시작할 때가 되면 내가 실제로 행한 가르침이 변조되지 않은 채 새로 드러나게 될 것이라는 것도 사실로 입증될 것입니다. 14장 16절: 그때까지 나의 가르침은 변조되어 한 사악한 종파가 될 것이니 그로 말미암아 많은 피가 흐르게 될 것입니다. 17절: 왜냐하면 사람들은 내 가르침을 이해하고 진리를 깨달을 준비가 아직 되어 있지 않기 때문입니다. 18절: 내 가르침이 진리임을 인정하고 커다란 용기를 내어 이를 전파할 사람, 사람들에게는 별로 대단지도 않게 보일 그 사람은 2천 년이 지나서야만 나타날 것입니다.

23장 47절: 나 또한 예언자의 한 사람으로서 미래를 알고 있기 때문에 내가 신의 대리인으로서 다시 태어날 것임을 그대들에게 말해둡니다. 그때에는 내가 사람들을 가르치는 한편으로 그릇된 가르침을 따르고 영혼의 지혜를 하찮게 보는 사람들을 심판하는 자리에 앉을 것입니다.

한편 제석천한인으로부터 삼세제불(三世諸佛)의 정법(正法)인 아뉴타라삼약삼보디(Annuttara Samyak Sam Bodhih)의 설산 16자를 받은 석가모니는 우주에 독립적인 개체란 하나도 없고 모든 존재가 한 인연의 인타라망(因陀羅網)에 연결되어 중중무진(重重無盡) 교섭하기 때문에 인식하는 주체와 인식의 대상인 객체가 용해되어 하나의 진실제(眞實

際)로 귀일되는 인식론 분야에 뛰어난 업적을 남겼다.

하지만 바라문교에서 빌려온 우주창조자도 아닌 비로자나(Vairocana)를 우주의 본체로 설정함으로써 제일 중요한 본체론 분야에서 실패했다고 볼 수 있다. 우주만유에 보편하여 상주불변하는 본체를 산스크리트어로 타타타(Tathata) 한문으로 眞如라 부르는데 진여의 시원은 우주만유를 창조한 창조주의 영혼에서 비롯되지 않으면 안 된다. 만약 모든 존재에 보편화되어 내재된 진여가 창조주에서 비롯되지 않고 창조주가 아닌 비로자나에 그 시발점을 둔다면 우주는 왜 생겨났으며 인간 존재는 왜 무슨 목적으로 창조되었는지를 설명할 수 없게 된다. 우주도 인간을 포함한 만유도 모두 창조주의 필연적인 계획에 의해 필연적으로 탄생한 필연성의 산물일 뿐 결코 우연히 자연발생적으로 생겨난 것은 아니기 때문이다. 인연에 의해 일어나는 일법계(一法界: 하나를 원인으로 해서 일어나는 유일 절대의 세계 즉 영혼계를 말함)의 중중연기(重重緣起)도 필연성이 전제되지 않으면 성립하지 않는다.

사람들을 더욱 혼란스럽게 만드는 것은 영혼을 의미하는 용어만도 자그마치 30개가 넘는다는 사실이다. 예를 들면 범어(梵語) '타타타'(Tathata)는 '진여(眞如)'로만 한역된 게 아니라 '여여(如如)', '일여(一如)', '진리(眞理)', '부사의계(不思議界)'로도 번역되었다.

달마대사의 달마는 산스크리트어 '다르마'(Dharma)를 음역(音譯)한 것인데 다르마는 원래 영혼을 의미하는 말이다. 그런데 영혼은 영원불멸이고 영원불멸한 것은 진리이고 진리는 불변의 법칙이고 불변의 법칙은 진리의 본성이고 모든 존재의 실상(實相)이므로 불교에 있어 영혼, 진리, 법, 실상은 모두 뜻이 같은 동의어(同義語)로 상용된다.

법(法)은 Dharma를 번역한 말이고 법성(法性)과 진성(眞性)과 실상(實相)은 다르마타(dharmata)를 번역한 말이고 법신(法身)은 다르마카야(dharma-kaya)를 번역한 말이다. 법신(法身)을 직역하면 법의 몸이라는 뜻이 되는데 법은 영원불멸의 법칙을 말하므로 법신은 영원히 죽지 않고 영생하는 육체라는 뜻이다. 인간의 육신은 기껏 100년을 못 넘기고 필멸(必滅)하는데 영원히 죽지 않고 영생하는 육신이 어디 있단 말인가?

영원히 죽지 않고 적멸위락(寂滅爲樂)을 누리는 것은 영혼이지 육신이 아니므로 다르마카야는 마땅히 영혼으로 번역해야지 법신으로 번역하여 사람들을 혼돈케 하고 있다. 비로자나불은 석가모니불의 법신불이다. 이는 석가의 영혼이 창조주가 아닌 무수한 생사윤회를 거듭한 끝에 성불한 인간존재인 비로자나로부터 분유되었음을 뜻한다. 문제를 더욱 복잡하게 만드는 것은 불경 어디를 훑어봐도 법성(法性)과 진성(眞性)이 불성(佛性, Buddhata)과 어떻게 다른지 그리고 중생일체 실유불성(衆生一切 悉有佛性)이라면 영혼과 불성은 어떻게 다른지 아무런 설명이 없다는 점이다. 만약 법성, 진성, 진여, 불성, 무분별지(智), 진제(眞諦), 반야(般若), 대원경지(大圓鏡智), 중도제일의제(中道第一義諦) 등 30개가 넘는 용어가 모두 영혼을 의미한다면 예수처럼 영혼 한 가지 단어만 사용하면 될 것을 무엇 때문에 30개가 넘는 동의어를 남발하는지 이해할 수 없고 반대로 30개가 넘는 용어가 서로 다른 뜻을 가진 말이라면 어떻게 다른지 분명 밝혀야 한다.

많은 사람들이 불교에 등을 돌리는 이유는 교리의 난해성과 논리의 복잡성 때문이다. 진리는 이해하기 쉬워야 한다. 어려운 말들과 미사여구만 늘어놓는다고 해서 진리가 되는 것은 아니다. 진리라면 보편적 상식을 가진 평범한 인간들도 이해할 수 있고 공감할 수 있어야 한다. 이러한 의미에서 석가가 잘못 세운 진리의 법통을 원효가 바로잡은 것은 천만다행한 일이다. 『열반경종요』(涅槃經宗要)에서 원효는 말한다. ○은 열반이고, ⊙은 열반삼사(涅槃三事)인데 그림 중 위의 ○은 법신(法身), 밑의 왼쪽 ○는 반야(般若), 검은 색의 ●는 해탈(解脫)이다.

해탈은 이박(離縛)이다. 즉 결박으로부터 풀려나는 것, 모든 얽매임과 객진번뇌(客塵煩惱)로부터 벗어나는 것, 암흑으로부터 해방되는 것이므로 육신의 죽음을 의미한다. 반야는 조달(照達)이다. 어두운 미혹(迷惑)을 깨뜨리고 밝게 통달하여 비추지 않는 데가 없는 영혼을 의미한다.

법신은 적집(積集)이다. 망자들의 육신에 거주하면서 얼마간의 깨달음을 얻어 공덕을 쌓은 영혼들이 우주본체의 영혼인 법신으로 집합(集合)한다는 뜻이다. 열반은 적정(寂靜)이다. 적정은 영원한 고요함, 영원한 평화라는 뜻이다. 열반은 육신을 버린 망자의 영혼이 종본이래(從本以來) 육신이 없는 창조주의 영혼으로 자기복귀 하는 것을 말한다. 육신은 웃고 울고 떠들고 시끄럽지만 영혼은 고요하고 육신은 움직이지만 영혼은 움직이지 않으므로 적(寂)은 육신의 시끄러운 요(擾)에 대비한 것이고 정(靜)은 육신의 움지임인 동(動)에 대비한 것이다. 원효는 망자의 반야(영혼)를 인아(人我), 즉 사바세계에 살면서 진리를 갈구하고 열망하는 보리아(菩提我)로, 우주의 본체인 법신을 법아(法我), 즉 진실된 나인 진아(眞我)이며 열반아(涅槃我)라고 했다. 인아(人我)는 본래 법아(法我)로부터 분유된 것이므로 인아와 법아, 보리아와 열반아는 2개의 다른 내가 아닌 하나의 나이다.

二種我者 一大涅槃 一卽一切 一切卽一

두 종류의 내가 하나의 나로 합일되는 것이 큰 열반이니 하나가 전부며 모든 것이 하나다

원효는 법신, 반야, 해탈 등 불교 용어를 사용하여 열반의 법칙을 설명했지만 열반의 실질적 내용은 ⊙그림에 현시(顯示) 되어 있는 영(囧)자

의 뜻을 설명한 것에 지나지 않는다. 앞에서 설명한 바와 같이 靈자를 구성하는 2개의 口 중 하나는 신(牲), 다른 하나는 혼(魂)으로서 牲부분은 육신의 사멸과 함께 없어지고 오직 영생불사의 얼(魂)만이 살아 얼시구 얼시구 하나님의 靈으로 되돌아가 합일된다. 靈은 한국어 발음으로 영이고, 형체 없는 영을 상징하는 수학적 내지 형이상학적 기호는 o이므로 모든 사람의 o은 그 자체로 보리아와 열반아가 합일된 성정열반(性淨涅槃)이다.

해탈은 육신을 버리는 것이기 때문에 육신의 죽음과 함께 牲부분도 없어져 캄캄한 땅속으로 들어가므로 검은 점으로 표시한 것이다. 육신이 죽어야 열반하고 해탈, 반야, 법신의 삼사(三事)가 일시에 작용해야 열반을 이룬다. 하나가 전부며 전부가 하나라는 원효의 一卽一切 一切一卽의 一에 님자를 붙이면 하나님이 된다. 그러므로 一卽一切 一切一卽은 만유에 내재되어 있는 영혼은 하나님의 영혼이 분유되어 강림한 것이므로 하나님이 곧 만유(萬有)요 만유가 곧 하나님이라는 뜻이다. 一을 우주 최초의 영혼도 아니고 만물을 존재하게 만든 처음 원인도 아닌 비로자나로 보면 우주의 기원과 그 영속적인 발생을 설명할 수 없다. 一은 하나님이지 다른 어느 누구도 아니다.

고대 그리스의 철학자 크세노파네스(B.C. 500~425)는 도둑질하거나 간통하거나 서로 속이고 사기 치는 신들의 이야기인 의인적 신관(擬人的 神觀)에 입각한 그리스 신화를 비판하면서 유일신만이 우주에 존재하며 그는 물질로 구성된 육신이 없는 비물질적 존재인 우주 자체로서 하나(一)이자 전체인 헨카이판(Hen Kai Pan)이라 설파했다. 크세노파네스의 헨카이판과 "인간의 영혼은 창조주 영혼의 한 부분임으로 인간과 창조주는 둘이 아닌 하나"라는 예수의 가르침과 "한울님 바깥에 사람이 따로 없고 사람 바깥에 한울님 따로 없으므로 모든 사람이 곧 한울님이라"는 동학의 인내천(人乃天) 사상과 원효의 一卽一切 一切一卽은 무엇이 어떻게 틀리는가? 표현만 다를 뿐 모두 똑같은 진리의 내용을 말씀하고 있는 것이다.

원효는 12살 때 당대 최고의 국선인 문노(門努) 문하에서 국선도와 병법을 배워 국선화랑이 되었고 29살에 출가하여 불교 승려가 된 인물이다. 원효의 본적과 사상적 배경은 국선도이기 때문에 그를 불교의 좁은 카테고리 속에 집어넣어 단순한 불교 승려로만 보는 시각은 합당치 못하다.

일단 불교 승려가 된 이상 교주인 석가모니가 세운 교리를 공개적으로 힐난(詰難)할 수도 없는 노릇이지만 일신(一神)의 우주창조와 일신의 존재조차 부정하면서도 법계연기론(法系緣起論)의 필연성을 설명하고자 한 불교 교리의 허점을 누구보다도 잘 알고 있었다. 1997년 10월 『원효결서』를 출간하고 1년 4개월이 지난 1999년 3월 필자는 설 씨 문중의 초대로 경주시 외동읍 설 씨 집성촌의 종가를 방문하여 원효대사의 60대 손이 되는 설병석(薛炳錫)님으로부터 많은 이야기를 들을 수 있었다.

설병석님은 신라사는 입에서 입으로 전해져 내려오는 구전역사라면서 기록에 없는 원효대사의 유언 이야기를 들려주었다. 원효대사는 열반 직전 그의 아들인 홍유후(弘儒候) 설총(薛聰)에게 두 가지 유언을 남겼는데 "석가 입멸(入滅) 천 년 후 서방에서 야소라는 성인이 나와 석가의 가르침을 물거품으로 만들었으니 불교 교리에 너무 집착하지 말라"가 첫째이고, "설 씨는 앞으로 자손이 귀할 터이니 이익을 많이 남겨 사람들의 원망을 사는 장사 같은 것 하지 말고 항상 몸과 마음을 깨끗이 하여 미륵불이 올 때까지 천하만민에 봉사하는 심부름꾼이 되라"가 둘째이다. "불멸(佛滅) 천 년 후 서방에서 야소라는 성인이 나와 석가의 가르침을 물거품으로 만들었다"는 대목은 원효대사께서 예수의 진짜 가르침인 『탈무드 임마누엘』의 존재를 알고 있었다는 이야기가 된다.

왜냐하면 예수께서 가르치신 영혼의 윤회와 환생의 법칙을 바울이 삭제하여 원죄설을 조작해 내고 아우구스티누스와 아퀴나스와 루터와 칼뱅이 이론적 보완을 한 구제예정설 즉, 천당 가는 자도 지옥 가는 자도 모두 신의 예정된 조화이고 신의 은총이라고 설명한 기존 교리는 석가의 가르침을 물거품으로 만들기는커녕 오히려 석가의 가르침에 물거품이 될 교리이기 때문이다.

두 번째 유언의 핵심은 '미륵불이 올 때까지'라는 부분이다. 이는 56억 년이 지나야 미륵북이 온다는 불경의 기록을 부정한 것으로 미륵불의 출세가 임박했음을 암시하는 대목이다.

『원효결서』에 나오는 '天氣歸人 眞人御世 宰物一道' 즉, "하나님의 기운이 사람에게 돌아와 진인이 세상을 다스리니 세상이 하나의 진리로 다스려진다"의 진인(眞人)이 바로 미륵불이다. 아마 독자들은 질문하리라. 원효대사는 어떻게 『탈무드 임마누엘』의 존재를 알며 또 어떻게 미륵불의 출세가 임박했음을 알 수 있는가? 대답은 이렇다. 불교 용어로 말하면 석가는 싯다르타 태자를 최후의 몸으로 하여 구경열반(究竟涅槃: parinirvana)을 이루었기에 더 이상 인간의 육신을 받아 윤회하지 않지만 예수와 원효는 한 번 더 인간을 몸을 받아 이 세상에 오는 일생보처보살(一生補處菩薩)이다.

예수, 원효 공히 윤회의 끝자락에 도달한 존재들이기 때문에 자신의 전생들은 물론 미래에 일어날 일, 과거에 일어났던 일들을 한 줄에 구슬 꿰듯 모두 다 알 수 있다.

『탈무드 임마누엘』 23장 23절: 창조의 법칙은 새로운 생에 있어서 사람들은 자기들의 전생을 기억하지 못한다고 가르치고 있습니다. 24절: 오늘날 자신의 전생들을 기억하는 사람은 오직 예언자들뿐이니 그들은 창조주의 법칙을 준수하며 항상 영혼의 지혜 속에서 살기 때문입니다. 만약 석가모니가 체계를 바로 세워 진리를 제대로 전달했더라면 하나님은 예수를 이 세상에 내려 보내지 않았을지도 모른다. 하지만 진리의 전등자로서 예수가 전달한 혁명적 가르침은 결국 자신들의 지위에 위협을 느낀 유대교의 대사제들과 율법학자들 그리고 '시온의 아들 딸'로 자처하는 바리새유대인들의 미움과 질투를 사 그들의 고발로 십자가의 수난을 당하셨고 그의 진짜 가르침은 사장된 채 오늘에 이르고 있다. 그러므로 석가모니가 흩트려놓은 진리의 법통을 바로잡기 위해 미륵불이 하생(下生)해야 할 필연성이 있고 예수께서 결코 가르친 적이 없는 내용을 조작하여 예수의 이름으로 팔아먹는 천당 장사꾼들의 사이비 진리를 혁파(革罷)하기 위해 재림예수가 와야 할 필연성이 있다.

이 책에는 유달리 한문이 많이 쓰여졌다. 한검단군과 가륵단군의 즉위 조서, 한검단군의 홍범구주(洪範九疇), 불경과 유교의 사서삼경(四書三經), 노장(老莊)사상 등을 다루다 보니 한자 원문을 인용하지 않을 수 없다. 모든 문자는 사물을 나타내는 상징이고 기호이며 문자를 통해 의미가 전달된다. 특히 상형문자인 한자는 글자 그대로 번역해서는 정확한 의미전달이 되지 않는다.

예를 들어 한문사전이나 한석봉 천자문에 宇宙의 宇는 집우, 宙는 집주로 풀이되어 있다. 따라서 宇宙를 사전에 나와 있는 글자의 뜻을 그대로 좇아 번역하면 집집이 되어 도대체 무슨 뜻인지 모르게 된다. 발해 태조 대조영의 동생 대야발(大野勃)이 쓴 『단기고사』(檀奇古史)에 11세 도해(道奚)단군, 12세 아한(阿漢)단군, 13세 흘달(屹達)단군의 국태사(國太師)를 지낸 유위자(有爲子)께서 명쾌하게 내린 우주의 정의(定議)가 기록되어 있다.

유위자께서 흘달단군에게 도(道)에 관한 강의를 하는 과정에서

무한히 광대한 공간과 처음도 끝도 없는 영원한 시간을 일러 우주라 부른다

無限廣大的空間者 亦而無始無終的時間者 謂之宇宙也

고 말씀했다. 그로부터 1900년이 흐른 한대(漢代)에 이르러 한고조 유방의 손자인 유안(劉安)이 쓴 『회남자』(淮南子)에도 우주는 '광대무변한 공간과 영원무궁한 시간' 을 이르는 말로 정의되어 있다. 그러므로 宇는 집우가 아닌 무한광대한 공간우로, 宙는 처음도 끝도 없는 영원한 시간주로 해석해야만 우주에 내포된 참뜻을 알 수 있다.

또 다른 예로 神자를 살펴보자. 神은 보일示와 납申의 합성어다. '납시다' 는 '나오신다', '나가신다' 의 뜻으로 임금에게 쓰던 궁중 말이다. '납시다' 가 가고 온다의 거래(去來), 왕복(往復)이므로 神은 '나가시고 나오심을 보여준다' 는 뜻이다. 무엇이 나오시고 무엇이 나가시는가? 앞서 『천부경』의 一妙衍 萬往萬來를 해설하면서 말했듯이 인간의 영혼은 하나님 영혼의 한 부분이므로 인간의 영혼은 하나님의 영혼으로부터 나오시고 죽은 사람의 시신(屍身)을 나가시는 영혼은 자신이 나오신 고향인 하나님의 영혼으로 돌아가는 것, 이것이 바로 神자에 함축되어 있는 참뜻이다. 또한 한문에는 원효대사께서 지적하신 것처럼 현료의(顯了義)와 은밀의(隱密義)가 있다.

현료의는 뜻이 완전히 드러난 말이고 은밀의는 글자 뒤에 뜻이 숨겨져 있어 그 의미가 완전히 드러나지 않는 말이다. 예컨대 "저것은 물이다" 라고 할 때의 물은 바닷물인지 강물인지 마실물인지 의미가 분명히 드러나 있지 않기 때문에 은밀의지만 "저것은 짠물이다"라고 했을 때 짠물 곧 바닷물이고 의미가 완전히 드러났으므로 이는 현료의가 된다.

어떤 사람이 액자 안에 들어 있는 2개의 인물 사진을 손가락으로 가리키며 "이 인간은 인간이 아니고 저 인간도 인간이 아니다"라고 말했다.

이 문장은 인간을 보고 인간이 아니라 했으므로 인간의 뜻이 완전히 드러나지 않아 은밀의에 속한다. 두 인물 사진의 주인공은 예수와 히틀러였다. 따라서 은밀의에 속한 위의 문장을 현료의의 문장으로 고치려면 "예수는 인간이 아니고 히틀러도 인간이 아니다"라고 하면 된다. 왜 현료의가 되는가? 예수는 사람보다 상위의 개념인 신이라는 뜻이고 유대인 600만 명을 학살한 살인마 히틀러는 인간이 아닌 짐승보다 더 못한 자이기에 현료의가 된다. 현료의와 은밀의에 관한 설명을 바탕으로 노자의 『도덕경』 18장에 있는 문장을 보자

大道廢 有仁義 智慧出 有大僞 六親不和 有孝慈 國家昏亂 有忠臣

기존 해석은 "대도(大道)가 없어지면 인의가 있고 지혜가 나오니 대위(大僞)가 있고 가족이 화(和)하지 않아 효와 사랑이 있고 국가가 혼란하여 충신이 있다"이며, 기존 해의(解義)는 "큰 도가 상실되면 사랑과 정의의 도덕이 강조되고 잔재주를 부리는 지혜가 발달하면 인위적인 규범이 많이 제정된다. 집안이 시끄러워지면 어버이와 자식 사이의 도덕이 떠들썩하게 거론되고 국가의 질서가 문란해지면 충신의 존재를 시끄럽게 거론한다"이다.

기존 해석과 문장의 뜻을 풀어 밝힌 기존 해의는 문장의 뜻을 전혀 파악하지 못한 궤변에 가깝다.

대도가 없어지면 인의가 있고 지혜가 나오고 가족끼리 불화하니 효와 사랑이 있고 국가가 혼란해지니 충신이 있다는 해석은 글자의 뜻만 풀어 나열한 것에 지나지 않는다. 사랑과 정의와 지혜와 부모에 대한 효(孝)와 부모의 자식 사랑(慈)은 위대한 진리인 大道의 내용을 빛내주는 인류의 보편적 가치들인데 어떻게 대도가 없어지고 난 후 사랑과 정의와 지혜와

효(孝)와 자(慈)가 분출될 수 있는가?

18장에 나오는 이 문장은 대표적인 은밀의의 문장이다. 다시 말해 有仁義 有孝慈 有忠臣의 有자 다음에 가짜 假자가 은밀히 숨어 있는 것이다. 따라서 위 문장은 "진짜가 없어지니 가짜가 판을 친다"는 뜻에 입각해 쓰인 문장이다. 그러므로 필자가 위 문장을 의역(意譯)하면 다음과 같은 뜻이 된다.

"위대한 진리가 폐기되니 가짜 사랑과 가짜 정의가 판을 친다. 사람마다 얕은 꾀의 간지(奸智)만 쏟아내니 큰 거짓이 횡행(橫行)하고 부모와 자식과 형제와 부부가 서로 화합하지 못하여 겉치레에 불과한 가짜 孝와 입에 발린 가짜 자식 사랑이 남발되고 마침내 국가마저 혼란에 빠져 가짜 충신들만 날뛴다" 이다.

한문으로 쓰인 문장과 한역된 불경(佛經)들에는 이렇듯 뜻이 명확하게 들어나지 않는 은밀의가 많기 때문에 문자 뒤에 숨은 뜻을 알지 못하고 글자 그대로 번역해서는 아무런 의미도 없는 죽은 문장이 되기 쉽다. 이 책의 한두 곳에서는 인용한 문장의 기존 해석과 필자의 해석을 나란히 실어 두 해석의 상이점을 비교했으나 대부분의 경우 오류가 많은 기존해석을 버리고 필자가 새롭게 전체 문장의 뜻을 살려 해석했다.

제 2 장

태양앙명인중천지일(太陽昻明人中天地一)

1. 천부인(天符印) 3개

　태양앙명인중천지일(太陽昻明人中天地一)은 『천부경』 81자 중 66번 글자에서 75번 글자까지이며 풀이하면 "태양이 밝게 빛나는 가운데 사람 안에서 하늘과 땅이 하나로 합일(合一)된다"는 뜻이다. 5,906년 전 계해(癸亥)년 9월 9일에 한웅천왕께서 한인하나님의 분부를 받아 삼위태백(三危太白) 위로 조림(照臨)하실 때 천부인(天符印) 3개를 가져오셨으니 ○□△이 바로 그것이다. ○는 하늘, □은 지구, △는 사람을 상징한다. 여기서 ○□△을 합성하여 사람 가운데 하늘과 땅이 하나가 되는 인중천지일(人中天地一)의 기하학적 모형을 만들어보자.
　사람은 혼자 살아갈 수 없고 서로 의지하고 협조함으로서만 살아갈 수 있다. 이러한 의미에서 인간관계의 기본은 부부관계이며 부부결합을 통해 자손을 생산함으로써 종(種)을 유지하고 문명을 이어갈 수 있다. 따라서 사람을 상징하는 △형 2개를 결합시키면 ◇ 의 모양이 된다. 두 △형의 중심인 중앙점·은 부부의 두 마음이 한마음으로 결합된 것을 나타낸다. 이 그림을 한국어로 표현하면 한마음 한몸이고 한문으로 일심동체도(一心同體圖)이며 음양학적 표현으로 조양율음도(調陽律陰圖)이다.

일심동체도에 지구를 상징하는 ㅁ을 그려 넣으면 왼쪽 모양의 그림이 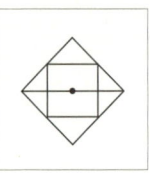 된다. 이 그림은 부부가 되기 전 남녀 각자의 마음이 부부가 됨으로써 한마음이 되고 여기에 지신(地神)님의 마음인 지심(地心)이 합해져 인심(人心)과 지심이 한마음으로 귀일(歸一)되는 상(相)을 나타낸 것이다.

인심과 지심이 한마음으로 합해진 위의 그림에 하늘을 상징하는 ㅇ을  그려 넣으면 왼쪽 모양의 그림이 된다. 여기에 이르러 인심과 지신님의 마음인 지심과 하나님의 마음인 천심이 합하여 회삼귀일(會三歸一)의 일심(一心)으로 화(化)하니 이것이 바로 삼신(三神)이 일신(一神)이 되는 삼신일체(三神一體)요, 일신이 그 용사(用事)에 있어 삼신으로 나누어지는 묘용(妙用)이다. 어떤 분들은 지구에 무슨 마음이 있어 지심(地心)이라는 표현을 쓰느냐 힐난할지 모르지만 마음은 신령이 거주하는 집이므로 마음과 영혼이 같은 말이라는 관점을 받아들인다면 지구에도 신령의 한 부분인 지령(地靈)이 존재하고 있음을 부인하지 못할 것이다. 지구도 태양도 북두칠성도 살아 움직이는 거대한 생명체이다.

만약 유물론자들의 주장처럼 지구와 태양이 영혼 없는 한 덩어리의 거대한 물질이라면 어떻게 지구는 45억 년을 하루도 빠지지 않고 태양의 주위를 공전하면서 태양빛과 열을 받아 자신의 품안에 서식하고 있는 억조창생들을 먹여 살릴 수 있으며, 또한 햇님은 50억 년 동안 1초도 쉬지 않고 빛과 열을 생산하여 자신의 자식들인 태양계의 행성들에게 공급해 줄 수 있겠는가? 지구의 영혼과 태양의 영혼은 사람의 육신 속에 거주하는 영혼보다 훨씬 수승(殊勝)한 하나님 영혼의 일부이다. 『삼국사기』 제사편에 신라는 입추(立秋) 후 진일(辰日)에 본피유촌에서 영성제(靈星祭)를 지내고 고구려는 10월에 영성과 태양에 제사 지낸다고 기록되어 있다. 영성이란 글자 그대로 별의 영혼으로서 별들의 영혼을 포함한 우주만유의 영혼이 모두 하나님 영혼의 일부임을 신라인과 고구려인들은 인식하고 있었다.

천심과 지심이 인심 안에서 한마음으로 되는 인중천지일도는 고구려의 고분인 장천분(長天墳), 오희분(五戱墳), 덕흥리 고분(德興里古墳) 뿐만 아니라 돈황석굴 천정 벽화에 무수히 그려져 있고 충북 보은군 마로면에 있었던 광개토대왕 조천석(朝天石)에도 나타나 있다. 서기 403년 계묘(癸卯)년 7월 신라를 침범한 왜구들을 물리치기 위해 출정한 광개토대왕은 속리산 지맥인 천고산(天鼓山)에 천단(天壇)을 쌓고 천제(天祭)를 올린 후 산 밑에 있는 바위에 오른쪽 그림과 함께 천부경 81자를 남겼다. 81자 중 한 글자가 최치원의 천부경과 틀리는데 틀리는 한 글자가 우주의 비밀을 푸는 결정적 단서가 된다.

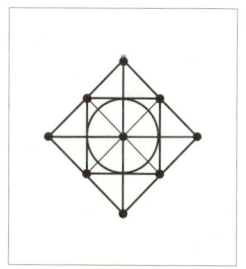

『삼국사기』나 『삼국유사』에는 광개토대왕의 천제(天祭) 기록이 없고 오직 『태백일사』 고구려국 본기에 이렇게 기록되어 있다.

"광개토경호태황(廣開土境好太皇)은 융공성덕(隆功聖德)하여 어느 왕보다 탁월했다. 사해(四海) 안에서는 모두 열제(烈帝)라 칭한다. 나이 18세에 광명전에서 등극하고 하늘의 음악을 예로서 연주했다. 군진에 나아갈 때마다 병사들로 하여금 어아(於阿)의 노래를 부르게 하고 이로서 사기를 돋우었다. 말을 타고 순행(巡行)하여 마리산에 이르러 참성단에 올라 친히 삼신에게 제사 지냈는데 역시 천악(天樂)을 사용하였다. 일단 스스로 바다를 건너서는 이르는 곳마다 왜국 사람들을 격파하였다. 왜인은 백제의 보좌였다. 백제가 먼저 왜와 밀통하여 신라의 경계를 계속해서 침범하게 하였다. 제는 몸소 수군을 이끌고 웅진, 임천, 와산, 괴구, 복사매, 우술산, 진을례 노사지 등의 성을 공격하여 차지하고 도중에 속리산에서 이른 아침을 기해 제천(祭天)하고 돌아왔다."

지금은 천고산 천제단만 남아 있고 조천석은 1995년 경북자원개발사장 황중길이 광산개발 목적으로 파괴하여 철거해 버렸다. 광개토대왕의 조천석이 있었던 천고산을 중심으로 인근의 구령산, 대모산 일대는 1893년 3월 11일에서 4월 2일까지 동학혁명의 기폭제가 되었던 보은 장내리 집회가 열렸던 곳이기도 하다.

광개토대왕이 천고산 조천석에 남겼던 태양앙명인중천지일의 그림 모형이다. 그림의 중앙점을 우리말로 태극(太極)이라 부르며 태극은 수(數)로는 불변의 상수(常數)인 一이다. 중앙점인 태극은 하늘(天)과 땅(地)과 사람(人)이 태양앙명인중천지일로

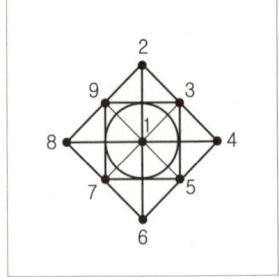

귀일(歸一)되는 점(點)이기에 하늘, 땅, 사람은 3이 아닌 1이 되고 나머지 8개의 점은 태양계의 행성들인 수성, 화성, 목성, 토성, 금성, 천왕성, 해왕성, 명왕성이다. 지구가 태양의 행성이기는 하나 태양계의 행성들 중 사람이 사는 곳은 지구밖에 없으므로 한인 하나님의 영혼을 분유한 사람과 지구와 태양은 동격이며 하나님 안에서 하나인 태극이다.

왕양명(王陽明)이 오심즉태극(吾心則太極), 내 마음이 곧 태극이라 했을 때의 오심(五心)은 천심(天心)과 지심(地心)이 양명의 마음과 하나(태극)를 이룬 한마음을 말한 것이며 왕양명 개인의 단독심(單獨心)을 말한 것은 아니다. 태양의 영혼과 지구의 영혼과 사람의 영혼이 합해진 삼령일체(三靈一體)의 한마음에서 방사된 진리의 광명이 동, 서, 남, 북, 동

북, 서북, 동남, 서남으로 펼쳐져 있는 8방향의 한 우주인 팔굉일우(八宏一宇)로 확산되는 것, 이것이 바로 홍익인간(弘益人間) 광명이세(光明理世)를 설법(說法)하신 한검단군의 개국개념이다.

2. 한웅천왕의 태양중심설과 계해력(癸亥曆)

태양앙명인중천지일의 그림에 있어 중앙태극점인 1은 태양과 지구가 합쳐진 자리이고 2~9까지는 태양의 둘레를 선회하는 태양계 8행성의 법칙성 운동이다. 태양앙명인중천지일도는 명백히 태양중심설을 입증하는 문헌적 증거로 1534년 폴란드 사람 코페르니쿠스가 발표한 지동설(地動說)보다 4,400년 앞선 것이다.

먼저 현대 과학사에서 인정하는 태양중심설을 연대기적으로 정리해 보자. 그리스의 철학자 아리스토텔레스와 톨레미는 지구를 우주의 중심으로 설정하고 태양과 달과 화성, 수성, 목성, 금성, 토성의, 오행성이 지구를 중심으로 돈다는 지구중심설을 주장하였다.

지구중심설은 유럽 중세의 종교적 분위기에 편승하여 더욱더 움직일 수 없는 진리로 간주되었다. 로마 교황청 교부(敎父)철학자들은 여호와의 은총과 섭리로 창조되고 구세주 예수께서 강림하신 지구야말로 우주의 중심이므로 천상의 많은 별들은 구세주별인 지구를 선회하고 신앙함으로써만 신의 섭리에 부합되는 역할을 완수한다고 생각하였다. 이러한 지구중심설에 도전하여 코페르니쿠스는 1534년 『천체운행의 혁명』(The revolution of heavenly orbs)에서 다음과 같이 쓰고 있다.

"성좌 한가운데 태양이 왕좌에 앉아 있다. 그는 이미 왕좌에 앉아 모든 것에 골고루 빛을 준다. 태양은 우주의 지배자이며 그 마음 또한 등불임이 분명하다. 일찍이 헤르메스 트리스메기투스는 그를 가리켜 현존하는 신이라 했고, 소포클레스는 그를 전지전능자라 불렀다. 태양은 천계의 왕으로 그의 자손들과 그의 주위를 도는 모든 행성들을 지배하고 있다."

코페르니쿠스는 이 책을 발간한 그해에 죽었으므로 다행히 종교재판은 받지 않았다. 갈릴레오는 1632년에 발간된 『천문대화』(The dialogue on the great world system)에서 지구가 어째서 일 년에 한 바퀴씩 태양의 주위를 돌며 하루에 한 번씩 지구가 자전하는데도 지구 표면에 두발을 딛고 서 있는 사람이 왜 쓰러지지 않는가 하는 의문에 대해 코페르니쿠스적 입장에서 설명하고 있다. 이러한 갈릴레오의 주장은 이단심문소 재판장이었던 벨라민 추기경과 교황 울반 8세에 의해 1633년 종교재판에서 결국 이단(異端)으로 규정되었다.

서양 문명이 동양 문명을 추월하고 압도하게 된 계기는 코페르니쿠스와 갈릴레오의 태양중심설을 진리로 받아들여 이를 발전시킨 뉴턴과 라이프니츠 이후 이룩된 과학 혁명의 성과이다. 르네상스 이전의 서양 철학자들(서양 철학의 전통은 탈레스 이후 과학자와 철학자를 동일시한다)은 자연 자체를 움직이지 않는 정적(靜的)인 상태로 간주하였으므로 시간적 변화의 개념에 의해 자연을 설명할 필요성이 전혀 없었다. 뉴턴과 라이프니츠에 의해 발견된 경사의 개념, 가속도의 개념, 미분, 적분의 개념에 의해 비로소 서양 과학은 자연을 설명하고 해석하는 언어로 시간이라는 수자를 대입시킬 수 있었다. 이리하여 자연의 법칙은 운동의 법칙으로 규정되고 자연 자체는 더 이상 정적인 상태가 아닌 살아 움직이는 동적인 전체 과정으로 이해되기 시작한 것이다. 어찌 자연계뿐이랴. 하늘의 별들도 사람도 태어나서 죽을 때까지 끊임없이 움직이며 생존을 유지하는 활동적 생명체들이다. 움직이는 시간 개념을 도입하여 변화의 양상과 속도를 파악하려는 주체적 인식이 달력으로 대변되는 역법(曆法)이다.

우리가 현재 사용하고 있는 양력은 이집트의 태양력을 고친 율리우스력을 로마 교황 그레고리 13세가 1582년 10월 4일 다시 고쳐 만든 그레고리 태양력이다. 그레고리 태양력 이전에 쓰던 달력은 정식 명칭으로 태음태양력(太陰太陽曆)이다.

초하루(朔)과 보름(望)을 기초로 날짜의 변화는 달의 운동인 태음(太陰)의 원리를 따르고 봄, 여름, 가을, 겨울의 계절 변화는 태양의 운동을 따른 세계에서 가장 과학적이고도 합리적인 달력이 태음태양력이다.

태음태양력은 누가 만들었는가? 지구상에 살고 있는 15억의 지나인과 많은 한국인들은 요(堯)임금이 태음태양력을 만들다고 생각하고 있으나 이는 전혀 사실이 아니다. 대북대학 서량지(徐亮之)교수는 『중국사전사화』(中國史前史話)에서 활(弓) 만드는 법과 배(舟) 만드는 법, 역법(曆法), 하늘에 제사 올릴 때의 음악인 무악(巫樂, 雅樂)과 무용(舞踊)이 모두 동이족(東夷族)에서 나왔다고 단정한다.

역법은 사실 동이족이 창시했으며 소호금천씨 이전에 이미 발명되었다
曆法實 創始於東夷而且少昊以前 便已發明

역법의 창조 과정은 『신시본기』(神市本紀), 『규원사화』(揆園史話), 『조대기』(朝代記) 등 사서에 자세히 수록되어 있다. 한웅천왕께서 신지(神誌), 혁덕(赫德)에게 명하여 천간(天干) 10개, 지지(地支) 12개를 만들게 하시었는데, 천간 10개의 순서는 癸, 甲, 乙, 丙, 丁, 戊, 己, 庚, 辛, 壬이고 12지지의 순서는 亥, 子, 丑, 寅, 卯, 辰, 巳, 午, 未, 申, 酉, 戌이다.

한웅천왕께서 말씀하시기를 "癸는 밝을계(啓)이고 해(亥)는 일출(日出)의 뿌리이니 마땅히 계해(癸亥)를 세수(歲首)로 삼아야 한다"고 하셨다. 亥는 동물로는 돼지를 가리키지만 태양의 우리말이 '해' 이기 때문에

'계해'(癸亥)는 '밝은 태양'이라는 뜻이다.

건설 공사의 첫 삽을 뜰 때나 자영업자들이 신장개업할 때 돼지머리고사를 지내는데 반드시 웃는 돼지머리를 제상에 올려놓고 고사를 지낸다. 웃는 돼지머리는 청명한 날의 밝은 해를 상징하고 상을 찡그리며 죽은 돼지머리는 비오는 날의 어둡고 희미한 태양을 상징하므로 웃는 돼지머리라야 사업운이 번창한다고 믿기 때문이다. 이는 신시의 계해역법(癸亥曆法)에서 유래된 풍속이다.

癸 甲 乙 丙 丁 戊 己 庚 辛 壬의 天干 10개 중 癸가 태양이므로 다음번인 甲은 지구를 가리킨다. 최고품질의 상품을 갑종품이라 하듯 지구는 태양계의 9행성 중 유일하게 사람이 사는 곳이므로 태양의 아홉 자식 중 갑종 자식이 된다.

乙이하 나머지 천간은 태양으로부터 가까운 별을 기준으로 乙=수성 丙=금성 丁=화성 戊=목성 己=수성 庚=천왕성 辛=해왕성 壬=명왕성이다.

癸 甲 乙 丙 丁 戊 己 庚 辛 壬의 天干, 亥 子 丑 寅 卯 辰 巳 午 未 申 酉 戌의 地支를 합하면 계해 갑자 이하 10개의 간지(干支)가 나오며 11번째 지지인 酉는 첫 번째 천간 癸와 합하여 癸酉, 12번째 지지 戌은 천간 甲과 합하여 甲戌의 간지를 만든다. 이를 도표로 그리면 60계해력이 된다.

60계해력(癸亥曆)을 정리하면 아래와 같다.

癸亥 甲子 乙丑 丙寅 丁卯 戊辰 己巳 庚午 辛未 壬申 癸酉 甲戌
乙亥 丙子 丁丑 戊寅 己卯 庚辰 辛巳 壬午 癸未 甲申 乙酉 丙戌
丁亥 戊子 己丑 庚寅 辛卯 壬辰 癸巳 甲午 乙未 丙申 丁酉 戊戌
己亥 庚子 辛丑 壬寅 癸卯 甲辰 乙巳 丙午 丁未 戊申 己酉 庚戌
辛亥 壬子 癸丑 甲寅 乙卯 丙辰 丁巳 戊午 己未 庚申 辛酉 壬戌

60계해력의 철학적 역사적 의미를 논해 보자.

첫째 60진법(進法)은 계해력으로부터 시작되었다. 한웅천왕의 신시(神市) 이전에 파미르 고원 일대에 존재하였던 수밀이한국(須密爾桓國)과 우루한국(虞婁桓國)의 일부가 60계해력법을 배워 수메르지역(오늘의 중동지역)으로 이주하였였바 수메르문명의 계승자인 바빌로니아의 역대 우르(ur) 왕조는 60진법의 수학을 사용하였다.

60진법이란 1에서 60까지 이르게 되면 60을 하나의 완성체로 간주하여 다시 1로부터 시작하는 계산법이다. 1시간을 60분, 1분을 60초로 계산하는 방법이 바로 60진법이다. 가령 현재의 시각을 오전 10시 63분 77초로 설정했을 때 60진법을 사용하여 이를 바로 고치면 11시 4분 17초가 된다. 60진법에 기초한 60계해력은 태양 운동의 법칙성과 이에 따른 시간 변화를 기술한 가장 정교한 과학이며 철학이다. 만약 태양 운동이 없다면 계절의 변화나 낮과 밤의 교차가 없기 때문에 김일부(金一夫)는 『정역』(正易)에서 "태양이 없는 하늘은 빈 껍떼기"(天之匪日空殼也)라고 말하였다.

두 번째 계해력은 문명의 시작이다.

문명이란 사람이 평생을 살아가면서 자식으로서 부모로서 사회인으로서 마땅히 해야 할 의무에 대한 기억과 물질적 부채이던 도덕적 부채이던 마땅히 갚아야 할 부채에 대한 기억의 회복 없이는 불가능하다. 결국 의무와 부채에 대한 기억은 역사적 인간 내지 사회적 인간으로서 압축되고 긴장된 시간에 시간에 대한 자식 인식이다. 시초가 없는 과거로부터 오늘 이 순간에 이른 현재라는 개념은 시간의 단순한 집적(集積)에 불과하지만 어느 특정 시간에 특정한 의미를 인간이 부여함으로써 시간은 비로소 역사성과 사회성을 가진 시간으로 전환된다. 사람마다 자신의 생일을 기억하고, 부모님 돌아가신 날짜에 추모제를 지내며, 공동체 구성원

전부가 기억하고 있는 국경일, 축제일, 명절 등이 바로 그것이다. 모든 역사적 사회적 기억은 달력에 그 실행의 근거를 두고 있으므로 문명은 사람들의 의사소통을 가능케 하는 문자와 특정 시간에 대한 특정 기억을 보증해 주는 달력 없이는 결코 성립할 수 없다.

1841년 영국의 존 필립스가 정의한 지질시대에 의하면 우리는 지금 신생대(6천6백40만년 전~현재) 제4기에 해당하는 홀로세의 역사시대에 살고 있다. 홀로세 1만 1천년 중 전반 5천년은 화석시대이고 후반 6천년이 역사시대이다. 6천년 전을 역사시대의 시작으로 보는 것은 결승문자, 상형문자, 설형문자 등 원시적 문자로나마 의사소통을 할 수 있었고 또한 시간의 변화를 감지할 수 있는 달력이 있었기 때문이다. 역사시대의 시작인 6천년 전과 계해력이 만들어진 5906년 전은 시기상 대략 일치한다.

세 번째, 인간들끼리 서로 지켜야 할 인륜(人倫)은 천륜(天倫)으로부터 유래되었다. 밝은 태양인 계해(癸亥)는 지구의 어버이이고 갑자(甲子)인 지구는 태양의 자식이다. 지나간 45억년의 세월 동안 지구는 하루도 빠짐없이 태양의 주위를 공전하면서 효도해왔고 부모인 태양 역시 일분일초를 쉬지 않고 시의 적절하게 지구에 광명을 줌으로써 자식에 대한 무조건적 사랑을 베풀어오고 있으니 이것이 태양과 지구 간의 윤리인 천륜(天倫)의 본질이다.

천륜으로부터 유래된, 자식을 향한 부모의 무조건적인 사랑과 낳아주고 키워주신 부모의 은혜에 보답하려는 자식의 효도를 인륜의 바탕으로 삼아 군신(君臣)관계, 노소(老少)관계, 붕우(朋友)관계 등 비혈연적 관계로에까지 확대시킨 사회윤리가 곧 오륜(五倫)이다. 만약 천하의 모든 백성들을 나의 친형제나 친구처럼, 천하의 모든 늙은이들을 나의 친부모처럼, 천하의 모든 젊은이들을 나의 친자식처럼 여기는 사랑과 효도의 정신이 없다면 인간사회는 홉스가 말한 대로 '만인 대 만인의 투쟁'

(Bellum omnium contra omnes)으로 환원되고, 인간관계는 '모든 인간이 모든 인간에 대한 늑대'(Home homini lupus est)관계로 타락하고야 만다.

 역사적으로 몽골, 여진, 거란, 선비, 흉노 등 알타이 민족의 군왕들은 자신을 하나님의 아들인 천자(天子), 태양의 아들인 일자(日子) 기자(奇子)로 자처했기 때문에 새벽에 떠오르는 태양을 향해 절을 올리는 배일의례(拜日儀禮)를 통해 하루의 정사(政事)를 시작하였다. 이것은 결국 태양계의 중심은 지구가 아닌 태양이라는 사실을 알타이 민족의 군왕들이 이미 알고 있었다는 이야기가 된다. 코페르니쿠스보다 4400년이 앞선 시기에 어떻게 한웅천왕께서 태양중심설을 미리 알아 계해력을 만들 수 있었을까? 코페르니쿠스는 분명 뛰어난 과학자임에 틀림없으나 어디까지나 인간이고 한웅천왕은 하나님의 뜻을 봉명(奉命)한 신(神)이 인간의 몸으로 화(化)하여 이 세상에 오신 신인이기에(以神爲化人) 강세(降世) 이전부터 이미 하늘의 구조를 소상히 알고 있었다.

하나님이 뭇 세계를 창조하시고 또 태양계의 사자를 시켜 칠백 세계를 거느리게 하였다. 너희 땅 지구는 <u>스스로</u> 큰 듯이 보이나 작은 하나의 세계일 뿐이며 화산이 터지고 널리 펴져 바다가 변하여 육지가 되고 이에 사람의 눈으로 볼 수 있는 형상을 이루게 되었다. 하나님께서 만물을 밑바닥까지 싸시고 기운을 불어넣어 해의 빛과 열로 비쳐주시니 걸어 다니고, 날아다니고, 탈바꿈하고, 헤엄치고 땅에 심어지는 온갖 동식물들이 번식하게 되었다
一神造群世界神勅日 世界使者牽七百世界 爾地自大 一丸世界 中火震盪 海幻陸遷乃 成見象神呵氣包底 煦日色熱 行翥化游栽 物繁殖

 위의 기록은 한웅천왕이 강세 시(降世時) 가지고 오신 『삼일신고』의

내용 중 일부분으로 태양중심설을 증명하고 있다. 『단기고사』에도 태양중심설을 증거하는 2가지 중요한 기사가 수록되어 있다. 5세 구을단군(丘乙檀君) 15년(B.C. 2204) 감성관(監星官) 황보덕(皇甫德)이 임금께 아뢰기를 "제가 천문을 관측한 지 50년이 되므로 천체의 대강을 추측할 수 있습니다. 천체 중에 제일 큰 것은 북극성 같은 항성이며, 그 다음은 태양의 종류이고, 다음은 수성, 금성, 지구성, 화성, 목성, 토성 천명성(天明星), 해명은성(海明隱星), 명성(明星) 같은 행성이 있어 태양을 중추로 삼아 회전하니 우리가 살고 있는 지구도 역시 태양계의 하나인 행성입니다"

또한 13세 흘달단군 26년(B.C. 1868)에 국사(國師) 유위자(有爲子)가 임금에게 도(道)를 설명하는 과정에서 "지구도 태양계의 하나인 행성이나 본래는 태양에서 분리된 천체입니다"라고 말씀하신 대목이 있다.

그러나 호사다마(好事多魔)라고나 할까. 신시의 태양중심 60계해력(癸亥曆)은 요(堯)에 의해 60갑자력(甲子曆)으로 바뀌어 오늘에 까지 이르는 일대 괴변(怪變)이 B.C. 2357년에 일어났다. 60갑자력이 왜 잘못되었는지를 구체적으로 살펴보자.

3. 천도의 순리를 거역한 요임금의 갑자력(甲子曆)

B.C. 2357년 오늘의 산서성 평양(平陽)에 도읍하여 부족국가인 당(唐)나라를 세운 당요(唐堯, 요임금)는 天干의 순서를 甲 乙 丙 丁 戊 己 庚 辛 壬 癸로 바꾸어 癸를 제일 끝에 배치하고 地支도 子 丑 寅 卯 辰 巳 午 未 申 酉 戌 亥로 순서를 바꾸어 亥를 맨 나중으로 축출하여 癸亥 대신 甲子를 세수(歲首)로 하는 갑자력을 만들었다.

계해력은 癸亥 甲子 乙丑 丙寅······ 60번째 壬戌로 종결되는데 갑자력은 甲子 乙丑 丙寅…… 60번째 癸亥로 종결된다. 갑자력을 기준으로 하여 만 60세 되는 해를 환갑(還甲)이라 부른다. 甲은 앞서 말한 대로 지구이고 子는 아들, 동물로는 쥐지만 쥐는 인간보다 하등동물이므로 갑자력은 인간중심의 인본주의를 사상적 토대로 하여 성립한 역법이다. 태양계의 아버지는 어디까지나 태양이고 지구는 아들이며 사람은 지구에 잠깐세 들어 사는 나그네에 불과하다. 유구한 하늘의 질서를 셋방살이 나그네에 불과한 인간을 중심으로 설명할 수는 없다. 때문에 갑자력은 우물 위로 보이는 하늘만을 전체 하늘로 착각하는 우물 안 개구리식의 편협한 세계인식이다. 계통발생학적으로 보아 태양이 맨 먼저 생겨났고(50억년 전), 지구가 그 다음이며(45억년 전), 사람과 쥐로 대표되는 포유류 동물은 지질시대 분류상 가장 늦은 시기인 신생대에 출현하였다.

고생대(5억7천만년~2억4천5백만년)에는 삼엽충, 완족류, 필석 등 무척추해양생물 등이 주종이었고, 중생대(2억4천5백만년~6천6백40만년)는 굴과 암몬 조개 및 공룡류로, 신생대(6천6백40만년~오늘)는 조개와 포유류 동물로 대표된다.

그러므로 가장 늦게 출현된 갑종 인간(甲子) 갑종 쥐(甲子)로 머리를 삼고 밝은 태양(癸亥)을 맨 끝에 배열하는 갑자력은 천리(天理)를 거역하고 천도(天道)에 역행하는 대역(大逆)인 것이다. 계해력을 폐지하고 갑자력을 대신 세운 당요(唐堯)의 대역은 지나의 어느 문헌에도 기록된 바 없고 다만 신라 충신 박제상(朴堤上)의 『부도지(符都誌)』에 이렇게 나와 있다.

堯乃劃地九州而稱國 自居五中而稱帝 建唐都對立符都 時見龜背之負文 蓂莢之開落 以爲神啓固之以作曆 廢天符之理棄符都之曆 此人世二次之大變

이 문장은 동양사의 시원을 증언하는 중요한 문장이기에 역사적 진실에 입각한 자세한 해설이 요구된다.

1). 구주(九州)는 태양앙명인중천지일도에 있어 태양과 지구가 합치된 중앙과 동, 서, 남, 북, 동북, 서북, 동남, 서남의 8방향을 합친 태양계 9행성이 하늘 밑 지구의 9방향을 가리키는 구주의 개념으로 전이된 것이다. 하(夏)나라의 우왕(禹王)이 9개의 산과 9개의 하천을 뚫어 황하의 홍수를 다스린 다음 편찬한 중국 최고의 지리서인 『우공구주도』(禹貢九州圖)에는 단군조선국의 아홉 종족 즉, 구이(九夷)들이 거주했던 대륙의 9주를 구체적으로 서술하고 있다. 구주는 기주(冀州), 연주(兗州), 청주(青州), 서주(徐州), 양주(揚州), 형주(荊州), 양주(梁州), 예주(豫州), 옹주(雍州)이고, 구이(九夷)는 견이(犬夷), 우이(于夷), 현이(玄夷), 풍이(風夷), 방이(方夷), 황이(黃夷), 백이(白夷), 적이(赤夷), 양이(陽夷)를 말한다.

회남왕 유안(劉安)이 지은 『회남자』(淮南子)에

산서성 태행산과 백석산 사이에 태극자리가 있고 여기로부터 갈석산을 지나면 대인의 나라인 조선이 있다

太石間東方極 自碣石過 朝鮮大人之國

고 하였다. 따라서 태행산(太行山)과 백석산(白石山) 사이에 단군조선의 수도인 백악아사달(白岳阿斯達)이 있어 이곳에 황이(黃夷)가 살았고, 현이(玄夷)는 대륙의 북악인 항산(恒山) 북쪽에, 양이(陽夷)는 동악인 태산(泰山) 동쪽에, 백이(白夷)는 서악인 화산(華山) 서쪽에, 적이(赤夷)는 남악인 형산(衡山) 남쪽에, 견이(犬夷)는 서북쪽에, 우이(于夷)는 동북쪽에, 방이(方夷)는 서남쪽에, 풍이(風夷)는 동남쪽에 살았던 신시(神市)와 청구(青丘)와 단군조선의 배달민족을 통틀어 구이족(九夷族)이라 칭(稱)

한다. 상고시대의 중원대륙은 지나족의 땅이 아닌 동이족(東夷族)의 땅이었다. 지금의 지나족은 4천 년 전 타림 분지의 티베트 지역 쪽에서 중원으로 이주해온 민족임을 중국학자들은 한결같이 증언하고 있다.

서량지(徐亮之)교수는 『중국사전사화』(中國史前史話)에서

은나라, 주나라 이전부터 은주시대에 이르기까지 동이족의 활동 무대는 오늘의 산동성 하북성 하남성 강소성 안휘성 호북성 및 요동반도와 조선반도에 이르는 광대한 지역이었으며, 산동반도가 그 중심이었다. 4천여년 전 지나족이 중국에서 들어오기 이전 중원의 북부와 남부는 치우의 후손인 묘족과 동이족이 점령하고 있었으며 지나족이 중국에 침입한 후부터 이들과 점차 접촉하게 되었다.

殷周以前乃至殷周之世的東夷 其活動面 實包括今日山東 河北 河南 江蘇 安徽 湖北 以及遼東朝鮮半島等廣大區域 而山東半島爲其中心當四千餘年前 漢族末入中國以前 中原之北部及南部已經由苗族東夷占領漢族侵入中國後漸與接觸

동진(東晉)의 곽박(郭璞)이 지은 『산해경』, 『해내경』에

동해(지금의 황해는 조선반도 쪽에서 보면 서해이나 대륙 쪽에서 보면 동해이다)안 북해(지금의 하북성 발해만)의 구석에 조선이라는 나라가 있다. 조선이 곧 천독국이요 천독국이 곧 신독국이다

東海之內 北海之隅有國 名曰朝鮮 朝鮮卽天毒 天毒卽身毒國也

라 하였다. 조선이 곧 천독(天毒)국이요 천독(天毒)국이 곧 신독(身毒)국이라는 문장을 글자 그대로 풀이하면 조선이 곧 하늘의 독이요, 하늘의 독약이 곧 몸에 독약이라는 엉뚱한 말이 되고 만다. 천독(天毒), 신독(身

毒)은 이두문으로서 독(毒)은 음이 같은 독(獨)이고 신(身) 또한 음이 같은 신(神)이다. 따라서 천독(天獨)님은 우리 말 하나님이며 신독(神獨)님도 하나밖에 없는 유일신 하나님이므로 '조선은 곧 한인하나님의 나라'라는 뜻이다.

2). 오중(五中)은 동서남북과 중앙을 합한 다섯 방향이 오방(五方)이며, 오중(五中)이란 5방의 중앙을 말한다. 당요의 오중사상은 결국 동쪽 오랑캐(東夷), 서쪽 오랑캐(西戎), 북쪽 오랑캐(北狄), 남쪽 오랑캐(南蠻) 즉, 사이(四夷) 야만족은 중앙에 있는 지나 민족의 지배를 받아 마땅하다는 편협하고도 배타적인 중화민족주의의 모태가 되었다.

3). 부도(符都)의 부(符)는 꼭 들어맞을부, 부응할부, 하나님의 영혼과 합치될부이다. 그러므로 부도는 우주의 진리와 하나님의 뜻에 부합되는 도시라는 뜻이며 한웅천왕의 신시(神市), 한검단군의 아사달(阿斯達), 선비족과 훈족의 대선우(大單于)가 천제를 올리던 휴도(休屠)가 모두 다 부도(符都)이다.

4). 구배지부문(龜背之負文)은 낙수(洛水)에서 잡은 거북의 등에 새겨져 있었다는 글자로 세칭 낙서(洛書)라 부른다. 거북의 등에 어떤 내용의 글이 적혀 있었는가. 『한지』(漢志)에는 하늘이 준 낙서를 하(夏)나라의 우왕(禹王)이 본받아 기록한 내용이 홍범구주(洪範九疇)라 설명하고 있으나 이는 명백한 거짓이다. 거북의 등이 얼마나 넓은지는 몰라도 737글자에 달하는 홍범구주의 내용이 어떻게 거북의 등에 고스란히 새겨질 수 있는가? 홍범구주는 한검단군께서 모든 인간을 홍익인간으로 만들기 위해 가르치신 아홉 가지의 교육 내용이다.

5). 명협(蓂莢)은 점치는데 사용되는 풀 이름이다. 음력 초하루부터 보름까지는 날마다 잎이 하나씩 나고 16일부터 그믐까지는 반대로 잎이 하나씩 떨어지는 풀이다.

6). 인세이차지대변(人世二次之大變)은 인간 세상에 일어난 두 번째의 큰 변화라는 뜻이다. 오미(五味)의 변란으로 마고성을 잃어버린 것이 인간 세상에 있어 첫 번째 큰 변란이었다. 박제상의 『부도지』에 의하면 아득한 옛날 지구상의 가장 높은 곳에 마고성이 있었는데 마고(麻姑) 할머니가 그 성의 주인이었다. 마고는 홀로 선천(先天)을 남자로 후천(後天)을 여자로 하여 배우자 없이 궁희(穹姬)와 소희(巢姬)를 낳았는데 삼신할머니는 마고 할머니, 궁희 할머니, 소희 할머니를 가리키는 말이다. 궁희는 한국 민족 및 모든 알타이 인종의 조상인 황궁(黃穹)씨와 지나인의 조상인 청궁(靑穹)씨를 낳았고 소희는 백인종의 조상인 백소(白巢)씨와 인도인과 아프리카인의 조상인 흑소(黑巢)씨를 낳았다.

세월이 흘러 몇 대를 지나는 사이 마고성의 인구는 1만 2천 명으로 늘었다. 마고성 사람들은 땅에서 나오는 지유(地乳)를 마시고 살아 치아가 없었다. 어느 날 소희 할머니의 자손인 지소(支巢)씨가 지유를 마시려고 유천(乳泉)에 갔으나 사람들이 너무 많아 마시지 못하였다.

집으로 돌아온 지소는 너무 배가 고픈 나머지 집 난간의 넝쿨에 달린 포도 열매를 허겁지겁 따 먹었는데 웬걸 갑자기 눈앞이 캄캄해지고 귀가 윙윙거리고 혀가 아려오고 온몸의 피부가 가렵고 코가 맹맹해져 기절하고 말았다. 얼마 후 정신을 차린 지소의 눈앞에 펼쳐진 세상은 이전과는 다른 별천지였다. 온 세상이 색색으로 물들여져 있고 꽃에서는 향긋한 냄새가 나고 물 흐르는 소리와 새의 노래 소리도 들려왔다. 지소는 "넓고도 크구나, 천지여! 하지만 내 기운을 능가하지는 못하는 구나. 이 모두가 포도주의 힘이로다" 하고 소리를 질렀다 지소는 많은 사람들에게 포도주 먹기를 권했고 포도의 다섯 가지 맛을 알게 된 사람들은 번잡하고 사사로운 감정에 휩싸이게 되었다. 이것이 바로 오미(五味)의 변란이다.

그러나 무엇보다 중요한 것은 포도를 먹기 시작한 이후 귀에 있던 오금(烏金)이 없어졌고 없었던 치아가 생겨났다는 사실이다. 오금은 하늘의 소리를 듣고 우주운행의 율려(律呂)를 체득하여 마침내 자신이 우주의 궁극적 실재인 하나님과 하나임을 깨닫게 하는 원천이기 때문에 오금의 망실은 우주와 인간이 더 이상 통일적 하나가 아닌 분열적 둘로 분리되었음을 뜻한다.

치아가 나기 전 마고성에 살던 인간과 여타 다른 생물과의 관계는 허물없는 다정한 친구 사이였다. 인간이 먹는 유일한 음식은 지유였기에 어느 누구도 노루나 돼지, 물고기나 참새를 보고도 잡아먹을 생각을 하지 않았다. 그런데 치아가 돋아나서 달고 쓰고 시고 맵고 짠 오미(五味)를 알게 된 인간은 이제 다른 동물들을 보면 "저놈을 잡아 고기를 씹어 먹어야겠다" 생각하게 되었고 결국 다른 동물에 대한 이러한 적개심과 투쟁심은 인간 사회로까지 확대되어 서로 미워하고 죽이는 전쟁으로 치달아 하나님으로부터 물려받은 천성(天性)을 상실하여 마침내 마고성은 해체되었다.

이제까지의 설명을 바탕으로 위 문장을 번역하면 아래와 같다.

"지나인들이 중원(中原)으로 침략 이주하기 이전 한웅천왕의 신시국(神市國), 치우천왕의 청구국(靑丘國), 한검단군의 조선국에 이르기까지 중원은 대대로 조선족의 9개 지파인 구이(九夷)들의 거주 지역이었다. 한검단군의 조선시대에 산서성 태행산(太行山)과 백석산(白石山) 사이에 있었던 백악아사달(白岳阿斯達)을 중심으로 하여 동, 서, 남, 북의 태산(泰山) 화산(華山) 형산(衡山) 항산(恒山)의 사악(四岳) 및 동북, 서북, 동남, 서남의 아홉 지역인 구주(九州)에 흩어져 살던 조선족의 땅 안에 요(堯)는 제멋대로 선을 그어 경계를 정하고 당(唐)이라는 국호를 사용하여 국가를 잠칭(潛稱)하였다. 나아가 요는 남들이 인정해주지도 않는 제왕의 칭호를 스스로 자신에게 붙여 동서남북 사해(四海) 인민들을 다스릴 주인으로 자처하였다. 요는 B.C. 2357년 산서성 평양을 도읍으로 삼아 한인천독(桓因天獨)의 뜻에 따라 이루어진 신시와 청구와 아사달의 부도(符都)를 거역하고 대립하였다.

어느 날 요는 낙수(洛水)에서 나온 거북의 등에 새겨진 글자와 초하루부터 보름까지 잎이 날마다 하나씩 피고 16일부터 그믐까지 잎이 날마다 하나씩 지는 명협초를 보고 이를 상제(上帝)의 계시로 여기고 고집하여 갑자력을 만들었다. 요가 제멋대로 만든 갑자력은 상제의 진리를 거역하는 짓인바 이는 한웅천왕께서 한인상제의 천리를 터득하여 만드신 계해역법을 버리는 것이니 옛날 마고성에서 오미의 변란으로 마고성이 해체되어 인간 본연의 천성(天性)을 상실한 제일차 괴변 이후 천리를 폐하고 또 다시 천성을 재차 상실하게 된 인류사의 두 번째 큰 변괴인 것이다."

4. 갑자력의 역사적 의미

갑자력은 도생역(倒生易)이다. 도생(倒生)이란 거꾸로 태어났다는 뜻이다. 아기가 어머니의 뱃속으로부터 태어날 때 머리가 먼저 나와야 정상이지 만약 발이 먼저 나온다면 이는 비정상적 출생으로서 아기와 산모의 생명이 모두 위험해진다.

갑자력도 이와 같아서 꼬리에 해당하는 갑자가 첫 번째이고 머리에 해당하는 밝은 태양(癸亥)가 맨 마지막 순서인 60번째라면 이는 머리가 꼬리가 되고 꼬리가 머리가 되는 도생법(倒生法)의 표현이라 아니할 수 없다. 할아버지 → 아버지 → 나 → 아들 → 손자 순으로 태어나는 것이 자연의 합리적 질서이며 만약 손자가 아들을 낳고 아들이 나를 낳고 내가 아버지를 낳고 아버지가 할아버지를 낳는 순서로 계통이 거꾸로 되는 것이 바로 도생이다.

갑자를 세수로 삼은 『주역』도 선천(先天) 세계가 거꾸로 된 세상임을 인정하고 있다. 정직한 사람이 교활한 사람에게 패배하고 군자는 소인배에 밀려 설 자리가 없고 충신은 간신의 모함에 빠져 목숨을 잃게 되는 세상이 갑자력을 채택하고 있는 선천 세계의 모순이며 불합리성이다.

박제상은 『부도지』22장에서 요의 갑자력을 강력히 비판하면서 말하기를 "요가 만든 갑자력은 천수(天數)의 근본을 살피지 못하고 거북이나 명협과 같은 것에서 근본을 취하였으니 요는 도대체 무슨 속셈인가. 천지만물이 다 수(數)에서 나와 각각 수를 상징하고 있는데 하필 거북과 명협뿐이겠는가. 모든 사물에 각각 그 역(易)이 있으니 역은 역사이다. 그러므로 요의 갑자력은 거북과 명협풀의 역일 뿐 인간의 역이 아니니 그것이 인간 세상에 부합되지 않는 것은 당연하다. 이런 까닭에 삼정(三正)을 번복하여 구차스럽게 맞추고자 하였으나 얻지 못하여 마침내 하늘의 죄를 끌어들였다. - 중략 -

옛날 오미(五味)의 화(禍)가 한 사람의 미혹에서 나와 만대의 생령들에게 미치고 있는데 지금 또 다시 갑자력의 화가 장차 천세(千世)의 진리에 미치고자 하니 두렵기만 하구나"

박제상의 비판문 중 핵심은 "삼정을 번복하여 구차스럽게 맞추고자 하였으나 얻지 못하여 마침내 하늘의 죄를 끌어들였다."는 부분이다. 삼정을 번복했다는 말은 태양과 지구와 인간의 발생 순서를 거꾸로 매겼다는 뜻이다. 다시 말해 인간은 태양을 아버지로 지구를 어머니로 삼아 태어난 자식인데 도생역인 갑자력에 있어서는 자식인 甲子가 처음이고 어머니인 戊, 己가 다음이고, 아버지인 癸亥가 맨 나중이기 때문에 천지인(天地人)의 삼정(三正)이 인지천(人地天)의 삼반(三反)으로 바뀌었다는 뜻이다.

둘째, 갑자력은 태양과 지구와 인간을 위시한 생물들의 계통발생학적 순서에 반(反)하는 도생역이기 때문에 시간이 천리에 맞지 않는다.

예컨대 갑자력에 있어 子時는 밤 11시~이튿날 새벽 1시까지, 亥時는 밤 9시~11시까지, 戌時는 밤 7시~9시, 酉時는 오후 5시~ 7시, 자시의 다음인 丑時는 이튿날 새벽 1시~3시까지다. 누가 봐도 납득이 가지 않는 중대한 오류는 동방일출(東方日出)의 해시를 밤 9시~11시로 정하고 닭이 우는 유시를 오후 6시~7시로 정한 점이다. 밤 9시~11시 사이에 무슨 해가 뜨며 오후 5시~7시 사이에 무슨 닭이 우나?

계절에 따라 해 뜨는 시간의 차이는 있지만 해는 새벽 5시~7시 사이에 뜨고 새날을 알리는 계명성(鷄鳴聲)은 새벽 1시~3시 사이에 들려온다. 따라서 계해력을 하루 12시(이때 1시는 지금의 2시간)에 적용해야만 새벽 1시~3시의 유시에 새날을 알리는 닭울음소리가 있고 새벽 3시~5시의 술시에 개가 멍멍 짖어대고 새벽 5시~7시 해시에 해가 뜨고 7시~9시 자시에 지구의 갑종아들들인 아버지는 농기구 들고 밭에 일하러 가고 학생은 책가방 메고 학교로 직장인들은 직장에 출근하고 동물들은 먹이를 찾고 식물들은 광합성 운동을 하며 9시~11시 축시에 소는 쟁기를 메고 밭을 갈아 자연의 천리도수(天理度數)에 부합하게 된다.

셋째, 태양앙명인중천지일의 신도(神道)를 거역하고 거북과 명협풀의 역(曆)으로 전락한 갑자력은 춘추전국시대에 등장한 음양학파의 음양학과 야합하여 억음존양(抑陰尊陽)의 심법(心法)으로 발전한다. 억음존양이란 음을 누르고 양을 높인다는 뜻이다.

다음 페이지의 60갑자력 표에서 보는 바와 같이 甲子가 陽의 우두머리가 되고 밝은 태양인 癸亥는 陰의 꼬리가 된다. 아마도 음양학파들은 癸亥가 밝은 태양임을 전혀 알지 못하고 癸는 방위로 보아 북방이고 색깔은 검은 색이므로 癸亥를 검은 돼지로 알았던 모양이다.

60갑자력(六十甲子曆)

양(陽)	음(陰)
甲子 乙丑 丙寅 丁卯 戊辰 己巳	庚午 辛未 壬申 癸酉 甲戌 乙亥
丙子 丁丑 戊寅 己卯 庚辰 辛巳	壬午 癸未 甲申 乙酉 丙戌 丁亥
戊子 己丑 庚寅 辛卯 壬辰 癸巳	甲午 乙未 丙申 丁酉 戊戌 己亥
庚子 辛丑 壬寅 癸卯 甲辰 乙巳	丙午 丁未 戊申 己酉 庚戌 辛亥
壬子 癸丑 甲寅 乙卯 丙辰 丁巳	戊午 己未 庚申 辛酉 壬戌 癸亥

양(陽)

① 하늘 ② 태양 ③ 임금 ④ 남자 ⑤ 중화민족

음(陰)

① 땅 ② 달 ③ 신하 ④ 여자 ⑤ 동서남북의 동이, 서융, 남만, 북적의 야만인

하늘을 양 땅을 음, 태양을 양 달을 음으로 보는 관점은 비교적 무난한 견해다. 문제는 남자를 양 여자를 음, 임금을 양 신하를 음, 지나 민족을 양 주변 다른 민족을 음으로 보아 양을 무조건 높이고 음을 비하하여 억압하는 견해는 지나인 특유의 편견으로 진리에 반한다.

남자와 여자가 화합하여 인화를 이루지 못하고 부부일심동체가 실현되지 않으면 자식 생산은 물론 이 세상에 아무것도 되는 일이 없다. 3세 가륵단군의 즉위조서에는 분명히 부부당상경(夫婦當相擎), 즉 부부는 마땅히 서로 존경해야 한다고 가르치고 있다.

부부당상경의 가르침이 남녀유별(男女有別)로 변조되어 나타난 것은 『맹자』와 『중용』에서이다. 남녀유별은 생리적 이유에서뿐만 아니라 직

업과 사회기여도, 그리고 남녀가 각각 책임져야할 윤리적 한계가 서로 다르다는 주장 위에 입각한 남귀여천(男貴女賤) 사상이다. 주체적이고 독립적인 존재로서의 위치를 부정하고 오직 수동적, 의타적 존재로서 여성의 위치를 설정하였던 남녀유별 사상은 한대(漢代)에 이르러 절정을 이룬다.

한무제 때의 유학자 동중서(董仲敍)는 『춘추번로』(春秋繁路)에서 삼강(三綱)을 처음으로 언급하면서 남편은 아내의 벼리가 되어 마땅하다는 부위부강(夫爲婦綱)을 주장하였다. 남편에 대한 아내의 절대복종을 강요하는 부위부강은 결과적으로 남존여비의 절대적 부권(夫權)을 확립하는 초석이 되어 여필종부(女必從夫), 부창부수(夫唱婦隨), 삼종지도(三從之道), 칠거지악(七去之惡) 등 잘못된 윤리 기준을 만들어내었다. 남자를 높이고 여자를 천시하는 억음존양의 유교 사회에서 남편보다 더 똑똑하고 잘난 아내의 운명은 어떠하였던가? 여자로서 너무 똑똑하고 잘났다는 이유 하나만으로 자신의 남편에게 맞아 죽은 허난설헌의 고사는 유교 사회에서 여성의 위치를 단적으로 설명해주고 있다.

두 번째, 임금을 양으로 신하를 음으로 보아 양인 임금을 일방적으로 높이고 음인 신하를 일방적으로 비하시키는 억음존양의 대표적 사례를 우리는 선조와 이순신의 관계에서 찾아볼 수 있다. 선조가 임금이고 이순신이 신하라는 유교 사회의 군위신강적(君爲臣綱的) 신분 질서를 떠나 인간 선조와 인간 이순신을 수평선상에 나란히 놓고 대비시켜 볼 때 한마디로 이순신은 잘난 인간이요 선조는 못난 인간이라 말할 수 있다.

그러나 아무리 무능하고 용열할지라도 선조는 임금이었기에 임진왜란을 둘러싼 국난극복의 모든 공로와 영광은 선조에게 돌려지고 백성들의 신망을 한 몸에 받았던 뛰어나게 잘난 이순신은 선조를 옹위하는 소위 왕당파들로부터 전주이씨 왕조를 뒤엎을 위험인물로 간주되어 끝없는 모함과 질시와 배척을 감내해야만 하였다.

　명군(明君) 밑에 명신(明臣)이 있을 뿐 혼군(昏君) 밑에는 명신도 난신적자(亂臣賊子)가 되고 만다. 명군 세종 밑에 황희(黃喜), 맹사성(孟思誠) 같은 명신이 있었으나 못난 임금 밑의 잘난 신하는 항상 관제 역적으로 몰려 억울한 죽음을 당한 경우가 비일비재하다.

　갑자력에 바탕을 둔 『주역』의 384효(爻)가 모두 못난 임금들을 과장되게 높이고 잘난 신하들을 의도적으로 비하시키는 억음존양의 심법이다. 양인 하늘을 높이고 음인 땅을 비하시키는 천존지비(天尊地卑)사상, 양인 남자를 귀하게 여기고 음인 여자를 천시하는 남귀여천(男貴女賤)사상, 임금을 위시한 지배자는 하늘로부터 기(氣)를 두터이 받았으되 피지배자인 아랫것들은 기를 얇게 받았다는 상후하박(上厚下薄)사상, 모든 이익은 임금을 정점으로한 지배계급에 귀속되고 백성들에게는 손해만 돌아가는 상익하손(上益下損)사상이 모두 갑자력에 토대를 둔 억음존양의 불평등법이다.

　천간 10개가 태양과 태양의 주위를 선회하는 9행성이라는 움직일 수 없는 확증은 지방(紙榜)이나 제사축문 앞에 나오는 유세차갑자년(維歲次甲子年), 유세차을미년 등에 나타나 있다. 이는 세성(歲星), 즉 목성이 12차의 어느 차에 들어 있느냐를 가리킨 표현이다. 목성은 12년 주기로 지구를 돌기 때문에 목성이 어느 차에 들어 있느냐에 따라 그 해의 간지(干支)가 결정된다는 의미다. 12차는 신인(神人) 한웅천황이 만드신 천상열차분야지도(天象列次分野之圖)에서 유래된 개념이다.

　이름도 특이한 천상열차분야지도는 하늘을 다섯 분야와 12등분으로 나누어 그 안에 총 1,464개의 별이 그려져 있는 천문도다. 다섯 분야는 하늘을 동, 서, 남, 북, 중앙으로 나누어 동방창룡(蒼龍)의 7수[七宿 : 角(각), 亢(항), 氐(저), 房(방), 心(심), 尾(미), 箕(기)], 서방백호(白虎)의 7

수[규(奎), 루(婁), 위(胃), 묘(昴), 필(畢), 자(觜), 삼(參), 북방현무의 7수[두(斗), 우(牛), 여(女), 허(虛), 위(危), 실(室), 벽(壁)], 남방주작의 7수[정(井), 귀(鬼), 유(柳), 성(星), 장(張), 익(翼), 진(軫)]와 중궁(中宮)의 주원삼극(朱垣三極)인 자미원(紫微垣), 태미원(太微垣), 천시원(天市垣)을 나타내었다. 12차는 둥근 하늘을 12등분하여 특정한 별들이 소속된 하늘의 어느 구역은 지구의 어느 구역에 해당된다는 뜻이다.

다시 말해 12차는 12지지에 해당된다. 예컨대 개밥바라기(金星)나 큰 개별(天狗星)은 지지의 술(戌)에 해당되고 좀생이별(昴星, 플레이아데스 성단)은 지지의 묘(卯)에, 말굽칠성은 말인 오(午)에, 용자리별은 진(辰)에 해당한다는 식이다. 이를 전문용어로 표현하면 쌍어궁(雙魚宮)에 있는 별들은 돼지인 해(亥)에, 보병궁(寶甁宮)의 별들은 쥐인 자(子)에, 마갈궁(磨竭宮)의 별들은 소인 축(丑)에, 인마궁(人馬宮)의 별들은 범인 인(寅)에, 천갈궁(天蝎宮)의 별들은 토끼인 묘(卯)에, 천칭궁(天秤宮)의 별들은 용인 진(辰)에, 쌍녀궁(雙女宮)의 별들은 뱀인 사(巳)에, 사자궁(獅子宮)의 별들은 말인 오(午)에, 거해궁(巨蟹宮)의 별들은 양인 미(未)에, 음양궁(陰陽宮)의 별들은 원숭이인 신(申)에, 금우궁(金牛宮)의 별들은 닭인 유(酉)에, 백양궁(白羊宮)의 별들은 개인 술(戌)에 해당한다.

그림의 중앙의 작은 원이 자미원 태미원 천시원의 주원삼극, 작은 원을 둘러싼 중간 원이 28수, 큰 원이 하늘을 12등분한 12차(次)다. 천간지지를 사용하여 계해력을 만든 장본인이 한웅천황이고 계해력은 천체들의 법칙성 운동에 근거하여 만든 역이기 때문에 망원경이 없던 시절 육안으로 볼 수 없는 별들까지도 제자리에 정교하게 배치시킨 천상열차분야지도는 하늘의 구조를 소상히 아는 신인(神人)이 아니라면 도저히 만들 수 없다.

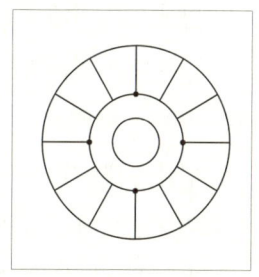

계해력이 천체 운동의 필연적 법칙성에 근거해 만든 역(曆)이라면 갑자력은 거북의 등에 나타난 낙서와 명협초의 꽃이 피고 지는 현상을 신의 계시로 받아들여 요 임금이 만든 역이다. 따라서 갑자력은 계해력과는 달리 甲 乙 丙 丁 戊 己 庚 辛 壬 癸의 천간이 개별적 인간과 민족 집단의 품격을 매기는 서열(序列)의 의미로 사용된다. 계해력에 있어 갑자(甲子)는 지구의 자식을 의미한다. 지구의 자식은 인간만이 아닌 지구의 품안에서 서식하고 있는 생물일체를 말한다. 하지만 갑자력에 있어서의 갑자는 넓은 의미에서 갑종 인간, 최상품의 인간, 1등 인간이고, 좁은 의미에서는 갑종 아들, 최고의 품질을 구비한 아들을 말한다.

그러므로 남녀를 대비할 때 갑자의 의미는 아들이므로 아들은 귀하고 딸은 천하다는 남귀여천 사상, 남자는 높고 여자는 낮다는 남존여비사상, 음인 여자는 억눌러야 하고 양인 남자는 높여야 한다는 억음존양의 심법(心法)을 낳는다. 넓은 의미에서 甲子는 1등 인간이므로 논리적으로 말하자면 2등 인간은 乙子가 되어야 하지만 천간은 하나씩 건너뛰기 때문에 乙子는 없고 丙子가 2등 인간이 되며 이와 같은 논법으로 戊子는 3등 인간, 庚子는 4등 인간, 壬子는 5등 인간이 된다.

이 모델을 임금과 사민(四民)인 사농공상(士農工商)에 적용하면

임금	사대부	농민	공인	상업인
1등인간	2등인간	3등인간	4등인간	5등인간
甲子	丙子	戊子	庚子	壬子 가 된다.

임금은 陽이고 사농공상의 四民은 신하이므로, 임금이 폭군이던 암군이던 혼군이던 신하는 임금의 명령에 복종해야 한다는 유교의 수직적 하이라키(hierarchy)는 갑자력의 억음존양차별법에서 따온 모델이다.

이와 똑같은 모델은 지나인과 4방에 사는 비지나인과의 관계에도 적용된다.

중화민족	東夷人	北狄人	西戎人	南蠻人
1등민족	2등민족	3등민족	4등민족	5등민족
甲子	丙子	戊子	庚子	壬子

   동이, 서융, 북적, 남만은 지나인의 관점에서 볼 때 모두다 오랑캐들이므로 2, 3, 4, 5등은 어느 민족이 되어도 상관없다.

   30개의 간지를 陽과 陰으로 구분한 갑자력의 자기모순은 甲子, 丙子, 戊子, 庚子, 壬子가 모두 陽에 속하는데도 불구하고 陽의 우두머리인 甲子는 丙子, 戊子, 庚子, 壬子를 실질적 陰으로 본다는 사실에 있다. 정말 잘난 사람은 자신이 잘났다는 소리를 하지 않고 겸손하다. 못난 인간일수록 자기가 잘났다고 큰소리로 떠들며 뽐낸다. 인간은 자기중심적 동물이므로 어느 정도까지의 자존자대(自尊自大)는 애교로 봐줄 수 있지만 도가 지나쳐 자기만 잘났고 주변 사람들을 모두 못나고 무식한 야만인으로 매도한다면 큰 싸움이 벌어진다.

   갑자력과 『주역』에 표현된 억음존양차별법은 단지 사람들의 집단무의식 속에 자리 잡고 있는 허망한 심상(心象)임에도 불구하고 지나족을 陽으로 보고 주변 사방 민족을 陰으로 비하시키는 집단적 억음존양차별법이 지나 사史의 시간적 전개에 가장 두드러진 특징임을 아무도 부정할 수 없다. 공자의 『춘추』로부터 한유(韓愈)의 『원인론』(原人論)을 거쳐 주희의 『통감강목』(通鑑綱目)에 이르는 춘추학(역사학)의 초점은 항상 중국을 높이고 四夷를 천시하는 억이존화(抑夷尊華) 사상에 맞추어져 있다. 시대별 역사서인 『사기』『전한서』『후한서』『진서』『양서』『송서』『수서』『신구당서』에는 동이, 서융, 북적, 남만 등 사방 야만인의 역사를 따로 취급하는 사이전(四夷傳)을 별도 수록하고 있으며 이들 사서들은 陰인 四夷는 陽인 中華의 지배와 명령에 절대 복종하여야 한다고 강변하고 있다. 그러나 역사의 실제 상황은 지나가 四夷를 지배한 것이 아니라 거꾸로 사이가 지나를 지배하고 통솔했음을 소리 높이 증언하고 있다.

단군조선국의 한 부족이었던 훈족(흉노)의 위대한 수장 묵돌선우(冒頓單于, B.C.209~174) 는 마음만 먹으면 유방(劉邦)이 세운 漢나라 따위는 하루아침에 무너뜨릴 수 있는 막강한 기병대를 소유하고 있었음에도 불구하고 산서성 북부로부터 감숙성에 이르는 지역은 목초가 자라지 않아 유목을 할 수 없다는 이유로 중원의 북부 지역을 자발적으로 포기하였다. 기원전 200년 산서성 평성(平城)에서 묵돌선우의 40만 군대에게 포위된 유방은 훈족의 동호국(東胡國: 예맥조선)을 형님의 나라로 섬기고 매년 조공을 올린다는 조건으로 풀려나 겨우 漢 나라의 명맥을 유지할 수 있었다.

흉노와 한의 이러한 주종관계는 묵돌선우의 뒤를 이은 노상선우(老上單于, B.C.174~158), 군신선우(軍臣單于, B.C.158~126), 이치사선우(伊稚斜單于, B.C.126~114), 오유선우(烏維單于, B.C.114~105)에 이르기까지 계속되어 漢은 왕소군(王昭君)을 비롯한 종실의 공주들과 많은 금품과 비단과 보석을 상국(上國)인 흉노의 대선우들에게 조공올리는 신하국에 불과하였다.

흉노족 유연(劉淵, 그의 조부 어부라선우가 동탁의 난에서 후한의 헌제를 구출해준 공으로 유씨성을 하사받음)의 전조국(前趙國, 304~329) 건국으로 막을 연 오호십육국시대에도 사정은 마찬가지였다. 흉노(匈奴), 갈(羯), 선비(鮮卑), 저(氐), 강(羌) 족을 오호(五胡)라 부른다. 흉노족의 유연이 세운 전조(前趙, 304-329), 혁련발발(赫連勃勃)의 하(夏, 407-431), 저거몽손(沮渠蒙遜)의 북량(北凉, 407~431), 갈(羯) 족의 석륵(石勒)이 세운 후조(後趙, 319-351), 선비족 모용황(慕容皝)이 세운 전연(前燕, 307-370), 모용수(慕容垂)의 후연(後燕, 384-409), 모용충(慕容沖)의 서연(西燕, 384-394), 모용덕(慕容德)의 남연(南燕, 398~410), 척발규(拓

拔珪)의 북위(北魏, 315-534), 걸복국인(乞伏國仁)의 서진(西秦, 385-431), 독발오고(禿髮烏孤)의 남량(南凉, 397-414), 저족 부건(符健)의 전진(前秦, 351~394), 이특(李特)의 성한(成漢, 304~347), 여광(呂光)의 후량(後凉, 386~403), 강(羌)족인 요장(姚長)이 세운 후진(後秦, 384~417) 과 서진(西秦, 265~316) 멸망 후 양자강 남쪽으로 사마(司馬)씨가 이주하여 세운 동진(東晋: 318~419)을 합하여 16국이라 한다.

이 중 동진만이 지나족의 나라일뿐 나머지는 모두 알타이 민족이 세운 나라들이며 나아가 5호16국시대를 끝장내고 통일국가를 성취한 수나라의 왕실 성이 선비족의 보육여(普六茹)씨이고 당(唐)나라 왕실 역시 선비족의 대야(大野)씨라는 점을 감안한다면 304년 유연(劉淵)의 전조(前趙)로부터 907년 당의 멸망 시까지 600년의 역사는 엄밀한 의미에서 지나민족의 역사가 아닌 알타이 민족의 중원 지배사인 것이다. 이뿐만이 이니다.

당 제국 멸망 후 54년간 계속된 후량(後凉) 후당(後唐) 후진(後晋) 후한(後漢) 후주(後周)의 오대(五代)시대를 매듭지어 통일국가를 이룩한 북송(北宋: 960~1126)은 경주 김씨 김함보(金函普)의 자손으로 함경도 회령에서 일어난 아구타(阿骨打)의 금(金)제국에 멸망하였고 남송(南宋, 1127~1279) 역시 1141년 금제국의 신하국이 되는 조건으로 화친을 맺어 그나마 명맥을 유지할 수 있었는데 그후 남송과 금은 모두 쿠빌라이한의 원(元)제국에 멸망 병합되고 말았다. 경주 김씨의 금(金)제국은 337년 후 나중에 국호를 청(淸)으로 고친 애신각라(愛新覺羅)의 후금(後金: 1616~1912)으로 부활하였다. 금(金)과 후금(後金)은 시조 함보(函普)의 성씨인 김(金)을 국호로 삼은 국가다. 『금사』(金史) 첫머리에 "금의 시조 함보(函普)께서는 처음에 고려에서 오셨다. 때에 나이는 이미 60을 넘으셨다. 형님 아고내는 불교를 숭상하여 고려에 남으셨다"라고 기록하고 있다. 김함보는 신라 48대 경문왕의 아들인 같은 가문의 궁예를 도와 어지러운 세상을 바로잡아 보려 하였으나 뜻하지 않게 궁예가 왕건에게 축출당하는 변괴를 당하자 수하의 군사들을 이끌고 함경도 회령 땅으로 이주하게 되었다. 금 태조 아구타는 바로 김함보의 손자로서 1109년 오연총(吳延寵)의 고려 군대를 격파하고 압자하(鴨子河) 북방에서 요의 10만 대군을 대파하여 1115년 함경도 회령에서 금제국을 개국한 인물이다. 또한 청나라의 황실 성(姓)인 애신각라(愛新覺羅)는 "신라를 사랑하여 죽어도 신라를 잊지 말라"는 뜻이다. 애신각라 4글자 중 처음 글자인 사랑 애(愛)와 3번째 글자인 깨달을 각(覺)자를 빼면 신라가 되므로 결국 애신각라는 애각신라의 뜻이 된다.

　이상 위에서 인용한 역사적 사례에서 보듯이 지나 대륙은 아득한 옛날부터 최근세사에 이르기까지 단군 조선과 부여, 고구려, 발해 및 그들의 사통(史統) 계승자인 요(遼), 금(金), 원(元), 청(淸)에 의해 계속 요리되고 지배되어 왔다. 만리장성 북쪽의 만주(125만㎢), 내몽고(45만㎢), 서쪽의 신강(160만㎢), 청해(70만㎢), 티베트(120만㎢) 등 520만㎢에 달하는 광대한 지역은 애신각라 씨의 청(淸)제국 시절 청나라 영토에 편입된 땅으로 본래부터 지나의 땅은 아니었다. 만약 지나인들의 주장대로 지나가 역사적으로 천하국가요, 세계국가라면 마땅히 초지역적 세계시민의 이념 하에 모든 민족을 천하국가의 품안으로 포용할 수 있는 통합과 화해의 철학을 제시했어야 함에도 불구하고 자신들을 현실적으로 지배하고 있는 장성 밖 새외(塞外) 민족을 야만시하고 서양인들을 양이(洋夷)라 부르면서 도착(倒錯)된 중화민족 위주의 폐쇄주의 노선만을 고집해 왔다.

　로마제국이 초폴리스적 세계시민이론으로 팍스로마나(Pax Romana)를 이룩할 수 있었던 이유는 후기 스토아파의 로고스적 자연법 사상과

"신 앞에 만민이 평등하다"는 기독교를 국교로 수용한 것에 힘입은 바가 크다. 하지만 춘추전국시대의 인본주의를 표방한 인문사조운동은 본질적으로 하은주(夏殷周) 삼대를 관통했던 천명설(天命說)을 폐기하고 상제의 존재 자체를 부정함으로써 무신론의 풍토만 잔뜩 키워놓았다. 앞서 말한 바와 같이 천명은 하늘의 명령이 아닌 상제의 영혼을 뜻한다.

따라서 신도(神道)의 중심은 하나님, 한문으로 상제(上帝)며, 인간을 낳으신 조상천(祖上天)으로서의 상제, 우주만물을 창조하신 창조천(創造天)으로서의 상제, 홍수 가뭄 지진 벼락 등의 자연 재앙과 인간 세상의 길흉화복을 주관하시는 주재천(主宰天)으로서의 상제는 『시경』에 무수한 족적을 드러내고 있다.

대아(大雅) 생민지습(生民之什)에

맨 처음 백성을 낳으신 분은 고신(高辛)씨의 후비인 강원이라네. 어떻게 낳으셨는가. 정성껏 상제에게 제사를 올려 아들 없는 재앙을 물리치시고 상제의 엄지발가락을 밟자 상제의 은총이 내려 잉태하시어 더욱 삼가사 아이를 낳아 기르시니 이분이 바로 우리 주나라의 시조인 후직이시네

厥初生民 時維姜嫄 生民如何 克禋克祀 以弗無子 履帝武敏歆 攸介攸止 載震載夙 載生載育 時維后稷

나무 그릇에 김치와 식혜를 담고 질그릇에 국을 담아 천제를 올리니 그 향이 하늘에까지 올라가 상제께서 기꺼이 흠향하시네

仰盛于豆 于豆于登 其香始升 上帝居歆

대아 탕지습(蕩之什)에

광대한 덕을 가진 상제는 하늘 아래 만백성의 임금이시다

蕩蕩上帝 下民之辟

대아 증민(蒸民)에

상제께서 천하만민을 낳으시고 만물에 적합한 법도를 정하셨도다
上帝蒸民 有物有則

상송(商頌) 현조(玄鳥)에

상제께서 은나라 탕(湯)왕에게 무기를 들어 하왕 걸(桀)을 치라 명하시어 천하 사방을 고루 잡으셨네
上帝命武湯 正域彼四方

대아 문왕지습(文王之什)에

문왕의 혼령 오르내리며 늘 천명을 준 상제 곁에 계시네
文王陟 降在帝左右

은나라의 자손 수도 없이 많으나 상제께서 문왕에게 명을 내려 주나라 백성으로 복속시켰네
商之孫子 其麗不億 上帝旣命 侯于周服

은나라가 아직 멸망하지 않았을 땐 상제의 뜻 훌륭히 받들었나니 마땅히 은나라를 거울 삼아라. 천명을 보전함이 쉽지 않도다
殷之未喪師 克配上帝 宜鑒于殷 駿命不易

대아 대명(大明)에

이렇게 해서 태어나신 문왕께서는 모든 일 삼가고 공경하며 모든 일 밝게 처리하여 상제께 아뢰니 상제께서 많은 복을 주셨네
維此文王 小心翼翼. 昭事上帝 聿懷多福

무왕께서 목야에서 맹세하기를, 지금이 곧 우리가 일어날 때요. 상제께서 그대들을 굽어보고 계시니 추호도 두 마음을 먹지 말아라
矢于牧野 維予侯興 上帝臨汝 無貳爾心

황의(皇矣)에

거룩하고 거룩하신 상제께서 이 땅에 밝게 임하셔서 사방을 두루 살피시고 백성의 편안함을 구제하시었네
皇矣上帝 臨下有赫 監觀四方 救民之莫

상제께서 문왕에게 이르기를 제멋대로 굴게 하지 말고 탐내는 일 없게 하여 송사를 공정히 처리하라 하셨네
帝謂文王 無然畔援 無然歆羨 誕先登于岸)

상제께서 문왕에게 이르기를 내가 반기는 건 밝은 덕이니 큰소리 치고 얼굴색 달리하지 말고 가혹한 형벌 늘리지 말고 알게 모르게 항상 상제께서 내리신 하늘의 법도대로 행하라 하셨네
帝謂文王 予懷明德 不大聲以色 不長夏以革 不識不知 順帝之則

탕지습(蕩之什)에

문왕이 말하기를 그대 은나라여! 은나라를 망하게 한 것은 상제께서 옳지 않은 것이 아니라 그대 은나라가 상제께서 내리신 하늘의 법도를 지키지 않았기 때문일세
文王曰咨 咨女殷商 匪上帝不時 殷不用舊

운한(雲漢)에

가뭄이 극심하건만 이를 물리칠 방책이 없네. 두렵고 위태로움이 번개 치고 우레 울리는 것 같네. 주나라 백성으로 살아남은 자 거의 없는데 높은 하늘에 계신 상제는 우리를 긍휼히 여기지 않네. 이미 풍년제도 올렸고 사방신의 제사

때맞추어 지냈건만 높은 하늘에 계신 상제께서 이마음 헤아려주지 않네

旱旣大甚 則不可推 兢兢業業 如霆如雷 周餘黎民 靡有孑遺 昊天上帝
則不我遺 祈年孔夙 方社不莫 昊天上帝 則不我虞

주송(周頌) 신공지습(臣工之什)에

상제께서 밝게 보살펴주시어 해마다 큰 풍년이 드는도다

明昭上帝 迄用康年

하였다. 이상에서 본 바와 같이 『시경』은 인간 존재의 시원으로서 뿐만 아니라 우주만물을 창조하여 만물에 적합한 법도를 부여하고 가뭄 및 홍수의 재앙과 풍년의 축복을 번갈아 주시며 상제의 천리를 어긴 하(夏)의 걸(桀)을 응징하여 은(殷)나라를 개국하고, 은의 폭군 주(紂)를 멸하고 주나라의 건국을 명령하는 등 전지전능한 주재천(主宰天)으로서 상제의 역할을 자세히 묘사하고 있다.

천부(天符)의 천리를 거역하여 갑자력을 만든 요의 운명도 예외는 아니었다. 한검단군 치세 50년(B.C. 2284)에 일어난 황하의 대홍수를 다스리지 못한 죄로 상제의 노여움과 백성들의 원망을 사 부루태자로부터 도산신서(塗山神書)를 받아 홍수를 퇴치한 조선사람 순(舜)에게 어쩔 수 없이 임금 자리를 물려주고 퇴출당하고 말았다.

지나인들이 자기네 조상으로 떠받드는 복희(伏羲), 신농(神農), 황제(黃帝)의 삼황(三皇)도 알고 보면 지나인이 아닌 조선인들이다.

복희는 신시의 5대 천황(天皇)이었던 태우의(太虞儀)의 막내 아들이고, 신농은 신시의 사농관(司農官)을 지낸 고시내(高矢乃)의 자손인 소전(少典)의 큰 아들이고, 황제는 소전의 둘째 아들이다.

야외에서 밥이나 술을 들기 전 첫숟가락의 밥과 첫잔의 술을 땅에 뿌

리며 고시내를 외치는 풍속은 신시의 사농관이었던 고시내로부터 유래된 것이며 같은 알타이 민족인 티베트에도 '고수레'(고시내의 변형된 음)로 남아 있다.

사마천의 『사기』에는

황제로부터 순 임금, 우 임금에 이르기까지 모두 동일한 성(姓)이며 그들이 세운 나라의 호칭만 달랐을 뿐이다
自黃帝至舜禹皆同姓而異其國號

라고 기록하고 있다. 이렇게 볼 때 복희, 신농, 황제의 삼황과 소호(小昊), 고양(高陽), 고신(高辛), 요, 순의 오제(五帝)로부터 하, 은, 주에 이르는 역사는 엄밀한 의미에서 삼한사(三桓史: 한인의 한국, 한웅의 신시, 한검의 조선)의 한 부분일뿐 지나사라 이름 붙일 대목이 하나도 없다.

춘추시대의 개막은 힌마디로 말헤 헌국시로부터 지나사를 분리시커 지나사의 독자성과 독립성을 부여하고 확보하려는 인문사조운동이다.

그러기 위해선 우선 무엇보다 동이족의 신인 한인상제의 존재를 부정할 수밖에 없었다. 불경『팔상록』(八相錄)에는 옥황상제의 이름이 석가모니에게 설산 16자를 준 제석천한인이라 하였고 도교 경전인 『역대신선통감』(歷代神仙通鑑)에도 상제의 이름이 반고한인(盤古桓人)이라 기록되어 있다. 하지만 춘추전국시대에 나온 제자백가(諸子百家)의 어떤 저술에도 이미 상제한인이라는 이름은 자취를 감추어버렸다. 어떤 연유로 이렇게 되었는가? 현대 중국의 석학으로 알려진 호적(胡適)은 『중국철학사대강』에서 이렇게 썼다.

"노자 철학의 근본관념은 그의 천도관(天道觀)이다. 노자 이전의 천도관에서는 천天을 의지가 있고 지식이 있으며 희로애락이 있고 위협하거나 복을 내릴 수 있는 주재자로 간주하였다. 노자는 혼란이 극심한 전국

시대를 살면서 사람을 죽이고 집안이 파괴되며 나라가 없어지는 등의 참화를 직접 보고 만일 지각과 의지가 있는 상제가 있다면 이런 참화는 도저히 있을 수 없다는 것이라 생각하였다."

호적은 마치 전쟁의 참화를 예방하지 못한 책임이 상제에게 있는 듯 말하고 있으나 이는 본말을 뒤바꾼 평가이다. 전국시대에 일어난 수많은 전쟁은 상제가 전쟁을 선동했기 때문이 아니라 상제의 존재를 근본적으로 부정했기 때문에 일어난 것이다.

"상제 아래 모든 존재는 평등하다"는 신앙을 부정한 춘추전국시대의 제후들은 저마다 자신이 최고로 잘났고 나아가 자신만을 지존(至尊)의 상제라 스스로 여겼기 때문에 전국시대의 모든 전쟁은 기본적으로 가짜 상제 대 가짜 상제 간의 투쟁이었다.

『이차대전기원사』에서 조지 캐난은 전쟁이 일어나는 원인을 "전쟁 당사자들이 서로가 자신을 우월한 위치에 상대방을 열등한 위치에 설정하여 내가 너에게 가르쳐야 할 교훈이 있다고 생각했기에 전쟁으로 치닫게 되었다"고 말하였다. 호적뿐만 아니라 『노자철학』의 저자 양계초(梁啓超), 『중국인성론사』(中國人性論史)의 저자 서복관(徐復觀), 『노장신론』(老莊新論)의 저자 진고응(陳鼓應) 등의 공통된 견해는 노자는 상제, 귀신, 점괘를 절대 믿지 않았다. 공자도 노자의 학설을 믿어 귀신을 믿지 않았다. 공자는 귀신을 깨끗이 정리하지 못했지만 노자는 깨끗이 정리하였다.

노자는 "화는 복이 기대는 곳이요, 복은 화가 숨어 있는 곳이다"(禍兮福所倚 福兮禍所狀,『도덕경』 58장)라고 말함으로써 복이나 재앙은 상제가 주는 것이 아니라 순전히 사람이 관장하는 인사(人事)에 속하므로 "상제가 인간만사를 간섭하고 주재하는 천명설은 폐기되었으며 노자야말로 미신적 원시종교로부터 고대 중국을 해방시킨 중국 철학의 진정한 아버지이다"라고 하였다. 참으로 큰일 날 사람들이다. 이 사람들 말대로

라면 예의 핵심인 상제를 섬기는 교사지례(郊社之禮)도 귀신을 섬기는 음사(淫邪)가 되며 "하나님에게 죄를 지으면 빌 곳이 없다"[獲罪於天 無所禱也:『논어』팔일(八佾)]는 공자의 말씀도 귀신을 깨끗이 정리 못한 미신숭상 발언이 되기 때문이다.

지나의 춘추시대와 서양의 르네상스는 인간이 역사의 주체라는 인본주의를 천명한 점에 그 공통성이 있다. 그러나 르네상스의 인본주의는 이중진리설과 이신론(理神論, Deism)의 바탕 위에 진행되어 유럽의 봉건사회를 근대화된 사회로 이행시키는 촉매제 역할을 하였고 무신론에 입각한 춘추시대의 인본주의는 끝없는 혼란과 무질서와 전쟁과 무정부 상태를 야기시켜 결국 진시황의 전제정치를 시대적 요청으로 받아들이는 아이러니를 낳고야 말았다. 독재 권력도 악이고 무정부 상태도 악이지만 두 가지 악 중 하나의 악을 뽑으라면 사람들은 대개 독재 권력의 악을 선택한다. 왜냐하면 독재 권력 하에서는 개인의 자유만 박탈당하지만 무정부 상태 밑에서는 자유와 평화와 질서와 사유재산 모두를 상실하기 때문이다.

이슬람 세력이 에스파니아까지 지배하던 시절 코르도바 태생의 아베로에스(1126~1198)는 이성적 인식에 기초하는 과학적 진리와 신의 계시에 기초하는 종교적 진리는 모두 진리로서 두 가지의 진리는 서로 모순되지 않는다는 이중진리설을 주장하였다. 예컨대 신에 의한 세계창조, 신의 은총과 섭리, 인간 영혼의 구제와 영혼불멸설 등은 엄밀한 과학적 논증을 거쳐 증명된 진리가 아니라 신앙에 의해 승인되는 진리다. 이러한 종교적 진리는 인간의 정신생활에 도움을 줄지 몰라도 일상적인 인간 생활에 실제 도움이 되는 가르침은 오히려 과학적 진리 쪽에 있다. 따라서 과학과 철학은 종교의 영역으로부터 해방되어 자기만의 독자적 영역을 가져야 한다는 주장이 이중진리설의 핵심적 내용이다. 이신론도 이중진리설과 크게 다르지 않다. 세계창조자로서의 신의 존재는 인정하지만 창조된 이후의 세계는 자연법칙의 필연성에 따라 움직일 뿐 아니라 인간의 이성 또한 신의 계시를 더 이상 받지 않아도 될 만큼 장족의 발전을 이룩하였음으로 세계의 운영은 온전히 인간의 몫이라는 사상이 이신론이다.

현실세계의 운영을 책임지는 유능한 경영자와 인간 일반에게 요청되는 덕목은 종교적 진리에 대한 맹종이 아니라 보다 정밀한 과학적 진리로 무장된 인간능력의 차원 높은 고양이다. 따라서 신앙과 지식의 분리를 선언한 이중진리설과 이신론은 모든 것을 신의 섭리로 설명하려 했던 토마스주의(토마스 아퀴나스의 교부철학)적 세계관을 붕괴시켜 쿠자누스와 레오나르도 다빈치, 코페르니쿠스와 캐플러, 갈릴레오, 부루노로 연결되는 빛나는 업적을 생산함으로서 과학혁명과 근대합리주의 사상을 촉진시켰을 뿐 아니라 나아가 데카르트와 베이컨의 실험주의적 자연관을 태동시킨 원동력이 되었다. 한편 춘추전국시대에 개화된 지나의 인본주의는 상제의 존재를 철저히 부정하는 무신론에서 출발하였다.

만약 상제가 만민을 낳으신 조상신이며 자연계와 인간계의 만사를 주관하는 우주의 중심이라면 그리고 또 삼황오제(三皇五帝)로부터 서주(西周)에 이르는 고대 지나인의 세계관이 호적, 양계초, 서복관, 진고응이 주장하는 것처럼 진리가 아닌 미신이고 귀신 섬기는 잡사(雜事)라면 춘추전국시대의 철학자들은 미신을 대치할 만한 과학적 진리를 연구하고 개발하여 이를 대중들에게 보급시켜야 할 역사적 책무가 마땅히 있어야만 했다. 그런데 사실은 어떠한가? 춘추전국시대에 나온 제자백가(諸子百家)들의 사상은 모두가 왕도(王道)정치와 패도(覇道)정치를 둘러싼 정치제도의 공방과 인간사회에 있어 인간들이 서로 지켜야 할 윤리 문제에 국한되어 있을 뿐 고대 희랍의 피타고라스나 알키메데스가 학문의 중심과제로 여겼던 물리학이나 수리철학과 같은 실용적 학문은 전혀 찾아볼 수 없다. 이러한 과학정신의 결여는 후세까지 고스란히 전승되어 춘추전국시대로부터 청조말까지 2,500년에 이르는 지나사는 한마디로 말해 다람쥐 쳇바퀴 돌듯 아무런 진전과 발전이 없는 정체의 역사이다. 춘추전국시대에 범람했던 인문사조의 3대 유파는 유가와 도가와 묵가(墨家)다. 유가는 지배계급과 세습적 귀족과 벼슬아치의 사대부를 중심으로 한 세계관과 인생관을 근본으로 삼는 철학이고 도가는 벼슬을 못한 서사(庶士)나 조정에 나아가 스스로 벼슬자리를 구하지 않고 자연과 더불어 사는 은사(隱士) 그리고 세상살이에 염증을 느끼는 자포자기적 지식인들의 세계관과 인생관을 반영한 철학이며, 묵가는 농업, 어업, 수공업에 종사하는 하층민의 입장에서 세계를 해석하고 설명하려는 철학이다. 삼가(三家)의 철학은 서로의 장점을 수용하는 상생 상용의 철학이 아니라 서로가 서로를 배척하는 갈등과 반목의 철학이다.

노자, 장자로 대표되는 도가는 공자, 맹자로 대표되는 유가의 인의예지(仁義禮智)를 허례허식으로 매도하면서 절인기의 민복자효(絶仁棄義民復慈孝), 즉 유가들의 거짓 인(仁)과 가짜 정의를 끊어버리는 것이 백성들로 하여금 참된 의미의 효(孝)와 사랑을 회복하는 길이라 주장했다.

한편 유가는 도가의 철학을 현실을 방기한 무책임한 도피주의 사상으로 비난하고 묵자의 겸애주의(兼愛主義)를 천리를 무시한 무차별적 평등주의로 매도하면서 무차별 평등주의야말로 인간 세상의 천부적 질서를 파괴하는 원흉이라고 공격했다.

여하튼 유가, 도가, 묵가를 막론하고 춘추전국시대에 일어났던 인문사조운동은 하은주, 삼대의 중심사상이었던 천명설과 상제의 존재 자체를 부정함으로써 인간 존재의 근원을 설명할 수 있는 영혼의 지혜를 사랑하는 학문(Philosophia)을 폐기시킨 결과를 가져왔다.

홍수전(洪秀佺)의 태평천국이 실패한 반란으로 끝나고 무신론자이며 유물론자인 모택동이 공산혁명이 성공할 수 있었던 가장 큰 이유는 춘추 전국시대에 형성되어 2천수백여 년을 내려온 무신론의 풍토에 힘입은 바 크다 할 것이다.

5. 태양앙명인중천지일도가 지리에 미친 영향

태양앙명인중천지일도에 나오는 중앙 태극점은 태양과 지구와 사람의 천지인 삼심(三心)이 일심(一心)으로 귀일되는 중심점임을 이미 말한 바 있다. 그렇다면 인중천지일도가 지리에 미친 영향이 무엇인지를 항목별로 살펴보자.

하늘에 태양의 주위를 선회하는 9행성이 있다면 땅에도 마땅히 9주가 있어야 한다. 우공구주도(禹貢九州圖)에 나오는 단군조선국의 9주가 기주, 연주, 청주, 서주, 양주, 형주, 양주, 예주, 옹주임은 이미 언급한 바가 있고 신라도 삼국을 통일한 후 전국을 9주의 행정구역으로 개편했으니 상주(尙州), 강주(康州), 양주(良州), 한산주(漢山州), 우수주(牛首州), 하슬라주(何瑟羅州), 웅천주(熊川州), 완산주(完山州), 무진주(武珍州)가 바로 그것이다.

또한 가야, 백제, 신라, 고구려의 후손들이 일본으로 건너가 새 나라를 세운 지금의 구주 지역의 구주 개념도 천유구성 지유구주(天有九星 地有九州)사상을 승계한 것이다. 뿐만 아니라 태조 이성계가 정한 조선 팔도에 수도 한양을 중앙 태극점으로 보면 조선의 강역 역시 구주의 지리 개념에 바탕을 둔 행정구획임을 한 눈에 알아볼 수 있다.

천유구성 지유구주의 사상이 확연하게 나타난 증거물로 바둑판을 들 수 있다. 정사각형의 바둑판 위에는 가로, 세로 각각 19줄의 선이 그어져 있고 꽃잎 모양의 무늬 9개가 새겨져 있다. 9개의 무늬점 중 중앙점을 천원(天元) 그밖의 8개의 점을 화점(花點)으로 부르는 것은 일본식 바둑용어이며 우리말 용어로는 중앙점을 태극, 나머지 8개의 점을 별점(星點)이라 부른다. 물론 중앙 태극은 태양과 지구와 사람이 교차하여 합해진 점이고 나머지 8개의 별점은 태양의 주위를 선회하는 수성, 화성, 목성, 금성, 천왕성, 토성, 명왕성. 해왕성을 가리킨다.

태양앙명인중천지일도를 평면으로 펼쳐놓으며 우물 정(井)자 모양이 된다. 이것이 바로 유명한 단군조선의 정전법(井田法) 제도의 모형이다. 아래 우물 정(井)자 그림에 나오는 1, 2, 3, 4, 6, 7, 8, 9의 밭은 농민 8명에게 배정된 사유지로서 농민 8명은 각각 수확량의 1/10을 세금으로 국가에 납부하며 5의 부분은 농민 8명이 공동으로 경작하여 소출량의 전부를 국가에 현물세로 바치는 공전(公田)이며 덩(唐)나라 때는 이를 공해전(公廨田)이리 불렀다. 『맹자』 등문공편에 나오는 하나라의 공법(貢法), 은나라의 조법(助法), 주나라의 철법(撤法)이 모두 정전제(井田制)의 기초 위에서 거두어들이는 1/10조세법의 변형된 명목이다.

1	2	3
4	5	6
7	8	9

정전법은 인구밀집지역인 성(城) 안이 아닌 성 밖 야외의 평평한 평지에서만 실시되었다. 이러한 의미에서 정전법과 평양(平壤, 平陽)과의 상관관계를 살펴볼 필요가 있다.

평양(平壤)은 북한의 평양만 있는 것이 아니다. 요(堯) 임금과 전조(前趙)의 유연(劉淵)이 도읍한 곳도 지금의 산서성 평양(平陽)이며, 요령성에도 평양이 있고 『단기고사』에는 단군조선의 도읍지가 아사달 평양(平陽)으로 기록되어 있다. 평양이라는 지명이 왜 이렇게 많은지? 그리고 음이 같은 평양(平壤)과 평양(平陽)은 어떻게 다른가?

평양(平壤)은 평탄할 평(平) 고운 흙 양(壤)이다. 흙 토(土)는 모래흙이던 진흙이던 돌이 섞인 흙이던 모든 종류의 흙을 나타내는 글자이지만 양토(壤土)는 모래흙(沙土) 30%, 점토(진흙) 60% 유기물(미생물이 함유되어 있는 흙) 10%가 섞인 흙으로서 농작물 가꾸기에 알맞은 흙을 가리키는 말이다. 한편 평양(平陽)은 평탄할 평(平) 빛 양(陽)으로 햇빛이 고르게 쪼인다. 햇빛을 고르게 받는다는 뜻이다. 울퉁불퉁 요철(凹凸)이 심하거나 높낮이가 일정치 않아 굴곡진 땅에는 빛의 회절(回折) 현상이 생겨 응달진 부분을 만들어낸다. 그러므로 굴곡이 없는 평평한 평지의 땅 평양(平壤)이나 빛의 회절현상이 생기지 않아 햇빛을 골고루 받는 평양(平陽)은 결과적으로 같은 뜻으로 정전법을 시행하기에 알맞은 땅이다. 산이 많아 넓은 평야가 별로 없는 한반도 내에서 그래도 평양(平壤, 平陽)의 뜻에 부합되는 땅으로 전라도 김제평야, 만경평야를 들 수 있는데 이곳의 중심지인 정읍(井邑)의 지명에 우물 정(井)자가 들어 있는 것으로 보아 아마도 이곳은 아득한 옛날부터 정전법을 시행해 오던 곳이 아닌가 추측해 볼 수 있다.

고대로부터 새로운 왕조를 창업할 때 가장 중요시되는 고려사항은 도성(都城)을 어디에 정하느냐 하는 정도(定都) 문제와 도성의 핵심인 왕궁을 어디에 어떻게 건축하느냐 하는 일이었다. 새로이 창업하는 왕조에 있어 왕궁은 천재지변이나 외적의 침입으로부터 안전한 곳이어야 하고 왕실의 권위와 제왕의 위엄을 한껏 드높이어 백성들의 마음을 복종케 하고 흡인할 수 있는 복된 터전이 되어야만 한다.

따라서 왕궁 건축은 어떠한 건축자재를 동원하여 어떠한 규모와 품격의 왕궁을 짓느냐 하는 문제가 아니라 어느 방향으로 왕궁의 정전(正殿)을 좌정(坐定)시켜 정전의 주인인 제왕으로 하여금 민심의 소재를 정확히 파악함으로써 치국의 묘(妙)를 얻을 수 있느냐 하는 방위(方位)의 문제에 달려 있었다.

왕궁의 방위를 논하자면 고려 왕조의 수창궁(壽昌宮)과 조선 왕조의 경복궁(景福宮)은 임금이 북쪽에 앉아 남쪽을 바라보는 북좌남면(北坐南面) 형이고 신라, 백제의 반월성 옛터는 비록 왕궁의 유적은 남아 있지 않으나 임금이 서쪽에 앉아 동쪽을 바라보는 서좌동향(西坐東向) 형이다. 북좌남면의 수창궁, 경복궁은 갑자력 사상에 의지해 지은 왕궁이고 서좌동향의 반월성은 태양앙명인중천지일의 계해력 사상에 따라 조성한 도성이다.

60갑자력을 시계의 한 시간 길이인 60분에 적용하면 12시 정각이 甲子 자리가 되고 12시 30분이 甲午가 되는데 갑자 갑오의 수직 子午線을 풍수지리에서 자좌오향(子坐午向)이라한다. 갑종 쥐가 정북(正北)인 12시 자리에 주인으로 앉아 정남(正南) 방향 12시 30분 자리에 있는 갑종 말에게 명령을 하달하는 것이다.

아마도 많은 독자들은 경복궁 건립의 방향을 둘러싸고 이성계의 왕사였던 무학대사와 정도전 간에 벌어졌던 논쟁을 기억할 것이다. 무학대사는 인왕산 밑에 궁궐터를 잡고 정문을 동쪽으로 내어 임금이 서좌동향(西坐東向), 간지로 말하면 사좌해향(巳坐亥向)으로 정좌해야 한다고 주장한 반면 철저한 모화사대주의자인 정도전은 제왕은 북좌남면(北坐南面) 하는 것이 중국의 관례이므로 자좌오향(子坐午向)으로 왕궁을 지어야 한다고 맞서 결국 정도전의 안대로 오늘의 경복궁이 지어지게 되었다. 무학이 정도전 안을 반대한 이유는 쥐(甲子)가 말(甲午)을 제어하기 어려울 뿐 아니라 자칫 잘못 다스리게 되면 오히려 말발굽에 밟혀 죽을 수도 있으므로 자좌오향으로 왕궁을 건립하는 것은 조선왕조의 장래를 거듭되는 병란(兵亂)의 참화 속으로 몰고 가는 것이라 생각하였기 때문이다. 과연 무학의 예언대로 경복궁이 자좌오향으로 건립되자말자 이방원에 의한 1·2차 왕자의 난과 수양대군의 왕위 찬탈, 이징옥, 이시애의 반란과 임진왜란으로 이어져 경복궁은 전소(全燒)되었고 대원군 시절

복원된 경복궁마저 한일합방과 더불어 조선총독부 청사가 그 자리를 차지하였으며 심지어 6·25전쟁 때는 인민군에게 잠시나마 점령당하는 연속적인 병란의 참화로 얼룩져 왔다.

세월을 고려시대까지 거슬러 올라가면 역시 자좌오향으로 지은 개성의 수창궁과 태조 왕건의 훈요(訓要) 8항과의 관계를 빼놓을 수 없다. 왕건이 임종 시 유언으로 남긴 훈요 10항 중 8항은 이렇게 기록되어 있다.

여덟째 차령산맥 이남과 금강 바깥 쪽은 산형(山形)과 지세(地勢)가 모두 거꾸로 뻗쳤으니 인심 또한 짐의 뜻에 반역한다. 저 아래 고을의 사람이 조정에 참여하여 왕이나 왕실의 인척과 혼인하여 나라의 정권을 잡게되면 혹은 나라에 반란을 일으키거나 혹은 후백제가 고려에 통합당한 원한을 품고 임금이 행차하는 길을 범해서 반란을 일으킬 것이다. 비록 양민이라 하더라도 마땅히 관리의 지위를 주어 정사(政事)를 돌보게 하지 말지어다

其八曰, 車峴以南 公州江外 山形地勢 幷趣背逆 人心亦然 彼下州郡人 參與 朝廷與王侯國戚婚姻 得乘國政則或變亂國家 或啣統合之怨犯軌畢 生亂 雖其良民 不宜使在位用事

이게 도대체 무슨 소리인가? 간단히 말해 계룡산을 주산(主山)으로 하는 차령산맥과 금강 남쪽에 사는 호남인들은 고려에 반역하는 마음을 갖고 있으니 그들을 등용하지 말라는 유언이다.

어떤 이유로 왕건은 호남인들이 반역할 것이라 단정하는가? 왕건이 개성 수창궁에 북좌남면(北坐南面)하고 앉아 남쪽을 바라보니 계룡산이 송악산을 바라보며 엎드려 큰절 올리는 조복(朝伏) 형상을 취하지 않고 오히려 등을 돌리고 있기 때문에 계룡산 남쪽에 사는 호남인들도 왕건에게 충성하지 않고 등을 돌릴 것이라는 터무니없는 풍수도참사상을 믿었기 때문이다. 사람은 임금이나 권력자를 등지고도 살아갈 수 있지만 사

람을 포함한 지구상의 모든 생물은 태양을 등지고 살아갈 수는 없다.

해가 뜨는 정동(正東)이 밝은 태양인 계해(癸亥) 자리라면 반대 방향인 정서(正西)는 태양광명을 갈구하는 뱀의 위치, 즉 간지로 계사(癸巳)의 자리가 된다. 그러므로 서쪽에 앉아 동쪽 하늘에 뜨는 태양을 바라보고 사는 사좌해향(巳坐亥向)이 지구에 살고 있는 모든 생물들의 정(正) 위치인 것이다. 겨울잠을 자던 뱀과 개구리가 따뜻한 봄기운에 놀라 깨어나는 날이 양력 3월 5일 경의 경칩(驚蟄)이며 태양빛을 조금이라도 더 받기 위해 해바라기는 항상 고개를 태양 쪽으로 향하고 사람들은 해가 뜨면 일어나고 해가 지면 잠자리에 든다. 이것이야말로 지구상에 살고 있는 모든 생물들의 생활 리듬이요 생존본능이다.

옛날 서산대사께서 제자인 사명대사를 동반하여 먼 길을 가게 되었다. 산길을 가던 어느 날 중도에 날이 그만 저물어 시장하고 피곤한 몸을 이끈 두 사람은 어느 깊은 산골 외딴 초가집에 들려 하룻밤 유숙하기를 간청하여 주인으로부터 흔쾌히 승낙을 받았다. 순박한 산촌 아낙네가 저녁밥을 짓기 위해 부엌으로 나간 사이 스승과 제자는 무료한 시간을 달래기 위해 저녁상에 어떤 음식이 나올 것인가를 두고 내기를 하게 되었다.

먼저 제자인 사명이 손가락으로 육갑(六甲)을 짚어 계사(癸巳) 괘를 뽑은지라 "오늘 저녁은 뱀이 구불구불 기어가는 형상의 국수가 나올 것이다" 하였고, 스승인 서산은 "밀가루 음식임에는 틀림없으나 국수가 아닌 수제비일 것이다"라고 단언하였다. 얼마간의 시간이 흐른 후 저녁상이 들어왔는데 과연 서산의 예언대로 국수가 아닌 수제비였고 산촌 아낙네는 "국수를 만들려 하였으나 본의 아니게 수제비가 되어 송구스럽다고 변명하는 것이 아닌가. 사실 산촌 아낙네는 애초부터 국수를 만들려고 마음먹었지만 이때는 전깃불이 없던 시절이라 캄캄한 부엌에서 밀가루에 물을 붓는다는 노릇이 그만 실수로 너무 많이 부어버려 결과적으로 수제비밖에 될 수가 없었다. 여하튼 우여곡절 끝에 만들어진 수제비로 맛있게 저녁 식사를 마치고 난 후 제자는 스승에게 물었다.

"스승님께서는 국수 대신 수제비가 나올 줄 어찌 미리 알고 계셨습니까?"

서산대사 왈 "우주에 존재하는 삼라만상은 모두 다 보이지 않는 자연의 법도에 따라 살아간다. 그대가 말한 뱀을 예로 들어보자면 뱀은 일출시(日出時)부터 일몰시(日沒時)까지의 낮 시간에는 마치 국수처럼 구불구불 기어가면서 활동한다. 하지만 캄캄한 밤에 동심원의 형태로 또아리를 틀고 잠자는 뱀은 마치 둥근 수제비를 닮은 모습이 아니고 그 무엇이겠는가? 이것이 바로 천시(天時)에 때맞추어 자연의 법도대로 살아가는 중생들의 지혜일세. 따라서 미물과 사람을 포함한 중생일체는 그들 자신의 생존을 위하여 정서(正西)의 계사(癸巳) 자리에 위치를 정하고 해 뜨는 동쪽 계해(癸亥) 방향을 바라보아야 하는 숙명을 타고 났네. 만약에 대낮의 점심이라면 국수가 나왔을 테지만 늦은 밤 저녁이니까 천시(天時)에 맞추어 수제비가 나오는 것은 오히려 당연한 일 아니겠는가"라고 하였다.

그렇다 지구에 서식하는 모든 생물은 반드시 태양을 바라보며 살아가야 한다. 이러한 맥락에서 살펴볼 때 신라의 왕성인 반월성에 있는 대궐의 정전인 조원전(朝元殿)과 임해전(臨海殿)은 고려의 수창궁 조선의 경복궁과는 달리 서쪽에 좌정하여 동쪽을 바라보는 사좌해향(巳坐亥向)으로 지어졌음을 답사 결과 확인할 수 있었다. 진덕여왕 때의 조원전은 문무왕 때 임해전으로 그 이름이 바뀌었는데 조원(朝元)이란 처음 아침, 아침의 시작이라는 뜻이다. 일출(日出)이 아침의 시작이고 일몰(日沒)은 저녁의 시작이기에 조원전(朝元殿)은 태양이 뜨는 동쪽을 향하여 정문이 나 있음을 쉽게 짐작할 수 있다. 그렇다면 임해전(臨海殿)은 무슨 뜻인가? 임해는 바다에 이르렀다 바닷물에 도달했다는 뜻으로 울산이나 포항의 임해공단은 바닷가에 위치한 공장 밀집지대를 말한다. 임해라는 글자에 대한 상식적인 해석을 기초로 필자는 맨 처음 동해변 문무대왕릉이 위치해 있는 경주 감포 일대를 돌아다니며 임해전이 있었을 법한 위치를 찾아보았으나 옛 궁궐의 아무런 흔적도 발견할 수 없었고 결국 바닷가에 궁궐을 지을 리 만무하다는 생각이 들면서 臨海가 이두문자임을 깨닫게 되었다.

臨海의 海는 바다해자이지만 또한 해는 태양의 우리말 이름이므로 결국 臨海는 臨亥의 이두문으로서 태양에 도달한다. 경주 반월성 왕궁 임해전에 앉아 동방 일출을 영접한다. 어제 밤의 암흑을 떠나보내고 영일(迎日) 쪽을 바라보면서 새로운 마음으로 새아침을 맞이한다는 뜻이다. 신라의 옛 도성을 왜 반월성(半月城)이라 부르는지? 그리고 반월성은 도대체 무슨 뜻인가? 서라벌 도성에 보름달은 뜨지 않고 반달만 항상 뜬다는 말로 오해하기 쉽다. 결론적으로 말해 반월성은 반달과는 하등 관계가 없으며 왕궁이 자리 잡고 있는 뒷산 즉 진산(鎭山)의 모습이 반달의 형상인 반원(半圓)과 흡사하다는 의미이다.

비단 경주뿐만 아니라 "사비수 건너 서서 반월성을 바라보니"라는 노랫말로 미루어 백제 도성의 진산인 부여 부소산(扶蘇山)도 반월형임을 알아볼 수 있고 초팔국(草八國)과 초팔혜현(草八兮縣)도 마찬가지의 의미를 가진다 말할 수 있다. 오늘의 경남 합천은 신라에 합병되기 전 나라이름이 초팔국(草八國)이었고 신라에 편입된 후 초팔혜현으로 불렸다.

초팔(草八)이란 글자 그대로 해석하면 '풀 8개' 란 뜻인데 세상에 어느 천지 바보가 있어 나라 이름을 풀 8개로 작명하겠는가? 초팔(草八) 역시 이두문으로 草는 음이 같은 처음 初이다. 어느 달이던 음력 1일(朔)에 초승달이 뜨고 15일(望)에 보름달이 뜨는데 1에서 15까지의 정확한 중간 지점이 8로서 석가모니의 탄신일인 4월 초팔일은 보름달의 절반인 반달이 뜨는 날이다. 그러므로 초팔은 합천의 진산인 가야산이 반달의 모습을 닮은데서 유래된 지명인 것이다. 둥근 원은 원만한 덕을 상징한다. 모든 사람은 완전한 둥금(圓)인 태양과 보름달을 우러러 흠모함으로서 원만무애(圓滿無碍)한 덕성을 배우려 노력하며 결코 모나고 각(角)진 사람이 되기를 원치 않는다. 산이 육지에 뿌리를 박고 있는 한 완전한 원형(圓形)의 산이란 있을 수 없으며 그나마 예각(銳角)이 없는 반월형의 산이 원만대덕을 상징한다고 볼 수 있다.

한편 서울의 진산인 삼각산과 경복궁 뒷산 즉 오늘의 청와대 뒤쪽의 북한산은 반월과는 전혀 반대의 모습을 하고 있다. 삼각산의 주봉들인 백운대, 인수봉, 만경봉은 비죽비죽 솟아난 바위 3개가 다투는 형상으로 누가 더 키가 크고 누가 더 잘났느냐를 놓고 서로 싸우는 쟁봉(爭峰)들이다. 또한 삼각산의 지산인 청와대 뒤쪽 산도 생긴 모습이 날카로운 산돼지의 송곳니를 닮아 원만한 덕이라곤 전혀 찾아볼 수 없다. 태조 이성계의 생년이 1335년 을해생(乙亥生) 돼지띠라는 점을 감안한다면 한양은 날카로운 창칼을 가진 무인(武人)들이 지배하는 땅이며 아들이 아비를 치고 신하가 임금을 죽이고 간신들이 충신들을 도륙하고 동족이 아닌 이국(異國)인의 손에 멸망한 환부역조(換父逆祖)의 땅이다.

경복궁의 정문이 광화문인 점도 이치에 맞지 않는다. 무학대사의 안대로 인왕산 밑에 궁전을 짓고 동쪽으로 정문을 내어야 서좌동향(西坐東向)한 임금이 일출을 바라보아 정문 이름을 광화문으로 정할 수 있기 때문이다.

신라 왕궁의 정전인 임해전이 서좌동향(西坐東向) 사좌해향(巳坐亥向)이라는 움직일 수 없는 증거는 석굴암에서 찾을 수 있다.

석굴암 본존불은 정서(正西) 쪽에 앉아 해뜨는 정동(正東) 쪽을 바라보고 있다. 또한 문무대왕 16년 2월에 어명을 받들어 의상조사가 창건한 태백산 부석사 무량수전(無量壽殿)의 비로자나 부처도 정서 쪽에 단정히 좌정하여 해뜨는 정동 쪽을 바라보고 있다. 비로자나의 산스크리트어 'Vairocana'는 크게 빛나는 것의 음역(音譯)으로 고대 인도에서 태양을 의미하는 말이다. 비로자나의 고어(古語)인 비스바카르나(Visvacarna) 역시 태양의 다른 이름으로 관자(觀者)로 한역(漢譯)되었다. 관(觀)과 시(視)는 다같이 눈으로 본다는 뜻을 담고 있으나 관(觀)은 위에서 아래를 내려다본다는 뜻이고 시(視)는 밑에서 위를 쳐다본다는 뜻이다. 따라서 관자(觀者)는 지구에 서식하는 작은 개미 한 마리까지도 굽어 살피시며 아낌없이 광명을 주는 태양을 의인화(擬人化)한 말이다. 노사나불(盧舍那佛)과 대일여래(大日如來)도 비로자나불의 이명(異名)이며 힌두교 최고의 신인 비슈누(Visnu)와 크리슈나(Krisna) 역시 태양을 뜻하며 금광명최승왕(金光明最勝王)으로 번역된다. 비로자나 = 비스바카르나 = 비슈누 = 크리슈나 = 금광명최승왕 = 노사나부처 = 금색선인(金色仙人) = 대일여래 = 밝게 빛나는 태양=癸亥이며, 불(佛)은 곧 태양 불(火)이다.

일연대사는 『삼국유사』 혁거세왕 편에서 혁거세(赫居世)는

향언(鄕言)으로 불구내왕이라고도 하나니 광명으로 세상을 다스린다는 말이다
赫居世蓋鄕言也 或作弗矩內王 言光明理世也

라고 하였다. 불구내(弗矩內)는 새아침 동해에 붉게 떠오르는 태양을 보고 "태양빛이 정말 붉으네" 할 때의 붉으네를 한문으로 옮긴 이두문이다. 붉게 떠오르는 태양의 정열과 만물에게 아낌없이 광명을 주는 대자심(大慈心)을 가슴에 온전히 품어 태양빛과 같은 밝음으로 암흑을 물리치고 세상을 제도(濟度)하는 불구내왕의 광명이세 정신이야말로 바로

한검단군이 설하신 홍익인간 광명이세(弘益人間 光明理世)의 개국 이념을 계승한 것이다.

6. 태양앙명인중천지일도와 가림토(加臨土)문자

대야발의 『단기고사』에 "3세 가륵단군 2년(B.C. 2180) 봄 단군께서 박사 을보륵(乙普勒)에게 명하여 국문정음 38자를 만들게 하였다."고 기록되어 있다. 국문정음을 일명 가림토(加臨土) 문자라고도 하는데 국문정음 38자는 정확히 말해 태양앙명인중천지일도에서 나왔다.

태양앙명인중천지일도는 △형이 32개, □형이 10개, ○형 1개로 구성되어 있다. 천부인 3개를 합한 인중천지일의 도형으로부터 다음과 같은 국문정음 38자가 나왔다.

·ㅣㅓㅏㅡㅗㅑㅕㅠㅠㅊㅋ ㅇㄱㄴㅁㄷㅅㅈ
ㅈㅊㅿㅿㅇㅅM ㅸㄹㅃㅍㄱㆆㆁㅋㅌㅍㅍ

훈민정음 서문에 "한글의 모양은 옛글자를 모방한 것"이라 함은 이를 두고 한 말이다. 옛글자란 두말할 필요 없이 을보륵이 만든 국문정음 38자를 가리키므로 세종은 한글을 창제(創制)한 것이 아니라 국문정음을 훈민정음으로 개량(改良)한 공로자로 평가해야 마땅하다. 국문정음 38자 중 훈민정음이 본받은 글자는 22자이다.

이중 ·ㅣㅓㅏㅡㅗㅑㅕㅠㅠ 의 11자를 모음 또는 가운데소리(中聲)라 하고, 국문정음으로부터 물려 받은 ㅇㆆㄱㄴㅁㄹㅿㅈㅊㅍㅅ 과 새로 만든 글자 ㅋㆁㄷㅌㅂㅎ을 합한 17자를 자음 혹은 첫소리(初聲) 끝소리(終聲)라 하였다.

6자를 새로 만든 이유를 음운학적으로 설명하기를 어금니소리(牙音)는 ㄱ의 변형된 글자로 ㅋ과 ㆁ을, 혀소리(舌音)는 ㄴ의 변형된 글자로 ㄷ

ㅌ을, 입술소리(脣音)는 ㅁ의 변형된 글자로 ㅂ ㅍ(국민정음 피읖이며 새로 만든 글자가 아님)을, 이빨소리(齒音)는 ㅅ의 변형된 글자로 ㅿ을, 목구멍소리(喉音)는 ㅇ의 변형된 글자로 ㆆ을 만들었다고 하였다.

28자의 훈민정음 중 ㅿ ㅇ ㆆ · 의 4글자는 현재 사용하지 않고 있는데 ㅇ ㆆ · 3글자는 국문정음에서 온 것으로 ㅿ는 사람, · 은 인중천지일도의 중앙점인 태극을 말한다.

7. 「훈민정음제자해」(制字解)의 비과학성

훈민정음 제자해는 다음과 같은 문장으로 시작된다.

천지의 도는 한마디로 음양과 오행일 따름이다. 곤괘(坤卦:☷)와 복괘(復卦:☳)의 사이가 태극이 되고 움직임과 고요함 후에 음양이 된다. 무릇 생명을 가진 무리로서 이 세상에 존재하는 것이 음양을 떠나 어디로 가겠는가. 그러므로 사람의 목소리에도 다 음양의 이치가 있는 것이다

天地之道 一陰陽五行而已 坤復之間爲太極而動靜之後爲陰陽凡有生類在天地之間者 捨陰陽而何之 故人之聲音 皆有陰陽之理

음양이론과 오행이론은 전혀 다른 철학체계이다. 음양은 원래 태양이 비치는 측면과 그 반대쪽 즉 빛과 그림자를 의미했으나 점차 추상화되어 우주에 존재하는 일체사물의 상호대립하는 측면을 의미하게 되었다. 한편 오행은 한검단군의 가르침인 홍범구주(洪範九疇) 9항목 중 첫 번째 항목으로 우주만물을 구성하는 목화토금수(木火土金水) 다섯 가지 원소 간의 상극(相剋) 상생(相生) 관계를 조명하여 상호대립을 극복해가는 상생의 철학을 골자로 하고 있다.

그러나 『주역』에 나타나 있는 음양오행사상은 전국시대의 추연(鄒衍)

과 한(漢)의 동중서(董仲舒)를 거쳐 오며 본래의 의미가 퇴색되어버린 변질된 내용들을 담고 있다. 이미 말한 대로 『주역』을 일관되게 흐르고 있는 사상적 기조는 음을 억합하고 양을 높이는 억음존양의 차별법인데 이 점은 다분히 동중서의 삼강지륜(三綱之倫)으로부터 온 것이 분명하다.

임금이 신하의 벼리가 되는 군위신강(君爲臣綱), 아버지가 아들의 벼리가 되는 부위자강(父爲子綱), 남편이 아내의 벼리가 되는 부위부강(夫爲婦綱)이 삼강의 내용이다. 사람의 육안으로 보아 하늘은 높은 곳에 땅은 낮은 곳에 위치해 있고 하늘에는 빛나는 태양 땅에는 태양의 그림자인 밤이 있으므로 하늘은 높고 땅은 낮다는 천존지비(天尊地卑)사상과 하늘은 밝고 땅은 어둡다는 천양지음(天陽地陰)사상이 동서양을 막론하고 고대인들의 우주관이었다.

여기에 존비(尊卑)사상과 음양사상을 인간 사회에 접목시킨 동중서의 삼강윤리는 임금(君)과 아버지와 남편은 하늘 높이 떠있는 태양과도 같은 존재로 양이며 신하와 자식과 아내는 낮은 땅에 엎드려 태양의 자비심을 갈구하는 하늘 의존적인 그림자 같은 음의 존재이므로 음은 양의 명령에 절대 복종하여야만 사회의 질서와 국가의 기강이 바로잡힐 뿐 아니라 어떠한 경우에 있어서도 양은 음에 우선하며 음은 양에 종속되어 마땅하다는 주장이다.

추연의 음양론과 동중서의 음양오행론이 주류를 이루는 『주역』에 의거해 만든 훈민정음 제자해의 다음 구절을 보자

ㅗ ㅏ ㅛ ㅑ의 원(圓)점이 위와 밖에 있는 것은 하늘에서 나서 양(陽)이 되기 때문이며, ㅜ ㅓ ㅠ ㅕ의 원이 아래와 안에 있는 것은 땅에서 나서 음이 되기 때문이다. · 가 여덟 소리에 꿰어 있는 것은 마치 양이 음을 거느려서 만물을 두루 흐르게 함과 같다

ㅗㅛㅑ 之圓居上與外者以其出於天而爲陽也 ㅜㅕㅠㅓ 之圓居下 與內者以其出於地而爲陰也 · 之貫於八聲者猶陽之統陰而周流萬物也

위의 문장에서 문제되는 것은 아, 야, 오, 요 를 구성하는 원(사실은 점 · 이다)과 쌍점(: ,야의 오른쪽에 있는 : 과 요의 ㅇ 밑에 있는 ..) 이 바로 선 막대기 ㅣ과 누운 막대기 ㅡ 의 오른쪽 (예 ㅏ)과 위(ㅗ)에 있다 해서 이를 양으로 어, 여, 우, 유를 구성하는 점(·)과 쌍점(: ..) 은 ㅣ의 밑에 있거나 왼쪽에 있다 해서 이를 음으로 규정한 점에 있다.

옆에 ㅇ이 있거나 말거나 ㅏㅑㅗㅛ는 아야오요로 ㅓㅕㅜㅠ는 어여우 유로 발음한다. 하나, 훈민정음 제자해는 아,야,오,요는 하늘에서 나온 양 음이고 어, 여, 우, 유는 땅에서 나온 음음으로 규정하는데 이러한 황당하 기 짝이 없는 음양분류법의 모순은 금방 드러난다. 예를 들자면 함경도 사람들은 어머니를 '오마니' 라 부르는데 훈민정유 제자해의 규정에 의 하면 어는 음이고 오는 양이며 남자는 양이고 여자는 음인 까닭에 어머 니는 여자이지만 오마니는 남자가 되고 아버지는 남자이지만 어버이는 여자가 되고 마는 궤변으로 발전한다.

또한 ㅗ는 양이고 ㅜ는 음이라면 배꼽 위에 있는 점은 양의 점이고 배 꼽 밑에 난 점은 음의 점이 되며 ㅏ는 양이고 ㅓ는 음이라면 오른쪽 볼에 있는 점은 양이고 왼쪽 볼에 있는 점은 음의 점이 되는가? 또 한 가지 지 적해야 할 점은 만약 우주만물을 음양 이원론으로 대치 환원시켜 일체 만물의 상호대립성을 통일적으로 파악하고 설명하기 위해서는 모든 수 자가 반드시 필연적으로 짝수로 되어야만 한다. 그런데 현실은 어떠한 가? 북두칠성은 별이 7개이다. 7개의 별과 9개의 행성을 음양으로 구분 한다면 어느 별이 양성(陽星)이고 음성(陰星)이 되는가?

양성과 음성으로 억지분류를 한다 해도 칠성의 경우 하나의 별이 남고

9행성의 경우 역시 마찬가지이다. 그러므로 세계 인구의 남녀 비율로부터 사하라 사막의 모래알 숫자에 이르기까지 수(數)의 불균형으로 특징지워지는 현상계는 음양분류법만으로 설명될 수는 없다.

훈민정음이 음양오행으로 이루어졌다고 훈민정음 제자해는 말하고 있으나『주역』에는 오행이 없다. 정확히 말해 주역에는 오행 중 木金이 없고 나머지 火水土는 이진감태곤(離震坎兌坤) 괘에 부호로만 나타날 뿐이다. 그럼에도 불구하고 훈민정음 제자해에서는

① 후음(喉音, 목구멍소리): 목구멍은 깊고 물기에 젖어 있으니 수(水)이다(喉邃而潤水也)

② 아음(牙音, 어금닛소리): 어금니는 서로 얽히고 크니 목(木)이다 (牙錯而長木也)

③ 설음(舌音, 혀소리): 혀는 날카롭고 움직이니 화(火)이다 (舌銳而動火也)

④ 치음(齒音, 잇소리): 이(齒)는 단단하고 끊으니 금(金)이다 (齒剛而斷金也)

⑤ 순음(脣音, 입술소리): 입술은 모나고 다무니 토(土)이다 (脣方而合土也)

입술, 혀, 이빨, 어금니, 목구멍은 전체적으로 입을 구성하는 기관들이다. 사람의 경우 입은 말하기 위해서 존재하지만 동시에 사람과 사람 이외의 동물들에 있어 입은 음식을 먹고 마시기 위해서도 존재한다. 이렇게 볼 때 입술, 혀, 이빨, 어금니, 목구멍은 유기적 연관성을 가진 통일적 하나이며 결코 따로 분리될 수 없다. 그럼에도 불구하고 입의 겉 부분인 입술과 입 안의 여러 기관들인 목구멍, 혀, 이빨, 어금니를 土, 水, 火, 金, 木으로 억지 규정을 한 것은 도저히 이해할 수 없다. 더욱 가관인 것은 어금니와 어금니 이외의 다른 이빨들(합해서 치아라 부르는)은 그 화학적

성분이 동질인데 어찌하여 어금니는 木이 되고 다른 이빨들은 金이 되는지? 어금니만 따로 치료하는 치과의사는 이 세상에 단 한 명도 없다.

혀는 날카롭고 움직이니 火라 했는데 이 규정도 불합리하다. 혀도 목구멍과 마찬가지로 항상 물기에 젖어 있어야 한다. 입 안이 바싹 말라 혓바닥이 갈라지거나 혓바늘이 돋으면 이미 정상인은 아니기 때문이다.

한의학에서 전통적으로 내려오는 인체의 오행은 간장(肝臟), 폐장(肺臟), 심장(心臟), 비장(脾臟), 신장(腎臟)의 오장(五臟)이다. 하지만 오장을 오행으로 보는 견해는 좁은 의미의 내과의학적인 관점으로서 간, 폐, 심, 비, 신의 오장이 火, 水, 木, 金, 土의 오행 중 어디에 속하는지 규정하기가 매우 곤란하다. 따라서 넓은 의미에서 한검단군께서 가르치신 오행을 인체에 적용시키면 다음과 같은 결론이 나온다.

① 사람의 살은 죽으면 썩어 흙으로 돌아가므로 살(肉)은 土이다.
② 피, 눈물, 땀, 오줌, 침 및 각종 호르몬은 액체이므로 이는 水이다.
③ 정상적인 사람의 체온(36°C)은 따뜻하며 죽으면 싸늘해지므로
   체온은 火이다.
④ 사람의 머리카락은 木이다. 살아 있는 사람의 머리카락은 나무나
   풀처럼 계속 자라나지만 죽은 사람의 머리카락은 자라지는 않되
   굉장히 긴 세월 동안 썩지도 않는다.
⑤ 뼈들과 치아는 단단하므로 金이다.

해골을 비롯한 죽은 사람의 뼈와 치아는 머리카락과 마찬가지로 오랜 기간 동안 썩지 않는다. 고대 희랍의 철학자 아낙시만드로스와 헤라클레이토스는 우주만물이 물, 불, 흙, 공기의 4원소로 구성되어 있다 했고 불교 철학은 사대(四大), 즉 지(地), 수(水), 화(火), 풍(風)을 물질 구성의 기본 질료(質料)로 보았다.

불교 철학의 사대 중 하나인 바람(風)은 희랍 철학의 공기(aeron) 즉

기식(氣息)과 같은 의미이다. 여하튼 희랍 철학과 불교 철학의 결정적 결점은 물질 구성의 기본 원소 중 木(섬유질)과 金(딱딱하고 단단한 것)을 배제한 점에 있다. 이러한 의미에서 주역적 우주관을 그대로 계승한 훈민정음 제자해는 하늘, 땅, 사람을 상징하는 부호를 잘못 해석하여 잘못 전달하고 있다.

·는 하늘이고 ㅡ(으)는 땅을 본(本)뜸이요, ㅣ(이)는 사람이 직립(直立)으로 서 있는 모양이라 풀이하면서 하늘은 움직이고 땅은 고요하고 사람은 움직임과 고요함을 겸비한다 하였다.

이에 따라 첫소리 자음 17자(ㅇㆆㄱㄴㅁㅿㅈㅊㄹㅅㅋㆁㄷㅌㅂㅍㅎ)는 하늘의 일이고 가운데소리 모음 11자(·ㅓㅕㅏㅗㅛㅜㅠㅡㅣ)는 사람의 일이며, 끝소리 자음 17자(ㅇㆆㄱㄴㅁㅿㅈㅊㄹㅅㅋㆁㄷㅌㅂㅍㅎ)는 땅의 일이라 해석하여 무엇이 무엇인지 도대체 알 수 없게 만들어 놓았다. ·을 둥근 원의 형상인 하늘이라 해놓고 왜 똑같은 글자인 모음 ·은 사람이 되는지 알 수도 없거니와 『주역』계사전(繫辭傳)의 9장, 1절 2절을 인용한 중성오행도(中聲五行圖)는 훈민정음을 만든 경위와 글자의 철학적 의미를 주역의 괘상(卦相)에 억지로 끼워 맞추어 난해하기 그지 없다.

계사전 상 9장 1·2절의 원문

天一 地二 天三 地四 天五 地六 天七 地八 天九 地十 天數五地數五
五位相得而各有合 天數二十有五 地數三十 凡天地之數 五十有五
此所以成變化 而行鬼神也

1부터 10까지의 숫자 중 1, 3, 5, 7, 9의 홀수는 양의 수로서 하늘의 숫자이며 2, 4, 6, 8, 10의 짝수는 음의 수로서 땅의 숫자에 해당된다. 따라서 1, 3, 5, 7, 9의 다섯 가지 홀수는 하늘의 숫자이고 2, 4, 6, 8, 10의 다섯 가지 짝수는 땅의 숫자이다. 하늘의 숫자 1, 3, 5, 7, 9를 합치면 하늘 숫자의 총합은 25가 되고 땅의 숫자 2, 4, 6, 8, 10을 합치면 땅의 총합수는 30이 된다. 하늘의 총수 25에 땅의 총수 30을 합치면 55가 되는데 하늘과 땅의 총합수인 55가 천지간의 모든 변화를 완수하며 양의 囧 인 신(神)과 음의 囧 인 귀(鬼), 즉 귀신이 행하는 신비스러운 작용이다.

훈민정음 제자해는 이를 복희(伏羲)의 하도(河圖)와 주문왕(周文王)의 낙서(洛書)와 요(堯)임금의 갑자력(甲子曆)에 맞추어
  1(壬)과 6(癸)은 북쪽에 위치해 天의 一이 水를 낳고 地의 六이 이를 완성하니 天一生水 地六成水이다.
  2(丙)와 7(丁)은 남쪽에 위치해 地의 二가 火를 낳고 天의 七이 완성하니 地二生火 天七成火이다.
  3(甲)과 8(乙)은 동쪽에 위치해 天의 三이 木를 낳고 地의 八이 완성하니 天三生木 地八成木이다.
  4(庚)와 9(辛)은 서쪽에 위치해 地의 四가 金를 낳고 天의 九가 완성하니 地四生金 天九成金이다.
  5(戊)와 10(己)은 중앙에 위치해 天의 五가 土를 낳고 地의 十이 완성하니 天五生土 地十成土라.
  나아가 훈민정음 제자해는 이를 기초로 중성(가운데소리, ㆍㅓㅕㅏㅑ ㅗㅛㅜㅠㅡㅣ) 오행도를 설명하기를
  ㅗ(오)는 天一生水, ㅠ(유)는 地六成水, ㅜ(우)는 地二生火, ㅛ(요)는 天七成火, ㅏ(아)는 天三生木, ㅕ(여)는 地八成木, ㅓ(어)는 地四生金, ㅑ(야)는 天九成金, ㆍ(현재 쓰지 않는 글자 인중천지일도에 있어 중앙 태극)은 天五生土, ㅡ(으)는 地十成土라 하면서 훈민정음이야말로 음양오행철학과 완벽한 일치를 이룬다 강변하고 있다.

8. 국문정음과 훈민정음을 관통하는 철학의 공통성

여기서 아무도 이해할 수 없는 난해하기 짝이 없는 훈민정음 제자해를 멀리하면서 아무리 무식한 사람이라도 금방 알아볼 수 있는 국문, 훈민양음(兩音)의 철학적 의미를 한번 살펴보자.

이미 말한 바와 같이 국문정음(가림토 문자)은 태양앙명인중천지일도로부터 나왔고 이 그림은 한웅께서 태백산 조림시 가지고 오신 천부인 3개(○ ㅁ △)를 한곳에 모은 기하학적 그림이다.

○은 하늘을 상징하므로 ○의 변형된 글자인 ㅎ도 ○에서 나왔다. ㅏ ㅓ ㅡ ㅣ ㅑ ㅕ ㅛ ㅠ ㅗ ㅜ는 앞에 ○이 있고 없고에 상관없이 아어으이야여요우오우로 발음되기 때문에 ○이 들어가는 모든 글자 양, 영, 웡, 강, 궁, 궁, 망, 랑 쌩, 왱, 팽, 탕, 텅 풍 등 위에 열거한 모든 글자의 받침인 ○은 하늘 소리(天音)이다. ㅁ은 땅을 상징하며 사각형 ㅁ은 한글 알파벳 미음이다. ㅁ은 ㄱ과 ㄴ으로 구성되어 있다.

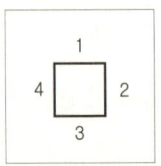

왼쪽 그림의 모형에서 3의 변과 4의 변을 빼면 ㄱ이 되고 1의 변과 2의 변을 빼면 ㄴ이 된다. 정사각형인 ㅁ에서 2의 변을 빼면 ㄷ이 되고, 2의 변을 ㄷ 안에 넣으면 ㅌ이 된다. ㅁ형에 1의 변을 중간에 넣으면 ㅂ이 되고, ㅁ의 2, 4변을 안쪽에 넣으면 ㅍ이 된다.

그러므로 ㄱ,ㄴ,ㄷ,ㄹ,ㅁ,ㅂ,ㅍ,ㅌ,ㅋ,ㄲ,ㄸ,ㅃ의 글자는 모두 ㅁ에서 유래된 글자로 땅소리(地音)이다.

△은 사람을 상징하므로 삼각형의 밑변을 제외하면 ㅅ이 되고 밑변 부분을 ㅅ위에 갖다 놓으면 ㅈ이 되고 ㅈ 위에 점 하나 찍으면 ㅊ이 된다.

따라서 한글의 철학적 원리는 음운학(音韻學)에 기초를 둔 발성법(發聲法)에 위탁하여 초성(처음소리), 중성(중간소리), 종성(끝소리), 아음

(어금니소리), 치음(잇소리), 후음(목구멍 소리), 설음(혀소리), 순음(입술소리)으로 설명한 것이 아니라 하늘소리(ㅇㅎ) 땅소리(ㄱㄴㄷㄹㅁㅂㅍㅌㅋ등) 사람소리(ㅅㅈㅊ)의 복합적 연맹으로 파악할 수 있어야만 글자의 의미를 쉽게 이해할 수 있다.

예를 들어 "오늘 참 기분 좋다"의 문장을 분석하면

오 = ㅇㅗ의 합성어이므로 하늘소리(ㅇ) 하늘소리(ㅗ)이고
늘 = ㄴㅡㄹ이므로 땅소리(ㄴ) 하늘소리(ㅡ) 땅소리(ㄹ)이고
참 = ㅊㅏㅁ이므로 사람소리(ㅊ) 하늘소리(ㅏ) 땅소리(ㅁ)이고
기 = ㄱㅣ이므로 ㄱ(땅소리) ㅣ(하늘소리)
분 = ㅂ(땅소리) ㅜ(하늘소리) ㄴ(땅소리)
좋 = ㅈ(사람소리) ㅗ(하늘소리) ㅎ(하늘소리)
다 = ㄷ(땅소리) ㅏ(하늘소리) 이다.

한쪽에만 좋은 것은 좋은 것이 아니다. 나에게는 좋지만 다른 사람에게 나쁘다면 좋은 것이라 말할 수 없으며, 누이 좋고 매부 좋아야 참말 좋은 것이 된다. 어찌 누이와 매부의 인간 사(事)에만 국한되랴! 진정으로 좋은 것은 하늘도 좋아하고 땅도 좋아하고 사람도 좋아하여 사람의 기쁜 마음속에 하늘과 땅의 기쁜 마음이 한마음으로 합일되는 인중천지일(人中天地一)이 되어야만 한다. 하늘은 사람을 사랑하여 광명을 주시고 시의적절한 단비를 내리신다. 땅은 그 넉넉한 대지의 품 안으로 사람들을 감싸 안아 성장의 자양분을 공급하고 양육해 주신다. 어머니 또한 나를 사랑하여 때맞추어 기저귀를 갈아주시고 젖을 주시며 모기 왱왱거리는 더운 여름밤이면 당신은 뜬눈으로 밤을 지새우면서도 부채로 모기를 쫓으며 자장가를 불러주신다.

이와 같이 사랑은 하늘도 사람을 사랑하고 땅도 사람을 사랑하며 사람도 사람을 사랑하고 사람도 하늘과 땅을 사랑하는 한군데 치우치지 않는

온전한 전일적(全一的) 사랑이 되어야 하며 '사랑' 이란 두 글자는 ㅅ(사람소리) ㅏ(하늘소리) ㄹ(땅소리) ㅏ(하늘소리) ㅇ(하늘소리)로 구성되어 있다. 그러므로 한글의 철학적 의미는 첫소리, 가운데소리, 끝소리의 조합이나 모음과 자음의 단순한 결합이 아니라 하늘소리, 땅소리, 사람소리가 서로 응답하여 한소리로 되는 천지인(天地人) 합일 사상에 있다.

9. 세종과 『징심록』(澄心錄)

훈민정음을 반포할 당시 집현전 7학사는 정인지, 신숙주, 성삼문, 최항, 박팽년, 이선로, 이개였다. 이들 중 성삼문, 박팽년, 이개는 단종복위 사건에 연루되어 나중에 사육신으로 분류된 선비들이다. 하지만 이들 7학사의 공통점은 과거시험 과목인 사서(四書: 大學, 論語, 孟子, 中庸)와 삼경(三經: 詩經, 書經, 易經)과 삼사(三史: 史記, 前漢書, 後漢書)를 부지런히 읽고 등과하여 조정에 출사(出仕)한 선비들로서 존주모화(尊周慕華)사상에 깊이 중독된 자들이라는 점이다.

이에 비해 세종은 이들 집현전 학사들과는 전혀 다른 세계관을 가지고 있었다. 조선왕조는 비록 억불숭유(抑佛崇儒)의 기치를 내걸고 개국된 왕조였지만 태조 이성계로부터 7대 세조 이유(李瑈)에 이르기까지 역대 임금들은 개인적으로 독실한 불교신자였다. 세종 때 시작하여 세조 때 완성을 본 『석보상절』(釋譜詳節), 『원각경』(圓覺經), 『월인천강지곡』(月印千江之曲) 등의 불경 번역 작업은 세종이 독실한 불교신자였음을 증언해주는 증거이다. 물론 세종은 불경만 읽은 것이 아니라 제왕 수업을 받던 세자 시절에 유가의 경전인 사서삼경과 제가백가(諸子百家)의 서적들도 독파했을 것이다. 어디 이뿐인가? 비록 『세종실록』에 기록되어 있지 않지만 세종은 『신지비사』(神誌秘詞), 『조대기』(朝代記), 『삼성기』(三

聖記), 『진역유기』(震域遺記), 『동천록』(動天錄), 『징심록』(澄心錄) 등 한 민족 전래의 철학 역사서를 정독하고 연구했음이 확실하다.

이 책들은 수양대군이 단종을 죽이고 왕위를 찬탈하게 되자 절대 읽어서는 아니될 금서(禁書)로 취급받아 성종대에 이르기까지 대대적인 수거령(收去令)이 내려졌고 진시황의 분서갱유(焚書坑儒)에 버금가는 이 사건을 계기로 조선 사회는 주자사상 유일사회로 재편성되었다.

『징심록』은 박혁거세의 9대손이며 영해(寧海) 박씨의 시조가 되는 신라 제일의 충신 박제상(朴堤上)이 지은 책으로 영해 박 씨 문중에 보관되어 있었다. 『징심록』은 15지(誌)로 구성된 책인데 박제상의 막내아들인 백결(百結) 선생(朴文良)이 『금척지』(金尺誌)를 추가하였고 생육신의 한 사람인 매월당 김시습(梅月堂 金時習)이 『징심록』 추기(追記)를 보태었다.

『징심록』 추기(追記) 7장 13절에

조선조 세종대왕이 즉위하게 되자 왕은 은근히 영해를 생각하여 영해박씨 문중을 두루 구제하였다. 또한 세종은 혁거세왕 능묘를 세우고 영해 박씨 종가집과 차가집에 명하여 서울 성균관 옆으로 옮겨 살게 하고 장로로 명하여 편전에 들어 왕을 알현하도록 하여 은혜로 보살펴주기를 심중하게 하였다.
차가집의 후예 창령공 부자를 불러 등용하였다. 그때 나(김시습)는 이웃에 있어 영해 박씨 종가집 후손의 가문에서 수업하였다

本朝世宗大王登位 甚慰懃於寧海 周恤公家一門 又建赫居世王陵廟 乃命公之宗次二家移居於京師泮宮之隣 命長老入侍便殿 恩顧甚重徵次家裔昌齡公父子而登用 時余在隣受業于宗嗣之門

또한 『징심록』 추기 13장에는

그러므로 영묘(세종대왕)가 영해박씨의 후예에게 은근히 대한 것은 당연한 바

가 있으니 하물며 훈민정음 28자의 근본을 『징심록』에서 취했음에야

然則英廟之懇懇於公家之裔 有所當然而況訓民正音二十八字 取本於澄心錄者乎

위의 기록으로 미루어 세종이 영해 박씨 문중에 보관되어 있던 『징심록』을 정독한 것은 분명한 사실로 드러났다. 김시습의 말대로 훈민정음 28자가 『징심록』에서 그 근본을 취했다면 『징심록』 어느 부분을 취해서 세종은 훈민정음을 만들었는가?

박제상의 『징심록』은 총 15지(誌)로 구성되어 있다. 상교(上敎) 5지는 『부도지』(符都誌) 『음신지』(音信誌) 『역시지』(曆時誌) 『천웅지』(天雄誌) 『성신지』(星辰誌)이고, 중교(中敎) 5지는 『사해지』(四海誌) 『계불지』(禊祓誌) 『물명지』(物名誌) 『가악지』(歌樂誌) 『의약지』(醫藥誌)이며, 하교(下敎) 5지는 『농상지』(農桑誌) 『도인지』(陶人誌) 그 밖에 알려지지 않은 3지가 있는데 이중 『부도지』만이 남아 있을 뿐 나머지는 단종 폐위 사건 이후 영해 박씨 종가와 차가의 형제들이 세조의 체포령을 피해 강원도 철원을 거쳐 함경도 문천으로 피난하는 와중에 망실되어 버렸다. 『부도지』에는 문자에 관한 언급이 없으므로 아마도 세종은 음신지, 역시지, 천웅지, 성신지의 내용을 참조했을 가능성이 농후하다.

원문이 상실되어 자세한 내용은 알 길이 없으나 대략 그 내용을 유추해 볼 수 있다. 음신지의 音은 소리음, 信은 믿을신이므로 音信은 소리나는 신호체계 즉 말이 통함으로써 서로간의 신뢰를 쌓는다는 뜻이다. 통신(通信), 서신(書信), 목신(木信: 상고시절 시장이 열리는 날짜를 나뭇조각에 새겨 강의 상류에서 띄우면 이 목신을 집어보고 중하류에 살던 사람들이 시장에 참여하였음)은 모두 문자나 부호나 상징을 통한 정보 통신 교환 수단을 말한다. 따라서 『음신지』에는 가륵단군이 창제한 국문정

음 38자의 창작 경위나 글자의 뜻이 해명되어 있을 가능성이 높다. 『역시지』의 역(曆)은 본래 변한다 유전한다는 의미를 담고 있다. 변한다는 것은 결국 시간의 추이를 말하기 때문에 역수(曆數)는 4계절의 순환과 일월성신(日月星辰)의 천체운동의 법칙성이 상도를 벗어나지 않는다는 뜻이다. 따라서 『역시지』에는 한웅천황이 창제한 계해력이 수록되어 있을 가능성이 높다.

『천웅지』의 천웅(天雄)은 한웅의 다른 이름이므로 한웅께서 ○□△ 천부인 3개를 받아 뇌공(雷公), 풍백(風伯), 운사(雲師), 우사(雨師)의 신장들을 인솔하고 태백산에 강림하여 신시부도(神市符都)를 창건한 내력이 기록되어 있는 문헌이 틀림없다 여겨진다. 『성신지』에는 천상열차분야지도가 수록되어 있을 가능성이 매우 높다.

현재 세종대왕기념관에 비치되어 있는 천상열차분야지도는 숙종 13년(1687)에 만들어진 복각판이며 원본은 태조 4년(1398) 원본의 수정판은 세종 15년(1433)에 만들어졌다. 평양에 살던 어떤 노인이 대동강에 침몰되어 있던 천상열차분야지도의 인본(印本)을 건져 태조에게 바침으로 인하여 천상열차분야지도를 만들게 되었다고 『태조실록』은 말하고 있다. 태조 때의 원본을 35년 만에 세종이 왜 수정했느냐에 해결의 열쇠가 있다. 세종이 수정판을 낸 것은 성신지에 수록되어 있는 그림과 태조 때의 원본이 다르기 때문에 낸 것이지 같다면 구태여 수정판을 낼 이유가 없다.

훈민정음은 인문(人文)의 사업인데 음운학이나 비교언어학적 측면만을 고려하면 될 것을 천문학이나 지리적 지식까지도 원용하면서까지 설마 세종이 문자 제정을 했겠느냐? 의문을 품는 독자들도 있을 것이다. 그러나 하늘의 형상은 지구의 형상에 상응하고 사람의 인체 또한 땅의 형상과 흡사하여 삼자(三者)는 분리될 수 없는 유기적 상관관계이므로 결국 3자가 하나로 귀일되는 人中天地一사상이 한국 사상의 원천이라는 사실을 알아야 한다.

ㅇㅁ△ 천부인 3개를 세로로 조합하면 위에 ㅇ머리(天), 가운데 ㅁ몸통(地), 아래 △두 발(人) 직립(直立)의 사람 모습이고 사람과 사람 간에 오고가는 문자와 말은 인중천지일의 한글이고 한소리로 천문학, 지리학, 인문학이 말과 글에 모두 함용(含容)되어 있는 것이다.

세종이 『징심록』의 상교 5지를 정독한 것은 분명한 사실이다. 그렇다면 훈민정음 28자는 모두 김시습의 증언대로 『징심록』으로부터 발췌된 것인가라는 의문을 풀어보기로 하자.

『세종실록』을 살펴보면 훈민정음은 세종이 처음부터 그 누구와도 의논하지 않고 단독으로 만들어 세종이 50세 되던 해에 전격적으로 반포해 버렸다. 세종이 41세 되던 해 국사의 전결권을 세자에게 넘기고 훈민정음이 반포된 50세까지 10년 동안 무엇을 하였는지 실록에 아무런 기록이 없다. 세종이 세자에게 전권을 위임한 것은 건강이 좋지 않아서라고 평계 대었지만 그 후로도 12년이나 더 생존한 것을 감안할 때 건강이 나쁘다는 것은 그냥 평계일 뿐 10년 동안 훈민정음 제정에 갈심진력한 것이 아닌가 추측해 볼 수 있다. 세종이 건강이 좋지 않았다는 것도 사실이었다. 당뇨병, 위장병, 안질을 심하게 앓아 청주 초정약수에서 40일간 요양했다는 기록도 있다. 초정약수 이외에도 실록에 기록되어 있지 않은 세종의 중요한 행차 지역에는 속리산 법주사가 포함되어 있었다.

법주사 계곡의 맑은 물로 병을 치유한다는 평계를 대고 세종은 법주사를 자주 드나들었는데 법주사 복천암에는 세종의 둘째 따님인 정의(貞懿)공주가 비구니로 있었고 정의 공주의 스승이며 주지인 신미(信眉)대사가 계셨다. 신미대사의 속명은 김수성(金守省)이며 김수성의 동생 김수온(金守溫)은 훗날 수양대군과 더불어 불경을 언문으로 번역한 역경

언해사업의 총책임자였다. 세종은 정의공주의 소개로 신미대사를 알게 되어 그로부터 천부도경(天符圖經)과 산스크리트어 강론을 받은 것으로 보은군 마로면(馬路面) 일대에 전해져 내려온다. 마로면의 옛 이름은 왕래면(王來面)으로 광개토대왕이 오신 마을이라는 뜻이며 천부도경이란 광개토대왕께서 천고산 천제단에 제천하고 난 뒤 제단 밑 조천석(朝天石, 하나님을 친견한다는 뜻)에 새겨놓은 『천부경』81자와 태양앙명인중친지일도를 말한다.

10. 태양앙명인중친지일도의 과학성과 세계성

훈민정음 28자는 모두 오른쪽 이 그림으로부터 나왔다.

ㄱ= 9, 10, 12를 잇는 기호
ㄴ= 9, 7, 12를 잇는 글자
ㄷ= 10, 9, 7, 12를 잇는 글자
ㄹ= 9, 10, 1, 11, 7, 12를 잇는 글자
ㅁ= 9, 10, 1, 11, 9를 잇는 글자
ㅂ= 9, 7과 10, 12를 잇는 ㅣㅣ에 7, 12의
　　선을 보태면 ㄴㅣ 이 되고 11, 1을
　　잇는 ㅡ를 넣으면 ㅂ이 됨
ㅅ= 1, 7의 대각선과 1, 5의 대각선을 합하면 ㅅ이 됨
ㅇ= 유일한 원
ㅈ= 1, 7, 1, 5의 ㅅ에 11, 13의 직선을 위에 두면 ㅈ
ㅊ= ㅈ 위에 1,10을 잇는 수직선을 놓으면 ㅊ이 됨
ㅋ= 9, 10 10, 12의 ㄱ에 11, 1을 넣으면 ㅋ이 됨
ㅌ= ㄷ에 11, 1을 넣으면 ㅌ이 됨

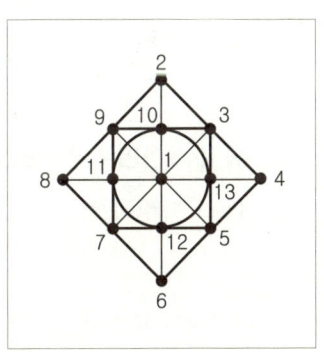

ㅍ=ㅁ형의 옆선을 안에 집어넣으면 ㅍ이 됨

ㅎ=유일한 ㅇ 위에 9, 3을 붙이면 ㆆ이 되고 그 위에 2, 10을
  넣으면 ㅎ이 됨

아 야 어 여 오 요 우 유 으 이 의 위 외 와 워 왜도 전부 그림 안에 있다.
ㅏ ㅑ ㅓ ㅕ ㅗ ㅛ ㅜ ㅠ ㅡ ㅣ ㅢ ㅟ ㅚ ㅘ ㅝ ㅙ의 형태로 되어 있다.

일본의 신대문자와 몽골의 파스파 문자 등도 위 그림으로부터 나왔다.

* 일본 이세(伊勢) 신궁에 소장되어 있는 아비류(阿比留)문자, 일명 신대(神代)문자

* 1269년 티베트 승려 파스파(八思巴)가 쿠빌라이한의 명으로 만든 몽골의 파스파 문자

* 인도 구자라트 문자

신대문자와 파스파 문자는 우리와 같은 알타이 계통의 문자지만 구자라트 문자는 인도 유러피안 언어군에 속한다. 그리고 가장 중요한 점은 가림토 문자 38자 중 영어 알파벳이 6개 있다는 사실이다. O, P, M, X, I, H가 바로 그것이다.

그러므로 태양앙명인중천지일도는 알타이 언어군만이 아닌 인도유러피안 언어군(Indo-Europian Language)의 모체가 된다.

인도유러피안 언어군(Indo-Europian Language)

① Indic = Sanskrit(사어), Prakrit(사어), Pali(사어), 구자라티, 힌디, 뱅

갈리, 판자비

② Iranian = 페르시아어, 쿠르드어

③ Greek = 그리스어

④ 아르메니아어

⑤ Italic = Latin, French, Spanish, Italian, Portuguese, Rumanian

⑥ Germanic

㉠ East Germanic = Gothic

㉡ North Germanic = 노르웨이어, 스웨덴어, 덴마크어

㉢ West Germanic = 영어, 프레시안어

Germanic = 독일어, 스위스어, 알사스어, 네델란드어, 바바리아어, 플레미시어

⑦ Albanian = 알바니아어

⑧ Slavic = 폴란드어, 체코어, 슬로박어, 크로아티아어, 불가리아어, 러시아어, 우크라이나어

⑨ Celtic = 아일랜드어, 웰시어, 브래튼어

⑩ Baltic = 리투아니아어, 레디쉬어

세종이 신미대사로부터 지금은 사어(死語)가 된 산스크리트어를 배운 것은 불경언해 사업을 완수하려면 산스크리트어의 기본은 알아야 했기 때문인 것으로 보인다. 산스크리트어나 영어나 그리스어나 라틴 어나 알파벳의 기초는 동일하고 발음만 약간씩 틀리므로 인도유러피안 언어군의 기본은 알파벳이다. 앞 10절의 태양앙명인중천지일도의 그림에서 중앙원을 따로 떼어서 보면 ⊕형의 모양이 되는데 여기서 4개의 반원이 나온다. ◠◡ ◖◗ 가 그것이다. 이를 종합하여 알파벳을 풀면

A = 2 8, 2 4의 ∧에 9 3의 직선 −을 넣으면 A가 됨

B = 10 12의 막대기 l 에 10 13 12를 연결하는 반원 D 2개를 조합하

제2장 태양앙명인중천지일도 131

면 B가 된다

C = 10 11 12를 잇는 반원 C이다

D = 10 12의 막대기 ㅣ에 10 13 12의 반원을 붙이면 D가 된다

E = 9 3, 9 7, 7 5의 ㄷ에 11 13의 – 을 넣으면 E가 된다. 한글 ㅌ과 같다

F = 9 3, 9 7의 ㄱ에 11 13의 – 을 넣으면 F가 된다

G = 10 11 12의 반원 C 에 11 1, 1 12의 ㄱ을 넣으면 G가 됨

H = 9 7과 3 5의 ㅣㅣ애 11 13의 – 를 넣으면 H가 됨

I = 2 6이나 10 12의 세로 직선이 I 이다

J = 9 3의 직선이나 – 에 반원 을 넣으면 J가 됨

K = 10 12의 ㅣ에 3 1 5의 〈 을 그려 넣으면 K가 됨

L = 9 7 5를 잇는 L이다. 한글 ㄴ과 동일

M = 9 7, 3 5의 ㅣㅣ 안에 9 1, 1 3의 V를 넣으면 M이 됨

N = 9 7, 3 5의 ㅣㅣ 안에 9 1, 1 3의 사선(斜線)을 넣으면 N이 됨

O = 하나뿐인 O 자체다

P = 10 6을 잇는 긴 직선 ㅣ에 10 13 12의 반원을 넣으면 P가 됨

Q = O 안에 반원을 넣으면 Q가 됨

R = P에 1 5를 잇는 사선을 넣으면 R이 됨

S = 반원 C 와 이 반원 C를 바로 밑에 거꾸로 붙이면 S가 됨

T = 11 13의 – 에 1 6의 ㅣ를 조합시키면 T가 됨

U = 반원형 U이다

V = 9 1 3을 이으면 V이다

W = V를 나란히 두 개 겹쳐놓으면 W가 됨

X = 3 7의 사선과 9 5의 사선을 합하면 X가 됨

Y = 9 1 3의 V에 1 12의 ㅣ를 넣으면 Y가 됨

Z = 9 3의 –, 3 7의 /, 7 5의 –를 조합하면 Z가 됨

1, 2, 3, 4, 5, 6, 7, 8, 9의 아라비아 숫자와 0도 태양앙명인중천지일도에서 나왔다. 세계 수학계는 0이 인도에서 나온 줄 알고 있으나 이는 큰 잘못이다.

  0은 5906년 전 계해년에 한웅천황이 가지고 온 천부인 3개 중의 하나인 0이므로 당연히 한국에서 나간 인류 최고의 지적 유산이다.

1 = 10 12를 잇는 세로 직선이다
2 = 11 13를 잇는 –위에 반원을 넣으면 2가 됨
3 = 반원 2개를 위아래로 배치하면 3이 됨
4 = 9 7 5를 잇는 L에 10 6을 잇는 ㅣ를 넣으면 4가 됨
5 = 9 3의 –과 9 11의 ㅣ를 합하면 「이 되며 여기에 11 13 12로 이 어지는 반원을 밑에 붙이면 5가 됨
6 = 10 11의 1/4 원의 곡선 밑에 0를 합하면 6이 됨
7 – 9 10, 12를 잇는 ㄱ에 9 11의 짧은 직선 ㅣ를 조합하면 7이 된다
8 = 0 2개를 위 아래로 붙여놓으면 8이 됨
9 = 6의 반대 방향이다. 6 11의 1/4원 위에 0을 왼쪽으로 붙이면 9가 됨

  이상 살펴본 바와 같이 태양앙명인중천지일도로부터 국문정음 38자와 훈민정음 28자, 일본의 신대문자, 몽골의 파스파 문자를 비롯한 알타이 계통의 문자들과 인도 유러피안 언어군의 알파벳과 아라비아 숫자가 창출되었으므로 태양앙명인중천지일도에 시공을 뛰어넘은 세계성과 과학성 철학성이 있다. 따라서 한글을 올바로 이해하기 위해선 우선 태양앙명인중천지일도부터 알아야 하고 이것만 알게 되면 세계 모든 문자의 기본 구조를 터득할 수 있다. 그러므로 음양오행설에 억지로 뜻을 끼워 맞춘 훈민정음 제자해를 기반으로 하여 훈민정음을 이해하려는 것은 연목구어(緣木求魚)의 어리석음과 같다.

11. 「훈민정음제자해」는 세종의 작품이 아니다

훈민정음 제정의 원리를 박제상의 『징심록』 상교(上敎) 5지(誌)와 신미대사의 『천부도경』 강론에서 발췌하였다고 볼 때 훈민정음 제자해를 세종의 작품으로 보기는 어렵고 오히려 당시 집현전 수석학사였던 정인지의 작품이 아닌가 추론할 수 있다.

「훈민정음제자해」를 정인지의 작품으로 보는 근거는 훈민정음이 반포되자마자 당시 집현전 부제학이었던 최만리(崔萬里)의 상소문에 잘 나타나 있다.

"조선이 태조대왕 때부터 지성으로 대국(명나라)을 섬겨 한결같이 중국의 법제를 모방해 왔음으로 마땅히 중국과 더불어 문물과 제도를 같이 해야 한다. 그런데 한문을 버리고 단독문자를 만들어 쓴다는 말이 명나라에 들어가면 사대(事大)와 모화(慕華)에 부끄러움이 있다. 몽고, 서하(西夏), 여진, 일본, 서번(티베트) 같은 나라가 각각 자기 문자를 두었으나 이 모두 오랑캐의 글로서 일고의 가치가 없다. 따라서 한문을 버리고 언문을 사용하는 것은 중국을 버리고 스스로 오랑캐로 전락하는 일과 같은 것이다. 또 전하께서 이르시기를 형벌을 내리고 옥사를 다스리는 말을 설총의 이두나 한문을 쓰게 되면 문자의 뜻을 알지 못하는 어리석은 백성이 억울하게 당할 수 있을 것이나 언문을 쓰게 되면 지극히 어리석은 백성이라도 다 쉽게 깨달아 억지로 굴복하는 자가 없을 것이라 하셨습니다. 그러나 상민이나 천민들 마저 문자를 알게 되면 상인(常人)들이 양반을 고자질하고 노비들이 주인을 모함하는 송사가 이어져 사농공상(士農工商)의 신분제도가 흔들리고 풍속이 와해되는 일대괴변이 일어날 것임으로 훈민정음을 만들어 백성들에게 보급시키는 것은 전적으로 부당하다"는 주장이 상소문의 핵심이다.

훈민정음에 대한 위와 같은 비판적 관점은 비단 최만리 혼자만의 생각이라기보다 당시 조정에 벼슬하던 모든 사대부 계급들의 공통된 관점이었다. 훈민정음을 반대하는 상소를 읽은 세종은 예문관 부제학이었던 최만리를 포함하여 이에 동조한 직제학(直提學) 신석조(辛碩祖), 직전(直殿) 김문(金汶), 응교(應敎) 정창손(鄭昌孫), 부교리(副校理) 하위지(河緯地), 부수찬(副修撰) 송처검(宋處儉), 저작랑(著作郞) 조근(趙瑾) 등을 의금부에 하옥시키고 정창손을 파직, 김문을 국문하는 등의 강경조치를 취하였다. 이들이 이러한데 하물며 집현전 학사들의 두목격인 정인지의 사고방식인들 이들 사대모화주의자들과 무엇이 다르랴.

최만리 상소문에 나타난 "한문을 버리고 단독 문자를 쓴다는 말이 명나라에 들어가면 사대와 모화가 부끄러움이 있다"는 구절은 세종에 대한 노골적인 협박이다. 조선왕조는 출발부터 허구에 불과한 기자동래설(箕子東來說)에 입각하여 건국된 나라이다. 기자동래설의 진위 여부와 관계 없이 조선왕국은 기자조선의 후예임을 스스로 자처하여 명나라 황제로부터 조선이라는 국호를 하사받고 명나라 연호를 쓰면서 왕통의 계승권에서부터 세자나 왕비의 책봉에 이르기까지 일일이 명황제의 윤허를 받아야만 하는 명의 신하국에 불과하였다. 때문에 세종이 한문을 버리고 단독 문자를 만들어 백성들에게 보급시키는 일은 명 황제에 대한 불충으로 잘못하면 황제의 노여움을 유발하여 왕의 자리에서 폐위 축출될 수도 있다는 점을 최만리는 은근히 경고하고 있는 것이다.

"몽고, 여진, 일본, 티베트 같은 나라가 각각 자기 문자를 두었으나 이 모두 오랑캐들의 글이므로 한문을 버리고 언문을 사용하는 것은 중국을 버리고 스스로 오랑캐로 전락하는 것과 같은 것"이라는 최만리 상소문의 내용은 유가의 경전만을 읽어 과거에 급제한 당시의 사대부들이 천부인 3개 ㅇㅁ△를 바탕으로 성립된 알타이 민족의 문화사에 얼마나 무지

한지를 보여주는 단적인 증거이다.

일본의 신대(神代)문자, 몽골의 파스파 문자, 인도의 구자라트 문자는 가림토(加臨土) 문자나 훈민정음과 마찬가지로 ㅇㅁ△의 천부인 3개로부터 나온 것이 명백함에도 불구하고 정인지와 최만리로 대표되는 집현전 유생들은 앞서 말한 대로 오경(五經)과 삼사(三史)만을 읽어 지나의 역사는 시시콜콜한 구석에 이르기까지 잘 알고 있어도 자국의 상고사에 대하여는 아는 바가 전혀 없는 사람들이다. 그들은 한웅의 신시개천과 천부인 3개와의 상관관계도 모를 뿐더러 천부인 3개가 조선민족은 물론 몽골, 거란, 여진, 선비, 일본, 투르크(터키), 훈(흉노), 위구르와 장족(藏族) 그리고 오로도스, 보리얀떼, 돌간 등 동북아시아와 시베리아에 살고 있는 모든 알타이 민족이 하늘에 천제를 지낼 때 사용하던 공동의 신기(神器)이자 무구(巫具)라는 사실도 전혀 알지 못한다.

따라서 한문 이외의 다른 문자를 모두 오랑캐의 글로 간주하고 심지어 제나라 글인 훈민정음마저도 오랑캐 문자와 동일시하여 '통시' 글로 비하, 매도하는 이조 사대부 계급들의 사고와 그 역사적 추태는 과거제도가 낳은 사대모화의 정신적 아편임과 동시에 유교적 세계관의 한계성을 드러낸 징표라 아니할 수 없다.

동서양을 막론하고 고대에서 중세에 이르기까지 문자는 역사적으로 통치와 지배의 도구로서의 역할을 충실히 수행해온 권력의 지표였다. 동서양을 막론하고 문자 해독 능력이 있어야만 관리가 될 수 있었고 문자를 백성들에게 보급하지 않고 지배계급들만이 이를 독점함으로써 일반 대중을 우민화시켜 왔다.

조선조의 사대부 계급도 예외는 아니라서 한문을 자기네들만이 알아야 할 특권으로 간주했으며 일반 상민이나 천민은 문자를 알아야 할 필요가 없다고 생각하였다. 조선조의 인재등용문은 중인들이 응시할 수 있는 잡과(雜科), 즉 기술직을 제외하고는 생진과(生進科, 小科), 문과, 무과 할 것 없이 양반 귀족의 적통 자제가 아니면 과거에 응시조차 할 수 없는 아주 폐쇄적인 좁은 문이었다. 이러한 관존민비의 사고방식을 가진 양반 계급은 한문보다 훨씬 쉬운 훈민정음을 보급시켜 모든 백성을 계명(啓明)된 인간으로 만들려는 세종의 처사를 심히 못마땅하게 여겼다. 문제는 세종과 당시의 사대부 계급간에 어떤 눈으로 백성을 보고 어떤 마음의 자세로 대하느냐 하는 대민관에 확연한 차이가 있었다는 점이다. 조금 과장해서 말하면 세종과 유가적 사고방식에 젖어 있던 사대부들은 사상적으로 적이지 결코 동지라 말할 수 없다.

바로 이러한 사상적 이질성 때문에 세종은 훈민정음 제정 과정에서 조정의 중신들과 한 번도 의논함이 없이 9년 동안 노심초사 혼자 끙끙 앓고 제정하여 전격적으로 반포해버린 것이다. 만약 조정의 중신들과 미리 충분히 상의했다면 그들은 새로운 문자 제정을 극력 반대할 것이 틀림없다고 여겼기 때문이리라. 최만리 상소문의 다음과 같은 구절이 이 사실을 대변하고 있다.

"언문 제정이란 국가의 위급한 상황도 아니고 또 부득이 기한을 정해 놓은 것도 아닌데 초정약수의 행재소에까지 가시어 병고칠 생각은 않으시고 쉬임 없이 언문을 연구하시어 성체에 무리가 왔습니다. 언문을 부득이 써야 한다면 마땅히 원로 재상들과 대책을 의논할 것이요, 아래로는 백료(百僚)에 이르기까지 그리고 나라 사람들이 다 옳다고 하더라도 오히려 어느 때부터 시행할 것인가를 다시 세 번쯤 생각하시고 역대 모든 임금에 비추어 거스림이 없고 중국에 고찰해서 부끄러움이 없으며 백세 후에 성인이 나온다 할지라도 의혹스러운 바가 없는 연후에야 이를 가히 실행해야 할 것입니다. 하온데 이제 널리 대중의 의논함을 채택하지 아니하시고 갑작스러히 관리 십여 명을 명하시어 언문을 익히도록 하셨습니다. 또한 옛사람이 미리 이루어놓은 운서(韻書)를 가볍게 고쳐 그 상고할 수 없는 언문을 부회(附會)시켜 놓고 공인(工人) 수십 명을 모아 언문을 새기고 그것을 온 천하에 급히 펴려 하시니 과연 후세에 공의(公議)가 어떠하리이까?"

그러나 세종은 정치적 현실을 냉엄하게 판단할 줄 아는 노련한 정치가였다. 훈민정음 제정이 명나라와 추로지성(鄒魯之聖)의 문자인 한문에 대한 반역으로 성토당하는 와중에서도 냉정하고 신중한 세종은 조선과 명과의 외교관계를 고려해 구태여 상국(上國)인 명의 비위를 거스릴 필요가 없다고 판단했을 것이다. 용의주도한 세종은 이러한 상황에 대비해 미리 2개의 탈출구를 마련해 놓았다.

첫 번째는 요동에 귀양 와 있는 명의 한림학사 황찬(黃瓚)에게 신숙주를 13회, 성삼문을 18회나 파견하여 음운학에 관하여 자문을 구한 점이다. 성삼문과 신숙주는 세종이 무슨 의도로 음운학에 관심을 기울이는지 알지도 못하였거니와 설마 세종이 새로운 문자를 만들 것이라는 상상은 꿈에도 하지 않았다. 서당에 갓 입학한 한문의 초보자라도 궁상각치우(宮商角徵羽)의 오음(五音)과 상성(上聲), 거성(去聲), 평성(平聲), 입성(入聲)의 사성(四聲) 음운을 금세 알 수 있는데 왜 어떤 이유로 세종은 31회에 걸쳐 성삼문과 신숙주를 요동에 파견하였는가? '대한민국'은 지나음으로 '따이한민꿔'이고 '모택동'은 지나음으로 '마오쩌둥' 일본음으로 '모우탁도'이며 '조선'은 지나음으로 '차우센' 일본음으로 '죠우센'이다.

한문을 공동으로 사용하는 한국, 중국, 일본에 있어서 같은 글자라도 발음은 나라마다 제각기 다른 것이다. 훈민정음 서두에 나오는 말처럼 나라 말씀이 중국과 확실히 다르다면 세종은 한문의 토속 발음을 지나음으로 발성하도록 권장하는 의미에서 훈민정음을 제정한 것은 아니다.

훈민정음의 근원이 한문을 철저히 모방한 것이며 나아가 조선말의 모든 음이 결코 한문의 음운학적 테두리에서 벗어나지 않는다는 점을 강조하기 위해 성삼문, 신숙주를 31회나 요동에 파견하여 황찬으로부터 음운학적 자문을 구한 것이다.

두 번째, 조선이 명의 제후국임을 염두에 둘 때 세종은 비단 음운학적 의미에서뿐만 아니라, 28자의 언어학적, 철학적 의미론, 즉 시맨틱(semantic)에 있어서도 훈민정음이 결코 한문에 위배되지 않는다는 사실을 입증, 강조할 필요가 있었다.

이러한 필요성에 입각하여 훈민정음 제정의 모든 원리가 유가(儒家) 경전 중 최고의 형이상학서인 『주역』으로부터 도출되었다는 점을 강조하기 위하여 세종은 의도적으로 정인지와같은 골수 사대모화주의자를 시켜 『훈민정음 제자해』를 짓게 함으로써 명나라를 안심시킨 것이 아닌가 여겨진다.

사실상 훈민정음은 『주역』과 아무런 관계가 없다. 앞 페이지에서 살펴본 바와 같이 훈민정음은 3세 가륵단군의 가림토 문자 38자와 박제상의 『징심록』상교(上敎) 5지(誌)와 광개토영락제가 남겨놓은 태양앙명인중천지일의 기하학적 모형인 『천부도경』에서 나온 것이다.

『주역』에서 문자에 관해 언급을 한 구절은 계사전(繫辭傳) 하(下) 2의 13에 나오는 27자 밖에 없다.

上古結繩而治 後世聖人易之以書契 百官以治 萬民以察 蓋取諸夬
상고결승이치 후세성인역지이서계 백관이치 만민이찰 개취제쾌

아주 먼 옛날에 새끼를 꼬아 매듭을 만들어 숫자를 표시함으로서 의사를 전달했던 통신 방법을 결승문자라 했다. 예를 들어 12일에 장(場)이

서다면 새끼를 꼬아 매듭 12개를 만들고 15일이 세금내는 날이라면 매듭 15개를 만들어 사람들에게 전달하여 약속을 지키게 함으로써 세상은 저절로 다스려졌다(上古結繩而治).

후세에 성인이 나와 결승문자 대신 한문을 만들어 나무에 새겨 유통케 함으로서 관리들은 백성들을 가르치고 다스렸으며 백성들 또한 모든 것을 알게 되었으니 성인이 문자를 만든 근원은 모두 쾌괘(夬卦, ䷪)에서 아이디어를 얻은 것이다(後世聖人 易之以書契 百官以治 萬民以察 蓋取諸夬).

결승문자는 말이 문자이지 사실은 문자가 아닌 기호이며 상징일 뿐이다. 나에게 감자가 7개 있다, 내 생일은 보름달이 뜨는 15일이다, 우리 집안의 여자 수는 6명이다 등 숫자를 나타내는 일에 결승문자가 기호나 상징으로 사용될 수 있으나 노끈의 매듭 수로 사람의 생각이나 감정을 전달할 수 없기 때문에 문자로서의 제구실을 다할 수가 없다.

후세에 성인이 나와 결승문자 대신 한문자를 만들어 나무에 새겼다(後世聖人 易之以書契)는 구절의 후세성인이란 다름 아닌 신시의 자부(紫部)선생을 말한다. 황제(黃帝) 공손헌원(公孫軒轅)이 해동청구국의 국사였던 자부선생을 만나 그로부터 한문의 기본을 구두로 전수받았는데 종이가 없던 시절이라 황제를 수행했던 창힐(蒼詰)이 이를 나무에 칼로 새겨 보존해온 것이 한문의 시초이다.

훈민정음은 결승문자나 한자와는 전혀 관계가 없다. 만약 『훈민정음 제자해』의 주장처럼 옛 전자(篆字)인 가림토 문자를 본받아 만든 훈민정음의 문자의미론(semantic)이 『주역』으로부터 나온 것이라면 3세 가륵단군의 가림토문자 역시 『주역』으로부터 나온 것임을 증명할 수 있어야만 한다.

하지만 가림토 문자는 4280년 전에 만들어졌고 『주역』은 2700년 전에 만들어진 것임을 감안한다면 이는 마치 가륵단군이 1600년이나 후배인 주문왕 서백창(西伯昌)의 『주역』을 모방하여 가림토문자를 만들었다고 단정하는 것과 같은 황당한 궤변이다.

　한글의 우수한 장점을 두 가지로 요약하자면, 첫째로 언어를 달리하는 세계 모든 민족들이 발성하는 갖가지 사람 소리를 위시하여 동물들의 소리, 물 흐르는 소리, 바람 소리 등 이 세상의 모든 소리를 정확히 문자로 기술할 수 있다는 데 있고, 둘째로 ㅇㅁ△의 천부인 3개로부터 나온 한글은 '사람 가운데 하늘과 땅이 하나로 되는 인중천지일(人中天地一)'의 이치만 알면 가르치기도 쉽고 배우기도 쉽다는데 그 장점이 있다. 따라서 『주역』을 통해 훈민정음 28자에 문자의미론을 억지 부여한 훈민정음 제자해는 이해할 수 없는 비과학적 궤변이므로 마땅히 폐기되어야 할 것이다.

　마지막으로 한글과 한문과의 관계를 정리하자면 한웅의 천부인 3개로부터 나온 한글과 동이족이 창시한 또다른 문자인 한문은 바늘과 실의 상호보완적 관계에 있다. 세종이 훈민정음을 반포하면서 "나라 말씀이 중국과 다르다"고 한 것은 조선을 지나음으로 '차우센'으로 부르듯이 같은 문자를 써도 나라와 민족에 따라 발음이 틀린다는 말이지 결코 문자의 내용이 틀린다는 말은 아니다. 그럼에도 불구하고 오늘날 한글전용주의자들은 한문은 우리와 하등 관계가 없는 중국문자이므로 사용할 필요가 없으며, 한글로도 사람들의 의사표현은 물론 우주현상계의 모든 사상(事象)을 설명할 수 있다 주장하고 있다. 하지만 이러한 주장은 너무나 옹졸하고 편협할 뿐 아니라 위험하기 그지없는 견해이다. 한국어에서 한문으로 된 명사(名詞)를 빼고 나면 남는 어휘가 도대체 몇 개나 되는가? 한국, 조선, 국가, 민족, 가족, 행복, 자유, 평등, 박애, 평화, 질서, 겸손, 예의, 미덕 등 위에 열거한 단어들의 어원은 모두 한문으로부터 나왔으며 이중 순수 한국어로 고칠 수 있는 단어란 민족을 '겨레', 박애를 '넓은 사랑'으로 바꾸는 정도에 불과하다.

또 성씨(姓氏) 제도를 살펴보면 한글로는 같은 '유씨'이나 버들柳 씨, 묘금도(卯金刀)劉 씨, 인월도(人月刀)兪 씨가 있고 '신씨'의 경우에도 납申 씨, 매울辛 씨, 삼갈愼 씨로 나누어지며 대성(大姓)인 '김씨', '이씨'의 경우 본관(本貫)이 각각 500개가 넘는다. 따라서 성씨를 모두 한글로 표기해야 한다고 주장하는 한글전용주의자들의 근시안적 견해(실제로 북한이 이렇게 하고 있다)는 고려 태조 왕건의 토성분정(土姓分定)정책 이후 1100년 이상이나 지속되어온 본관 제도와 족보 제도를 뿌리째 부정하는 환부역조(換父易祖)의 패륜아적 발상이라 아니할 수 없다. 본관과 족보를 따지는 것은 조상 자랑하자는 이유에서가 아니라 나를 낳아준 부모 및 조상들의 가계(家系)를 앎으로써 나 자신이 어디로부터 온 누구인가를 알 수 있는 자기 정체성(正體性)의 확인이기 때문이다.

남북한에 산재해 있는 한글전용주의자들은 기본적으로 지나에 대한 역사적 피해의식 및 열등감에 젖어 있는 사람들이다. 말이 나온 김에 여기에서 중국(中國)이란 단어의 의미를 해석해 보자.

중국은 통상적으로 지구의 중간 지점에 위치한 나라 내지 세계 문명을 주도하는 중심지(Center)로 해석하여 지금의 차이나(China)를 중국과 동일시해 왔다. 그러나 불교에서 말하는 중국은 석가모니가 태어나고 성도(成道)하여 49년간 설법을 펼친 인도이지 차이나는 아니다.

신라의 원효대사가 『대승기신론소』, 『화엄경소』, 『법화경종요』, 『열반경종요』, 『금강삼매경론』등 수많은 불경을 독자적으로 해석하고 종합하여 일미평등(一味平等)의 통불교(通佛敎)를 창건하자 원효의 저작을 읽고 감명받은 당나라 승려들이 원효가 살고 있는 신라 땅을 향해 큰절을 하며 '신라야말로 생불이 살고 있는 불법의 본토 중국'이라며 경하했다.

이와 똑같은 논리로 말하자면 가톨릭의 중국은 광대한 영토와 최대 신자 수를 보유한 브라질이 아니라 성 베드로성당과 로마 교황이 있는 여의도 면적만큼이나 작은 바티칸시이다.

때문에 중국의 자격 여건은 땅의 넓이와 인구수에 정비례하는 것이 아니라 인류 역사의 진보에 얼마만큼의 공헌을 했느냐, 얼마만큼 문화적 영향력을 끼쳐 사람들의 사고의 패러다임을 바꾸어 놓았느냐의 여부에 달려 있다. 역사적으로 보아 동양 최초의 중국은 역법과 문자와 도량형과 조선술과 아악(雅樂)을 창제하여 동양사의 여명을 활짝 연 단군조선이었다.『맹자』공손추(公孫丑)에 "하나라, 은나라, 주나라는 그 전성시기에도 영토가 천리를 넘지 않았다(夏后殷周之盛地未有過千里者也)"는 구절로 미루어보아 하북, 산동, 산서, 안휘, 강소, 절강 지역을 거점으로 삼았던 단군 조선이 중원을 다스렸던 중국임에 틀림없다. 하지만 수레바퀴는 돌고도는 법 - 산업혁명 후 지구의 중국 역할은 영국으로 옮겨졌고 영국의 주도권은 미국으로 이양되었다.

영어는 세계공용어로서뿐만 아니라 모든 과학용어, 의학용어, 법률용어, 화학기호와 원소들의 이름조차도 영어로 되어 있어 영어를 모르면 현대 산업문명의 암호를 도저히 해독할 수 없게 되었다.

한편 차이나는 현대 산업문명의 주류에서 한참 비켜간 문명의 가장자리에서 머뭇거리고 있는 더 이상 중국이 아닌 변방국가에 불과하다는 중론이 점점 설득력을 얻어가고 있다. 그렇지만 세계 산업문명을 주도하는 센터로서 미국의 중국적 역할도 결코 영원한 것은 아니다. 승부세계에 있어 영원한 승리자도 영원한 패배자도 없듯이 인류문명진화사에 있어서 문명발달의 촉매제 구실을 하는 영원한 중심지도 문명의 덕화(德化)로부터 소외된 영원한 가장자리도 없기 때문에 문명의 센터로서 중국적 역할은 시대의 추이에 따라 항상 가변적이다.

또 한 가지 중요한 사실을 지적하자면 중국은 본래 중토(中土)에서 나온 개념이다. 유목시대와 농경시대의 사람들은 토양의 질을 평가해 땅을 상토(上土), 중토(中土), 하토(下土)로 분류했다. 상토는 목초가 잘 자라 유목하기 좋은 최적의 땅 또는 아무것을 심어도 농사가 잘 되는 땅이고, 중토는 목초나 농작물이 잘 자라는 땅도 아니고 그렇다고 자라지 않는 땅도 아닌 어중간한 땅을 말하여, 하토는 목초나 농작물이 아예 자라지 않는 척박한 땅을 의미한다.

역사상 가장 큰 제국을 건설한 칭기스한은 풀 한 포기 자라지 않는 바이칼 호수 북쪽 땅을 자발적으로 버렸고 훈족의 묵돌선우는 산서성 태원으로부터 감숙성 연안에 이르는 중원의 북부지역을 목초가 자라지 않는다는 이유로 자발적으로 포기해 버렸다. 칭기스한과 묵돌선우가 자발적으로 버린 땅이 바로 하토이고 황하 유역의 중원과 일본은 중토에 속한다. 황하 유역은 토양의 질도 문제지만 그보다 더 큰 문제는 요순시절부터 말썽을 부려온 황하 자체에 있다. 즉 황하가 범람하면 대흉년이고 말썽을 부리지 않으면 풍년이므로 10년 중 5년은 풍년, 5년은 흉년이 되어 농사가 되는 것도 아니고 아니 되는 것도 아니어서 중토로 분류된다. 흉년이 들면 양민이 떼도둑으로 돌변하고 떼도둑의 수가 많아져 대규모 유민(流民)이 형성되면 곳곳에 반란과 폭동이 일어나 새로운 왕조로 교체된다. 지나 대륙에 500년 이상 간 왕조가 없다. 전한 후한 합해 400여년, 당 왕조 280년이 그래도 긴 수명을 가진 왕조에 속한다.

일본 열도는 태풍이 많고 지진이 잦아 풍년보다 흉년이 많고 흉년이 들면 왜구들이 가깝게는 한반도 멀리는 양자강 하류 절강성에까지 출몰하여 식량을 약탈해 간다. 왜구의 구(寇)는 떼도둑구로서 왜구들 역시 본래는 양민이었으나 흉년이 들어 떼도둑으로 돌변한 무리들이다.

한반도는 상토에 속한다. 어떤 농작물을 심어도 잘 자라고 맛 또한 일품이어서 요즘도 중국산 농산물과 토종 농산물 사이에는 현격한 질적 차이가 있다. "쌀독에서 인심난다"는 속담처럼 상토에 사는 사람들은 마음이 여유롭고 너그러워 높은 수준의 상(上)도덕을 가져야만 정상인데 그렇지 못했다.

고려, 조선 양조 천년을 통틀어 권력자들의 토지 강탈과 관리들의 가렴주구가 극심해 상(上)도덕을 함양하여 펼쳐볼 기회가 없었다.

이상으로 중국의 두 가지 다른 의미를 살펴보았다. 따라서 차이나를 영원한 중국으로 여겨 지나인들의 문화와 생활양식을 인류의 표준으로 정해 찬탄할 필요도 없으며 반대로 그들에게 열등감과 피해의식을 가질 하등의 이유도 없다. 만약 훈민정음 제정 당시의 사대부들이 생각했던 것처럼 또 오늘의 한글전용주의자들이 주장하는 것처럼 한자가 상고시대에 지나인들이 발명한 그들만의 독창적 문자라면 왜 갑진년(B.C. 2357)에 왕위에 등극한 요임금에게는 즉위조서가 없고 그보다 24년 후인 무진년(B.C. 2333)에 등극한 한검단군에게는 한자로 쓰인 총 262자의 즉위조서가 있는지 이것부터 해명해 보라. 일개구청장에 당선되어도 취임사가 있기 마련인데 산서성 평양을 도읍지로 당(唐)나라를 개국한 요임금에게 즉위조서가 없다는 사실은 한문이 당시 단군조선국의 공식문자였음을 증명해주는 명백한 증거이다.

동진의 갈홍(葛弘)이 지은 『포박자』(抱朴子)에

옛날 황제(黃帝)가 동쪽으로 청구국(신시의 치우천황이 중원을 평정하여 세운 나라. 그 중심 지역이 오늘의 산동성임)에 이르러 풍산(風山, 산동성 봉래현에 있는 산)을 지나 자부선생을 만나 뵈옵고 삼황내문을 받았으니 이로서 만신과 어울렸다

昔有黃帝 東到青丘 過風山見 紫府先生 受三皇內文 以劾召萬神

황제가 자부선생으로부터 삼황내문을 받아 편찬한 책이 한의학 최고서(最古書)인 『황제내경』(黃帝內經), 『황제외경』(黃帝外經), 『황제중경』(黃帝中經)이며 황제의 신하인 창힐(蒼頡)이 삼황내문을 참조하여 문자의 모양을 나무에 돌도끼로 새겨 만든 것이 지나인들이 말하는 한자의 시초이다.

또한 『고사변』(古史辨)에는

동이족은 은나라 사람들과 같은 민족이며, 그 신화 역시 근원이 같다. 태호복희, 제준, 제곡고신, 순임금, 소호금천, 그리고 은나라의 시조인 설 등이 동이족이라는 사실은 근래의 사람들이 이미 명백하게 증명하는 바다.

東夷與殷 人同族 其神話亦同源 如太昊之卽帝俊帝嚳 帝舜少昊之卽契 近人己得明證

라고 기록되어 있다. 그러므로 지나인들조차 인정하는 명백한 우리글인 한자를 남의 글로 취급하여 천대해야 할 이유는 하나도 없다. 그렇다고 해서 한글을 없애고 한자만을 사용하자는 것은 결코 하니며 국한문을 병용해야 완전한 한국어가 된다는 사실을 지적하고자 할 뿐이다.

예컨대 "나는 자유인(自由人)이다"라는 문장을 순수 우리말로 고치면 "나는 제멋대로 내 마음 내키는 대로 아무것이나 할 수 있는 사람이다"가 된다. 순수한 한글로 고친 문장은 공공질서를 무시하고 규칙도 지키지 않는 제멋대로 노는 망나니를 연상시키므로 自由人의 뜻에 부합되지 않는다.

한자도 한글도 단독사용만으로는 완전한 언어가 되지 못한다. 한자에도 치명적 약점이 있다. 한자의 치명적 약점이란 Sky적 의미의 하늘과 Heaven적 의미의 하나님을 상징하는 ㅇ의 기호가 전혀 없다는 점이다.

한자에는 ㅇ이 문자 구성에 전혀 개입하지 않는다. 한자의 어떠한 글자도 ㅇ이 변이 되거나 밑받침이 되는 글자는 찾아볼 수 없다. 한웅천황의 천부인ㅇㅁ△ 중 ㅁ와 △만이 문자 구성에 개입한다.

간단한 예를 들자면 '구(口)' '고(古)' '중(中)' '가(可)' '사(史)' '합(合)' '명(名)' '리(吏)' '군(君)' '국(國)' '포(哺)' 등의 글자는 땅을 상징하는 ㅁ이 개입된 글자고, '인(仁)' '화(化)' '금(今)' '내(內)' '대(代)' '신(信)' '임(任)' 등의 글자는 사람을 상징하는 △이 人 또는 亻이 되어 개입된 글자다. ㅁ형의 수평변은 한 -자 수직변인 ㅣ는 위아래 통할 곤자로서 '중(中)' '개(个)' '관(串)' 등의 글자를 이루고 △형의 사선(斜線)인 \는 짧게 축소되어 표할 주 \로 쓰이는데 '환(丸)' '지(之)' '주(主)' '단(丹)' '이(以)' 등의 글자를 만들며, ノ는 뼈칠 별자로 '구(久)' '호(乎)' '악(岳)' '영(盈)' '간(看)' '병(秉)' 등의 글자 구성에 참여한다.

ㅁ과 ㅁ의 변형된 획, △와 △의 변형된 획만이 문자 구성에 참여하는 한자의 치명적 약점을 보완하기 위해 가륵단군은 태양앙명인중천지일도부터 가림토 문자 38자를 창조했고 세종은 38자 중 24자를 취하고 나머지 4자를 보태 국문정음을 훈민정음으로 개량했다. 태양앙명인중천지일도를 알면 ㅇ이 있는 알타이 계통의 문자와 인도유러피안 문자의 기본구조는 이해할 수 있지만 ㅇ이 없는 한자만 알면 태양앙명인중천지일도로부터 나온 다른 언어군의 문자를 이해할 수 없다. 한자와 한글을 병용해야만 완전한 언어가 된다고 말한 것은 이러한 이유에서다.

칭기스한의 유럽 원정 이전 유럽인들은 로마수를 사용했었는데, 로마수의 최대수는 1000이고 1000을 표시하는 기호는 M이다. 가령 밀알수 100만 개를 표시하려면 1,000,000개 0을 6개 쓰면 되지만 로마수를 사용하면 M을 1000번 연달아 써야 100만이 된다. 칭기스한의 군대로부터 0

을 배워 비로소 유럽인들은 로마수를 버리고 아라비아 숫자 1, 2, 3, 4, 5, 6, 7, 8, 9에 0을 섞어 사용하여 무한수를 표시할 수 있게 되었다.

몽골어로 0은 '탱그리'다. 탱그리는 하나님 우주의 유일신이라는 뜻이다. 고로 하나님은 0이다. 이게 도대체 무슨 소리인가? 나의 은행 통장에 0원이 남아 있다는 것은 돈이 한푼도 없다는 의미인 것 같이 "하나님은 0이다" 할 때의 0은 "하나님은 형상 있는 육신을 가지지 않은 존재, 육신이 없는 존재, 다만 0만 있는 존재"라는 뜻이다.

0의 한국어 발음은 영, 또는 공이다. 0이 곧 영혼영자의 田이고 0을 공으로 보면 불교의 空사상이 된다. 0이 우주의 본체이고 만물의 본질이기 때문에 0을 모르면 우주의 기원과 발생, 하나님과 인간, 하나님과 만물이 상호 연관되어 있는 법칙적 필연성을 알 수 없다.

"만물은 無에서 나왔기 때문에 궁극적으로 無로 돌아간다"는 노자의 말씀에 無 대신 0을 넣으면 "만물은 하나님의 0에서 나왔기 때문에 만물은 궁극적으로 하나님의 0으로 돌아간다."가 되어 훨씬 이해하기 쉽다. 0에서 와서 0으로 돌아가는 것 이것이 바로 한인하나님께서 석가모니에게 설산 16자로 가르친 윤회와 열반의 법칙이다.

그러므로 0이 없는 한자를 글자 그대로 해석하여 글자의 본의(本意)를 왜곡시킨 지나인들의 오류를 바로잡기 위해 심오한 철학적 의미를 담고 있는 영혼에 관련된 한자를 얼마간 선택하여 해설하고자 한다.

제 3장

한자의 기호해석학

앞서 말한 대로 한자는 sky적 의미와 heaven적 의미를 나타내는 ㅇ이 없는 문자다. 해와 달과 사람의 머리는 둥글다. 둥근 모양을 그대로 표현하면 ㅇ이 되나 태양은 日, 달은 月, 사람의 머리는 頭로 문자화되어 둥근 ㅇ의 모양을 의도적으로 탈락시키고 있다. 글자 하나하나를 구성하는 수평선 수직선 대각선 등 모든 선(線)과 한 점(丶) 두 점(冫) 세 점(氵)네 점(灬)의 모든 점(點)은 기호이고 부호며 상징이다.

먼저 天, 地, 王, 巫, 禮자를 해설하고 추연이 만든 靈자의 잘못을 밝힌 다음 표자를 해설하고자 한다. 표자는 8가지 다른 명칭을 갖고 있다.

① 零, ② 圓 涅槃 大圓一, ③ 太虛와 虛, ④ 空, ⑤ 無, 無極, 無爲와 道, ⑥ 理, ⑦ 中 또는 中一, ⑧ 光明이 바로 그것이다.

다음으로 神자의 古字인 하나님신자 즉 禔자와 禃자를 해설하고 다음에 呂자, 마지막으로 신라 왕관 정면에 새겨진 ⊥⊥모양의 상징을 해설한다.(*이 표자는 靈자의 원 글자이나 지금은 쓰이지 않고 있어 'ㅇ' 또는 우리글 '영', '靈' 등으로, 禔자와 禃자도 神자의 원 글자이나 '신' '神' 등으로 표기된 곳도 있음을 양지해주기 바란다)

1. 천(天)

천자문 첫머리에 나오는 글자로 하늘천이다. 天자는 二와 人의 합성어다. 인간의 눈으로 보아 하늘은 높고 땅은 낮으므로 二에 있어서 위의 一은 하늘 밑의 一은 지구를 나타내는 기호다. 따라서 天은 하늘과 지구와 사람(人)이 합쳐진 글자로 天地人의 三才가 하나로 합일되는 人中天地一의 진리를 상징하는 글자다. 지신님의 영혼과 사람의 영혼은 모두 하나님 영혼의 일부인 까닭에 하나님이 곧 지신님이고 사람이며 사람이 곧 하나님이요 지신님이다. 펼쳐 전개하면 하늘, 땅, 사람의 삼자(三者)가 되나 거두어들이면 삼자가 곧 일자(一者)인 하나님이다. 고로 天자는 하나님天, 한문으로 上帝天으로 해석해야 이치에 맞는다.

나쁜 일만 골라 하는 악인에게 "네 이놈! 하늘이 두렵지도 않느냐" 할 때의 하늘은 비 오고 눈 오고 바람 부는 하늘, 기상청 직원이 말하는 자연天이 아닌 우주의 본체인 하나님을 말하는 것이다.

『논어』에는 天자가 16번 등장하는데 天을 단순히 하늘로 해석하면 아무런 의미가 없는 죽은 문장이 된다. 공자가 일기예보관이 아닌 다음에야 비 오고 바람 부는 자연天을 거론했을 리는 만무하므로 마땅히 하나님 또는 上帝로 해석해야만 한다.

상제께서 무슨 말씀을 하시었나, 상제께서는 봄 여름 가을 겨울의 사계절을 운행하시고 만물을 낳아 기르셔도 아무런 말씀이 없으시네

天何言哉 四時行言 百物生焉 天何言哉(『論語』陽貨편)

죽고 사는 것은 상제의 영혼에 달린 바이요 부귀 또한 상제께서 정하시는 바이다

死生有命 富貴在天(『論語』顔淵편)

상제에게 죄를 지으면 빌 곳이 없다
獲罪於天 無所禱也(『論語』八佾편)

지나의 많은 학자들이 주장하는 바와 같이 공자는 결코 무신론자가 아닙니다. 『논어』술이(述而)편에 나오는 문장이 이를 증명한다.

공자께서 질병을 앓으시자 자로가 상제에게 기도드려 치유할 것을 청하니 공자 말하기를 '그런 선례가 있었느냐' 자로가 대답하기를 '예, 있었습니다. 뇌사(誄詞: 죽은 자를 기리는 뜻에서 그의 평생 행적을 기록한 말씀)에 이르기를 지난 날의 잘못을 뉘우치고 선을 실천하기 위하여 천신과 지신에 기도드린다 하였나이다.' 공자께서 말씀하시기를 '나도 그와 같은 기도를 드린 지 이미 오래이니라'

子疾病 子路請禱 子曰 有諸 子路對曰 有之誄曰 禱爾于上下神祇 子曰 丘之禱久矣(『論語』述而편)

天의 성격과 의미는 동학(東學)에 와서 분명해진다. 동학의 창시자인 최제우(崔濟愚)는 시천주(侍天主)를, 2세 교주인 최시형(崔時亨)은 사인여천(事人如天)을, 3세 교주인 손병희(孫秉熙)는 인내천(人乃天)을 말씀하신 바 동학의 天은 한울님을 말한다. 동학의 유명한 3. 7 주문(呪文)을 보자.

한울님의 영혼이 내 영혼에 접령(接靈)해 있사오니 원컨대 크게 강림하소서. 내 영혼은 한울님 영혼의 일부이므로 나는 항상 무형(無形)의 한울님을 내 몸 속에 모시고 있나이다. 한울님께서 나를 포함한 우주만물을 하염없고 하염없는 무위(無爲)의 덕으로 지으사 영혼을 나누어주셨으니 내 평생토록 이 거룩한 생각을 길이 보전하여 우주만물에 관통(貫通)하는 한울님의 천도(天道)를 익혀 결단코 잊어버리지 않겠나이다

至氣今至 願爲大降 侍天主造化定 永世不忘萬事知
(지기금지 원위대강 시천주조화정 영세불망만사지)

3. 7주문을 2세 교주 해월신사(海月神師)는 이렇게 해석했다.

우리 사람들이 태어난 것은 한울님 영혼의 기운을 모시고 태어난 것이요. 우리 사람이 사는 것 역시 한울님 영혼의 기운을 모시고 살아가는 것이니 어찌 반드시 사람만이 홀로 한울님의 영혼을 모시고 산다 할 수 있으리오. 천지만물이 모두 다 한울님의 영혼을 모시지 않는 존재가 없으니 저 새들의 울음소리 또한 새들의 육신 속에 거주하고 계시는 한울님의 음성이니라

吾人之化生侍天㊀ 氣而化生 吾人之生活 亦侍天㊀ 氣而生活 何必斯人也 獨謂侍天主 天地萬物皆 莫非侍天主也 彼鳥聲 亦是侍天主之聲也 (㊀符祝文에서)

서교(西敎)의 천주(天主, 가톨릭의 야훼, 개신교의 여호와)는 내 몸 밖에 있는 외재신(外在神)이고 동학의 천주는 내 육신 속에 강림(降臨)하여 거주하고 계시는 내유신령(內有神㊀)이다.

그러므로 한울님을 내 몸속에 모시고 배워(侍天主), 천지만물이 모두 한울님의 영혼을 모시고 있는 귀중한 존재임을 깨닫게 되면 (天地萬物皆莫非侍天主) 자연히 사람 섬기기를 한울님 섬기듯하게 되고(事人如天) 이러한 진리의 법칙을 실천궁행(實踐躬行)하여 천지만물과 하나가 되면 마침내 사람이 곧 한울님인 인내천(人乃天)이 완성된다.

2. 지(地)

천자문의 두 번째 글자로 따지 즉, 땅이라는 뜻이다. 地자는 土와 也의 합성어다. 따라서 地를 글자 그대로 해석하면 '土也' 즉, '흙이니라'가 된다. 하지만 地를 흙으로만 해석하는 것은 전형적인 서당글 수준으로 地자에 함유되어 있는 의미를 반감시키고 있다.

『삼국사기』 지리지에 의하면 통일신라의 경덕왕이 이름을 고치기 전 울진(蔚珍)의 고구려 때 지명은 우진야(又珍也)현이었고 안동의 옛 지명은 고타야(古陀也)군이었다. 두 곳의 지명이 모두 어조사也로 끝나는 것에 주목할 필요가 있다. 한문이 뜻글자라해서 이를 글자 그대로 해석하면 '又珍也'는 '또 보배로구나' 이고 '古陀也'는 '오래된 비탈이구나' 라는 뜻이 된다. 따라서 也는 뭐뭐이구나의 어조사가 아님을 알 수 있다.

한자는 상형문자이기 때문에 3줄기 흐르는 물이 내 川자가 되듯 地자의 한 부분인 也는 발원지가 서로 다른 2개 이상의 물줄기가 흐르는 모습을 형상화한 것이다. 예컨대 면천 복씨(沔川卜氏)의 본고장인 면천의 沔은 활 모양으로 굽어져 흐르는 물줄기를 형상화한 글자다.

그러므로 '우진야'의 경우 也의 ㄱ부분은 서면(西面)의 불령계곡에서 발원한 물줄기가 동해로 흘러드는 모습이고 也의 ㄴ부분은 북면(北面)에서 발원하여 남쪽으로 흐르다가 동쪽으로 머리를 틀어 바다로 들어가는 오십천(五十川)이 두 물줄기다. 고타야의 也도 마찬가지다. ㄴ부분은 북쪽 태백산에서 발원한 낙동강 본류와 내성천이고 ㄱ부분은 영양 일월산에서 발원한 물줄기가 임하댐으로 흘러드는 모습으로 물줄기들이 합쳐지는 모양이다. 이렇게 볼 때 地는 흙(土)과 물(水)의 합성어이기 때문에 마땅히 땅 地가 아닌 흙과물 地, 土水 地로 해석해야 완전한 의미를 갖게 된다.

피가 통하지 않는 살은 썩은 살이고 죽은 목숨이듯이 지상과 지하로 물이 흐르지 않거나 수분 함유량이 거의 없는 건조한 사막의 땅은 말이 땅이지 사실상 죽은 땅에 불과하다. 생물 서식의 기본조건은 흙과 물이며 흙과 물 없이는 어떠한 생물도 생존할 수 없다. 순수 한국어 '나라' 는 흙을 뜻하는 나(那)와 물을 뜻하는 (羅)의 합성어다. '나' 가 흙이라는 사실은 고구려 행정구역의 지명을 보면 금방 알 수 있다. 동, 서, 남, 북, 중앙의 오행(五行)을 본 따 고구려는 전국을 다섯 지역으로 나누었는데 연나(燕那), 계루나(桂婁那), 순나(順那), 절나(絶那), 관나(灌那)가 바로 그 것이다. 연개소문의 본명은 '연나 갓쉰동' 이다. 아버지 나이 갓 쉰 살이 되었을 때 연나에서 태어난 아이라는 뜻이다. 압록강의 우리말 이름은 '아리라' 이고 낙동강의 우리말 이름은 '가라' 다. 아리는 오리의 옛말로서 '아리라' 는 '오리가 노는 물' , '가라' 는 큰 물이라는 뜻이다. 또한 정선 아리랑의 본고장으로 유명한 '아우라지(地)' 는 두 개의 물이 하나의 물로 아우러져 조화를 이루는 땅이라는 뜻이다.

국가(nation-state)가 구상적 개념인 국민과 영토 그리고 추상적 개념인 주권의 3대 요소 위에 성립하는 법인체라면 나라는 사람을 포함한 모든 생물들의 생존에 절대적으로 필요한 흙과 물을 뜻하는 말이므로 국가와 나라는 엄연히 다르다. 1592년 임진왜란 당시 조정의 중신들이 입을 모아 선조에게 "전하 이 나라 억조창생의 운명이 오로지 전하의 어깨 위에 달려 있으니 부디 심기를 굳건히 하시옵소서" 진언했다. 억조(億兆)는 1조의 1억 배이고 창생(蒼生)은 나라에 살고 있는 사람을 포함한 모든 생물들의 생명이다.

임진왜란 당시 조선의 인구수는 500만 명에 불과하였으므로 억조창생은 조선 나라의 흙과 물속에 살고 있는 모든 초목의 수, 물속에 살고 있는 모든 물고기 수, 하늘을 나는 모든 새들의 수, 개미 매미 파리 모기 등 모든 곤충의 수, 개 돼지 소 말 등 모든 가축의 수와 사람 수를 합한 생명의 숫자가 억조, 즉 무한수라는 뜻이다. 이러한 의미에서 지구에는 현재 200개가 넘는 국가가 있지만 지구 자체는 같은 흙 같은 물의 한 나라일 따름이다.

최근 미국의 우주탐사선 디스커버리호가 화성과 목성을 탐사한 결과 그 별들에는 바위만 있고 흙과 물이 전혀 없어 생물이 살지 못하는 곳으로 판명되었으며 지구를 제외한 태양계의 어떤 별에서도 생물이 서식하고 있는 증거를 발견하지 못하고 있다. 그렇다고 해서 태양계보다 훨씬 더 큰 우주, 예컨대 2조 개의 별들이 운집해 있는 은하계나 지금까지 발견된 것만으로도 일조 개의 은하계가 있는 광대무변한 우주에 생물들이 살고 있는 별들이 없다고 단정할 수도 없다. 생물들이 살고 있는 세계를 불교 용어로 욕계(欲界, Kama-dhatu)라 부른다. 욕계에는 흙과 물과 음식과 남녀가 있고 본능적 욕망인 식욕과 성욕이 있는 세계다.

모든 생물은 자신의 생명을 유지, 보존하기 위해 무엇인가를 먹어야 하고 암수 짝짓기를 통해 자손을 번식함으로써 종(種)을 전승(傳承)시켜야 한다. 불경에 의하면 욕계는 지구만이 아니다.

『법화경』서품(序品)에 다음과 같은 구절이 있다

이때 부처께서 눈썹 사이의 흰 터럭을 열고 광명을 놓아 동방 1만8천 세계의 불국토를 비추시매 두루하지 않는 데가 없다

爾時佛放眉間白毫相光 照東方萬八千世界 靡不周遍

『화엄경』 입법계품(入法界品)에는 석가모니가 전생의 선재동자 시절 53명의 부처를 만나 법문을 듣고 진리를 배우는 과정이 묘사되어 있다. 이 모두 석가모니의 전생담(前生談)을 말한 것으로 1만 8천53개의 욕계

를 윤회하면서 한 번씩은 그곳 별나라들에 인간으로 태어나 구도(求道)한 과정을 석가 본인의 입으로 증언하고 있다.

예수도 『탈무드 임마누엘』에서 자신은 프레이아다스 성단으로부터 신의 특수한 사명을 부여 받아 지구에 환생하게 되었다고 말씀하신다. 설마 석가나 예수같은 지인(至人)이 거짓말을 하시겠는가? 인간의 영혼이 새로운 몸을 받아 윤회하는 장소가 지구만이 아님을 증거해 주는 진리의 말씀으로 받아들여야 할 것이다.

3. 왕(王)

임금왕자로서 누구나 다 알고 있는 글자다. 王자는 三자와 위아래 서로 통할곤 ㅣ 의 합성어다. 二와 人의 합성어인 天자 해설에서 말했듯이 二의 윗선 一은 하늘, 밑선 一은 지구를 가리키는 기호다. 그렇다면 三에 있어 중간선 一은 무엇을 나타내는 기호인가?

三의 중간선 一은 사람 人의 기호화된 상징이므로 당연히 사람을 표시하는 기호가 된다. 사람은 머리를 하늘로 향하고 두 발로 땅을 딛고 서서 걸어 다니는 직립보행(直立步行)의 존재이므로 三의 중간선은 사람에 해당된다.

三자에 수직선 ㅣ, 즉 위아래통할곤(上下相通也)자 ㅣ 을 넣으면 王 자가 된다. 그러므로 王자는 하나님의 영혼과 지신님의 영혼과 사람의 영혼이 보이지 않는 끈으로 연결된 하나의 영혼임을 나타낸 글자로 사람의 本心 안에서 하나님의 本心과 지신님의 本心이 一心의 태극을 이루는 人中天地一의 진리를 문자를 통해 천명한 것이다. 문제는 王 자에 함유된 깊은 뜻을 전혀 모르는 후학(後學)들이 王을 오로지 최고 권력자인 임금으로만 해석하여 사람들의 올바른 이해를 오도하고 있다는 점이다.

『맹자』이루(離婁) 하편에 나오는 유명한 문장을 한 번 살펴보자.

왕자의 자취가 끊어지니 시가 없어지고 시가 망한 후 공자께서 『춘추』를 지으셨다

孟子曰 王者之迹熄而詩亡 詩亡然後春秋作

『맹자』의 기존 번역판은 이 문장을 위와 같이 해석하고 있다. 기존 해석은 글자의 뜻만 그대로 옮겨 놓은 번역이다. 위의 해석을 보면 일반 독자들은 임금은 반드시 시인이어야 하고 문학적 감수성이 예민한 낭만적 시인의 자질을 가진 임금이 사라지고 나니까 그때서야 비로소 공자가 노(魯)나라 사관이 쓴 역사기록을 수정 보충, 삭제하여 『춘추』라는 역사책을 지으셨다로 이해되어 시인 임금이 좋다는 소리인지 나쁘다는 소리인지 알 수 없게 만들어 놓았다.

王子는 임금의 아들이지만 王者는 사람 가운데 하늘과 땅이 하나로 귀일되는 人中天地一의 진리를 터득한 사람이라는 뜻이다. 따라서 王者之迹熄而의 올바른 해석은

"하나님의 영혼과 지신님의 영혼과 사람의 영혼이 분리할 수 없는 하나의 영혼이라는 진리를 터득한 사람이 없어졌다(亡也, 終也)"는 뜻이다.

王이라 해서 모두 王者가 되는 것은 아니다. 人中天地一의 진리를 깨우쳐 이를 실천하는 자만이 진정한 의미의 王者다. 신라 33대 성덕왕은 35년의 재임기간 동안 16차례의 천재지변을 만났다. 겨울에 우박이 쏟아지고 가을에 홍수가 나고 봄에 큰 눈이 오고 3차례나 지진이 나고 유성과 운석이 떨어지고 별이 제자리를 이탈하고 혜성이 출현하는 등 16차례의 기상이변과 천재지변을 겪을 때마다 난리의 발생 원인을 온전히 자신의

허물로 돌려 내을신궁에 들어가 단식하면서 자신의 죄를 철저히 참회하였다.

　자신의 잘못된 정치에 대해 하나님과 지신님이 크게 진노하시어 천재지변을 내린다고 생각한 성덕왕은 난리를 겪을 때마다 고기잡이와 수렵을 통한 살생은 물론 가축의 도살마저 금하고 대사령(大赦令)을 내려 죄수들을 방면하는 등 하나님과 지신님의 노여움을 풀고자 진심갈력(盡心竭力)하였다. 人中天地一의 진리를 깨우친 이러한 성인 같은 마음이 있었기에 김흥광(金興光)은 죽어 聖德王이라는 시호를 얻을 수 있었다.

　다음 구절 詩亡 즉 "시가 망했다"는 뜻은 무엇인가?

　『시경』(詩經)은 풍(風) 송(頌) 아(雅) 3부분으로 구성되어 있다. 풍은 미풍양속(美風良俗)을 찬양하는 시고, 송은 예수를 찬양하는 노래가 찬송가이듯 조상의 공덕과 은혜를 찬양하는 시요 노래다. 아는 대아(大雅)와 소아(小雅)로 나뉘어진다.

　『맹자』와 『시경』의 역해자인 한학자 이기석 님은 "雅는 正이고 正은 政이다. 왕조의 흥망성쇠하는 까닭을 밝힌 것이 雅이다. 大雅는 사대부가 위정자의 실정을 근심하고 비난한 풍론(風論)의 시며, 소아는 향연의 음악으로서 군신과 제후가 조정에서 화합할 때 부르는 노래이다. 왕이 전국을 돌아다니면서 민간의 시를 모아서 민정을 살피던 일이 없어지고 보니 시가 정도(正道)를 잃어 대아, 소아의 아시(雅詩)가 없어지고 국풍(國風)으로 변하고 말았다. 詩亡이라고 하는 것은 이 아시(雅詩)가 없어져 시가 정도를 잃은 것을 말한다"고 하였다.

　한편 이태백의 시 111편을 편저(編著)한 서울대 중문학과 장기근 교수는 "대아의 시는 사상과 기골이 있고 현실적으로 국가 민족에 이바지할 수 있는 애국시이며 사직(社稷)을 안정시키고 창생(蒼生)을 구제하는 일에 적극 참여하고 이바지하는 대도(大道)의 시문학"이라 정의하고 있다.

이어 이태백의 고풍(古風) 제일수(第一首) 첫 행에 나오는

大雅不久作 吾衰竟誰陳
대아의 시가 창작되지 않은 지 오래이거늘 나마저 시들어버린다면 마침내
누가 있어 대아의 시를 개진하리오

위의 구절을 인용하여 애국시인 이태백이야말로 진정한 대아의 시인
이라고 추켜올린다.

한마디로 말해 대아에 관한 이기석님과 장기근님의 해석은 진실에 조
금도 근접하지 못하는 견해들이다. 하지만 이들에게는 아무런 잘못이 없
다. 왜냐하면 이기석님은 한대의 정현(鄭玄)으로부터 송대의 주희(朱熹)
에 이르기까지『시경』의 대아, 소아가 무엇인지도 모르는 유가(儒家)들
의 천편일률적인 해석을 그대로 따른 것이고 장기근님 또한 대아의 뜻을
잘못 알고 있는 지나 문학자들의 해석을 그대로 따른 것이기 때문이다.

아(雅)의 사전적 의미는 바를아(正也) 맑을아(淸也) 떳떳할아(常也)이
나 사실은 조화(調和)를 의미한다.

'우아(優雅)하다'는 한군데 치우치지 않은 균형 잡힌 조화를 뜻하는
말이고 '아담(雅淡)하다'는 급히 흐르는 폭류(暴流)도 아니고 한 군데 오
래 고여 있지도 않으면서 유장하고 조화롭게 유유히 흐르는 물의 모습을
의미한다. 따라서 대아(大雅)는 큰 조화, 소아(小雅)는 작은 조화를 뜻한
다. 무엇이 큰 조화이며 무엇이 작은 조화인가?

대아는 王자에 함유되어 있는 뜻과 같다. 즉 천지신명(天地神明)과 인
혼(人魂)이 감통(感通)하여 하나로 수렴(收斂)되는 것, 천신님과 지기(地
祇)님과 인령(人囧)이 합일하여 태극이 되는 人中天地一을 의미한다. 그
리고 소아는 혈통이 같은 가족이 아니라 할지라도 사람과 사람끼리 서로

감응하고 화합하여 심정적으로 한 가족이 되는 조화를 말한다. 이웃사촌이라는 말이 소아(小雅)의 좋은 예다.

『시경』 대아편은 문왕지습(文王之什), 생민지습(生民之什), 탕지습(蕩之什)을 합쳐 모두 31편으로 구성되어 있다. 그런데 놀랍게도 『시경』 대아편에는 天命 또는 命이 10번, 上帝 또는 帝가 26번, 旻天上帝 또는 旻天이 6번, 天이 35번이나 등장한다.

天命은 1장에서 설명한 바와 같이 하늘의 명령이 아닌 상제의 영혼이고 旻天上帝는 여름 하늘에 계시면서 농작물이 무성하게 자라게끔 햇빛과 비를 주시는 하나님이란 뜻이다.

대아 생민지습 판(板)의 첫 구절이 이를 대변하고 있다.

> 상제께서 늘 그러하시던 것처럼 쨍쨍한 햇빛을 아니 주시고 시의적잘하게 비를 내려 주시지 않아 상도(常道)를 비켜 가시니 하늘 밑에 사는 만백성이 모두 고생에 지쳐 병들었나이다

上帝板板 下民卒癉

왜 상제께서는 쨍쨍한 햇빛과 시의적절한 비를 내리시지 않는가? 상제의 본심을 저버린 인간들이 악을 짓기 때문이다. 상제께서 햇빛을 주고 알맞게 비를 내리어 풍작을 주는 이유는 추수한 먹을거리를 만백성이 골고루 나누어 먹고 화합하라는 것인데 어떤 인간은 포식하고 어떤 인간은 굶는다.

사람의 영혼인 人命은 상제의 영혼인 天命과 연결되어 있고 지신님의 영혼인 地命과도 연결되어 있다. 고로 상제와 지신님이 내리시는 흉년이라는 천벌을 피하려면 인간들이 저지른 잘못을 회개하고 천지신명과 감통하여 천도에 어긋나는 행동을 하지 말아야 한다.

문왕지습 한록(旱麓)의 한 구절이 이를 대변하고 있다.

맑은 술 차려놓고 털 붉은 소 잡아 상제에게 바치고 제사드려 큰 복
내려주시기를 기도드리세

淸酒旣載 騂牡旣備 以享以祀 以介景福

진시황이 6국을 통일하여 황제라는 칭호를 쓰기 이전 선진(先秦) 시대
의 문헌에 나타나는 帝는 하늘나라 임금인 上帝를 지칭한다. 하은주(夏
殷周) 시대에는 하늘나라 임금을 帝, 지상의 임금을 王이라 불렀는데, 王
자를 처음으로 사용하신 분은 초대 단군이었던 왕검(王儉)이시다. 초대
단군의 성호(聖號)는 한임검(桓壬儉)이신데 王이 天地人 三才合一의 大
雅임을 철견(徹見: 사물에 관통하는 진리를 꿰뚫어 앎)하신 한임검은 壬
지를 工자로 바꾸어 한왕검이 되신 것이다.

『시경』 305편은 모두 사자성어(四字成語)로 구성되어 있다. 상제기명
(上帝旣命), 호천상제(昊天上帝), 제성기산(帝省其山) 등인데 帝省其山
의 경우 맨 앞에 上자를 넣으면 上帝省其山이 되어 5자가 되므로 문장 구
성상 上자를 생략한 것이다.

天命의 命도 마찬가지다. 천명미상(天命靡常)은 4字지만 천명지불역
(天命之不易)은 5字가 되므로 앞의 天자를 생략한 명지불역(命之不易)
으로 쓴 것이다. 그러므로 『시경』 대아편의 문왕지습, 생민지습, 탕지습
에 나오는 천명 또는 명, 상제 또는 제, 호천상제 또는 호천, 천이 모두 우
주와 만물을 창조한 한인하나님을 뜻하는 고유명사임을 알아야 한다.

『시경』 대아 편의 중심적 존재는 어디까지나 상제다. 문왕지습은 상제
의 법칙을 위배한 역천자(逆天者) 주(紂)를 멸망시킴이 전적으로 상제의
지시에 의한 것임을 표명한 시다.

문왕지습 2행에 나오는

문왕의 영혼 오르내리며 상제의 영혼과 감통하시어 항상 상제 곁에 계시네
文王陟降 在帝左右

그러나 천명을 보전함이 쉽지 않다고 마지막 행에서 말하고 있다.

천명을 보전함이 쉽지 않으니, 그대 대(代)에 잃는 일 없게 하라. 명예로운 소문 온세상에 밝히나니 은나라의 흥망이 오직 상제의 뜻임을 알라. 비록 육신은 없으나 우주에 아니 계신 데가 없는 상제는 목소리를 내지도 않고 냄새를 풍기지도 않으나 자신의 영혼이 상제의 본령(本靈)과 감통하여 하나가 되는 문왕을 본받아 온나라 만백성이 이를 믿고 따를지어다

命之不易 無遏爾躬 宣昭義問 有虞自天 上天之載 無聲無臭 儀刑文王 萬邦作孚

육체와 영혼의 분리가 곧 죽음이다. 상제께서 자신의 영혼을 인간의 신체 안에 거주시키는 이유는 상제의 신령이 가르치는 대로 올바른 행동을 하라는 무언(無言)의 분부이신데 사악한 인간들은 이를 어기고 나쁜 일만 일삼는다. 악인의 악행을 그치게 하려면 상제께서 자신의 영혼을 거두어들여 악인을 죽게 하는 수밖에 없다. 때문에 인명재천(人命在天)이요 천명미상(天命靡常)이요 명지불역(命之不易)이라 한 것이다.

생민지습(生民之什)은 주나라의 첫 조상인 후직(后稷)의 생애를 노래한 시다. 후직의 어머니는 강원(姜源)이고 강원은 남편 없이 상제의 엄지발가락을 밟아 이로 인해 후직을 잉태했으므로 결국 후직은 상제를 아버지로 지상의 여인인 강원을 어머니로 해서 태어난 하나님의 아들인 天子

라는 뜻이다.

천자사상은 한(桓)민족의 고유사상이다. 한인하나님의 아들인 한웅이 천부인 3개를 받아 태백산으로 강림하여 신시개천(神市開天)하셨고 한웅이 쑥과 마늘을 먹고 성통공완(性通功完)한 웅녀(熊女)와 결혼하여 한검을 낳았으므로 하나님을 아버지로 지상선녀를 어머니로 해서 태어난 천신선태(天神仙胎)의 탄생설화(은나라, 주나라의 개국신화, 신라와 고구려의 개국신화, 청나라의 개국신화)는 모두 한웅의 고사로부터 유래된 것이다.

탕지습(蕩之什)은 소목공(昭穆公)이 주왕조가 붕괴할 위기에 처했음을 마음 아프게 여겨 지은 시다. 호경(鎬京)을 도읍지로 했던 서주(西周)에서 낙양(洛陽)으로 천도한 동주(東周)의 국정난맥상과 왕들의 자질을 문왕의 입을 빌려 비판한 시다.

상제께서는 문왕에게 정외롭고 착한 사람을 등용하라 했는데 동주의 왕들은 포악하고 취렴(聚斂: 뇌물을 받거나 법으로 정해진 이상의 세금을 거둬들여 백성을 착취함)하는 자만을 써 온 조정이 탐관오리로 가득 찼다. 상제께서는 문왕에게 겸손한 자를 쓰라 했는데 동주는 거만한 자들만 써 백성의 원망을 산다. 이렇듯 임금의 덕이 밝지 않으니 등 뒤에도 신하가 없고 옆에도 진정한 신하가 없다. 상제께서는 은(殷)의 마지막 왕 주(紂)가 천제에 바칠 제물을 술안주로 삼아 매일 주지육림의 잔치를 벌이는 행위를 못마땅하게 여겨 은나라를 멸망시킨 것인데 동주의 왕들은 은나라 멸망 고사를 잊은 채 매일 향연만 벌린다. 상제의 법칙을 어기고 백성들의 고통을 외면한 황음무도(荒淫無道)한 짓 때문에 백성들의 원성이 높아져 동주 왕조는 결국 멸망하고야 만다는 것이 탕지습의 주요 내용이다.

大雅가 王자의 뜻과 같은 天地人 三才合一의 정신을 의미하는 것이라면 小雅는 사람과 사람 간의 화합인 人和를 의미한다. 소아 80편 중 녹명(鹿鳴)은 임금과 신하들이 같이 어울려 잔치할 때 부르는 화합의 노래이고, 벌목(伐木)은 고향 친구들과 선후배를 모시고 주연을 베풀 때 부르는 노래고, 출거(出車)는 싸움터에서 귀환하는 장병들을 위로하는 노래며, 야행기야(夜行其野)는 남편으로부터 사랑받지 못하는 아내의 슬픔을 노래한 시고, 곡풍(谷風)은 친구의 우정이 끊어짐을 한탄한 노래고, 육아(蓼莪)는 효자가 어버이를 봉양(奉養)하지 못함을 한탄한 노래고, 보전(甫田)과 대전(大田)은 농사 지어 추수한 것을 축하하는 노래며, 습상(隰桑)은 사랑하는 남녀의 심정을 노래한 것이다. 그러나 무엇보다 사람과 사람 간의 화합은 부모 자식 간, 형제간, 부부간의 화합이 최우선이고 가족의 화합을 디딤돌로 삼아 비혈연적 관계인 친구와 이웃으로 확산되어야 한다. 형제끼리 잔치하며 부르는 상체(常棣)의 한 구절이 이를 대변하고 있다.

아내와 자식들의 화목함이 북소리와 비파소리 어울리듯 형제 여기 모두
모였으니 그 기쁨 그지없어라

妻子好合 如鼓瑟琴 兄弟旣翕 和樂且湛

小雅의 人和 대상은 임금과 신하, 늙은이와 젊은이, 사랑하는 두 남녀 친구와 이웃 등 혈연을 달리하는 인간끼리 기쁨과 슬픔을 공유하는 의제화(擬制化)된 혈연공동체이기 때문에 맹자가 말한 대로 남의 불행과 고통을 차마 그대로 봐 넘기지 못하는 불인인지심(不忍人之心)과 나의 양심을 기준으로 남의 마음을 추량(推量)하는 혈구지도(絜矩之道)가 필수적 전제조건이다. 만약 불인인지심과 혈구지도가 없다면 인간 세계는 인간의 얼굴에 인간의 양심을 가진 인간다운 세계 대신 인간의 얼굴에 늑

대의 마음을 심어 서로가 서로를 으르렁거리며 잡아먹으려는 늑대 세계로 돌변하고 만다.

天地人 三才合一의 大雅정신과 不忍人之心의 小雅정신이 사라진 혼란한 전국시대에 天命을 부정하는 逆天者가 늘어나고 자식이 어버이를 거역 불효하고, 신하가 임금을 시해하여 왕위를 찬탈하고, 탐욕스러운 군주들이 남의 땅을 빼앗고자 선량한 백성들을 전쟁터로 몰아넣는 해괴한 일들이 거듭 발생하자 무엇이 옳고 무엇이 그른가를 가늠하는 인륜 정사(正邪)의 기준 위에서 공자는 『춘추』를 저술한 것이다.

지금까지의 설명을 바탕으로

孟子曰 王者之迹熄而詩亡 詩亡然後 春秋作
을 해석하면 아래와 같은 뜻이 된다.

맹자께서 가라사대 天地人 三才合一의 대아 정신을 터득한 王者의 발자취가 끊어지고 大雅의 三神一體 정신과 小雅의 中通人和 정신이 사라져 『시경』의 본의가 망한 후에 공자는 온갖 잡다한 가치가 어지럽게 결탁하여 소용돌이치는 혼란한 세상을 바로잡기 위해 인륜도덕의 정사(正邪)를 기준으로 하여 『춘추』를 저술하였다.

공자와 거의 동시대에 살았던 노자도 王자의 의미를 정확히 알고 있었다.
『도덕경』 25장에 나오는
故道大天大地大 王亦大 域中 有四大而王居其一焉을 한글번역판에는 "그러므로 道도 크고 하늘도 크고 땅도 크고 왕도 또한 크다. 세상에는 4가지 큰 것이 있는데 王도 그중 하나이다"로 해석되어 있다.

道는 눈으로 볼 수도 없고, 손으로 만질 수도 없는 막막한 추상성 때문에 크다 할 수 있고 하늘과 땅 또한 차지하고 있는 공간적 범위가 엄청나게 넓고 커 크다고 표현할 수 있겠으나 王을 道, 天, 地와 같은 반열에 놓고 크다고 한 것은 노자 철학의 이치에 맞지 않는 것처럼 보인다. 노자가 살았던 전국시대의 왕들은 대부분 전쟁으로 시작해 전쟁으로 끝나는 전쟁을 위한 전쟁을 신봉하는 전쟁광들이며 노자가 가장 혐오했던 인간들이다. 그러므로 王이 크다는 의미는 무소불위의 권력을 휘두르며 백성들을 사지로 몰아넣는 집권자로서의 王이 큰 것이 아니라 사람 가운데 하늘과 땅이 하나가 되는 人中天地一의 진리를 터득한 王者야말로 道와 하늘과 땅에 견주어 조금도 손색이 없는 위대한 존재라는 뜻이다.

4. 무(巫)

무당무자이다. 여자 무당을 무(巫), 남자 무당인 박수를 격(覡)이라 부르나 이는 훨씬 후대의 일이며, 상고시절부터 내려오는 무당의 일반적 개념은 남녀 구별 없이 신명(神明)과 교접하고 천신과 감통하여 신과 인간의 중개 역할을 하는 사람을 말한다.

샤만(shaman)이 곧 무당이다. 샤만은 일신(一神)과 감응하여 신의 진언(眞言)을 사람들에게 전달하는 사제(司祭)로서의 역할과 병을 고치는 신의(神醫)로서의 역할을 수행하는 사람을 말하여 단군조선국인으로 전국시대를 살았던 최고의 신의 편작(偏鵲)이 대표적인 샤만 즉 무당이다. 오늘날 무당에 의해 행해지는 치병(治病), 예언, 굿, 살풀이 등 온갖 무속제의(巫俗祭儀)는 무당의 본고장인 한국에서조차 별 환영을 받지 못하는, 말하자면 점잖지 못한 천한 부류의 인간들이 돈 받고 저지르는 미신으로 치부되어 사회적 인식이 매우 나쁘다. 하지만 상고시절에는 거꾸로

巫의 의미와 巫의 정신을 모르면 사람 취급을 받지 못했다. 巫자는 장인 공 工과 사람 人 2개가 합해 이루어진 글자다. 工은 위의 하늘과 밑의 땅이 서로 통한다. 즉 하나의 영대(靈台)로 연결되어 있음을 나타낸 글자고 工의 중간에 사람을 상징하는 一을 넣으면 王자가 된다. 따라서 王자에서 사람을 상징하는 중앙 一을 빼면 工 자가 되고 工자에 사람人 2개를 좌우 배치하면 巫자가 된다.

고로 巫는 王과 같은 의미로 天地一 三才合一을 이룬 인간이라는 뜻이다. 고려『팔관잡기』(八觀雜記)에 다음과 같이 기록되어 있다.

> 씨 뿌리고 재물을 주관하는 자를 업(業), 형벌도 주고 복도 주면서 사람을 교화하는 자를 랑(郎), 공 세우기를 원하는 대중들을 모집하여 관장하는 자를 백(伯)이라 하였는바 이 모두 옛날에 시작된 신도(神道)로서 하나님의 영(靈)이 내리어예언하는 일이 많았는데 신리(神理)에 맞아 자주 적중했다
> 主稼種財利者爲業 主敎化威福者爲郎 主聚衆願功者爲伯 卽古發神
> 道也 皆能降靈豫言多 神理婁中也

위의 문장 중 화랑(花郎)의 본질이 무엇인지를 이해할 수 있는 중요한 단서가 있으니 즉, 랑(郎)은 하나님의 영이 내리어(降靈) 예언하는 일이 많았는데 신리(神理)에 부합하여 자주 적중했다는 대목이다. 대부분의 사람들은 화랑이란 말 잘 타고, 칼 잘 쓰고, 활 잘 쏘고, 싸움 잘하는 신라의 직업군인 정도로만 이해하고 있다. 물론 전쟁이 일어나게 되면 화랑은 목숨을 걸고 임전무퇴(臨戰無退)의 정신으로 싸우는 무사가 되지만 그것이 화랑의 전부는 아니다.

화랑이 되기 위한 자격 여건 중 제일 중요한 것은 무당이 가진 본래의 기능 즉, 신과 감통하여 신의 진언(眞言)을 전달하고 사람들의 마음병을

고칠 수 있는 사제(司祭)와 신의(神醫)로서의 기능을 수행할 수 있어야 한다. 고구려의 조의선사(皁衣禮士)와 백제의 무절(武節)도 신라의 화랑과 같은 종류의 수행교단(修行敎團)이다.

대한제국 학무부 편집국장이었던 이경직(李經稙)은 대야발(大野勃)의 『단기고사(檀奇古史)』를 중간하면서 그 서문에 이렇게 썼다.

"아! 우리 부여 민족으로서 요순(堯舜)의 사기(史記)는 대개 알지만 단기(檀奇: 단군과 기자)의 옛 역사는 알지 못하며 한당(漢唐)의 문화는 능숙하게 담론(談論)하나 고구려의 대무(大武) 정신과 신라의 화랑도를 더 이상 설명할 수 없게 된 것은 크게 통탄할 따름이다."

앞에서 창술 검술 봉술 궁술 등 무(武)를 숭상하는 상무(尙武)정신은 화랑의 일부분일 뿐 전부는 아니라고 말했다.

그런데 이경직님은 화랑과 조의선사와 무절에 내유(內有)되어 있는 샤만적 기능인 대무(大巫)정신을 음이 같은 대무(大武)정신 즉, 전쟁터에서 용감히 싸우다 죽는 애국주의적 군인정신으로 해석하고 이러한 해석의 연장선 위에서 신라의 화랑도에 접근하다 보니 이해의 한계성이라는 늪에 스스로 침몰되어버린 것이다.

화랑의 기본 정신은 대무(大武)가 아닌 대무(大巫)이며 백제의 무절(武節)도 음이 같은 무절(巫節)로 표기해야 뜻을 정확히 알 수 있다. 大巫는 大雅와 마찬가지로 天地人 三才合一의 정신이며 天神과 地神과 천신의 영혼 일부가 분유되어 내 영혼이 된 人神인 나가 하나로 통합된 三神一體 정신이다.

大巫 정신이 무엇인가를 보여주는 을지문덕의 사례를 말하기 전 먼저 『손자병법』시계(始計)편에 나오는 다음 구절을 보자.

무릇 싸움에 있어 묘산이 없이는 이길 수 없다. 싸워서 이기지 못하는 자는 묘산이 적은 것이요 묘산이 많은 자는 이긴다. 하물며 묘산이 없다면 승패를 논할 수 없다는 것이 내가 아는 바이다

夫未戰而廟算 不勝者得算以也 多算者勝 小算者不勝而況於無算不
吾以也觀

묘산(廟算)이란 묘당(廟堂)에서 신과 감통하여 얻은 계산, 계책으로 불완전하고 오류가 많은 인간의 계산이 아닌 완전한 신(神)의 계산인 신산(神算) 신책(神策)을 말한다. 묘당은 다른 말로 사당(祠堂)이라 이르는데 묘당의 정의에 관해서는 지나와 알타이 문화권의 해석이 서로 다르다. 지나식 해석의 묘당은 조종(祖宗)의 영혼을 모신 사당으로 국사를 의결, 집행하기 전에 먼저 종묘에서 조상에게 고한 다음 여러 신하들에게 자문을 구하던 제도이며 종묘에서 열리는 어전회의를 묘의(廟議)라 불렀다.

한편 알타이 문화권의 묘당은 한인, 한웅, 한검의 삼신(三神)과 왕조의 창시자인 개국시조의 영혼을 모시던 제사집으로 신라는 이를 신궁(神宮)이라 불렀다. 요(遼)나라의 목엽산묘(木葉山廟)와 금(金)나라의 태백산묘(太白山廟) 관련 기록을 살펴보자.

"요 태조 야리아보기께서는 영천 목엽산에 사당을 세워 동쪽을 향하여 천신위(天神位)를 설치하고 사당 뜰에 박달나무를 심어 이를 군수(君樹)라 하였다. 또한 사당 앞에는 여러 나무를 심어 조회(朝會)를 받는 반열(班列)을 상징하고 또 모퉁이에 두 그루 나무를 심어 이를 신문(神門)이라 했다. 해마다 황제와 황후가 군수(君樹) 앞에 이르러 친히 잔을 올리고 음복하였으며 군사를 일으킬 일이 있으면 반드시 먼저 이 사당에 고하더니 이에 삼신의 신주(神柱)를 모시고 푸른 소와 흰 말을 잡아 제사 지냈다."(『遼史』 태조편)

"금나라 대정(大定) 12년에 유사(有司)가 아뢰기를 태백산(현 백두산)

은 시조 왕께서 일어나신 곳으로 예로서 마땅히 존숭(尊崇)하는 것이 옳사오니 의논하여 작을 봉하고 사당을 세우소서. 이에 임금이 그 뜻을 받들어 금 태조를 흥국영응왕(興國珝應王)으로 삼고 산북 쪽에 사당을 세우고 명창(明昌) 4년 10월에 임금께서 사당의 대안전(大安殿)에 거동하시어 단군왕검을 개천홍성제(開天弘聖帝)로 삼으셨다."(『金史』禮誌)

이상 본 바와 같이 거란족과 여진족도 한인, 한웅, 한검의 삼신을 묘당에 모시는데 삼신의 직계자손인 고구려, 백제, 신라의 사당에 누구를 모시었는가?

고구려와 백제의 묘당에는 한인, 한웅, 한검의 삼신과 시조인 동명성제의 영혼을(백제의 시조왕은 동명성제의 아들이므로 별도로 온조대왕을 모시지 않았다), 신라의 신궁에는 삼신과 시조인 박혁거세의 영혼을 모셨다. 요의 목엽산묘 기사 중 아래 부분을 다시 한 번 음미해 보자.

"군사를 일으킬 일이 있으면 반드시 이 사당에 고하더니 이에 삼신의 신주를 모시고 푸른 소와 흰 말을 잡아 제사 지냈다."

이는 피차간 대규모의 살상 사태가 벌어지는 군사행동 및 전쟁은 반드시 삼신에게 전쟁을 해야 합니까 말아야 합니까? 를 물어 신으로부터 묘산(廟算)이 내려오면 전쟁을 하고 신의 영혼이 내 영혼에 응감하지 않아 아무런 대답이 없으면 전쟁을 하지 말아야 한다는 뜻이다.

전국시대의 인물인『손자』의 병법에 묘산이라는 단어가 등장한 것으로 미루어 전국시대의 전쟁은 주고 각국의 종묘(宗廟)에서 거행된 묘의(廟議)에 의해 결정되었음을 짐작할 수 있다. 이러한 묘산의 전통은 한고조 유방(劉邦)에까지 계승되었는데『사기』고조본기와 봉선서(封禪書)에 의하면 유방은 전쟁에 나아가기에 앞서 항상 군신(軍神)인 신시(神市)의 치우(蚩尤)천황에게 제(祭)를 올린 다음 출정했고, 치우의 영험을 본 유방은 한나라 건국 후에도 장안에 치우사당을 세웠다. 치우천황으로부터 묘산을 받아 전쟁을 치른 유방을 끝으로 지나 역사에 등장하는 장수들은 아무런 묘산을 받은 바도 없이 하늘 두려운 줄도 모르고 자신의 힘과 무예만을 믿고 무모한 전쟁을 벌이는 여포(呂布)류의 장수가 대부분이어서 묘산이란 단어는 아예 자취를 감추어버리고 말았다.

묘산에 대한 지금까지의 설명을 바탕으로 수나라 113만 대군과 살수대전을 앞두고 고구려장군 을지문덕이 어떠한 묘산을 받았는지 살펴보자. 을지문덕은 어린 시절부터 조의선사가 되어 대무(大巫)정신을 닦아온 사람인 바, 이 사실을 『태백일사』 고구려국본기는 이렇게 쓰고 있다. "을지문석은 석다산(石多山) 사람이다. 일찍이 입산하여 수도하고 꿈에 천신을 배알하여 크게 깨달은 바가 있었다. 3월 16일이면 마리산으로 달려가 제물을 바친 후 경배하고 10월 3일이면 백두산에 올라가 제천하였다. 제천은 곧 신시(神市)의 옛 풍속이다."

612년 1월 수나라 113만 대군이 고구려를 침략해오자 육군 총사령관 을지문덕은 삼신과 동명성제의 영혼을 모신 묘당에 목욕재계하고 들어가 단식하면서 간절히 통성(通聲) 기도한 결과 거짓 패하여 적군을 살수로 유인한 다음 수공계(水攻計)를 사용하라는 신책(神策)과 묘산(廟算)을 받았다.

이러한 신책묘산의 구체적 내용은 7월 초, 살수대첩 이전에 수군 총사령관 우중문(于仲文)에게 보낸 "神策究天文 妙算窮地理 戰勝功旣高 知足願云止"라는 오언시(五言詩)의 형식을 빌린 경고문으로 나타났다. 위의 시를 김부식과 그의 해석을 따르는 기존 사학계에서는

> 그대 우중문 장군이 펼친 신묘(神妙)한 계책은 천문을 통달하여 땅의 이치에 이르렀도다. 그대 이미 전투마다 이겨 세운 공 높이 빛나니 이쯤에서 만족하고 돌아서는 게 좋지 않은가

로 번역하고 있다. 다시 말해 패전을 거듭하는 을지문덕이 궁지에 몰린 나머지 싸움마다 이기는 상승장군 우중문에게 회군을 요청하며 선처(善處)를 부탁하는 내용으로 이해하고 있다. 그러나 이런 해석이야말로 을지문덕의 뜻을 완전히 오역한 것이다.

신책(神策)은 인간이 세운 계책이 아닌 신의 계책이고 천문(天文)은 하늘의 별을 관찰하는 행위가 아니라 하나님이 내리는 진언(眞言)이며 묘산(妙算)의 妙는 오묘할묘, 신묘할묘이므로 역시 인간의 오류 많은 계산이 아닌 신의 완전한 계산으로서 결국 묘산은 음이 같은 廟算인 것이다. 이러한 이해를 바탕으로

神策究天文 妙算窮地理 戰勝功旣高 知足願云止

라는 오언시 형식의 경고문을 다시 정확히 해석해보면,

"한인하나님 영혼의 일부가 이전된 나 을지문덕의 영혼은 본령인 하나님의 령(靈)과 감통(感通)하여 신책을 받았고 지령(地靈)과도 감통하여 지리의 이점을 살리는 수공계(水攻計)의 묘산을 얻었도다. 이러한 신책과 묘산으로 14년 전 임유관(臨楡關) 대전 시에도 강이식(姜以式) 장군을 모시고 너희 수나라 군대 30만을 전멸시켰고 이번 전쟁에 있어서도 3월부터 6월까지 요수(遼水)와 요동성에서 세운 전공 또한 높다. 나 을지문덕은 더 이상의 살생을 원치 않는다. 그러니 신책과 묘산이 없는 너희 수나라 군대는 이쯤해서 물러감이 어떠하뇨? 만약 너희 군대가 철수하지 않고 하늘의 뜻을 거역해 계속 싸우고져 한다면 이번에도 신책과 묘산으로 너희들을 전멸시키겠노라"는 뜻이다.

을지문덕의 경고문이 무슨 뜻인지도 모르고 고구려 조의선사의 대무(大巫) 정신과 신책, 묘산이 무엇인지도 모르는 우중문과 우문술은 결국 살수에서 30만 대군을 물고기 밥으로 헌납하고 살아 도망친 패잔병들마저 수레바퀴와 말발굽이 진흙탕에 빠져 한 발자국도 옮길 수 없는 황하

북쪽 언덕의 요택(遼澤)에서 허우적거리다 을지문덕의 추격군을 만나 전멸하고 말았다.

여기서 한 가지 반드시 알아야 할 점은 공익보다 사리사욕을 우선으로 내세워 기도하는 자나 또는 불순한 동기에 감염되어 정의롭지 못한 싸움에 불나비처럼 뛰어들어 아무런 거리낌 없이 살생을 마구 저지르는 불량배들에게는 절대로 묘산이 내리지 않는다는 사실이다. 예를 들어, 어떤 강도가 조상의 영혼을 모신 사당에 들어가 향불을 피워놓고 기도하며 서원하기를 "제가 지금 놀부네 집을 습격하고 금품을 빼앗아 처자식을 먹여 살리고저 하오니 신령님 부디 굽어 살펴주시고 조상님의 영령 또한 감응해 주소서" 하고 빌었다고 가정하자.

이 경우 천지신명과 조상님의 영혼은 불순한 동기에서 나온 강도의 소원에 화답하고 감응하시는가? 절대 아니다.

612년 1월 수양제 양광(楊廣)은 고구려 출정에 앞서 "남쪽의 상건수 위에서 지신제를 지내고 임삭궁 남쪽에서 상제에게 천신제를 올렸으며 계성의 북쪽에서 말의 조상인 마조를 제사 지냈다."(宣社於南桑乾水上 類上帝於臨朔宮南 祭馬祖於薊城北)

하지만 명분 없는 전쟁을 일으켜 무고한 백성들을 죽이고 재물을 약탈하고 고구려 땅을 한입에 집어삼키려고 한 양광의 불순한 서원에 상제도 후토신(后土神)도 감응하지 않았다. 양광은 아버지인 문제(文帝) 양견(楊堅)이 병상에 드러눕자 아버지의 애첩이었던 선화(宣華) 부인을 빼앗아 자신의 애첩으로 만들었고 이를 눈치 챈 양견이 자신을 구자(拘子: 개자식)라 비난하자 심복 장형(張衡)을 보내 아버지의 등뼈를 꺾어 죽였다. 인간의 탈을 쓴 짐승만도 못한 이런 패륜아 양광에게 무슨 상제의 감응이 있어 묘산을 내리겠는가.

약초 캐는 심메마니도 깊은 산중에서 산삼을 발견하면 "심 봤다, 심 봤다"고 소리지른다.

신을 보기 위해 신메마니는 일정 기간 동안 육식을 하지 않고 비린내 나는 생선도 먹지 않으며 부인과 합궁하지도 않으며 다른 사람과 시비하지 않으며 일체의 나쁜 생각들을 내지 않으며 개미 한 마리라도 고의적으로 죽이지 않으며 나뭇가지를 꺾거나 꽃을 따거나 침을 뱉거나 오줌을 아무데나 누는 등 일체 부정타는 짓거리를 삼간다.

신은 더러운 것을 싫어하시어 깨끗하지 못한 사람의 마음에는 강림하지 않기 때문이다. 그리하여 몸과 마음을 깨끗이 하여 신을 맞이할 준비를 갖춘 후에라야 신을 친견할 수 있다는 믿음 때문에 신메마니들은 계율을 철저히 지킨다.

무당의 유형은 크게 두 가지로 나눌 수 있는데, "신이 내린다" "신들렸다" 할 때의 무당을 우리말로 내림무(巫), 한문으로 강신무(降神巫)라 부르며, 무당의 가계(家系)에서 태어나 무업(巫業)을 이어받아 무당이 된 사람을 세습무(世襲巫)라 부른다.

내림무는 신이 내 마음속에 내려 소위 말하는 강신(降神) 체험인 신병(神病)을 앓고 겪어 신의 말씀인 진언(眞言)과 공수(貢壽)를 인간 세상에 전달하는 중개자이므로 남녀차별이 없으며 세습무는 비록 신은 내리지 않았으나 어머니가 무당이기에 딸과 며느리가 가업(家業)을 물려받아 무당이 된 여자들로서 내림무와 달리 내린 신을 모시는 신당(神堂)이 없어 신이 내려오는 하강로(下降路)를 뜻하는 복숭아나무나 살구나무로 만들어진 신간(神竿)을 사용한다.

서울 강북의 신당동(본래 神堂洞이었으나 일제 강점기에 음이 같은 新堂洞으로 바뀌었음)과 영등포의 당산동(堂山洞)과 사당동(祠堂洞)은 내림무당의 본거지요, 강북 왕십리의 살구나무 행자를 쓰는 행당동(杏堂洞)은 세습무당의 본거지임을 단번에 알아차릴 수 있다.

내림무당에게 신은 영원히 내리는가? 아니다. 초심(初心)은 정결(貞潔)하였으나 어느덧 물질욕으로 마음 바탕이 뒤덮여 돈을 너무 밝히거나 백성들의 재산을 약탈하고 착취하는 권세가에 빌붙어 많은 돈을 받고 그의 개인 발복(發福)을 위해 내림굿을 하는 강신무에게는 더 이상 신이 내리지 않는다.

이것이 바로 『시경』에 나오는 천명미상(天命靡常)의 뜻이다. 천명미상은 지나인들의 해석처럼 "하늘의 명령은 일정하지 않다"가 아니라 상제의 영혼은 착한 사람의 영혼에는 감응하시나 탐욕스러운 사리사욕에 사로잡힌 역천자의 영혼과는 흡연(翕然: 두 영혼이 하나의 영혼으로 합일함)하지 않는다는 뜻이다.

그러므로 신라의 화랑, 고구려의 조의선사, 백제의 무절에 관통하는 대무(大巫)정신은 하나님을 공경하고 나라에 충성하고 부모에 효도하고 가족을 사랑하고 이웃과 화합하면서 다른 사람이 겪는 불행과 고통을 내가 겪는 불행과 고통으로 받아들이는 무연(無緣)의 동체대비(同體大悲) 정신인 것이다.

5. 선(禮)

하늘에 제사드릴선. 구체적으로 말해 하나님께 제사드릴선이다. 禮자는 보일시(示)자와 믿을단(亶)자의 합성어이므로 믿음을 보여준다, 신앙을 드러낸다는 뜻이다. 무엇을 믿는가? 하나님의 영혼이 곧 내 영혼이요, 내 영혼이 곧 하나님의 영혼임을 믿는다.

육신 없이 o(靁)으로만 항존(恒存)하는 하나님의 영혼 자체가 대우주이고 대아(大我)이고 진아(眞我)이고 열반아(涅槃我)이고 브라만이며 하나님 영혼의 일부분이 분유되어 있는 사람 모두는 소우주이고 소아(小

我)이고 보리아(菩提我)이고 아트만이므로 소우주가 대우주와 계합(契合)하여 하나가 됨으로써 하나님과 사람이 둘이 아닌 하나라는 진리를 믿는 것이 禮이다.

三을 參이라 쓰고 '삼' 으로 읽기도 하고 '참' 으로도 읽는다. 參拾萬圓은 삼십만원으로, 參與, 同參은 참여, 동참으로 읽는다. 참여, 동참, 참말, 참사람, 참사랑의 참(參)은 거짓이 아닌 진리, 진실이라는 뜻이다. 따라서 참선(參禮)은 하나님의 영혼과 지신님의 영혼과 인간으로 대표되는 모든 생물의 영혼이 같은 영혼임을 확신하고 신봉하는 禮이야말로 곧 진리라는 뜻이다. 고로 선을 하늘에 제사드릴선으로 풀이한 사전적 의미의 선(禮)은 잘못된 관점이다. 제사란 죽은 사람의 시체에 존경심을 나타내는 행위가 아니라 죽은 사람의 영혼을 불러 나의 영혼과 죽은 사람의 영혼이 감통(感通)하여 하나의 같은 영혼임을 확인하는 거룩한 의식(儀式)이다. 띠풀과 백토(白土)를 담은 모사기(茅沙器)에 3번에 걸쳐 술을 부어 강신(降神)을 요청한다. 강신은 죽은 조상의 영혼이 내려 신위(神位)에 자리함을 말한다. 이어 참신(參神)한다. 참신은 내리신 신에 참배(參拜)하는 것이다. 마지막으로 제주(祭主) 이하 참제자(參祭者) 전원이 재배(再拜)하고 사신(辭神)한다. 조상의 영혼에 작별 인사를 드리는 의식이다.

조선왕조 때 법제화된 사대봉사(四代奉祀)는 제주인 나를 기준으로 고조부모의 혼령까지를 모시는 제사지만 더 거슬러 올라가 4만 대 조상, 4천만 대 조상으로 끝까지 추적하면 결국 나의 조상은 한인하나님이 된다. 『단기고사』 2세 부루단군편에 "도의 근원은 하늘에서 나왔고 사람의 근원은 신조(神祖)인 한인에서 나왔으니 하늘과 신조 한인은 사이가 밀접하여 우주가 곧 신조 한인이다" 라고 했다. 신조 한인의 영혼이 곧 참신(參神)이며 참신이 곧 나와 모든 사람의 영혼이므로 선(禮)은 자기 정체성의 확인이며 모든 사람이 한 가족임을 입증하는 천하일가(天下一家)의 표증(表證)이다. 단군조선의 천단(天壇)과 소도(蘇塗)는 선(禪)을 실천하던 성소(聖所)이며 신역(神域)이다.

『단기고사』에는 천단에 관해 단군왕검께서 직접 교시하신 내용이 이렇게 기록되어 있다.

"우주는 무한한 대권(大圈)이요, 하늘의 道는 무한한 정권(正圈)이며 사람의 도는 무한한 정축(正軸)이고 물정(物情)은 유한한 횡축(橫軸)이다. 정권에서 정축에 직사(直射)하는 것은 모든 사상이요 정축에서 정권에 반사하는 것은 성력(誠力)이니라. 판단하는 주체는 곧 나요 생각하는 실재(實在)이니 이것이 일신(一身)의 영주(眧主)니라. 우주와 자연과 내 몸으로 더불어 서로 융회(融會)하여 비정(秘情)을 교환하는 곳이 영혼이니 사람으로 하여금 종교심을 이곳에서 일으키게 하느니라. 오직 정(精)하고 오직 하니(　)되어 그 중추(中樞)를 잡아야 그 정(正)을 잃지 않는다"

한인을 추대하여 천일(天一)이라 하고 한웅을 추대하여 지일(地一)이라 하였다. 사람마다 임금에 충성하고 나라를 사랑하는 마음이 있어 집집마다 천단(天壇)을 만들고 새벽마다 경배하니 이때부터 하나님을 공경하는 사상이 확고하였다.

제천단(祭天壇)을 강화 마니산에 쌓고 하나님께 제사 올리니 동방민족이 하나님께 제사하는 풍속은 시조 단군왕검 때부터 시작되었다. 2세 부루단군 때 아버지 한검을 높여 인일(人一)로 삼으셨는데 천단은 地一인 한웅과 人一인 한검을 두 기둥으로 하여 天一인 한인하나님을 떠받드는 형상이다.

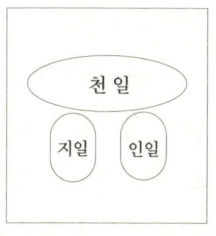

장독대, 선돌(立石), 고인돌(支石), 칠성바위, 당(堂)바위, 산길 초입이

나 중턱에 돌로 무더기를 쌓은 탱석단(撑石壇), 서낭당, 제주도의 돌하루방, 몽골 초원에 산재해 있는 '어버'와 '하라간'은 모두 천단제도가 남긴 문화적 유물들이다. 천단이 비교적 낮은 평지에 위치했다면 소도는 대개 산 위에 있었다. 소도를 산 정상에 높게 설단(設壇)하는 이유는 대략 두 가지로 볼 수 있다. 첫째, 높은 산은 하나님이 계시는 하늘에 보다 가까운 장소라는 점, 둘째, 산은 높은 하늘과 낮은 땅의 중간에 위치하여 천당으로 가는 중간 통로이므로 소도에서 기도하여 신인합일(神人合一)의 선(禪)을 이룩한 사람은 자연히 하늘과 땅을 연결시키는 중개자가 되기 때문이다.

소도(蘇塗)는 신이 내리는 신역(神域)으로 거룩한 땅이다. 소도는 다중(多衆)들이 모여 신을 찬미하는 교회로서의 역할과 신인합일(神人合一)의 선(禪)을 통하여 인격을 완성하는 교육장으로서의 역할뿐만 아니라 경우에 따라서 감옥과 재판정의 역할까지도 수행하던 성소였다. 인간은 불완전하고 미약하여 악의 유혹에 항상 노출돼 있어 아무리 훌륭한 사람이라도 순간적으로 잘못을 저지르거나 죄를 지을 가능성이 매우 높다. 죄를 지은 죄인은 어디 도망을 가려 해도 갈 곳이 없다. 갈 수 있는 곳이란 오직 소도뿐이다. 소도에 들어가 자신이 저지른 죄를 자복하고 하나님에게 정죄(定罪)해 줄 것을 요청하는 계불의식(禊祓義式)을 스스로 치루어야만 한다.

소도는 삼신이 상주(常住)하시는 거룩한 땅이며 인간의 힘이 미칠 수 없는 치외법권(治外法權)의 신역(神域)인지라 어떤 중죄인이라 할지라도 일단 소도로 들어가면 체포하거나 구금할 수 없다. 소도에 들어간 죄인은 자신의 죄상(罪相)을 낱낱이 신고(神誥)하고 단식하면서 하나님으로부터 어떤 판결이 내려오기까지 참선(參禪)을 통한 속죄의 계불의식을 계속 소리 내어 통성으로 기도한다.

이때 소도는 외부인이 들어갈 수도 죄인이 나올 수도 없는 일종의 감옥이요, 죄인의 육신은 피고인이 되며 판결하는 주인은 하나님의 영혼과 계합(契合)된 자신의 양심이다. 남의 물건을 훔쳤거나 남을 상하게 한 자는 죄인의 양심이 스스로 내린 판결에 의거해 스스로 피해자의 집에 들어가 머슴살이를 하거나 곡식으로 변제하며 살인죄의 경우 스스로 목숨을 끊는다.

『단기고사』는 초대 한검단군으로부터 5세 구을단군에 이르는 250년간을 나라는 평안하고 백성은 안락하며 비와 바람이 알맞고 사람마다 병없이 장수하며 도적이 없고 집집마다 곡식이 남아도니 밤에도 문을 닫지 않고 자며 길에 물건이 떨어져도 아무도 줍지 않는다. 노인마다 영가(詠歌)를 부르고 아이들이 무도(舞蹈)하는 지덕지세(至德之世)로 표현하고 있다.

아사달조선에 250년간 지덕지세가 계속되었던 가장 큰 이유는 사람들마다 아침이면 천단에 경배(擎拜)하고 잘못이 있으면 소도에 들어가 계불로 속죄하면서 하나님의 영혼과 나의 영혼을 하나로 합일시켜 지성(至誠)으로 감천케 한 참선(參禪)이 상규화(常規化)되었기 때문이다. 삼국시대에 이르러 선(禪)은 신라의 국선(國禪)화랑과 고구려의 조의선사를 통해 적극적 실천의 형태로 나타났다. 신라에는 한검단군의 순행(巡行)으로부터 유래된 국선화랑의 원행(遠行)이 있었다. 遠行은 글자 그대로 풀이하면 먼 곳을 간다, 먼 곳을 두루 다닌다는 뜻이나 사실상 고행하면서 대중과 일체를 이룬다는 말이다. 예를 들어 "경주에 사는 화랑 김 모, 이 모, 박 모 3인은 오늘부터 3년간 원행을 실행하여 3년 후 경주로 돌아오라"는 명령을 받았다고 가정해 보자.

원행의 명을 받은 3명의 국선화랑은 그날로 길을 떠나는데 물론 3년간 먹을 양식을 등에 짊어지고 가는 것도 아니고 또 그럴 수도 없다. 허리에 칼 차고 어깨에 활 메고 일상생활용품 몇 가지 챙겨 넣은 괴나리봇짐을 둘러메고 간편한 차림으로 먼 길을 떠난다. 먹을 것은 주로 걸식에 의존하고 잠은 하늘을 이불 삼고 땅을 베개로 삼아 바위 밑이든 나무 밑이든 혹은 남의 집 처마 밑이든 아무 곳에서나 잔다. 농사철 일손이 부족한 농가에 자발적 머슴으로 들어가 노동력을 제공하고 땔감을 해 오고 영양이 부족한 노인이나 어린이들을 위해 노루나 꿩을 사냥해 오고 아픈 사람을 만나면 기(祈)와 무(巫)로 신병을 치료해 주면서 밥을 얻어먹고 혹은 바위 위에 눈 감고 앉아 참선도 하고 여가 날 때마다 화랑의 기본무예인 택견, 수박, 검술, 궁술 등을 연마하면서 심신수양에 정진한다. 이러한 자발적 고행을 3년간 겪으면서 원행 중의 국선화랑은 사람들이 살아가는 참모습을 보고 세상물정을 배우며 그들과 기쁨, 슬픔, 고통을 같이 함으로써 자신의 인격을 연마하고 발전시켜 참사람이 되어 간다. 고행이 노동선(勞動禪)이며 삶 자체가 법열선(法悅禪)인 것이다.

고구려 조의선사의 선사(禮士)로부터 우리말 선비가 유래되었다. 선비는 국한문이 병합된 글자로 禮비로 표기된다. 선비의 뜻을 밝히기 전 우선 한국말의 상당수가 국한문 병합으로 이루어진 글자임을 확인해 보자.

철부지(철+不知), 상머슴(上+머슴), 연꽃(蓮+꽃), 다랑어(다랑+魚), 신난다(神+난다), 아우라지(아우라+地), 참말(參+말) 등 부지기수로 많다. 이런 국한문 병합어와 마찬가지로 선비는 禮비이기 때문에 禮을 비는 사람이라는 뜻이다. 다시 말해 하나님의 영혼과 나의 영혼은 같은 영혼이므로 하나님과 나는 두 개의 다른 존재가 아닌 하나의 동일자(同一者)임을 확고히 믿고 "이 모자라는 인간도 하나님처럼 되겠나이다"를 빌고 또 빌어 이를 성취하는 사람이라는 뜻이다. 천문령 전투에서 당나라 10만 대군을 전멸시키고 대조영(大祚榮)을 도와 발해를 건국한 개국공신에 걸사비우(乞士比雨)가 있고 대조영의 아버지 이름은 대걸걸중상(大乞乞

仲象)이다. 불교에서는 밥 빌어먹는 탁발승(托鉢僧)을 걸사(乞士)라 칭한다. 하지만 乞士比雨의 乞士는 밥만 빌어먹는 탁발승의 의미를 넘어서 적군을 물리치고 국태민안(國泰民安)을 위해 하나님께 비는 禮비라는 뜻이며 比雨는 이두문으로서 "사랑하는 당신 내내 행복하기를 비우" "이 나라 이 민족이 참말 잘되기를 빌고 또 비우" 할 때의 '비우'로 하나님께 자신의 간절한 소망을 담아 비는 기원(祈願)의 뜻이 담겨 있다. 대걸걸중 상의 大乞乞도 크게 빌고 또 비는 禮비라는 뜻이다.

선비는 청정수행자(淸淨修行者)이기 때문에 돈 달라고 빌고 권세 달라고 비는 기복자(祈福者), 구복자(求福者)와는 틀리다. 자신의 사리사욕을 채우기 위해 비는 것이 아니라 우순풍조(雨順風調)의 풍년을 빌고 모든 사람의 안녕과 행복, 기쁨과 보람 등 인간세계에 없어서는 아니 될 고귀한 정신적 가치를 위해 비는 사람이 禮비다. 선비를 조선왕조의 썩어빠진 사대부 계급과 동일시하지 말라. 눈만 뜨면 공자왈 맹자왈 하며 사서삼경을 열심히 읽어 과거에 급제하고 높은 벼슬에 올라 백성들이 겪는 고통은 외면한 채 자신의 출세 영달만을 생각하는 영혐이라곤 전혀 없는 이조의 선비는 진정한 의미의 선비가 아니기 때문이다.

우리와 같은 알타이 민족인 훈족과 선비족은 수장(首長)을 선우(單于), 대수장(大首長)을 대선우(大單于)라 부른다. 單은 단으로도 읽고 선으로도 읽는다. 單于의 單은 禮에서 갈라져 나간 글자로 禮과 그 뜻이 같으며 于는 우리말 아래·위 할 때의 우 즉 상방(上方)의 하늘을 가리키는 말이다. 따라서 대선우(大單于)는 위에 계시는 상천상제(上天上帝)에게 크게 빌고 또 비는 큰 선비라는 뜻이다.

성품(性品)으로 보아 모든 사람은 하나님이지만 행품(行品)으로 보아 모든 사람이 하나님은 아니다. 하나님으로부터 성명정(性命精)의 삼진(三眞)을 받았기에 인간의 본성은 하나님의 신성(神性)에서 본래(本來)

된 것이 분명하지만 하나님 같은 행위 내지 하나님과 비슷한 행위를 하지 못한다면 결국 그런 사람은 행품으로 평가해 하나님이 아니기 때문이다.

 하나님과 지신과 인간은 같은 영혼을 구유(具有)하고 있다는 점에서는 동격이나 깨달음과 그 깨달음을 실천에 옮기는 행위에 있어 현격하게 차이가 나므로 모든 인간은 모름지기 계속 禮를 통해 자신을 성장시키고 지혜를 계발(啓發)하여 영혼의 완성을 기필코 이루어내어야 한다. 아름다운 말씀만 늘어놓는다 해서 종교가 되는 것은 아니다. "우주와 자연과 내 몸으로 더불어 서로 융회(融會)하여 비정(秘情)을 교환하는 곳이 영혼이니 사람으로 하여금 종교심을 이곳에서 일으키게 하느니라"는 한검 단군의 말씀처럼 깨달은 영혼의 적극적 실천강령인 禮이 없이는 결코 종교가 될 수 없다. 이러한 의미에서 禮이 없는 기존 기독교와 禮을 정신집중의 수양 방법으로 보는 불교는 완전한 종교로 볼 수 없다.

 예수의 참말씀을 기록한 『탈무드 임마누엘』에는 창조주의 영혼이 내 육신 속에 강림한 것을 전제로 禮의 진수(眞髓)를 가르치고 있다. 물론 내 영혼은 창조주의 영혼이기 때문에 기도의 대상은 저 멀리 허공에 계시는 창조주가 아닌 나의 영혼이다.

 『탈무드 임마누엘』 6장 19절: 그대들의 영혼에게 기도하면 영혼은 원하는 바를 줄 것입니다. 깨닫고 믿으시오, 그러면 그대들이 받게 될 것입니다. 20절: 그러나 능력과 영혼이 그대 안에 깃들어 있지 않다는 그릇된 가르침을 믿는다면, 그대들에게는 지식이 없을 것이며, 영적인 가난 속에서 살게 될 것입니다. 25절: 그대들은 단식을 할 때에 세수를 하고 머리에 기름을 바르시오. 그리하여 단식 중임을 사람들에게 보이지 말고 그대들의 영혼에게 보이도록 하시오. 27절: 그대들은 땅 위에 큰 보배들을 쌓아 두지 마시오. 땅 위에서는 좀이나 녹이 그것들을 잠식하며 도적들이 훔쳐 갑니다. 28절: 그 대신 영혼과 의식 속에 보배들을 모으시오. 그곳은 좀이나 녹이 슬지 못하고 도적들이 훔쳐 가지도 못합니다. 29절: 보배들이 있는 곳에 그대들의 마음 또한 있으니, 참된 보배는 오직 영혼과 지혜와 지식뿐입니다.

7장 11절: 구하시오, 그러면 그대들이 얻을 것이오. 찾으시오, 그러면 그대들이 발견할 것이오. 두드리시오, 그러면 그대들에게 열릴 것입니다. 12절: 진심으로 스스로의 영혼에게 구하는 사람들은 받을 것이고, 그대의 영혼의 능력을 통하여 찾는 사람들은 발견할 것이며, 그대들 영혼의 문을 두드리는 사람들에게 그 문이 열릴 것이기 때문입니다. 21절: 거짓 예언자들과 율법학자들을 조심하시오. 그들은 양가죽을 쓰고 다가오나 실체는 굶주린 이리와 같아서 그대들에게 성소(聖所)와 가짜 신들 앞에서 그대들 스스로를 비굴하게 낮출 것을 설교하고, 우상들과 그릇된 가르침들에 굴종하라고 가르칩니다.

불교에서 말하는 禪의 시초는 힌두교의 전신인 바라문교의 요가(yoga) 수행법에서 비롯되었다. 요가는 일체의 잡념을 없애고 명상을 통하여 적정(寂靜)의 신비경에 들어가 우주의 궁극적 실재인 이스바라(Isvara)와의 합일을 실현하는 데 있다. 우주 창조의 신 이스바라(自在天)와의 합일을 목표로 바라문 승려 파탄잘리(Patanjali)에 의해 시작된 요가 수행법은 석가 입멸 300년 후쯤 불교로 이입(移入)되어 미륵 스님과 아상가(Asanga, 無着)와 바수반두(Vasubanhu, 무착의 동생인 世親) 등에 의해 인도 대승불교의 2대학파 중 하나인 유식학파(일명 요가의 음역인 瑜伽학파라고도 함)를 형성하게 되었고 유식학파가 당나라로 들어와 만들어진 종파가 현장(玄奘)과 규기(窺基)의 법상종(法相宗)이다.

유식학파의 요가카라(yogacara:유가행瑜伽行)에 있어 禪의 궁극적 목표는 더 이상 바라문교 최상신인 이스바라와의 합일이 아니라 중생의 내면에 깊숙이 잠복해 있는 불심(佛心) 내지 불성(佛性)을 자각하는 일이었다. 그리하여 유식학파의 禪은 5호 16국 시절 이미 중원에 들어온 달마(達磨)의 선종(禪宗)과 연합하여 禪의 개념을 정(定), 정려(靜慮), 기악(棄惡), 사유수(思惟修)로 규정하였다. 정(定)과 정려(靜慮)는 잡념을 없애고 생각을 한 곳으로 집중시키는 정신통일 수렵법이고 기악(棄惡)은 물질 화합으로 이루어진 가유(假有)의 육신을 버리는 일이며 사유수(思惟修)는 내면에 은밀히 숨어 있는 불심을 자각하는 일로 선종(禪宗)을 불심종(佛心宗)으로 부르는 이유이기도 하다.

한국 불교의 禪은 고려 불교에서 물려받은 남종선(南宗禪)이다. 일명 조사선(祖師禪)이라고도 말하는 남종선은 달마의 6대 법손(法孫)인 혜능(惠能)으로부터 시작되었다. 혜능의 문하인 청원(靑原) 아래 조동종(曹洞宗), 운문종(雲門宗), 법안종(法眼宗)의 3종이 생겨났고 같은 혜능의 문하인 남악회양(南嶽懷讓) 아래 임제종(臨濟宗), 위앙종(潙仰宗)이 생겼고 임제로부터 분가한 양기종(揚岐宗), 황룡종(黃龍宗)을 합한 오가칠종(五家七宗)이 모두 남종선에 속한다.

남선종의 교지는 敎外別傳 不立文字 以心傳心이다. 석가모니의 말씀을 기록한 불경이나 기타 철학 서적에 의존하지 않고 스승의 마음에서 제자의 마음으로 불심을 이심전심(以心傳心)으로 전달한다는 취지가 조사선의 핵심이다. 따라서 禪의 체험에서 스승의 수행법이 강조되다 보니 스승이 석가모니 이상으로 중시되어 조사선을 낳았고 스승으로부터 화두(話頭, 일명 公案)을 받아 그 뜻을 알 때까지 계속 정진 수행하는 선법(禪法)인 간화선(看話禪)을 낳았다. 남종선은 자기 마음속에 있는 불성을 깨달아 성불하는 것에 목표를 두기 때문에 자기 마음 밖의 객관적 현실세계를 공(空)으로 하고 허망한 성불하는데 전혀 도움이 되지 않는 방해물로 간주하여 비판적 역사의식을 스스로 허위의식으로 규정하고 현실을 방기(放棄)해 버린다.

화두 하나에 매달려 선방이나 토굴 속에서 몇 년씩 눈 감고 좌선(坐禪)하는 행위는 하루하루 먹고살기에 바쁜 보통 사람의 눈에 비현실적 신선놀음이나 배부른 자의 사치로 비추어질 수밖에 없다.

이리 하여 남종선은 비실천 비행동의 禪으로 전락하여 고해(苦海)에서 허우적거리는 민중들의 아픔과 고통을 철저히 외면해버린 결과, 대승불교의 가장 큰 가르침인 보살행(菩薩行: 위로 진리를 구하고 아래로 대중을 구제하는 행위)을 포기한 꼴이 되고 말았다. 좌선은 불교에만 있는 것이 아니다. 도가에도 남종선의 좌선과 비슷한 좌망(坐忘)이 있다.

『장자』대종사(大宗師)에 다음과 같은 구절이 있다.

무엇을 좌망이라 하는가? 안회가 말하기를 자신의 신체나 손발의 존재를
잊어버리고 눈이나 귀의 움직임을 멈추고 이왕에 알고 있던 선입관적 지식
인 총명을 버리고 형체있는 육체를 떠나 모든 차별 相을 넘어서 대도와 동화
하는 것을 좌망이라 한다

何謂坐忘 顔回曰 墮肢體 黜聰明 離形去知 同於大道 此謂坐忘

좌망을 통하여 선입관에 사로잡혀 있는 나, 세속적 가치에 몰입해 있는 나, 언젠가 죽어 없어질 가짜 나인 육체를 벗어나 구분이 없는 훤하게 열린 무경(無境), 무봉(無封)의 드높은 경지로 훨훨 나아가 자연만물과 더불어 하나가 된다(萬物與我爲一)는 것이 도가의 禪이다.

坐는 앉을좌, 무릎 꿇고 앉아 있을좌, 손발을 움직이지 않고 앉아 있을 좌자다. 좌각(坐脚)은 마비된 다리라는 뜻이고 좌객(坐客)은 앉은뱅이를 말한다. 인간의 신체는 그 인내에 한계성이 있다. 멀쩡한 다리도 깁스를 해 한달만 지나면 정상이 아닌데 바위 위나 선방(禪房)이나 토굴 속에 눈

감고 가부좌를 하고 앉아 미동도 하지 않고 1년만 지나게 되면 다리가 마비되어 더이상 쓸 수 없게 된다.

주목해야 할 점은 坐는 巫자 위에 있어야 할 기호화된 하늘 一이 사람 엉덩이 밑에 깔려 있는 글자다. 사람 머리 위에 있어야 할 하늘이 사람 엉덩이 밑에 깔린다면 위아래 서로 통할 곤자 ㅣ도 아무런 의미가 없다. 사람 엉덩이 밑에 깔려 있는 하늘과 땅이 서로 통할 리도 없고 또 이치에도 맞지 않기 때문이다.

혜능으로부터 시작된 현실도피적인 남종선의 좌선과는 달리 적극적 실천인 두타행(頭陀行)을 행선(行禪)의 본질로 세워 당나라와 신라에 지대한 영향을 끼쳤던 인물에 무상대사(無相大師, 684~762)가 있었다.

무상은 신라의 왕자 출신으로 사천성 성도(成都)에서 행선의 정중종(淨衆宗)을 창시한 개조(開祖)라는 사실이외 알려진 것이 전혀 없는 인물이다. 다만 그의 출생연도인 684년이 31대 신문왕 4년이고 입적 연도인 762년이 35대 경덕왕 21년임을 감안한다면 무상은 신문왕의 아들로 태어나 당시 신라국교였던 국선도(國禪道)에 예속되어 있던 불교의 교의(教義)를 배우고 익힌 후 입당(入唐)하여 국선도의 전통 수행방식인 원행(遠行)과 석가와 가섭의 두타행을 상즉원융(相卽圓融)하여 정중종을 창시한 것이 아닌가 여겨진다. 국선도의 원행은 이미 설명했으므로 생략하기로 하고 여기서 우선 두타행이 무엇인지 알아보자.

두타행은 한마디로 말해 의식주에 관한 탐욕을 없애는 수행이다. 미각의 즐거움을 위해 미식만을 찾고 비단옷을 입고 편안한 잠자리만 찾는 행위는 수행자가 기피해야 할 생활방식이다. 그러므로 12두타행 중 5개의 항목은 음식에 관련된 것이고 2개 항목은 의복 나머지 5개 항목은 잠자리에 관련된 것이다.

● 음식(飮食)

1) 언제나 걸식하며 공양을 받지 않는다(常乞食)
2) 걸식할 때는 일곱 집을 찾아가 그 집의 빈부에 관계없이 걸식하되 밥을 얻지 못하면 그날은 먹지 않는다
3) 하루에 한끼만 한자리에서 먹고 거듭 먹지 않는다(一坐食)
4) 배고프지 않을 정도만 먹는다(不作餘食)
5) 정오가 지나면 과일즙이나 꿀물을 마시지않는다(正午後不飮果什石蜜)

● 의복(衣服)

1) 헌옷을 기워 입는다(糞掃衣)
2) 내의, 상의, 하의의 3가지 옷만 입는다(但三衣)

● 주숙(住宿)

1) 어디에서 자든지 앉은 채로 자야지 누워 자서는 아니 된다(隨坐)
2) 항상 앉기만 하고 눕지는 않는다(常坐不臥)
3) 집에서 자는 것이 아니라 나무 밑에서 앉은 채로 잔다(樹下坐)
4) 나무 바로 밑에는 습기가 차고 독충이 있으므로 나무 밑에서 조금 떨어진 노지(露地)에서 앉은 채로 잔다(露地坐)
5) 무덤 속이나 무덤 곁에 앉은 채로 자면서 무상관(無相觀)을 닦는다 (塚間坐)

두타행은 석가모니로부터 시작되었다. 석가가 설산에서 고행할 때 "먹는 것은 하루 한 톨의 쌀과 한 알의 참깨, 입는 것은 겨우 몸을 가리는 무명천 하나, 자는 것은 바위에 앉은 채 6년간 항상 한 모양으로 한자리를 뜨지 않았다"고 『팔상록』은 기록하고 있다. 하지만 두타행을 끊은 사람도 석가모니다. 2가지 이유에서다.

첫째, 6년의 고행으로 생리적 욕구와 마음에서 일어나는 번뇌를 다 끊었는데 더 이상 몸을 학대한다면 기력과 신명(神明)을 잃어 중생을 제도

할 수 없기 때문이고, 둘째, 하루 한 톨의 쌀과 한 알의 참깨로 몸이 마른 나무처럼 되어 더 이상 이런 고행을 계속하여 도(道)를 얻는다면 외도(外道)들이 이것을 보고 굶주리고 고행을 하는 것이 열반을 얻는 참된 도라고 잘못 생각할 수 있기에 스스로 끊은 것이다.

두타행의 12가지 항목은 국선화랑의 원행과 닮은 점이 많다. 아마도 국선화랑 출신인 무상대사는 상하(常夏)의 나라 인도에서도 실행하기 어려워 석가모니, 마하가섭 이후 완전히 대가 끊어진 두타 禪法을 눈 오고 얼음 어는 북방 땅에서도 할 수 있다고 보았던 것 같다. 여하튼 무상의 법맥은 마조도일(馬祖道一)의 홍주종(洪州宗), 무주(無住)의 보당종(保唐宗)과 당의 국교인 화엄종의 5代 조사였던 규봉종밀(圭峯宗密)의 직현심성종(直顯心性宗)으로 계승되었다.

마조도일은 서당지장(西堂智藏), 마곡보철(麻谷寶徹), 남천보원(南泉普願), 염관제안(鹽官齊安), 장경회휘(章敬懷暉), 백장회해(百丈懷海) 등 여러 명의 제자를 두었는데 신라 말 구산선문(九山禪門) 중 7개의 선문이 마조도일의 제자들로부터 법(法)을 받았으므로 결국 행선(行禪)법맥의 종통(宗統)은 무상대사에 있다.

① 동리산문(桐裏山門) = 무상→도일→서당지장→혜철(惠哲)→
   도선(道詵)
② 가지산문(迦智山門) = 무상→도일→지장→도의(道義)
③ 실상산문(實相山門) = 무상→도일→지장→홍척(洪陟)
④ 성선산문(聖仙山門) = 무상→도일→마곡보철→무염(無染)
⑤ 사자산문(獅子山門) = 무상→도일→남천보원→도윤(道允)
⑥ 사굴산문(闍堀山門) = 무상→도일→염관제안→범일(梵日)
⑦ 봉림산문(鳳林山門) = 무상→도일→장경회휘→현욱(玄昱)

이들 7개 선문에 공통되는 화두는 무설설무법법(無說說無法法)이다.

동리산문의 도선이 혜철로부터 받은 화두는 無說之說 無法之法의 8자였는데 갈之자 2자를 빼고 보통 無說說無法法으로 부른다. 무설지설 무법지법의 화두를 도선은 혜철로부터, 혜철은 서당지장으로부터, 서당지장은 마조도일로부터, 마조도일은 정중무상으로부터 전수받았다.

무설지설 무법지법을 직역하면 말 없는 말, 법 없는 법이라는 뜻이다. 이게 도대체 무슨 소린가? 살아 있는 육체가 말을 할 뿐 죽은 사람은 말이 없으므로 '말 없는 말'은 말 없는 하나님의 ○이 현상계에 무수히 현현(顯現)함으로써 영원히 말씀하신다는 뜻이고 '법 없는 법'은 현상계에 모습을 드러낸 모든 존재의 본질인 한 영혼의 열반과 윤회의 법이라는 뜻이다. 무상의 無相도 모습이 없다는 뜻으로 형상 없는 영혼을 말하는 것이며 동학의 손병희는 영혼이 열반하고 윤회하는 법을 아예 육체가 없는 무체법(無體法)으로 표현했다.

無說說無法法은 한웅과 한검으로부터 유래된 신도(神道)의 고유 언어이며 불가의 언어는 아니다. 禮이란 우주 창조자인 하나님의 ○과 교접하여 신아합일(神我合一)을 이룬 다음, 수행자의 육신 속에 이미 강림해 있는 天心과 天性을 적극적 실천을 통해 발휘하는 노동禮이며 보시(布施)의 법열선(法悅禪)이다.

無說說無法法은 空의 항아리에 깊숙이 빠져 밑도 끝도 없는 명상일변도(冥想一邊倒)의 坐禪이 아니라 두타행을 통해 중생들이 겪는 아픔과 슬픔을 내가 겪는 아픔과 슬픔으로 받아들이는 무연(無緣)의 동체대비(同體大悲)정신이다. 무상대사의 행적은 기록이 없어 알 길이 없으나 무상대사의 법손(法孫)인 도선국사의 행적을 거울삼아 무상대사의 진면목을 유추해 볼 수 있다.

도선국사도 무상대사만큼이나 신비의 베일에 가려져 있는 인물이다. 그가 직접 저술한 책도 없고 그에 관한 문헌도 거의 없기 때문이다. 그러나 도선(827~898)의 생애를 추적하다 보면 그가 어떤 사상을 가진 인물인지를 가늠할 수 있는 2가지 뚜렷한 단서를 발견할 수 있다.

첫째, 23세에서 37세까지 15년 동안 무설설무법법의 진리를 몸소 체험하기 위해 태백산 천제단 밑에 띠집을 짓고 그곳을 거점으로 삼아 전국 방방곡곡을 운수납자(雲水衲子)로 돌아다녔다는 사실이다. 태백산 천제단은 신라 시조 박혁거세께서 직접 조성한 제단이다. 태백산에 머물 때면 도선은 하루도 거르지 않고 이른 새벽이면 지금의 망경사 경내에 있는 신단수를 떠 천제단에 올려놓고 禮의식을 거행하였다. 둘째, 출가한 15세부터 입적한 72세에 이르기까지 도선은 어느 강산 어느 골짜기에 있던 5월 5일이 되면 반드시 고향 땅 영암으로 돌아와 월출산 천왕봉에서 천제를 지냈다. 월출산 천왕봉, 지리산 천왕봉 이외에도 전국 명산에 천왕봉이 없는 곳은 없다. 천왕봉은 신시와 아사달조선 시대에 소도와 천단이 있던 자리로 천왕(天王)은 하나님을 말한다. 이 두 가지 사실은 도선의 본적이 불교가 아닌 국선화랑이었음을 밝혀주는 명백한 증거다.

유불선의 3교가 국선도 밑에 종속되어 있었던 시대적 상황에서 안함, 원효, 혜공, 혜숙, 표훈, 진표 등이 국선화랑 출신으로 불교 고승이 된 점을 감안한다면 도선의 경력은 하등 이상할 게 없다.

불교계 일각과 역사책에서 도선을 풍수도참의 미신을 퍼뜨리는 술사(術士) 내지 불교 교의에 어긋나는 행동을 거리낌 없이 자행하는 괴승(怪僧)으로 평가하는 것은 크게 잘못된 견해다. 불교 용어로 말하자면 도선은 윤회생사를 곧 끝낼 위상, 다시 말해 52보살 계위(階位) 중 최소한 부사의심(不思議心)을 가진 팔지보살(八地菩薩)에 올라 천안통(天眼通), 천이통(天耳通), 신족통(神足通), 숙명통(宿命通), 타심통(他心通), 누진통(漏盡通)의 육신통(六神通)을 얻은 사람이다. 6신통을 얻은 사람이 땅 속의 암석 분포가 어떻게 형성되어 있고 지하수가 어떻게 흐르며 지기

(地氣)가 어느 방향으로 움직이는지를 아는 지안통(地眼通), 지심통(地心通)을 얻은 것은 당연한 일이다. 탁발승은 문전에서 목탁만 두드리며 걸식을 요구하지만 원행 중의 국선화랑은 걸식을 요청하는 집에 자발적 머슴으로 들어가 노동력을 제공한 대가로 밥을 얻어먹는다. 무조건 밥 달라고 구걸하는 거지와 하다못해 그 집 마당이라도 쓸어주고 구걸하는 거지 중 집주인이 누구에게 밥을 주겠는가? 세상에 공짜 밥이란 없는 법이다. 15년간 두타행의 상걸식(常乞食)을 하려면 한두 끼 정도는 공짜로 밥을 얻어먹을 수 있으나 매끼마다 공밥 먹을 수는 없다.

도선이 할 수 있는 일이라곤 지안통, 지심통을 통해 얻은 풍수지리에 관한 해박한 지식을 활용하여 해당 집의 집터나 우물터나 묏자리를 봐주는 용역을 제공한 다음 상걸식할 수밖에 없다. 따라서 도선 특유의 풍수지리학은 진리를 대중들에게 전달하기 위한 수단일 뿐 풍수지리학 자체가 목적은 아니었다. 풍수지리학이 대중 교화를 위한 수단이라는 사실은 개성 호족인 왕륭(王隆)을 자발적으로 찾아가 "아들을 낳으면 이름을 왕건(王建)으로 지으라. 이 아이가 장차 삼한을 구제하리라"고 한 예언에서 극명하게 드러난다.

하나님의 영혼과 지신님의 영혼과 사람의 영혼이 같은 영혼임을 아는 진정한 王者고 大覺者였기에 도선은 신라의 운명이 다했다고 보고 불난 집 신라에서 갈팡질팡하는 화택중생(火宅衆生)을 구제하기 위해 아직 태어나지도 않은 왕건을 점지한 것이다. 禮이란 하나님과 인간이 하나라는 천인불이(天人不二)의 진리를 행동을 통해 증명하는 것이기 때문이다.

6. 령(靈)

전국시대 추연(鄒衍)이 새로 만들어 현재 한자 사용 문화권에서 널리 통용되는 영(靈)자는 영(靈)자와 어떻게 다른가? 영(靈)자는 비우(雨) 자와 입구(口) 자 3개와 무당무(巫)자의 합성어다. 靈자에는 口가 2개인데 영(靈) 자에는 口가 3개다. 靈자를 구성하는 2개의 口자 중 하나는 혼(魂)이고 다른 口는 육신의 죽음과 더불어 작용이 정지되는 춥고 덥고 아프고 배고픔을 인식할 수 있는 감각인 신(牲)이다.

그런데 靈자에는 왜 口가 3개이며 3개의 口는 무엇을 뜻하는가? 음양학의 창시자 추연은 靈자에 있어 신(牲)을 뜻하는 口를 음은 같되 글자가 다른 신(神)으로, 혼(魂)을 나타내는 다른 口에 음양의 논리를 적용하여 양(陽)의 혼을 혼(魂) 음(陰)의 혼을 백(魄)으로 나누어 육신이 죽으면 양의 혼은 하늘로 승천하고 음의 혼은 땅속으로 돌아간다 주장하여 口가 2개인 靈자를 口가 3개인 靈자로 바꾸어 버린 것이다.

나아가 추연은 신(神)에도 음양이론을 적용하여 양(陽)의 신은 신(神), 음(陰)의 신을 귀(鬼)로 분류하고 천지간의 모든 변화를 귀신의 굴신(屈伸) 작용과 동일시했다. 신과 영혼에 관한 추연의 음양 2원론 즉, 귀신론은 송학(宋學)에 결정적 영향을 미쳐 정명도(程明道)는 귀신은 천지의 공용(功用)이며 조화의 자취라 했고, 장재(張載)는 귀신은 양기와 음기의 양능(良能)이라 했고, 주희는 음의 영인 귀(鬼)와 양의 영인 신의 굴신(屈伸)과 동정(動靜)을 천지변화를 주도하는 주체로 파악하였다.

하지만 신과 영혼마저 음양으로 구분하는 추연의 음양 이론과 이를 계승한 주희의 귀신론은 다음과 같은 관점에서 마땅히 비판되어야 한다.

첫째, 음양 이론은 형이하학의 물질세계에만 통용될 수 있으며 신이나 인간의 영혼 같은 형이상학적 주제에는 적용될 수 없다. 죽은 사람의 영혼이 본래의 고향으로 자기 복귀하는 과정을 묘사한 "얼시구 시구 들어간다"의 靈자 해의(解義)는 상제한인의 O과 사람의 O이 둘이 아닌 하나라는 진리를 입증하는데 하나의 O을 어떻게 $\frac{1}{2}$로 나눌 수 있는가? 수학에 있어 O은 2로 나누어도 O일 뿐(0÷2=0) O은 더 이상의 분할이 불가능하다.

그럼에도 불구하고 추연은 O을 음의 O, 양의 O으로 분할하여 마치 실제 보기라도 한 듯 양의 O인 혼(魂)은 하늘로 상승하고 음의 O인 귀(鬼)와 백(魄)은 땅속으로 돌아간다 강변하고 있다. 육신의 형상이 없는 순수 O으로서 상제의 O은 우주만물에 분유되고 이전되어 만물의 외적 육신으로 체현되는 까닭에 우주의 中인 O의 실체는 모습 없는 모습의 불가분한 전일체(全一體)라고 라이프니츠는 말한다.

"우주의 실체인 O이 불가분하게 전일적이라면 O은 공간에 연장(延長: extension)을 갖는 것 크기와 형태를 가져서는 아니 된다. 크기와 형태를 갖는 것은 무한히 나눌 수 있으며(divisible) 아무리 나누어도 더 이상 나눌 수 없는 통일체로 될 수 없다는 것을 의미한다."

그렇다. O은 사람의 육신이나 빵이나 바위덩어리같이 공간적 extension을 가지는 물질이 아니므로 나누어질 수 없으며 그 자체로 더 이상 보탤 것도 뺄 것도 나눌 것도 없는 O일 따름이다.

두 번째 추연의 靈자에는 신, 혼, 백을 나타내는 입口자 3개 위에 비우(雨)자가 있는데(霝), 여기에 靈자의 불합리성이 있다. 지구에 살고 있는 모든 식물이나 동물은 그들 육신의 성장과 유지를 위해 물(水)을 필요로 하지만 물질이 아닌 영원불멸의 영혼은 그 자체로 부증불감(不增不滅)한 상제 O의 일부분임으로 어떠한 경우에도 물이나 불 같은 물질적 에너지를 필요로 하지 않는다.

20세기 최고 철학자 가운데 한 사람인 레비스트로스는 원시 사회에 공통되는 무지개 신화를 삶과 죽음의 비연속적 모순으로 풀이한다. 무지개는 더 이상 비가 오지 않고 비를 몰고 온 암흑의 구름이 걷히면서 희망의 찬란한 햇살이 다시 나타난다는 약속이다.

그러나 한편 물은 생물들의 삶을 유지시켜주고 보증해주는 근원이므로 더 이상 비가 오지 않는다는 사실은 모든 생물들이 고사할 수도 있는 부정적 가능성을 동시에 암시해준다. 따라서 무지개는 죽음을 상징하는 비 오는 날의 먹구름과 삶인 광명, 삶인 비(雨)와 죽음인 가뭄(물의 고갈), 삶인 성성한 날것(the raw)과 죽음인 조락(凋落: the decayed), 삶인 자연과 죽음인 문화, 한마디로 삶과 죽음의 모순적 2중 드라마가 수시로 교차되는 비연속성의 신드롬이다. 하지만 태양불의 광명과 빗물의 2대 에너지는 생물들의 육신적 보존과 삶을 보증해주는 필수조건일 뿐, 죽음이 없는 영생 자체인 영혼을 설명하는 메타포(metaphor)로 무지개 신화가 원용될 수는 없다.

그러므로 한자 문명권에 살고 있는 사람들의 의식 세계를 몇천 년간 혼란시켜온 추연의 靈자는 철학성과 과학성이 결여된 황당한 글자이므로 마땅히 靈자의 고자(古字)인 㗊자를 사용해야 만할 것이다.

7. 영(㗊)

㗊의 한국어 발음은 영이고 영의 부호는 ○이다. ○은 한웅천황이 지상 세계에 가져온 천부인 3개 가운데 하나로 sky적 의미의 자연 天과 육신의 형상 없이 ○으로만 존재하는 하나님의 영혼을 함께 내포하고 있는 글자다. 수학적 의미에서 ○은 零이고 기하학적 의미의 ○은 圓이다. 따라서 ○의 사용범위는 형이상학과 형이하학에 두루 통용된다. 이제부터 많은 이름을 갖고 있는 㗊자의 뜻을 자세히 살펴보기로 하자.

零: 수학적 의미의 ○이다. 아라비아 수 1, 2, 3, 4, 5, 6, 7, 8, 9와 0이 사용되기 전 유럽은 로마세계의 숫자 체계를 사용하였다.

로마 숫자의 기호는

    I II III IV V VI VII VIII IX X L C D M

    1 2 3 4 5 6 7 8 9 10 50 100 500 1000이다.

이를 사용하면 588=DLXXXVIII, 7777=MMMMMMMDCCLXXVII 로 표기된다. 정말 머리가 어지러울 정도로 복잡하다. 더구나 로마 수의 체계는 1,000이 최고 단위이기 때문에 굉장히 많은 수를 표시하기에는 부적합하다. 예를 들어 로마제국의 인구수가 36,927,777명이라 가정할 때 M을 36,927번을 연달아 쓴 후에 DCCLXXVII을 써넣어야 하므로 종이도 없던 시절 여기에 소요되는 인력 소모와 시간 낭비가 어떠했으리라는 것을 능히 짐작할 수 있다. 이러한 불편함 때문에 12세기에 접어들자 로마숫자는 아라비아 숫자에 도태당하기 시작하여 13세기에 이르러 1, 2, 3, 4, 5, 6, 7, 8, 9의 아라비아(바빌론 수학을 말함) 숫자와 O의 개념이 도입되어 새로운 수학 체계가 유럽에 정착하게 되었다.

O은 어디에서 왔나? 국제 수학계의 정설은 O이 인도에서 나왔다고 말하고 있으나 천부인 3개 중의 하나인 O이 인도에 전파되어 바라문교와 불교의 空(O) 사상을 낳은 고로 O의 고향은 고대 한국이며 결코 인도가 아니다. O은 숫자가 아닌 상징이다. 수적 개념에 있어 O자체는 무수(無數)이나 O을 십진법(十進法)에 적용시킬 때 1의 열 배는 10, 10의 열 배는 10^2=100이 되어 비로소 O의 값어치가 발휘된다. 따라서 O은 숫자의 실체가 없는 無數이지만 밤하늘에 반짝거리는 무수한 별들 할 때의 無數는 셀 수도 없고 도저히 계산할 수 없는 무한 수 내지 처음도 끝도 없는 시간의 무한성 즉 영원의 철학적 개념으로 전이(轉移)된다. 근대 수학은 無數의 O과 실체가 있는 有數의 1, 2, 3, 4, 5, 6, 7, 8, 9가 서로 연합하여 어떠한 무한 수라도 표현할 수 있다.

가장 현실적인 예를 하나 들어보자.

어떤 사람이 1억 원의 돈을 은행에 예금하면 수치상 100,000,000의 숫자가 통장에 기재된다. 1과 0이 8개가 연합하여 1억이 되었지만 여기에서 1을 지우면 0이 8개만 남게 되고 0 8개를 없애면 1만 남게 된다. 0 8개만 남게 되면 돈이 1원도 없다는 의미이다. 0원이던 00원이던 000원이던 0만 8개만 있는 00000000이던 돈이 한 푼도 없기는 마찬가지며 0이 8개가 빠져버린 1원은 너무 초라하다. 1대신 2, 3, 4, 5, 6, 7, 8, 9를 대입시켜도 결과는 마찬가지이다.

따라서 1, 2, 3, 4, 5, 6, 7, 8, 9는 0의 힘을 빌리지 않고는 영향력을 행사하거나 세력을 확장할 수 없다. 반대로 0은 1, 2, 3, 4, 5, 6, 7, 8, 9에 의존하지 않고서는 자기 능력을 발휘할 수 없다. 9개의 숫자로 어떠한 셈이라도 할 수 있다면 수학은 형이하학이지만 무한과 영원을 뜻하는 0의 힘을 빌려야만 어떠한 숫자라도 표현 가능하기에 수학은 형이하학과 형이상학의 동일성을 추구하는 학문이라 정의할 수 있다. 인간의 0과 육신의 관계가 그것이다. 0은 육신을 의지하지 않고는 능력을 발휘할 수 없고 물질로 구성된 가멸적(可滅的) 육신은 영원불멸한 0의 힘을 빌리지 않고는 영향력을 신장할 수 없기 때문에 0육(囸肉)의 일원적 통일성 위에서만 인간은 존재할 수가 있는 것이다.

圓 : 0의 또 다른 이름 중 하나로 기하학적 의미의 원이다. S자 모양으로 흐르는 강물의 물굽이, 싱크대에서 빠져나가는 물의 모양, 강아지 꼬리처럼 말려올라가는 바닷물의 용권(瀧卷)현상, 회오리바람과 태풍의 소용돌이, 성좌의 운동 DNA의 이중나선, 나팔꽃의 상승운동, 태양의 주위를 선회하는 지구의 공전이 모두 다 원운동이다.

『태백일사』(太白逸事)에

단군왕검이 원둘레가 지름의 3.14배가 되는 기틀을 알아 애오라지 왕의

도로서 천하를 다스리니 천하가 이에 따른다

王儉氏承徑一周三徑一匝四之機專用王道而治天下天下從之

라 하였다. 구체적으로 말하자면 원둘레가 지름의 3.14배가 되는 원주율(圓周率)의 이치를 사용해 곡선의 언덕과 산, 곡류(曲流)의 물 흐름을 측정하여 치산치수하시고 각종 도량형을 만들어 공명정대한 왕도정치를 선양하시니 천하가 이에 복종하였다는 뜻이다.

한웅의 천부인 중 하나인 ○에서 기하학적 이치를 발견하여 최초로 만들어진 계기(計器)가 신침(神針)이었다. 단군왕검 시절 황하의 홍수를 다스리기 위해 부루태자를 시켜 우임금에게 건네준 신침이 바로 그것이다. 유물로 남아 있는 신침이 없어 신침이 어떤 물건인지 섣불리 단정할 수는 없지만 신침의 후예인 나침반의 원리를 알고 나면 신침의 비밀은 자동적으로 해명된다.

나침반(羅針盤)은 원(圓)을 32등분하여 얻은 계기이다. 원을 4등분하면 동서남북의 사방이 되고, 사방을 2등분하면 동, 서, 남, 북, 동북, 서북, 동남, 서남의 팔방이 되고, 팔방을 2등분하면 16방, 16방을 2등분하면 32방향이 나온다. 32방위점으로 나누어진 나침반의 한 지점이 북북서로, 동동남으로 선수(船首)를 돌려라 할 때의 항로, 즉 진로다.

바람과 물의 소용돌이 운동은 물리적 현상이고 나침반이나 돔형 건축물은 원(○)의 기하학적 응용으로 이는 어디까지나 ○(원)의 형이하학적 측면일 뿐이다.

한편 수의 무한성, 시간의 영원성, 출발점도 종착점도 없는 영원한 순환이 ○(圓)에 내포되어 있는 형이상학적 의미다. 석가와 예수가 공통적으로 설(說)한 열반을 그림으로 표시하면 ○이다. 여기서의 ○은 우주 창조주인 하나님의 ○(囧)이기 때문에 사람의 ○(囧) 중 지혜의 부분인 혼

(얼)이 본래 왔던 곳인 하나님의 O으로 자기 복귀하는 것이 곧 열반이며 천당가는 것이다.

육신이 없는 O의 세계는 요란, 소동, 시끄러움이 없는 세계이므로 원적(圓寂)은 영원한 정적 속으로 함몰한다는 뜻이며 원성(圓成)은 창조주의 O으로 돌아가 하나가 된다는 뜻이고 '일원상(一圓相)을 본다' 는 나의 O과 창조주의 O이 하나인 것을 깨달았다는 것이다.

육신을 버린 나의 O이 나그네 집(육신)을 떠나 나의 본가로 돌아가는 귀가송(歸家頌)이 "얼시구 시구 들어간다" 이다. 육신이 없는 창조주의 O에 들어가기 위해서는 육신을 갖고 들어갈 수는 없으므로 반드시 먼저 육신을 버려야 한다. 『열반경』 광명변조고귀덕왕 보살품 중에 다음과 같은 구절이 있다.

번뇌라는 이름의 장작(육신)으로 땔감을 삼아 지혜(반야)라는 이름의 불을 지펴 이러한 인연으로 열반이라는 법식(法食)을 지어 나의 모든 제자들로하여금 달고 맛있게 먹게 하겠노라

煩惱爲薪 智慧爲火 以是因緣 成涅槃食 今我諸弟子 皆悉甘嗜

대원일(大圓一)은 11세 도해단군이 천부인 3개를 해석한 글로 한문으로 쓰인 문장 중 가장 장려(壯麗)한 문장이다.

경인년(B.C. 1891) 시월에 도해태황은 명을 내려 대시전(大始殿)을 대성산(大聖山)에 세우도록 하였다. 매우 장대했다. 한웅태황의 상(像)을 받들어 모셨다. 그 머리 위에는 광채가 번쩍하여 마치 큰 해와 같았다. 둥근 빛은 온 우주를 비추며 빛났다. 박달나무 아래 한화(桓花) 위에 앉아 계시니 하나의 살아 있는 신(一眞神)이 원심(圓心)에 있는 것과 같았다. 천부인을 가진 대원일지도(大圓一之圖)를 누전(樓殿)에 걸어 놓았다.

이를 일러 거발한(居發桓)이라 하였다. 사흘 동안 재계하고 이레 동안 그 뜻을 말씀하시니 사해를 움직이는 듯하였다.

大圓一 : 天以玄默爲大 其道也 普圓 其事也 眞一
　　　　천이현묵위대 기도야 보원 기사야 진일
　　　　地以蓄藏爲大 其道也 效圓 其事也 勤一
　　　　지이축장위대 기도야 효원 기사야 근일
　　　　人以知能爲大 其道也 擇圓 其事也 協一
　　　　인이지능위대 기도야 택원 기사야 협일
　　　　故一神降衷 性通光明 在世理化 弘益人間
　　　　고일신강충 성통광명 재세이화 홍익인간

하나님은 육신이 없어 입으로 말씀치 않고 항상 깊고 고요함을 큰 도(道)로 여기시나 우주 시공 연속체에 모습을 드러낸 만유(萬有)에게 자신의 ㅇ을 보급하시는 하나의 진리를 으뜸으로 삼으시네. 지신님은 쌓아놓고 간직하는 것을 큰 도(道)로 여기시나 하나님으로부터 받은 ㅇ(田)의 효력(效力)으로 조금의 게으름도 없이 만물을 양육하시는 부지런함으로 그 으뜸을 삼으시네. 사람은 영혼의 지혜와 능력을 큰 도로 여기시나 만물 중 하나님의 가장 수승(殊勝)한 영혼의 택(擇)함을 받아 서로 돕는 것으로 으뜸을 삼으시네. 그러므로 하나님의 천령이 이미 사람의 육신 속에 강림하셨고 사람의 본성은 신성(神性)의 광명을 통하여 이 세계를 밝게 비추니 이것이 곧 홍익인간이로다.

圓(ㅇ)은 ㅇ(田)의 다른 이름이다. 고로 대원일(大圓一)은 우주에 모습을 드러낸 모든 존재의 ㅇ(田)은 보편적 일자인 하나님의 ㅇ(田)이 분유된 것이므로 우주 만물은 하나님의 ㅇ 안에서 하나다라는 뜻이다.

太虛 또는 虛 : 33세 감물단군(甘勿檀君) 7년(B.C. 813) 제(帝)께서는 서문 밖 감물산(甘勿山) 아래 삼성사(三聖祠)를 세우고 친히 제(祭)를 지냈다. 서고문(誓告文)에 이르기를

虛粗同體 個全一如 智生雙修 形魂俱衍 眞敎乃立
허조동체 개전일여 지생쌍수 형혼구연 진교내립
信久自明 乘勢以尊 回光反躬 截彼白岳 萬古一蒼
신구자명 승세이존 회광반궁 절피백악 만고일창

첫 문장 허조동체(虛粗同體)를 『한단고기』 단군세기편에서는 "텅 빈 것과 조밀함은 한 몸이라"고 번역하여 마치 허공에 공기가 꽉 차 있는 물리적 현상을 시사하는 듯한 냄새를 풍기고 있다. 여기서 진실을 밝히자면 虛는 영혼을 粗는 육신을 말한다. 영혼은 형상이 없어 눈으로 볼 수도 손으로 만질 수도 없기에 虛라 표현한 것이며 사람의 몸은 수억 개의 조밀 조밀한 세포로 촘촘히 구성되어 있기에 粗라는 표현을 쓴 것이다. 따라서 허조동체는 "영혼과 육신은 하나다"라는 뜻이다. 이를 정확히 알고 위의 문장을 번역하면 다음과 같다.

"영혼과 육신은 하나이다. 이러한 진리는 한 사람에게만 국한되는 것이 아니고 모든 사람이 한 가지로 같은 것이다. 영혼의 천생지(天生智)와 육신을 아울러 함께 닦아 영혼 따로 육신 따로가 아닌 영육일체화를 이룬다면 이에 참된 진리를 세울 수 있다. 육신과 영혼이 하나라는 믿음은 자명한 고로 영육일체에서 나오는 진리의 기운은 온 누리로 뻗어나가 스스로 높임을 받을 것이다. 내 영혼이 하나님 영혼의 대광명에 합일되어 그 반사되어 나오는 광명이 나의 육신에 도달하는 회광반궁의 수련을 쌓으면 만고에 변치 않는 저 백악 아사달의 큰 화강암 바위와 같이 영원히 한 가지로 푸르리라"

위의 문장 중 회광반궁(回光反躬)이라는 말에 주목해야 한다. 광개토대왕, 을지문덕, 연개소문, 김유신이 모두 회광반궁의 수련법을 거쳐 대성한 사람들이다. 巫자 해설에서 국선화랑과 조의선사의 대무(大巫)와 묘산(廟算)을 설명한 바와 같이 회광반궁은 육신이 죽고 난 다음 나의 ㅇ이 창조주의 큰 ㅇ으로 돌아가는 열반이 아니라 육신은 산 채로 수도자의 ㅇ이 하나님의 ㅇ에 계합(契合)하는 것을 말한다. 황로학(黃老學)을 비롯한 사술(邪術)에서 말하는 유체(遺體) 이탈은 결코 아니며 오직 높은 영격(田格)의 지위를 갖고 태어난 사람만이 할 수 있는 수행법이다. 회광반궁할 때 하나님의 ㅇ은 태허(太虛)가 되고 태허로부터 나온 나의 ㅇ은 허(虛)가 되다.

『부도지』의 저자 박제상은 인간과 우주만물은 허실기화수토(虛實氣火水土)로 이루어졌다고 말하고 있다. 앞의 두 글자 虛, 實이 무엇인지 모르는 『부도지』의 편역자는 뒤의 4글자 氣火水土만을 언급해 인간은 공기, 불, 물, 흙의 4대 원소로 이루어진 존재라 해석하고 있다. 虛實이 무엇인가? 앞의 두 글자 중 虛는 인간의 ㅇ(田)을, 實은 눈으로 볼 수 있고 손으로 만질 수 있는 형상 있는 인간의 육신을 말한다.

인간은 눈으로 볼 수 없는 형상 없는 虛, 즉 ㅇ과 형상 있는 육신으로 이루어졌는데 육신인 實은 氣火水土의 4가지 물질로 이루어졌다는 뜻이 虛實氣火水土의 정확한 해석이다.

空: ㅇ의 또 다른 이름은 공이다. 한문 사전에 보면 空은 대략 4가지의 의미를 갖고 있다. 空의 4가지 의미는

1) 없을공: 비오는 날은 공치는 날. 아무 할 일 없는 공일(空日) 등
2) 텅빌공: 공지(空地) 공백(空白) 공방(空房) 등
3) 헛될공: 공염불(空念佛) 공상(空想) 공수표(空手票) 등
4) 클공: 허공, 공중 등

하지만 사전에 없는 쏜의 의미가 또 하나 있으니 그것이 바로 불교에서 말하는 쏜(○), 즉 ○의 개념이다. 대승불교의 중심사상은 반야공(般若空)이다. 반야는 본래부터 청정하고 본래부터 밝고 밝은 태어날 때부터 갖고 있는 천생지(天生智)이고 공은 ○이다. 따라서 반야공은 이것과 저것의 대상(對相)을 구별하는 분별지(分別智)가 아닌 주관과 객관이 하나로 통합된 무분별지(無分別智)의 지혜로운 영혼이다. 만약 여기서 쏜을 헛된 것, 없는 것, 텅 빈 것으로 보면 반야공은 지혜는 없고도 헛된 것이며 텅 빈 것이라 해석되어 반야공을 설한 석가모니를 바보로 만드는 결과를 가져오고야 만다. 또 한 가지 예를 들어보자면 석가모니불을 높여 공왕(空王)이라 존칭하는데 쏜을 없는 것, 헛된 것, 텅 빈 것으로 의미를 부여할 경우 쏜王은 속 빈 강정처럼 헛껍데기만 남은 王, 현실에 맞지 않는 공허한 말씀만 하는 왕, 실제 아무런 권력도 없으면서 왕이라는 텅 빈 칭호에 만족하여 허세만 부리는 왕으로 해석될 수 있다. 석가가 과연 그러한 존재인가? 전혀 아니다. 따라서 쏜을 ○으로 해석할 때만이 예수가 마치 진리의 왕이며 지혜의 왕이듯이 석가모니도 윤회와 열반을 설법하러 오신 진리의 왕, 영혼의 왕으로서 공왕(空王) 본래의 의미에 합치될 수 있다.

1995년 팔월 대보름날 필자는 친구 2명과 함께 경주에 들렀다가 서울 가는 기차를 놓쳐 불국사에서 하룻밤을 묵게 되었다. 그때 절 뒷마당 바위에 걸터앉아 보름달을 바라보면서 논쟁하는 스님 네 분의 목소리가 귓가에 들려왔다.

첫째 스님이 말하기를 "있다", 둘째 스님은 "없다", 셋째 스님은 "있기도 하고 없기도 하다", 넷째 스님은 "있는 것도 아니요 없는 것도 아니다"라고 말하며 열심히 토론하고 있었다. 스님네들, 이 좋은 날 송편은 아니 드시고 도대체 무엇을 가지고 달밤에 있다 없다 하시는가? 스님네들의 주제는 영혼이 있느냐 없느냐의 논쟁이었다.

  스님들의 논쟁을 논리학에 적용시키면

  1) 영혼은 형상이 없어 눈으로 볼 수는 없되 영혼이라는 이름이 있으므로 영혼은 엄연히 존재한다는 첫째 스님의 주장은 유론(有論)이고

  2) 영혼은 형상도 냄새도 없으므로 없는 물건이라 주장하는 둘째 스님의 의견은 비유론(非有論)이며

  3) 영혼은 있기도 하고 없기도 하다는 셋째 스님의 주장은 첫째, 둘째 스님의 주장을 모두 수용한 것이므로 이는 쌍허론(雙許論)이며

  4) 영혼은 있는 것도 아니요 없는 것도 아니라는 넷째 스님의 주장은 첫째 스님과 둘째 스님과 셋째 스님의 주장을 모두 배척한 것이므로 이는 구비론(俱非論)이다. 『열반경』에 이르기를

> 영혼이 있다 영혼이 없다는 주장을 이름하여 空空이라 하고 영혼이 있기도 하고 없기도 하며 있는 것도 아니고 없는 것도 아니라는 주장 또한 이름하여 空空이라 한다
> 是有是無 是名空空 是是是非 是名空空

  잠시 머물다 사라지는 나의 육신은 가짜 나(假我)이므로 내가 없다. 我空이다 無我다 하니까 진짜 나(眞我)도 없는 것으로 생각하는 것이 空空이다. 서장에서 말한 비유 즉 100만 개의 이름 모를 육신→클레오파트라→측천무후→잔다르크→유관순→나로 이어지는 100만 4개의 다른 육신을 윤회하여 현재의 내 육신 속에 거주하고 있는 O(囧)이 있다. 어느 것이 진짜 나인가? 100만 5개의 이름이 각각 다른 육신들은 모두 가짜 나이고 O(囧)만이 진짜 나이다. 100만 5개의 육신은 없다. 내가 아니다. 我空이다 하니까 진짜 나인 O마저 없다고 보는 견해가 空空이라는 뜻이다.

불교에서는 육신을 거짓, 영혼을 참이라 부른다. 거짓幻자를 써 거짓이 변한 것이라는 뜻의 환화(幻化)가 육신이고 참된 영혼을 의미하는 진공(眞空)이 진짜 나다. "있기도 하고 없기도 하다"와 "있는 것도 아니요 없는 것도 아니다"라는 논리는 아리스토텔레스의 3단논법(syllogism)에 있어 애매모호성의 법칙(law of ambiguity)에 해당된다. 불경 얘컨대 『법화경』 『화엄경』 『불설아미타경』 『대반열반경』 등 수많은 경전에 나타난 석가모니의 논법은 칼로 무를 자르듯 일도양단하는 명쾌한 논법이 아니라 청산도 아니고 녹수도 아니다라는 식의 애매모호성의 논리로 일관함으로써 일반 대중이 이해하기도 어려울 뿐만 아니라 나아가 귀에 걸면 귀걸이 코에 걸면 코걸이식의 제멋대로 해석을 가능케 하여 불교의 이름을 가탁(假託)한 온갖 사교(邪敎)를 양산해내는 원인이 되기도 한다.

理 : ○의 또 다른 이름은 理다. 理를 철학적 용어로 사용한 최초의 인물은 동진(東晉)의 지둔(支遁, 314~366) 스님이었다. 잠잠하던 理는 그 후 당나라 화엄교학(華嚴敎學)에서 빼놓을 수 없는 중심 개념이 되었고 범중엄(范仲淹), 주돈이(周敦頤), 정명도(程明道), 정이천(程伊川), 장재(張載), 주희(朱熹)로 이어지는 송학(宋學)에 전이되어 이기이원론(理氣二元論)의 철학으로 나타났다. 『화엄경』 본문에 理라는 용어는 없지만 당나라의 국교였던 화엄종의 교의(敎義)를 설명하는 과정에서 화엄종의 초대 조사였던 두순(杜順)이 진공관(眞空觀) 이사무애관(理事無碍觀) 주변함용관(周遍含容觀)을 화엄법계관(華嚴法界觀)의 3대 종지로 설정함에 따라 비로소 지둔의 理개념이 수면 위로 떠오르게 되었다. 두순, 지엄(智嚴), 현수법장(賢首法藏)을 이은 화엄의 4대 조사 증관(澄觀)은 두순의 이사무애관(理事無碍觀)을 계승하여 중중연기(重重緣起)의 우주 일법계(一法界)를 사법계(事法界) 이법계(理法界) 사사무애법계(事事無碍法界) 이사무애법계(理事無碍法界)로 파악하여 화엄의 교리를 더욱 발

전시켰다. 여기까지 오면 독자들은 화엄학이 이렇게도 어렵나? 이해 못 하는 용어투성이로구나 느낄 것이다. 하지만 어렵게 생각할 필요는 전혀 없다. 불교는 아주 쉬운 것도 어렵게 설명하는 못 말리는 버릇이 있으므로 사사무애법계, 이사무애법계가 무엇인지 간단하고 알기 쉽게 설명하면 이렇다. 독자 여러분은 초등학교 시절 열심히 불렀던 다음과 같은 노랫말을 기억할 것이다.

퐁당 퐁당 돌을 던지자. 누나 몰래 돌을 던지자.
냇물아 퍼져라 멀리 멀리 퍼져라. 건너편에 앉아서
나물을 씻는 우리 누나 손등을 간지러 주어라.

돌을 연못 한가운데 던지면 퐁당하는 소리와 함께 파문이 동심원의 형태로 번져나간다. 최초의 파문은 두 번째 파문을 일으키고 3번째 파문은 2번째 파문에 의지하여 일어나고 100번째 파문은 99번째 파문이 있음으로 인하여 일어난다. 이런 식으로 파문이 계속되다 보면 연못 가장자리에 앉아 나물을 씻고 있는 누나의 손등에까지 파문이 도달되어 연속되는 파문의 여파로 누나의 손등이 간지러워진다는 이야기다.

이것이 바로 의타기성(依他起性)이고 중중연기설(重重緣起說)이며 사사무애법계의 이치이다. 의타기성이란 글자 그대로 '타(他)에 의지하여 일어나는 성질'이라는 뜻이고 重重은 '다시 또 다시'라는 말이며 緣起는 '인연 때문에 일어난다'는 뜻이다. 퐁당퐁당 연못 한가운데 돌을 던져 일어난 첫 번째 파문은 두 번째 파문을 낳고 두 번째 파문은 세 번째 파문을 낳고… 10번째 파문은 9번째 파문을 의지하여 일어나고… 이런 식으로 파문이 연못의 가장자리에 이르러 더 이상 일어나지 않을 때까지 앞의 파문은 바로 뒤의 파문을 일으키게 하는 원인이 되고 뒤의 파문은 바로 앞의 파문에 의지하여 계속하여 다시 또 다시필연성의 인연에 의지해 일어난다는 뜻이 중중연기(重重緣起)이다.

事事無碍法界의 事事는 첫 번째 파문, 두 번째 파문… 100번째 파문이 개별적으로는 모두 事(하나의 단일 현상)이지만 연속적 연기라는 점에 있어 事事(전체적 현상)이기 때문에 개별적 파문에서 개별적 파문으로 이어지는 파문의 연속적 현상은 우연히 발생되는 것이 아니라 필연성의 인연에 의해 자연적으로 하염없이 이루어진다는 뜻이 사사무애(事事無碍)다. 그리고 법계(法界)는 객관적 세계 즉 시공연속체(time space continuum)인 우주를 말한다.

따라서 事事無碍法界는 우주에 나타나 있는 모든 존재는 모두 필연성의 인연이라는 고리에 묶여 서로 연결된 하나(一)이어서 낱낱의 개체로 분리된 독립적 존재란 있을 수 없으므로 하나가 전체요 전체가 하나인 "일즉다다즉일(一卽多多卽一)"이고 핸 카이 판(Hen kai pan)이다.

여기서 퐁당퐁당 던지는 돌의 크기와 연못의 공간적 범위를 확대하여 태평양보다 억만 배 큰 연못에 북해도보다 억만 배 큰 바위를 투하하였다 가정하자. 첫 번째 파문은 두 번째 파문을 낳고 2번째 파문은 3번째 파문을 낳고 1억1번째의 파문은 1억 번째 파문에 인연하여 일어나고 1조1번째의 파문은 1조 번째의 파문에 의지하여 일어났다. 이러한 파문은 영원히 계속되는가? 아니다. 영원할 수가 없다.

왜냐, 최초의 파문을 일으키게 한 원인 제공자인 바위는 영구불멸의 존재가 아니라 일정한 시간이 흐르면 물결에 쓸리고 깎아지고 마모되어져 마침내 미세한 먼지 가루로 분해되어 흩어질 물질이기 때문이다. 파문이 영원히 계속되기 위해서는 최초의 파문을 일으키는 인자(因子)가 가멸적(可滅) 물질이 아닌 영구불멸의 ○이 되지 않으면 안 된다. 영구불멸의 ○(理)이 바로 불교에서 말하는 理이며 理가 모든 존재를 존재케

하는 최초의 원인이 되어야만 전체이면서 하나이고 하나이면서 전체인 존재의 연속성이 유지될 수 있다. 다시 말해 일시법에 지배되는 사사무애법계가 이사무애법계로 전환되어야만 존재의 영속성이 보장될 수 있다. 예를 들어 나를 기준으로 삼아 가고 옴의 거래법(去來法)을 살펴보자.

나의 육신은 부모로부터 왔고 부모의 육신은 조부모로부터 왔다. 이런 식으로 계속 올라가면 한국인의 경우 나의 첫 조상인 단군왕검에 도달하게 된다. 결국 나의 육신은 단군왕검으로부터 시작해 수백 대를 거쳐 나에게로 이전되어온 육신이기 때문에 올래(來)자의 내법(來法)이 된다. 반대로 나를 기준으로해서 밑으로 내려가면 나와 내 아내의 육신은 자식들에게 갔고 자식들의 육신은 손자손녀들에게 간다. 이런 식으로 대대손손 내려가는 법이 갈거(去)자의 거법(去法)이며 내법과 거법을 합한 것이 육신의 거래법이다.

육신거래법은 사사무애법계의 비연속적 일시성을 증명하기 위한 필자의 방편적(方便的) 비유법이다. 육신거래법은 영원한가? 그렇지 않다. 육신거래법은 언제까지 계속될지 아무도 장담할 수 없다. 만약 나의 20대 자손들이 어떤 이유로든 어린애를 생산하지 못한다면 거기서 대가 끊어지고 절손되어 육신거래법은 소멸되고 만다. 바위가 먼지 가루로 변하고 바다가 뽕밭으로 되는 상전벽해(桑田碧海)의 대변(大變)을 만난다면 파문을 일으키는 바위도 파문이 번져나가는 바다도 없어져버려 바위와 파문이라는 이름의 존재와 바위라는 원인과 파문이라는 결과도 동시에 사라져 버린다.

육신거래법이 영속적이지 못한 일시법이라면 영혼거래법은 영원한 생명력을 가진 영속법(永續法)이다. 나의 ○은 어디에서 왔나? 한인창조주의 ○으로부터 왔다. 가짜 나(假我)인 육신을 여읜 다음 진짜 나인 ○은 어디로 가나? 한인창조주의 ○으로 되돌아간다. 되돌아간 ○은 다시 안 오시나? 작년에 왔던 각설이 그놈이 죽지도 않고 금년에 다시 찾아오듯 육신의 다른 옷을 갈아입고 다시 사바세계로 온다. ○은 자욱한 번뇌세계에 잠시 머물다 현생(現生)의 육신을 벗어던지고 "얼시구시구 들어간다"를 염(念)하고 송(頌)하면서 또 다시 ○으로 자기 복귀한다.

○에서 와서 ○으로 가고 갔던 ○이 다시 ○으로 환생하고 환생한 ○은 또 다시 귀거래사(歸去來辭)를 부르며 ○으로 돌아가는 영원한 순환, 영겁으로의 회귀와 환생(reincarnation)이 이법계와 이사무애법계를 특징지우는 존재방식인 것이다. ○은 언젠가는 썩어 나자빠질 손님에 불과한 우리들 육체를 다스리는 진정한 주인님이다.

우리 님은 '가는 님은 밉상이요 오는 님은 곱상'인 2개의 다른 얼굴을 가진 2개의 다른 님이 아니라 우주 만고강산을 구석구석 유람하다 지쳐 더덕더덕 100만 5번의 바느질로 꿰매어진 육신이라는 이름의 누더기 옷 속에 잠시 머물고 있는 한님(桓因)이시다. 서장에서 말한 바와 같이 한인(桓因)은 최초의 원인이라는 뜻이다. 한인 창조주는 예수의 말씀대로 물질화합으로 이루어진 육신을 영원히 여읜 우주의 궁극적 실존인 순수 ○이시다.

사사무애법계는 연못에 최초의 파문을 일으킨 최초의 원인인 돌이 물질인 까닭에 파문의 존속기간은 돌의 유한한 존재기간과 정비례하여 영속적이지 못하다. 그러나 물질이 아닌 영구불멸의 ○이 최초의 원인, 즉 한인(桓因)이 되는 이법계와 이사무애법계는 우주 시공연속체에 존재하는 만유(萬有)의 항구성과 상주성(常住性)이 ○(囧)의 불멸성으로 인(因)해 보증되는 영원의 세계이다.

불교는 理(yukti)를 우주의 본체이고 이체(理體)이며 법신(法身)이며 진여(眞如)라 말한다. 理의 개념을 불교의 버릇대로 또 한 번 어렵게 설명했지만 결국 理, 本體, 理體, 法身, 眞如가 모두 육신도 없고 모습도 없는 제석천한인 창조주의 ㅇ을 서술적으로 묘사한 것에 지나지 않는다. "理는 절언(絶言)이며 부절언(不絶言)이다"라는 표현도 사람을 헷갈리게 만든다. 기존 해석은 "理는 말이 끊어진 것이기도 하고 말이 끊어지지 않는 것이기도 하다."로 설명하여 불교 이해를 더욱 어렵게 만든다.

理絶言 理不絶言은 육신이 없고 모습이 없는 한인의 ㅇ은 말로서 무엇이라고 표현할 수는 없으나 사람의 육신에 거주하는 한인의 ㅇ은 사람의 행위를 보면 능히 말로 표현할 수 있다는 뜻이다. 도둑질이나 거짓말을 일삼는 사람을 나쁜 사람, 선행하는 사람을 좋은 사람으로 표현할 수 있는 것은 결국 신령이 거주하는 집인 사람의 마음을 좋게 쓰고 나쁘게 씀에 따라 선인, 악인으로 구별할 수 있기 때문이다.

道, 無, 無極 : ㅇ의 또 다른 이름은 道, 無, 無極이다. 도, 무, 무극은 노자, 장자로 대표되는 도가 철학의 중심적 주제로 그 뜻이 같아 3자를 하나로 묶어 해설하고자 한다. 이미 서장에서 『도덕경』14장의 復歸於無物(물질의 세계가 아닌 곳으로의 복귀)과 28장의 復歸於無極(무극 즉 ㅇ으로의 복귀)과 16장의 復命(창조주 영혼으로 되돌아감)을 잠시나마 언급한 바, 여기서 道가 무엇인지를 설명한 『도덕경』의 핵심장인 14장 전문을 기재하여 그 뜻을 살펴보기로 하자.

눈으로 보아도 볼 수 없는 것을 이름하여 夷라 하고 귀로 들어도 들을 수 없는 것을 이름하여 希라 하며 손으로 잡으려 해도 잡을 수 없는 것을 이름하여 微라 한다. 따라서 道는 볼 수 없는 夷, 들을 수 없는 希, 만질 수 없는 微, 즉 시각과 청각과 촉각의 감각적 인식 작용만으로 설명할 수 있는 물질이 아니라 우주와 혼연일체를 이루고 있는 형이상학적 존재이다.
사람의 눈높이보다 높은 곳에 있는 물질이라면 금방 눈에 들어와 그 형체를 분명히 파악할 수 있고 눈높이보다 낮은 곳에 위치한 물질은 금방 눈에 들어오지는 않으나 허리를 굽혀 자세히 들여다보면 그 형체를 분간할 수 있다. 하지만 道는 형제를 가진 물질적 존재가 아니므로 하늘 위에 있거나 하늘 밑에 있거나 감각의 인식 작용으로는 파악할 수 없는 형상이 없는 존재이지만 끊어지지 않고 영원히 이어지는 실타래처럼 승승하여 조금도 정지하는 법 없이 우주만물에 작용하니 가히 그 이름을 무엇이라 부를 것인가! 결국 道는 모양 없는 모양, 형상 없는 형상에로의 자기 복귀를 의미하는 것이니 이를 일러 홀황이라 한다.

道는 처음도 끝도 없는 존재임으로 이를 맞이해도 그 머리를 보지 못하고 이를 따라가도 그 꼬리를 보지 못한다. 하늘과 땅이 태어나기 이전부터 있었던 道는 만유의 현상계를 주재하며 만물의 생성시초를 잘 알고 있는 까닭에 이를 도기(道紀)라 부른다

視之不見名曰夷 聽之不聞名曰希 搏之不得名曰微 此三者不可致詰 故混而爲一 其上不皦其下不昧 繩繩不可名 復歸於無物 是謂無狀之狀 無象之象 是謂惚恍 迎之不見其首 隨之不見其後 執古之道 以御今之有 能知古始 是謂道紀

길고도 어려운 설명 끝에 道의 실체가 무엇인지 노자는 끝내 밝히지 않았지만 위의 문맥으로 미루어 道는 우주의 본체인 형상 없는 상제의 ○(靈)을 말한 것임에 틀림없다. 눈으로 볼 수도 귀로 들을 수도 손으로 만질 수도 없으며 앞을 보아도 머리가 없고 뒤를 보아도 꼬리가 없는 무형(無形) 무상(無象)의 존재라면 영혼 빼놓고 또 무엇이 있겠는가?

한문은 상형(象形)문자의 일종인데 여기서의 象은 코끼리를 뜻한다. 아주 먼 옛날 양자강 훨씬 남쪽 지역에 살았던 어떤 사람이 죽어 육탈(肉脫)된 코끼리의 뼈를 보고 살아 있는 코끼리의 모습을 상상한데서 象자가 유래되었다 한다.

죽은 코끼리나 사람의 죽은 육신은 뼈를 남기지만 죽은 자의 육신에 거주하던 형체 없는 ○은 죽은 육신을 떠나 자기 본래의 집인 상제의 본 ○으로 복귀하는 것, 이것이 바로 復歸於無極이며 無爲自然이며 홀황(惚恍)이다. 따라서 無象이나 불교에서 자주 사용하는 無相은 다 같은 말로 모습이 없다, 형상이 없다는 뜻이며 도가 철학의 중심 개념인 '無'는 無象의 象자가 생략된 無로서 '없다'는 뜻이 아니고 '형상 없는 ○'을 가리키는 말임을 반드시 알아야 한다. "하늘과 땅이 태어나기 이전에 無가 있었다"는 도가류의 문장에 있어 無를 없는 것으로 보면 하늘과 땅이 태어나기 이전에 없는 것이 있었다는 궤변이 되고 만다. 無를 형상 없는 상제의 ○으로 볼 때만이 "하늘과 땅이 태어나기 이전에도 우주만유의 본체인 형상 없는 상제의 ○은 존재하고 있었다"로 풀이될 수 있는 것이다.

석가의 ○도 예수의 ○도 지구에 살고 있는 65억 인류의 각자 ○도 무한대의 공간적 연속인 宇와 영원한 시간인 宙가 복합된 우주가 태어나기 이전부터 존재하였던 창조주 ○의 일부로서 비롯됨이 없는 과거와 끝남이 없는 미래를 관통하여 능히 알 수 있는 천지창조의 주인공이며 도기(道紀)가 주체이다.

한 ○ 즉, 道가 하늘과 땅이 모습을 드러내지 않았던 천지미판(天地未判)의 태고로부터 존재하여 천지시판(天地始判) 후의 만유에 연기적으로 항존(恒存)한다는 사상은 『장자』의 대종사(大宗師)에 완벽하게 나타나 있다.

무릇 道라는 것은 정이 있는 진실한 존재로 형체 없는 ○을 말한다. 사람의 영혼은 형체 없는 상제의 ○으로부터 이령전령(以甼傳甼)으로 전수받은 것이며 형체 있는 물건처럼 손에서 손으로 건네 받은 것이 아님으로 전해 받을 수는 있으나 눈으로 볼 수는 없다. 형체 없는 상제의 ○은 스스로 존재하는 우주의 본체이며 만유의 존재를 가능케 하는 뿌리로서 하늘과 땅이 태어나기 이전의 옛날부터 존재하였으며 모든 사람과 제왕들을 신령케 하고 하늘을 낳고 땅을 낳았다. 형체 없는 ○인 道는 하늘 위 가장 높은 곳에 계시면서도 '내가 높다' 말하지 않으며 땅 아래 가장 낮은 곳에 계시면서도 '내가 낮다' 말하지 않는다.

하늘과 땅보다 먼저 있었으면서도 내가 너희들 하늘과 땅의 대선배라고 으스대지도 않으며 영원한 시간보다 오래되었으면서도 스스로 늙었다 말하지 않는다. 희위 씨는 상제 ○의 일부분을 전수받아 하늘과 땅을 상합(相合)시켰으며 복희도 그것 ○을 얻어 음양을 화합시켰고 (양은 영혼 음은 육체 즉 영육일원화를 이루었다는 뜻) 북두칠성 역시 ○을 받아 영원히 어지럽지 않는 질서 있는 운행을 계속하며 해와 달 또한 ○을 받아 예부터 영원히 쉬지 않고 운행하고 있다.

곤륜산의 산신령인 감배는 ○을 얻어 모든 산의 조종산(祖宗山)인 곤륜산을 수호하고 황하의 수신(水神) 빙이도 ○을 얻어 큰 강물에 영원히 노닐며 태산의 산신령인 견오 역시 ○을 얻어 큰 산에 거처하고 있으며 황제(黃帝) 공손헌원 역시 ○이 있었기에 육신이 죽은 후 하늘나라로 승천하여 상제의 ○과 합쳐 홀황(惚恍: 열반과 뜻이 같다)을 누리게 되었고 전설상의 제왕 전욱도 역시 ○을 얻어 죽은 후 상제가 계시는 현궁(玄宮)에 거처하게 되었다.

夫道 有情有信 無爲無形 可傳而不可受 可得而不可見 自本自根 未有天地 自古以固存 神鬼神帝 生天生地 在太極之先而不爲高 在六極之下而不爲深 先天地生而不爲久 長於上古而不爲老 狶韋氏得之 以契天地 伏羲氏得之 以襲氣母 維斗得之 終古不忒 日月得之 終古不息 堪坏得之 以襲崑崙 馮夷得之 以遊大川 肩吾得之 以處大山 黃帝得之 以登雲天 顓頊得之 以處玄宮

道는 우주의 본체, 理體인 상제의 ○이며 진리 그 자체이고 영원이며 길이다. 물론 노자·장자는 특정한 인격신을 설정하고 신학의 이론체계를 만들어 인격신을 신앙하는 종교를 만들지는 않았다.
그러나 『도덕경』1장의

> 무명(無名)은 천지의 시작이요 유명(有名)은 만물의 어머니이다. 상무(常無)로 그 묘(妙)를 보려하고 상유(常有)로서 그 요(徼)를 보려 한다. 常無와 常有 양자는 같은 근본에서 나왔으나 그 이름을 달리하니 이것을 한 가지로 말할 때 현(玄)이라 한다. 현하고 현하니 중묘(衆妙)의 문이다
>
> 無名天地之始 有名萬物之母 故常無欲以觀其妙 常有欲以觀其徼 此兩者同 出而異名 同謂之玄 玄之又玄 衆妙之門

라는 구절에 우주론, 본체론, 인식론과 신학(神學)이 다 내포되어 있다. 위 구절의 올바른 이해를 위해 먼저 『소도경전본훈』(蘇塗經典本訓)의 유언(有言)무언(無言)편을 보자.

> 하늘이 근원은 바로 하나의 커다란 虛요, 無요, 空일 따름이다. 어찌 육신의 모습이 있다 할 것인가? 하나님은 본래 육신의 형상이 없으되 28 별자리로 임시적 모습을 갖춘 것 뿐이다. 대개 천하에 형체를 갖춘 사물은 모두 이름을 갖는다. 이름을 갖는다는 것은 유한한 시간 내에서만 존속할 수 있는 육신의 생명력을 의미한다.
> 만유에 정해진 시간이 있다는 것은 유한과 무한의 구별이 있음을 말함이요, 시간에 생명의 존재기간이 한정됨은 유형(有形: 형체를 가진 사람의 육신 등)과 무형(無形: 사람이 영혼)의 구별이 있다는 뜻이다. 그러므로 천하의 사물은 명칭이 있음으로 인하여 모두 있는 것이요 이름이 없다면 모두 없는 것이다.
>
> 然天之源 自是一大虛無空 而已豈有體乎 天自是本無體 而二十八宿 乃假爲體也 盖天下之物 有號各 則皆有數焉 有數則皆有力焉 旣言有數者 則有有限無限之殊 又言有力者 則有有形無形之別 故天下之物

以其有言之 則皆有之 以其無言之 則皆無之

　　이름을 가진 유형(有形)의 존재는 주어진 수명의 한도 내에서만 살 수 있는 유한한 생명의 존재이지만 이름도 없는 무형(無形) 무체(無體)의 존재는 시간의 제약을 받지 않고 영원히 살 수 있는 불멸의 존재이다. 독자들에게 이미 익숙해진 100만 개의 다른 육신→클레오파트라→측천무후→잔 다르크→유관순→나의 비유법을 들어 이를 다시 설명해 보자.
　　나의 전생인 유관순, 유관순의 전생인 잔 다르크, 잔 다르크의 전생인 측천무후, 측천무후의 전생인 클레오파트라 그리고 클레오파트라 이전에 이름은 있었으나 기억하지 못하는 100만의 이름 있는 육신들은 각자의 수명기한을 다 채우고 모두 죽어버렸다. 그러나 100만 5개나 되는 유명(有名) 유형(有形)의 육신을 윤회하면서 거쳐 온 단 하나뿐인 무형(無形)의 영혼은 누구의 영혼이라고 말할 수 없는 까닭에 이름이 없다. 100만 5개나 되는 어느 육신에도 소속되지 않아 이름을 붙일 수도 없는 無名의 영혼은 본래 창조주 O의 일부가 인간의 육신 속에 이전된 O이므로 결론적으로 無名은 형상 없는 하나님의 O자체인 것이다. 하나님이니 옥황상제니 창조주니 조물주니 알라유일신이니 하는 이름들은 사람들이 편의상 붙인 이름일 뿐 무형, 무명의 O이 입을 열어 "내 이름은 하나님이다"라고 말씀하신 적이 없다.
　　이름이 붙은 모든 존재는 시간의 유한성이라는 한계에 부딪쳐 그 존속기간이 일시적일 뿐 영원하지 못하다. 때문에 만물은 이름이 있는 유한한 존재에 불과하지만 무한대의 공간적 외연(外延)과 영원한 시간의 연속체인 우주의 시초는 이름도 없고 형상도 없는 O자체라는 것이 "무명(無名)은 천지의 시작이요 유명(有名)은 만물의 어머니다"의 대의(大意)다.
　　또한 "常無와 常有는 같은 근본에서 나왔으나 그 이름을 달리하니 이것을 한 가지로 말할 때 玄이라 한다"는 노자의 규정은 무슨 뜻인가? 직역하면 常無는 항상 없는 것, 常有는 항상 있는 것이 되어 常無와 常有는 서로 반대의 개념이 된다. 하지만 常은 영원의 개념인 고로 常無와 常有는 같은 뜻이다. 다시 말하면 常無는 영원히 형상을 여읜 것, 영원히 이름 없는 존재라는 뜻이니 곧 영혼이요. 언젠가 사멸(死滅)하고 마는 사람의 육신이 임시적 존재인 假有임에 반해 常有는 항상 존재하는 영구불멸의 존재라는 뜻이므로 역시 영혼을 가리킨다.

따라서 만물의 위대한 스승으로서 대종사(大宗師)인 상제의 ㅇ(常無)이 사람의 육신 속으로 이전된 ㅇ인 常有이므로 常無는 常有를 통해 우주시공연속체에 존재하는 어떠한 대상에도 내재화되어 현현하니 이것이 바로 도가 철학의 범신론이며 만유재신론(萬有在神論)이다. 영원한 길, 영원한 진리가 道에 내포된 큰 뜻이라면 사람의 눈을 통하여 영원한 진리를 확인하고 깨달을 수 있는 구체적 대상(對象)은 없을까?

道자를 기호해석학으로 풀이해 보면 해답은 저절로 나온다. 道자의 道는 책받침착(辶)과 머리수(首)의 합성어이다. 책받침 辶의 오리지널 옛 문자는 쉬엄쉬엄 갈착(辵)이다.

쉬엄쉬엄 갈착(辵)은 뻗친 석삼(彡)과 지(止)의 합성어이다. 머리카락 발(髮) 자를 구성하는 오른쪽의 뻗친 석삼(彡)은 성인 남자의 얼굴을 측면에서 볼 때 위쪽의 /은 귀 위에 난 머리카락, 두 번째 /은 귀밑털인 구레나루, 밑의 /은 턱 밑에 난 수염이다. 따라서 彡은 위, 중간, 아래의 공간적 위치를 표시하는 부호이다. 이와 마찬가지로 쉬엄쉬엄 갈 辵자에 彡을 위에서부터 아래로 풀이하면, 위쪽 /은 동쪽, 중간 /은 중앙, 아래 /은 서쪽을 나타내는 기호이다. 뻗친 석삼 彡밑의 止자는 그친다는 뜻이 아니라 여기서는 살다(居), 머무르다(留)의 뜻이다.

道자의 오른쪽에 있는 머리首는 사람 머리가 아닌 태양의 머리이다.

바닷가에 사는 사람들은 물 위로 태양이 머리를 쑥 내미는 광경을 볼 수 있고 산골에 사는 사람들은 동쪽 산봉우리로 태양의 머리가 솟아오르는 장관을 목격할 수 있다. 따라서 道의 구상성(具象性)은 아침마다 동쪽 하늘에 머리를 불쑥 내민 햇님이 나의 머리 바로 위의 중앙 하늘을 거쳐 서쪽 하늘로 쉬엄쉬엄 머무르며 이행해 가는 햇님의 여행길에 구체적으로 나타난다. 물이 가는 길을 물길, 기차가 다니는 길을 기찻길이라 부르듯, 道는 엄밀한 의미에서 태양의 길(路)이다.

그런데 만약 道가 東天에서 시작하여 中天을 거쳐 西天으로 가는 태양의 공간적 이동을 나타내는 태양길을 의미하는데 그친다면 이는 바다에 파도가 일고 사막에 모래바람이 부는 것과 똑같은 단순한 물리적 현상 속으로 道의 뜻이 축소되고 국한된다고 아니할 수 없다. 태양이 하늘 어느 곳에 머무르고 있느냐에 따라 지구의 시간이 결정되고 시간 속에 함축된 생(生)의 의미를 인간들은 서로 질문하고 탐구하기 때문에 道의 영역이 시간적 의미의 태양운동에까지 확대되어야 비로소 道가 영원한 진리와 계합될 수 있다.

시간적 의미의 태양이란 아침의 시작과 동시에 태어난 아기 태양, 12시경의 청년 태양, 오후 7시 경의 노인 태양을 말한다. 아기 태양은 한문으로 영양(嬰陽)이고 청년 태양을 줄인 말이 청양(靑陽)이며 노양(老陽)은 노인 태양을 줄인 말이다.

모태로부터 아기로 태어나 유아기와 사춘기를 거쳐 청년이 되고 청년은 장년을 거쳐 노인이 되고 노인이 되면 병들어 자연스럽게 죽는 평균 80년을 사람의 한 평생이라 부른다. 그러나 태양의 경우 새벽에 출생한 영양(嬰陽)은 6시간 만에 청양(靑陽)이 되고 6시간이 지나면 청양은 노양(老陽)이 되어 죽어버리고 만다. 태어나는 날이 곧 죽는 날이며(誕生日卽死亡日) 같은 날짜에 생사(生死) 거래가 신속히 완결되는 생사일여(生死

一如)의 하루살이가 태양이다. 하지만 오늘 죽은 사람이 내일 다시 아기로 태어나는 법은 없지만 오늘 아침에 출생해서 오늘 저녁에 죽은 태양은 내일 아침 또 다시 아기로 환생하여 이 세상에 말없이 나타난다. 죽고 살고, 살고 죽고를 거듭하기 지금까지 50억 년, 아마도 태양은 앞으로도 영원히 이러한 생사윤회를 계속할 것이다.

죽음은 새로운 삶의 시작이요 삶은 또 다른 죽음의 시작이 되는 어디가 시작인지 어디가 끝인지도 모르는 시간의 영속적 순환, 생사일여(生死一如)의 시간적 연속성, 바로 이것이 시간적 의미의 태양 운동이 우리 인간들에게 묵시해 주는 진리이다. 태양만이 영원히 사는 존재가 아니라 우리들 인간도 영원히 사는 불멸의 존재이다. 인간 존재의 영원성을 인식하는 자를 도교에서는 성인, 불교에서는 부처 내지 보살이라 부른다. 이러한 진리를 깨닫지 못하는 범부들은 삶과 죽음을 엄연히 다른 성질의 일대 사건으로 파악하여 삶을 행복 내지 축복, 죽음을 불행 내지 저주로 생각하는 분단생사(分段生死)의 미혹에 빠지게 된다.

한편 성인, 부처, 보살은 손바닥이 손등이요 손등이 손바닥인 것처럼 삶과 죽음을 한가지로 이해하여 삶이 곧 죽음이요 죽음이 곧 삶이라는 생사일여(生死一如)의 변역생사(變易生死)에 달관한 존재들이다.

『장자』 대종사(大宗師) 편의 다음 문장을 보자.

자사, 자여, 자려, 자래의 네 사람이 모여 얘기하였다. 누가 無(필자 註: 영혼)를 머리로 삼고 삶을 척추로 삼고 죽음을 궁둥이로 삼을 수 있겠는가? 누구든 삶과 죽음, 육신의 존속과 멸망이 한 가지임을 알고 있는 사람이 있다면 나는 그와 더불어 친구가 될 것이다. 네 사람은 서로 바라보면서 웃고 마음이 서로 통하여 마침내 친구가 되었다.

子祀子輿子黎子來 四人相與語曰 孰能以無爲首以生爲脊以死爲尻

孰知死生存亡之一體者吾與之友矣 四人相視笑莫逆於心遂相與爲友

풍조(風潮)나 유행은 일시적이지만 진리는 영원하다. 물질로 구성된 만물의 겉모습은 일시적이지만 만물에 깃들어 있는 ㅇ(靈)만은 영구불멸의 영원한 존재로서 ㅇ이 바로 道요 無인 것이다. 불교 철학에 있어 영혼을 의미하는 용어가 30종류가 넘듯이 도가 철학의 사천왕(四天王)인 노자, 장자, 열자(列子), 양주(楊朱)의 저작에도 영혼을 의미하는 용어가 수십 개 등장한다.

노자의 정관(靜觀), 현람(玄覽), 무물(無物), 무상지상(無象之象), 무극(無極), 상무(常無), 상유(常有), 홀황(惚恍), 미묘현통(微妙玄通), 무위(無爲), 현지우현(玄之又玄), 허극(虛極), 요명(窈冥), 적료(寂寥)와 장자의 제물(齊物), 오상아(吾喪我), 조지어천(照之於天), 이명(以明), 심제(心齊), 진재(眞宰), 진군(眞君), 공명(空明), 허정(虛靜), 좌망(坐忘)과 열자의 귀허(貴虛), 양주의 경물중생(輕物重生), 중생귀기(重生貴己)가 모두 다 영혼을 의미하는 용어들이다.

맹자는 양주의 위아주의(爲我主義)를 국가 사회의 집단적 이익에 우선해 개인의 이익을 앞세우는 이단으로 몰아 비판한 바 있지만 이는 위아주의의 본질이 무엇인지 모르는 데서 비롯된 것이다. 중생(重生)은 거듭난다는 뜻으로 거듭나는 것은 영혼이지 육신이 아니다. 따라서 양주의 경물중생(輕物重生)은 물질로 이루어져 언제인가 없어질 가짜 나인 육신을 가벼히 여기고 진짜 나인 거듭난 영혼을 중히 여긴다는 뜻이고 중생귀기(重生貴己) 역시 육체적 나가 아닌 ㅇ적인 나를 귀중히 여긴다는 뜻이다. 때문에 위아주의는 현실세계에서 개인의 이익을 도모하고 내 몸의 편안함만을 찾는 방종한 의미의 자유개인주의가 아니라 온갖 사회적 관습, 법제, 윤리규범 및 유가류의 예제(禮制)문화는 모두 인간의 간교한 후득지(後得智)가 만들어낸 강제적 그물이므로 이러한 속박으로부터 벗어나 내 영혼의 청정한 천생지(天生智), 무분별지(無分別智)를 존중하는 사상이다. 하늘과 땅은 한 개의 손가락이고 만물이 말 한 마리라면(天地一指也 萬物一馬也: 장자제물론) 나와 만물에 깃들어 있는 영혼(道)도 같은 곳에서 온 한 영혼이므로 하늘과 땅은 나와 함께 태어나고, 나는 만물과 더불어 하나가 된다(天地與我幷生而萬物與我爲一, 제물론).

그러므로 나와 만물의 ㅇ인 小道는 우주의 道體인 太一 즉 하나님의 大道로부터 나왔기 때문에 좌망(坐忘)을 통하여 대도와 합일을 이룩함이 道의 완성이자 도가 지향해야 할 궁극적 목표이다.

이렇게 함으로써 지인(至人)은 육체적 자기를 진아(眞我)로 여기지 않으며 신인(神人)은 세속적 일에 개입하여 공(功)을 세우려 하지 않고 성인은 속세에 이름이나 날려 명예를 구하려 들지 않는다는 至人無己神人無功聖人無名의 경지에 이를 수 있다.

中, 中一 : ㅇ(田)의 또 다른 이름은 中과 中一이다. 대부분의 사람들은 中의 개념을 주어진 공간의 가운데 지점, 1, 2, 3, 4, ⑤, 6, 7, 8, 9에 있어 산술적 중항(中項)인 5, 두 패거리가 싸움을 벌였을 때 어느 편에도 가담하지 않는 중립, 검은색도 아니고 흰색도 아니며 검은색과 흰색을 같이 섞었을 때 나오게 되는 회색으로 이해하고 있다. 하지만 中의 개념에 관한 위와 같은 이해는 어디까지나 형이하학적 의미의 中이다.

어떤 선생님이 학생들에게 5가지 질문을 했다.

문: 한국의 중심지가 어디냐? 답: 수도 서울입니다.
문: 한국의 중심인물이 누구냐? 답: 홍길동입니다.
문: 한국의 中이 무엇이냐? 답: 모르겠습니다. 왜냐하면 선생님이 말씀하시는 중이 무엇을 뜻하는지 모르기 때문입니다.
문: 좋아, 그럼 우주의 中이 무엇이냐? 답: 선생님. 정말 답답하네요. 한

국의 中이 무엇인지도 모르는데 어찌 우주의 中을 알 수 있겠습니까? 유명한 과학자에게 자문을 구해도 해답은 나오지 않을 겁니다. 학생의 항변을 들은 선생님이 빙그레 웃으며 말하기를 "그래, 너희들 한국의 中도 모르고 우주의 中도 모르니 이번엔 쉬운 문제를 내겠다."

문: 그럼 사람의 中이 무엇이냐? 답: 배꼽입니다. 왜냐하면 배꼽이 사람 몸의 가운데에 위치하고 있으니까요. 이 말을 들은 선생님이 "나는 형이상학적 질문을 하였는데 너는 형이하학적인 대답을 하는구나" 말이 떨어지기 무섭게 눈치 빠른 한 학생이 얼른 대답하기를 선생님 그것은 배꼽이 아니라 마음입니다. 그러자 선생님이 무릎을 탁 치며 "네가 정답을 맞추었구나. 사람의 中은 사람의 마음이다"라고 말하였다. 그렇다. 中의 형이하학적 개념이 주어진 공간의 중간 지점 내지 주어진 수의 복판 숫자를 의미한다면 형이상학적 의미의 中은 心인 것이다. 마음을 먹어야 만사가 이루어진다. 나의 육체를 제어하고 경영하는 주체는 내 육신의 스승인 나의 마음이므로 마음먹은 대로 몸이 따라주면 성공하고 마음먹은 대로 몸이 좇아가지 못하면 되는 일이 없다. 마음이 主고 몸이 從이다. 사람의 中이 사람의 心이라면 당연히 한국의 中은 한국 국민 5천만 모두의 마음이며 우주의 中은 우주를 창조한 하나님의 마음이 된다.

"당신은 지금까지 하나님은 육신의 형상이 없는 無形無相의 순수 ○이라 줄곧 주장해 왔는데 그렇다면 육신이 없는 하나님에게 어찌 마음이라는 것이 있을 수 있는가?" 라는 질문을 해볼 수 있다. 이 질문에 대한 해답은 心田 이라는 두 글자에서 찾아볼 수 있다.

심령은 心卽田 田卽心. 마음이 영혼이요 ○이 마음이라는 뜻으로 마음과 ○이 같다는 말이다. 벌써 여러 번 말했지만 여기서 또 한 번 "마음은 하나님의 ○(신령)이 거주하는 집이다"라는 표훈대사의 말씀을 상기하기 바란다.

中은 心과 같고 心은 ○과 같고 中은 本과 같은 의미의 문자이다. 다시 말해 中卽心 心卽㽵 㽵卽本으로 中 = 心 = 㽵 = 本인 것이다.

이에 따라 한국, 일본, 중국, 대만, 싱가포르 등 한자사용문화권에서 널리 유통되고 있으나 그 어원과 뜻을 정확히 모르는 다음과 같은 형이상학적 용어들을 해석해 보면

本體: 하나님의 몸이다. 하나님은 신체가 없는 순수한 ○이지만 우주라는 시공연속체와 그 안에 존재하는 삼라만상은 모두 하나님의 ○이 현현된 몸이다. 福之至微至顯(신지지미지현), 즉 하나님은 지극히 작은 티끌에 이르기까지 체현(體現)되고 있다. 하나님의 ○은 우주라는 하나님의 몸을 제어하고 통솔하고 운영한다.

本心 : 하나님의 마음이다. 天心과 道心, 中心도 本心과 뜻이 같다. 心卽㽵인 故로 사람의 마음이나 사람의 영혼은 하나님의 本心과 天㽵으로부터 분유되고 전이된 것이다.

一切衆生 從無始來迷己 爲物失於本心(『首楞嚴經』)

일체중생이 시초가 없는 과거로부터 물질로 이루어진 자신의 육체를 진짜 자기로 아는 미혹에 빠져 본심을 잃어버렸다

1860년에 하나님이 수운대선사에게 吾心卽汝心(내 마음이 네 마음)이라 강화하셨다. 사람이 사람다울 수 있는 것은 하나님의 本心을 전수받았기 때문인데 만약 사람이 본심을 잃어버린다면 어찌 사람이라 할 수 있겠는가.

本性 : 하느님의 성품이다. 天性, 神性도 본성과 같은 뜻이다. 신적(神的) 이성(理性)인 神性이 인간에게 이전된 것이 인간성이기 때문에 인간성 회복은 인간의 내면에 잠복해 있는 하나님의 本性으로 돌아가는 것을

의미한다.

本然 : 하나님이 항상 그러한 것처럼이란 뜻이다. 인간 본연의 자세니 본연의 임무니 하는 말들은 변하지 않는 하나님의 本心이 불어나지도 줄어들지도 않는(不增不減) 本心本인 것처럼 인간의 本性도 주어진 역사적 조건과 외부 환경의 변화에 관계없이 항상 本心을 잃지 않는 그렇고 그러함의 如如를 유지해야 한다는 의미이다.

本來 : 하나님으로부터 왔다는 뜻이다. 원래(元來)도 本來와 뜻이 같다. 如來(Tathagata)의 '如는 진리, 來는 왔다' 이므로 如來는 우주의 中이자 本인 하나님의 ㅇ으로부터 인간의 ㅇ이 왔다는 뜻이다. 이러한 의미에서 석가모니만 如來가 아니라 일체중생이 다 如來인 것이다.

人中師子 雖有去來 常住不變(『楞嚴經』)
육체의 스승인 영혼은 비록 하나님의 ㅇ으로부터 오고 하나님의 ㅇ으로 가는 성질이 있으나 항상 변하지 않은 채 永生하는 존재이다

本받는다 : 하나님을 닮는다. 하나님과 같이 된다는 뜻이다. 해월신사의 가르침에 莫非萬物侍天主 만물은 모두 하나님의 ㅇ을 내면에 모시고 있어 하나님 아닌 존재는 하나도 없다." 때문에 만물은 모두 하나님을 本받은 것이다.

本覺 : 하나님의 깨달음이라는 뜻이다. 나의 ㅇ은 한인 하나님의 ㅇ에서 本來된 존재이므로 나의 영혼이 깨달은 것은 결국 하나님의 영혼이 깨달은 本覺이다. 나라는 인식의 주체가 나비라는 객체를 보고 깨달은 점은 나의 ㅇ과 나비의 ㅇ은 결국 하나님의 ㅇ에서 파생된 동질의 ㅇ이므로 불교의 상입상즉론(相入相卽論)과 노장 철학의 물아양망론(物我兩忘論: 내가 나비인지 나비가 나인지 둘다 잊은 상태의 황홀한 경지)의 관

점에서 보면 주체와 객체, 주관과 객관, 나와 너의 상대적 경계가 사라져 버린다.

十方如來及大菩薩於其自住 三摩地中見與見緣 幷所想相如虛空華
本無所有此見及緣元是菩提 妙淨明體云何於中 有是非是(『楞嚴經』)

시방여래 및 대보살이 정신을 한곳으로 집중시켜 인연 따라온 우주 삼라만상의 겉모습(육신)을 보게 되면 보는 놈의 육신과 보는 대상의 육신이 모두 허공에 핀 거짓꽃과 같아 본래 있는 것이 아니지만 부처와 대보살의 ㅇ이 객체의 ㅇ을 보게 되면 이 모두 제석천한인의 ㅇ으로부터 온 本來의 묘하고 청정하고 밝은 本體임을 알 수 있다. 진실이 이러한데 어찌 만물 가운데 이것은 저것과 같고 저것은 이것과 틀린다 할 수 있으랴

결국 우주의 中은 우주의 本과 같은 말로서 육신이 없는 하나님의 ㅇ, 구체적으로 말해 만물에 자신의 ㅇ을 분유케 하고 이전시키는 하나의 원인이자 최초의 원인 제공자인 한인(桓因) 한님이며 中一 역시 한님의 ㅇ이다. 한자문화권을 통틀어 형이상학적 의미의 中과 中一을 처음으로 사용한 사람은 훈민정음의 모체인 가림토 문자를 제정한 3세 단군 가륵천황이었다. 4200년 전에 반포된 가륵단군의 즉위조서에 中, 中一, 人心, 道心, 윤집궐중(允執厥中), 개물평등(開物平等), 홍익(弘益), 주성덕기(鑄成德器) 같은 단군 철학의 기본 개념들이 등장하는데 도저히 사람이 썼다고 믿어지지 않는 천하의 명문장인 가륵단군의 즉위조서는 한검단군의 즉위조서에 이어 다음 장에서 그 전문의 내용을 살펴볼 것이다.

단군 철학의 기본 개념인 한인상제의 ㅇ을 뜻하는 中은 공자의 손자이며 맹자의 스승인 자사자(子思子)의 『중용』에 와서 도대체 무엇이 무엇인지 알 수 없는 애매모호한 개념으로 전락하더니 급기야 송학(宋學)의

완성자인 주희에 이르러 지나치지도 모자라지도 않는 과불급(過不及)의 처세술로 오역되고 왜곡되어 동방세계의 사상계에 일대 혼란을 야기하고 말았다.

중용이란 무엇인가? 中이란 상제의 ○으로부터 本來하여온 사람의 영혼을 말하고 庸은 쓸用과 같은 뜻이므로 결국 中庸은 영혼의 작용, 달리 표현하자면 상제의 本心을 전수받은 내 本心의 씀씀이를 말한다.

『중용』 본문 앞에 정자(程子)가 쓴 소개사(紹介辭)를 살펴보자.

子程子曰 不偏之謂中 不易之謂庸 中者天下之正道 庸者天下之定理 此篇乃孔門傳授心法 子思恐其久而差也 故筆之於書 以授孟子 其書 始言一理 中散爲萬事 末復合爲一理 放之則彌六合 券之則退藏於密 其味無窮皆實學也 善讀者 玩索而有得焉 則終身用之 有不能盡者矣

『중용』의 기존 해설서에는 다음과 같이 번역되어 있다.

"자정자가 말하기를 치우지지 않는 것을 中이라 하고 바뀌지 않는 것을 庸이라 한다. 中이란 천하의 정도이고 庸이란 천하의 정리(定理)이다. 이 편은 곧 공문(孔門)에서 전수한 심법(心法)으로 자사가 그 오래됨으로써 차질이 생길 것을 염려하여 이를 책으로 엮어 맹자에게 전했다. 그 책은 처음에 일리(一理)를 말하고 중간에서는 갈라져 만사가 되며 마지막에서는 다시 합해 일리가 된다. 이를 펼치면 곧 육합(六合)에 걸치고 이를 감으면 곧 깊숙이 숨어버려 그 맛에 다함이 없다. 이것은 실학(實學)이니 선독하는 자가 완삭(玩索)해서 얻음이 있으면 종신토록 이를 써도 다하지 못함이 있을 것이다"라고 하였다.

원문에 충실한 직역이기는 하나 이런 식의 해석으로는 독자들의 이해를 만족시킬 수 없으므로 여기서 위 문장을 필자가 다시 의역한다.

"정명도(程明道) 가라사대 어떤 특정한 대상에만 치우쳐 있는 것이 아닌 만유(萬有)에 구유(具有)되어 있는 상제의 ○, 이것을 일러 中이라 하고 모든 존재에 내포되어 있는 불변불멸(不變不滅)의 ○이 작용하는 것을 일러 庸이라 한다. 따라서 영혼이란 천상천하의 올바른 진리이며 영혼의 쓰임이란 천상천하에 정해진 이치이다(天上天下의 정도, 정리라 규정해야 마땅한데 天下의 정도, 정리라 표현함으로써 정명도는 영혼의 작용범위를 좁은 지구에 국한시키는 오류를 범하였다).

『중용』이란 이름의 책은 공자 문중의 교단(教團)에서 간직하고 있던 상제의 本心을 전수받은 사람의 本心이 어떻게 사용되고 작용하는가를 밝힌 일심감통법(一心感通法)인 바, 자사가 시간이 오래 지나게 되면 성인의 일심감통법이 자취를 감출 것을 두려워하여 책으로 엮어 맹자에게 전해주었다. 그 책은 처음에 상제의 한 ○을 말하고 중간에서는 상제의 ○이 만물의 ○으로 흩어지고 배분(配分)되어 만사에 발현함을 말하였으며 마지막에 가서 만물의 육신이 죽은 후 그들의 영혼이 다시 상제의 한 ○으로 자기 복귀하는 이치를 말하였다.(동진의 지둔 스님이 최초로 사용하였던 理는 이사무애법계 해설에서 살펴보았듯이 상제의 ○을 말한 것임으로 신유학파들이 지둔으로부터 도용(盜用)한 위 문장의 一理는 당연히 상제의 ○으로 해석해야 마땅하다.)

상제의 ○으로부터 연유된 사람의 영혼, 상제로부터 방사(放射)된 영혼의 공간적 전개는 우주의 동 서 남 북 상 하의 육합(六合)을 두루 포섭할 정도로 크며, 거두어들이면 나의 육신 속에 은밀하게 숨을 정도로 작아지지만 능소능대(能小能大)한 영혼의 작용은 무궁하여 끝이 없다. 그러므로 눈에 보이지 않는 영혼의 작용인 현학(玄學, 영혼학)이야말로 알맹이 없는 허학(虛學)이 아닌 영원한 진리를 대변하는 실학(實學)인 것이다. 이 책을 잘 읽어 중용에 얽힌 뜻을 더듬고 익혀 진리를 발견하는 독자는 육신이 마칠 때까지 영혼의 진리를 실천하여도 다하지 못함이 있을 것이다."

하지만 『중용』 전편을 통하여 정명도의 소개사에 부합하는 中의 개념, 풀어 말하자면 우주의 본체인 中을 상제의 ○으로 해석할 수 있는 부분은 1장과 말장 말절인 33장 6절 밖에 없고 나머지 부분은 산술적 중항의 형이하학적 中이거나 군왕으로서 알아야 할 치국의 요체(要諦)와 군신, 부자, 부부, 장유, 붕우의 관계를 설명하는 오륜학(五倫學)으로 채워져 있어 중용의 대의를 훼손하고 있다.

『중용』 33장 6절의 구절을 보자.

詩云 予懷明德 不大聲以色 子曰 聲色之於以化民末也 詩云德猶如毛 毛猶有倫 上天之載 無聲無臭 至矣

기존 해석은 "『시경』에 이르기를 나는 명덕(明德)의 성(聲)과 색(色)을 크게 하지 않는 것을 생각한다"고 했다.

공자는 말하기를 "성색(聲色)은 백성을 교화하는데 있어 말단이라" 이라 했다. 『시경』에 이르기를 "덕은 가볍기가 터럭과 같다. 터럭은 오히려 비교될 여지가 있다. 상천(上天)의 일은 소리도 없고 냄새도 없다고 했으니 지극하도다"고 했다.

필자 해석: 『시경』 황의(皇矣)에서 상제가 문왕(文王)에게 이르기를 백성들의 영혼을 교화함에 큰 소리 내어 꾸짖지 말고 얼굴색 달리하여 노여워하지 말라. 이것이 진정 내가 반기는 일이라 하셨네.(明德이 곧 영혼이다. 『대학』 수장에 大學之道는 在明明德의 구절은 상제로부터 온 영혼을 밝게 쓰는 것. 이것이 큰 배움이라는 뜻이다. 따라서 明明德은 中庸과 뜻이 같다). 공자도 말하기를 군왕이 큰 소리내어 꾸짖거나 얼굴색을

달리하여 노여워하는 것은 백성을 교화하는 데 있어 최악이 방법이라고 했다. 『시경』 증민(烝民)에 이르기를 O은 가볍기가 털과 같다고 하였는데 털은 형상이 있어 오히려 비교될 여지가 있다. 하지만 털끝만큼의 미세한 형체도 없는 상제의 O은 소리도 없고 냄새도 없으면서 그 발현함이 우주를 다 함용(含容)하고도 남음이 있으니 지극하도다."

우주의 본체인 상제의 O, 즉 형이상학적 의미의 中이 1장과 33장 6절에만 나타나 있고 나머지 부분은 형이하학적 의미의 中을 설명한 내용으로 채워진 것은 『중용』의 편찬자로 알려진 자사는 물론 『중용』을 해설한 주희 또한 건용황극(建用皇極)의 개념을 중용의 실질적 내용으로 착각했다는 사실을 보여준다.

建用皇極은 모든 인간을 홍익인간으로 만들기 위한 한검단군의 교육 내용 중 다섯 번째 항목에 해당된다. 하지만 『상서』(尙書) 홍범구주편에는 建用皇極을 기자(箕子)가 "인군(人君)의 법칙을 세워 이를 사용함(皇建有極)이며, 천자는 법칙을 제정하여 그 권세를 확립해야 한다"로 오역하고 있다.

기자의 건용황극 해의(解義)는 마치 토끼를 쫓던 사냥개가 토끼를 놓치자 뒤를 돌아다보며 토끼가 아직도 내 뒤에 있거니 하고 자기 나름대로 상상하는 꼴이다.

建用皇極의 建은 세울건, 用은 쓸용, 皇은 클황, 아름다울황으로 황제와는 아무런 관계가 없다. 수로 표시하면 무극(無極)은 O, 태극(太極)은 一(하나), 황극(皇極)은 1, 2, 3, 4, 5, 6, 7, 8, 9 의 9 수 중 중간 수인 5를 말한다. 건용황극이 무엇인지 사례를 들어 알아보기로 하자.

〈예화 1〉

10여년 전 어떤 부인이 술에 독약을 타 남편을 죽인 독살 사건이 일어났다. 만성적 알코올중독자인 남편은 술만 마시면 부인을 상습적으로 폭행하여왔고 결혼생활 20여년 간 무수한 매를 맞아온 부인이 이를 견디다 못해 드디어 사건 당일 맥주에 독약을 타 남편을 독살하기에 이르렀다.

이 사건을 놓고 전국여성인권단체들은 잇달아 성명서를 발표하여 살해 부인은 가해자가 아닌 만성적 피해자임으로 당연히 무죄 판결을 내려야한다 주장하였고 유림을 비롯한 보수단체들은 경위야 어떻게 되었던 하늘처럼 우러러보아야할 남편을 독살한 것은 엄연한 살인이므로 사형시켜야한다고 주장하였다. 이를 풀어서 설명해보자.

1 = 무죄, 2 = 집행유예, 3 = 1년징역, 4 = 2년징역, 5 = 판사(황극자리), 6 = 3년, 7 = 5년, 8 = 15년, 9 = 사형

1은 여성인권단체의 주장인 무죄, 9는 보수단체들의 주장인 사형으로 1과 9는 양극단이다. 1에서 4까지 무죄에서 형량이 차차 증가한 것은 살해 부인의 정상을 십분 참작하더라도 살인은 살인이므로 무죄일 수는 없다는 1의 주장에 대한 반론이다. 반대로 9, 8, 7, 6형량이 점차 감소한 것은 유죄는 유죄로되 사형을 주장하는 9의 의견에 대한 반론이다. 5의 입장에 위치한 판사는 과연 어떤 판결을 내렸을까. 실제 이 사건을 담당한 판사는 1과 9의 양극단주의를 배격하고 4와 6의 주장을 대폭 수용하여 징역 1년에 3년간 집행유예라는 판결을 내렸다.

〈예화 2〉

오늘날 세계 대부분의 국가들은 가진 자와 못 가진 자의 빈부격차 문제로 몸살을 앓고 있다. 이러한 의미에서 다음에는 1960년대의 프랑스를 택했다. 극좌파로부터 왕당파에 이르기까지 모든 정파가 난립, 망라되어 있었던 60년대의 프랑스가 건용황극을 설명하는 좋은 모델이기 때문이다.

1 = 폭력혁명파, 2 = 공산당 및 급진사회당, 3 = 사회민주당, 4 = 중도좌파, 5 = 대통령, 6 = 중도우파, 7 = 드골주의자, 8 = 극우파, 9 = 왕당파

1의 폭력혁명파는 자코방당, 레닌주의자 등 극좌파를 망라한다. 폭력혁명파는 가난한 사람이 점점 더 가난해지는 이유는 부자들이 가난한 사람들이 먹어야 할 밥그릇을 빼앗아 먹었기 때문이라고 생각한다. 폭력혁명파는 빈곤의 심화현상을 개인의 무능이나 게으름에서 연유된 것이 아닌 자본주의 체제가 낳은 구조적 모순이기 때문에 폭력혁명을 통해 자본가들의 착취를 근절시키고 그들의 재산을 빼앗아 가난한 사람들에게 고루 분배함으로써 경제적 평등주의를 실현해야 한다고 주장한다.

2의 공산당 및 급진사회당은 우선 1의 주장인 폭력혁명을 반대한다. 혁명과 반혁명의 악순환은 엄청난 양의 피를 불러올 뿐, 빈부격차의 불평등 구조를 해결하는 길이 아니라 오히려 또 다른 형태의 불평등 구조를 재생산한다. 역사적 경험으로 미루어 1789년의 프랑스 대혁명, 1917년 레닌의 볼세비키 혁명 등 이 세계의 모든 혁명은 인간 이성의 패배로 귀결되었다. 이러한 역사적 인식을 바탕으로 공산당과 급진사회당은 의회민주주의와 자본주의 시장경제의 틀 안에서 국가 기간산업의 국유화를 통한 급진적 개혁을 추구하면서 다른 한편으론 노동조합을 통한 전면파업, 사보타지, 과격시위 등 전술적 의미의 부분적 폭력을 인정하는 양면성을 지니고 있다. 그러나 이들에게 있어 경제적 평등주의는 여전히 개인의 자유보다 우선한다.

3의 사회민주당은 폭력혁명은 물론 급진적 개혁주의도 반대한다. 급진적 개혁은 오히려 더 많은 부작용을 수반한다는 것이 이들의 주장이다. 이들의 철학은 다윈의 생물학적 진화론을 사회에 적용한 사회진화론이며 정치 문제보다 복지 문제에 더 많은 관심을 기울이는 일종의 사회개량주의라 할 수 있다.

4의 중도좌파는 정치적 기반을 블루칼라 계층이라기보다 오히려 화이트칼라 계층에 두고 있다. 영국 Fabian Society의 '요람에서 무덤까지' 가

이들의 정치적 슬로건이다. 태어나서 죽을 때까지 모든 사람은 배불리 먹을 자유와 헐벗지 않을 자유 그리고 편안한 잠자리를 소유할 자유가 있다고 생각한다. 3의 점진적 사회주의파와 마찬가지로 복지연금, 실업수당, 의료보험, 주택문제에 더 많은 관심을 가지고 있다.

9의 왕당파는 1789년 이전의 절대주의 왕정으로의 복귀를 주장 시대착각주의라는 비난을 항상 듣는다.

8의 극우파는 대기업의 지배체제를 적극적으로 옹호, 개인의 자유보다 법과 질서의 존중을 우위에 둔다. 극좌파들의 체제모순이 가져온 구조적 빈곤 이론을 거부, 가난은 전적으로 경제 주체로서 개인의 무능력과 게으름 그리고 직업 연마에 대한 무성의에서 비롯된 것이며 원시사회로부터 존재해온 사회불평등 구조는 자연스러운 현상이라 주장한다.

7의 드골주의자는 개인의 자유보다 프랑스의 영광을 중요시하는 정파. 대서양에서 우랄산맥까지의 통합 유럽에 있어 프랑스가 주도적 역할을 해야 한다고 주장.

6의 중도우파는 케인즈 이론에 입각한 Trickling Bucket Policy를 선호, 넘쳐나는 버캣의 물이 대지를 적시듯 국가와 기업들의 富가 축적되어 넘쳐흐르면 그 혜택은 국민들에게 돌아간다. 전 국민의 중산층화가 이들의 정치적 슬로건이며 교육의 기회균등을 통해 가난의 대물림을 차단해야 한다고 주장.

5의 황극(皇極) 자리에 있는 대통령은 그 자신의 정파적 배경에 얽혀 있는 당리당략과는 상관없이 일단 1의 폭력혁명파와 9의 왕당파로 대변되는 두 극단주의를 배격하고 4의 중도좌파와 6의 중도우파의 정책을 각각 30%씩, 3의 사회민주당과 7의 드골주의자들의 주장을 각각 15%씩, 2의 공산당 및 급진사회당과 8의 극우파의 정책을 각각 5%씩 수용하고 종합하여 국가를 운영할 수밖에 없고 실제 그렇게 했다.

예화 1에서 5 황극자리는 판사, 예화 2에서 5 황극자리는 대통령이었다. 그렇다면 5 황극자리는 판사나 대통령 같은 높은 사회적 지위를 가진 사람에게만 해당되고 돈도 없고 권력도 없는 평범한 보통사람에게는 해당되지 않는가? 아니다. 모든 사람에게 해당된다.

〈예화 3〉

하루하루를 겨우 먹고사는 어떤 부부가 딸 하나를 두었는데 자태가 하도 고와 춘향의 재현(再現)이라는 뜻에서 사람들은 그녀를 '또춘향'이라 불렀다. 재색 겸비한 또춘향이 결혼적령기에 이르러 여기저기서 중매가 들어오게 되자 어느 날 또춘향은 가족회의를 열어 어떤 신랑감이라야 짝이 맞는가를 상의하게 되었다.

1번째 사람: 또춘향의 신랑은 ① 가문 좋고, ② 돈 많고, ③ 인물 잘나고, ④ 머리 좋고, ⑤ 주먹도 세고, ⑥ 마음씨 좋고, ⑦ 건강하고, ⑧ 다른 여자에 곁눈질하지 않고 오직 또춘향만을 사랑할 수 있는 사람이어야 한다.

2번째 사람: ① 돈 많고, ② 인물 잘나고, ③ 머리 좋고, ④ 마음씨 좋고, ⑤ 건강하고, ⑥ 또춘향만 사랑할 수 있는 사람이면 된다.

3번째 사람: ① 돈 많고, ② 건강하고, ③ 마음씨 좋고, ④ 또춘향만 사랑할 수 있는 사람이어야 한다.

4번째 사람: ① 마음씨 좋고, ② 건강한 사람.

9번째 사람: 곰보든 벙어리든 신체장애자이든 간에 또춘향이를 진정으로 사랑해줄 수 있는 사람이면 족하다.

8번째 사람: 사랑이 밥 먹여주나? ① 또춘향을 먹여 살릴 최소한의 경제적 능력이 있어야 하고, ② 그러기 위해서는 몸이 튼튼해야 하고, ③ 겉인물보다는 마음씨가 좋아야 하고, ④ 같은 값이면 다홍치마라고 겉인물도 잘나면 더욱 좋다.

7번째 사람: ① 돈, ② 건강, ③ 마음씨,

6번째 사람: 돈이란 있다가도 없고 없다가도 있는 요물(妖物)이니 현재 돈이 없더라도 몸만 튼튼하면 앞으로 얼마든지 돈을 벌 수 있다. 평생 동반자로서 부부 합심하여 사랑과 이해로서 서로 끌어주고 밀어준다면 행복한 인생이 될 것이다. 그러므로 ① 건강해야 하고, ② 심성(心性)이 좋아야 한다.

결국 또춘향은 4번째 사람과 6번째 사람이 주장했던 건강하고 마음씨 좋은 청년과 결혼하여 행복하게 살았다 한다. "순간의 판단이 평생을 좌우한다"는 격언은 바로 이를 두고 하는 말이다.

비단 또춘향 뿐만 아니라 세계의 모든 사람들은 날마다 알게 모르게 건용황극을 실천하고 있다. 모든 사람은 하루에 평균 3번 식사하는데 밥 한 숟가락은 너무 적고 공기밥 9그릇은 너무 많다. 자신이 가진 정량을 존중하여 적당히 먹어야 구미에 맞는 음식이라 해서 과식하게 되면 배탈이 나거나 소화불량증에 시달린다는 사실은 아무리 미련한 인간이라도 다 알고 있다. 현대 산업문명병 중의 하나인 비만증은 육류 음식을 편식하거나 과식하게 된 결과로 자신과의 싸움에서 패배한 5 황극의 중도(中道)를 얻지 못한 자들이 걸리는 병이다. 여기서 황극을 세워 이를 사용한다는 뜻의 건용황극을 정리해 보자.

황극은 1에서 9까지의 수에 있어 중간 자리인 5 즉, 9수 5 중(九數五中)을 말한다.

서울이 1, 부산이 9라면 중간 지점인 김천은 5로 이 경우의 5는 공간적 거리의 중간 지점인 공간적 中이며, 1시에서 9시까지의 중간 시점인 5시는 시간적 의미의 中이다.

5 황극은 공간적 中도 시간적 中도 아닌 판단의 中, 인간 오성(悟性)의 中을 말한다.

5 황극의 자리는 중화자(中和者)의 자리이다.

검은 물감과 흰 물감을 섞어 회색 물감이 나오게 되는 화학적 중화가 아니라 1에서 9에 이르는 각종 다양한 의견, 서로 반대되는 의견들을 수용하고 조율(調律)하고 수렴하여 주어진 상황에서 최선의 합리적인 결론을 도출해내는 판단의 中和를 말한다.

5 황극의 자리에 있는 중화자가 최선의 합리적 결론을 얻기 위해서는 희로애락의 사적 감정이 개입되어서는 아니 된다. 어디까지나 냉철한 이성에 의거해 판단의 中을 얻어야지 희노애락의 감정이 개입되면 자칫 그릇된 판단을 내릴 수 있기 때문이다. 건용황극(建用皇極) 즉 판단의 中을 말하는 『중용』 구절을 몇 개 살펴보자. 2장 1절: 중니(仲尼)가 말하기를

군자는 중용을 지키지만 소인은 중용에 반(反)한다.

仲尼曰 君子中庸 小人反中庸

또 2장 2절에서

군자의 중용은 주어진 상황과 조건에 맞는 시의 적절한 것이지만 소인의 중용은 원칙도, 거리끼는 바도 없는 제멋대로의 중용이다.

君子之中庸也 君子而時中 小人之中庸也 無忌憚也

고 하였다. 군자는 판단의 中인 황극을 얻어 이를 활용하지만 소인은 그렇지 못하며 군자는 주어진 역사적 조건과 시대 상황에 맞추어 시의적절한 판단의 中을 얻지만 소인은 원칙을 무시하고 자기 혼자만의 생각을 건전한 판단의 中으로 착각하는 오류를 범한다.

판단의 中을 얻어 이를 활용한 순임금의 사례가 『중용』 6장에 기록되어 있다.

공자께서 말씀하셨다. 순 임금은 큰 지혜를 가지신 분이다. 순 임금은 아무에게나 묻기를 좋아하셨고 보통사람들이 지껄이는 말 속에도 진리가 있다 생각하여 통속적인 언어를 살피기 좋아하셨으며 악은 감추고 선을 발양(發揚)하시었다. 양 극단주의를 잡아 제어하시고 판단의 中을 백성들에게 활용하셨으니 이 점이 바로 순 임금이 명군(明君)이 된 까닭이다.

子曰 舜其大知也與 舜 好問而好察邇言 隱惡而揚善 執其兩端 用其中 於民 其斯以爲舜乎

그런데 여기에서 큰 문제가 발생한다. 큰 문제란 형이상학적 의미의 中인 상제 및 사람의 영혼과 판단의 中인 황극(皇極)이 『중용』 전편에 어지럽게 혼유(混有)되어 있어 어떤 의미의 中이 『중용』의 본의(本意)인지 알 수 없게 만들어 놓았다는 점이다.

『중용』1장 1절의 天命之謂性 率性之謂道 修道之謂敎에 있어 天命은 우주의 中인 상제의 ㅇ이라고 이미 말했다. 계속하여 1장 2절에

道란 잠시도 떠날 수 없는 것이니 떠날 수 있다면 道가 아니다. 이러한 까닭에 군자는 그 보이지 않는 바를 삼가고 그 들리지 않는 바를 두려워한다.

道也者 不可須臾離也 可離 非道也 是故君子 戒愼乎其所不睹 恐懼乎其所不聞

위의 문장에서 말하는 道는 인륜도덕적 의미의 도가 아닌 사람의 中인 영혼을 말하는 것이다. 도 대신 영혼을 대입시키면 뜻이 분명해진다.

"영혼은 잠시도 육체를 떠날 수 없는 것, 따라서 영혼과 육체는 서로 분리될 수 없는 하나이다. 이러한 까닭에 군자란 눈으로 볼 수도 귀로 들을 수도 없는 無形無聲의 영혼의 말 없는 가르침을 두려워하여 육신을 항상 삼가 근신할 줄 아는 사람이다."

이렇게 번역되어야 『중용』의 대의(大意)와 합치된다. 1장 3절의

숨겨진 것보다 나타나는 것은 없고 희미한 것보다 드러나는 것은 없다.
그러므로 군자는 그 홀로 있을 때를 삼간다.
莫見乎隱 莫顯乎微 故君子愼其獨也

구절도 같은 맥락이다. 영혼은 사람의 육신 속에 은밀히 숨어 있어 눈으로 볼 수는 없지만 사람의 행위 결과에 따라 영혼은 나쁘게도 좋게도 발현된다. 악인은 경찰이나 기타 보는 사람이 없다 해서 남이 물건을 함부로 도둑질하지만 영혼이라는 감시자가 있는 것을 아는 군자는 혼자 있을 때 더욱 삼가 악행의 유혹에 타락하지 않는다는 뜻이다. 하지만 1장 1절에서 3절까지 우주의 中인 상제의 ○과 그로부터 전수된 인간의 영혼을 말하다가 1장 4절과 5절에 와서 갑자기 지금까지도 논란이 끊이지 않는 유명한 미발(未發)의 中 47자가 등장한다.

희노애락이 아직 발(發)해지지 않은 것을 일러 中이라 하고 발해져서 모두 절도(節度)에 맞는 것을 일러 和라 한다. 中이라는 것은 천하의 대본(大本)이고 和라는 것은 천하의 달도(達道)이다(1장 4절).
喜怒哀樂之未發謂之中 發而皆中節 謂之和 中也者 天下之大本也 和也者 天下之達道也

중화(中和)에 이르면 천지가 제자리를 찾고 만물이 육성된다(1장 5절).
致中和 天地爲焉 萬物育焉

한·당(漢唐) 시대로부터 청(淸)에 이르기까지 『중용』 연구학자들은

다음과 같은 의문점을 제기하고 있다.

1) 희로애락으로부터 만물육언에 이르는 47자는 원래 『중용』 본문이 아니며 『악경』(樂經)에서 이탈하여 『중용』 속으로 끼어들었을 가능성이 높다.

2) 中의 경우 서경, 시경, 역경, 예기 등 옛날 경전에는 전부 이발(已發)로 말하는데 『중용』에서만 미발(未發)로 말한다.

3) 未發의 中을 근본으로 삼으면 우주의 본체인 中을 설명할 수 없다.

4) 『중용』으로 편명(篇名)을 삼으면서 중화(中和)의 이(理)를 논한 것은 같은 책에서 모순된다.

5) 발(發)해서 중절(中節)에 맞는 것을 달도(達道)로 삼는데 『중용』 후반부에 군신, 부자, 부부, 장유, 붕우의 관계를 달도로 해석한 것은 서로 모순된다.

이상 다섯 가지의 의문점을 필자가 여기서 풀어보겠다. 결론부터 말하자면 희노애락이 이미 나타난 이발(已發)의 中은 우주의 中인 상제의 ㅇ과 이로부터 본래된 사람의 ㅇ을 말하고 희로애락이 나타나지 않은 미발(未發)의 中은 황극의 中 즉, 판단의 中을 말한다. 수영에 서툰 어떤 처녀가 해수욕을 즐기다 파도에 휩쓸려 익사 직전의 위기에 처했다. 절대절명의 순간, 한 용감한 청년이 뛰어들어 처녀를 구출해 백사장으로 옮긴 후 인공호흡을 거듭하여 처녀를 살려내었다. 죽다가 살아난 처녀는 너무 기뻐 어쩔 줄 모르고 처녀를 살린 청년도 기쁘기 그지없다. 이 광경을 곁에서 목격한 수백 명의 관객들도 마음에 깊은 감동을 받아 박수를 치며 서로 얼싸안고 기뻐한다. 이런 경우를 기쁨이 이미 발현된 이발(已發)의 마음(中)이라 부른다.

히틀러가 아우슈비츠 수용소에서 600만 유태인을 학살한 것은 문자 그대로 하나님과 인간들이 다 같이 분노하는 천인공노(天人共怒)의 만행이다. 이 소식을 당시에 들었거나 후에 책을 통해 알게 된 사람들은 인류 양심을 배반한 히틀러의 만행에 치를 떨며 노여워한다. 이 경우 노여움(怒)이 이미 방사된 이발(已發)의 마음(中)인 것이다. 존경하는 부모가 돌아가셨다는 비보(悲報)를 객지에서 접한 아들은 그만 슬픈 마음이 발동하여 땅을 치며 통곡한다. 슬픔(哀)이 이미 발한 이발(已發)의 中이다. 1945년 8월 15일 일제로부터 해방되었다는 소식을 접한 3천만 국민은 그동안 잃어버렸던 함박웃음을 찾아 모두가 희희낙락 즐거워한다. 마음의 즐거움(樂)이 웃음으로 나타난 이발(已發)의 中이다.

한편 예화 1에서 황극의 자리에 있는 판사, 예화 2에서 황극의 자리에 있는 프랑스 대통령과 예화 3에서 황극의 자리에 있는 또춘향이 주어진 상황에서 최고의 합리적 종합 판단을 얻을 수 있었던 것은 희노애락의 감정 개입을 철저히 차단할 수 있었기 때문이었다. 이것이 희노애락이 일어나지 않는 未發의 中이다(喜怒哀樂之未發謂之中).

판단의 中인 황극(皇極)을 얻기 위해서는 정신을 한곳으로 집중해야하고 정신을 한곳으로 집중하기 위해서는 부정(不淨)한 짓거리를 삼가하여 마음의 동요를 막아야한다. 부정한 짓거리란 다른 사람과 싸움이나 시비를 벌이거나(노여움의 발로) 과거에 일어났던 슬픈 사연을 반복적으로 상기하여 마음을 처연(悽然)하게 하는 일(슬픔의 발로) 등을 말한다. 발로된 희로애락의 찌꺼기가 남아 있는 상태로부터 그리고 술을 잔뜩 마시고 내리는 최중판단(醉中判斷)으로부터는 판단의 中인 황극을 얻을 수 없다.

황극의 中은 미발(未發)의 中인 동시에 중화자, 조화자의 자리이다. 중화자란 모든 사람의 의견을 존중하고 수렴하고 화합하여 모든 사람이 수긍할 수 있는 최대공약수를 이끌어내는 사람이다.

박제상의 『부도지』 17장에 나와 있는 다음 구절을 보자.

堯素不勤數 自誤九數五中之理 以爲中五外八者 以一御八 以內制外 之理 自作五行之法 主唱帝王之道 巢夫許由等 甚責以絶之

요(堯)는 평소부터 게을러 수(數)의 이치를 알지 못하였다. 1에서 9까지의 수에 있어 5의 황극자리가 중화자(中和者)라는 이치를 깨닫지 못하였다. (황극의 5數를 때로는 상제의 불편부당(不偏不黨)한 공정(公正)의 수라는 의미에서 천수(天數)라고도 부른다). 요가 생각하는 황극자리인 中五는 나머지 여덟 수자(1, 2, 3, 4, 6, 7, 8, 9)의 의견을 제압하는 이치라 생각하여 다른 사람의 의견을 무시하고 말살한 채 요의 독단적인 의견만을 앞세워 나머지 8사람의 의견을 강제로 제압하였다. 스스로 5행법을 만들어 자기 자신을 천하의 중심인 中五의 제왕이라 칭하니 소부, 허유 등이 요의 잘못을 크게 꾸짖고 그와 절교(絶交)하였다.

우주의 본체인 中이 상제의 ㅇ을 의미하는 이상 ㅇ의 본성은 불편불의(不偏不倚)하다. 不偏 즉 상제의 ㅇ은 어느 특정한 대상에만 치우쳐 있지 않고 만유의 中인 영혼으로 분유되고 이전되어 항존한다는 뜻이며, 不倚 즉 영혼은 상제의 본령과 직접 통할 뿐 어느 것에도 기대거나 의존하지 않는 독립적 자성(自性)을 가지고 있다는 뜻이다.

한편, 황극의 中은 불편(不偏)하나 불의(不倚)는 아니다. 다시 말해 황극의 자리에 있는 사람은 1, 2, 3, 4, 6, 7, 8, 9의 다양한 의견 중 어느 한 의견에만 치우치는 편벽주의에 빠져서는 아니 되나 기본적으로 1, 2, 3, 4, 6, 7, 8, 9의 의견들에 의존하고 기대어 다양한 여론들을 中和할 수 있는 능력이 있어야만 현명한 판단을 얻을 수 있다. 현명한 판단이란 너무 지나친 극단주의나 너무 모자라는 함량 미달의 의견에 동조하지 않는 결과로 얻게 되는 판단이다.

이것이 "지나치지도 않고 모자라지도 않는다"의 과불급(過不及)이다. 中을 不偏不倚過不及으로 정의한 주희의 해석은 가륵단군의 즉위조서에서 도용한 우주 본체로서의 中과 한검단군의 가르침인 건용황극(建用皇極)의 中이 엄연히 다른 뜻임에도 불구하고 이를 같은 것으로 오인하여 혼용함으로써 빚어진 결과이다. 그러므로 우주의 본체인 이발(已發)의 中 즉 다시 말해 상제로부터 전수받은 사람의 本心은 매일 사용되고 있음으로 이의 본질은 불편불의한 것이요, 희로애락의 감정 개입을 차단함으로써 현명한 판단(황극)을 얻을 수 있는 미발(未發)의 中은 불편과 불급(不偏過不及)이라 정의해야 옳은 것이다. 中이라는 철학적 개념을 둘러싸고 벌어진 해석의 혼란은 비단 유가 철학에만 국한 것이 아니라 그의 파급은 불교 철학에까지 확산되었다.

만약 불경이 한문으로 번역되지 않고 이미 사어(死語)가 된 산스크리트 어나 팔리 어로 남아 있었더라면 오늘날과 같은 세계적 주목을 받지는 못했을 것이다. 형이상학적 의미의 中을 처음으로 불교 경전 해석에 도입한 사람은 쿠차(龜玆, 지금의 신강성 庫車현)국의 쿠마르지바(Kumarajiva, 鳩摩羅什 343~413)였다. 나가르쥬나(Nagarjuna, 龍樹)의 저작 마드하야무카카리카(Madhyamukakarika)를『중관론』(中觀論)으로 한역(漢譯)한 사람이 구마라습이다.

브라만 종성(種性)에 속한 인도인 쿠마르아야나(Kumarayana, 鳩摩羅炎)를 아버지로 쿠차 국왕의 누이 동생인 지바(Jiva, 耆婆)를 어머니로 해서 태어난 쿠마르지바는 아버지의 이름인 쿠마르(Kumar)와 어머니의 이름인 지바(Jiva)를 합성하여 자신의 이름으로 삼았다. 7세에 출가하여 2년에 걸친 도보여행으로 9세 때 인도 카슈미르 지역에 도착하여 반두달다(槃頭達多)에게 소승불교를 배우고 소륵국(疏勒國)의 수리야소마(須梨耶蘇摩)에게 대승불교를 배우고 쿠차국에 돌아와 비마라차(卑摩羅叉)

에게서 율(律)을 배워 계정혜(戒定慧) 삼학(三學)에 정통하였다.

인도유러피안(Indo-Europian) 어군(語群)에 속하는 산스크리트(Sanskrit)어, 프라크리트(Prakrit)어, 팔리(Pali)어, 쿠차(Kucha)어와 한문에 능통했던 구마라습은 중관론(中觀論), 십이문론(十二問論), 백론(百論), 지도론(智度論), 법화경, 무량수경(無量壽經), 아미타경(阿彌陀經), 성실론(成實論), 대품반야경(大品般若經) 등 74부 380권을 한역하여 "불교를 동아시아에 보급하라"는 어머니의 유언을 실천하였다.

中이 무엇인가? 나가르쥬나가 『중관론』에서 말한 불가사의한 우주의 궁극적 실재를 구마라습이 우주의 본체인 中이라 번역했으므로 결국 中은 우주창조자인 하나님의 ○인 것이다. 따라서 중관(中觀)은 내 육신 속에 거주하며 배우기를 계속하는 나의 영혼은 하나님의 ○으로부터 본래된 ○이므로 나의 ○이 하나님의 ○과 하나임을 알고 깨닫는다는 뜻이다.

中 자가 들어 있는 불교 용어들을 해석해 보자.

中道 : 기존 불교계의 해석은 단(斷), 상(常)의 이견(二見), 유무(有無)의 이변(二邊)을 떠난 치우치지 않는 중정(中正)의 道라 번역하여 중용의 過不及과 뜻을 같이 하고 있다. 기존 불교계의 中道 해석은 너무 어려워 이해할 사람이 아무도 없다. 中道란 극좌 극우에 치우치지 않는 황극의 中인 중도 노선을 말하는 것이 아니라 우주 본체로서의 中인 한인 하나님의 ○을 말한다. 끊어질 斷은 육신의 목숨은 일정기간이 지나면 끊어진다는 뜻이므로 斷은 육신, 영원하다는 의미의 常은 영혼을 말한다. 같은 논법으로 있을 有는 눈으로 볼 수 있는 육신, 없을 無는 형상이 없어 눈으로 볼 수 없는 영혼이다.

이를 사카모니와 사카한인(제석은 산스크리트어로 Sakka라 부름)에 대입시키면 사카모니의 육신은 斷이고 有고 가명(假名)이며 사카모니의 ○은 無고 常이다. 常인 사카모니의 ○은 사카한인의 ○으로부터 왔고 그리로 되돌아갔으므로 상입상즉(相入相卽)론에서 보면 사카모니가 사카한인이고 사카한인이 사카모니가 되는 진리, 이것이 바로 中道인 것이다. 중도즉법계(中道卽法界)를 기존 불교계는 中道가 法界이다. 법계의 제법제사상(諸法諸事象)은 일색일향(一色一香)에 이르기까지 모조리 中道아닌 것은 없다로 해석하고 있다. 그러나 정확한 해석은 현상계의 모든 존재는 한인하나님의 ○을 분유하고 있다. 눈에 보일 듯 말 듯한 작은 개미로부터 태양과 같은 큰 별에 이르기까지 하나님의 ○이 체현(體顯)되지 않는 존재란 하나도 없다는 뜻이다.

중도제일의(中道第一義) 또는 중도제일체관(中道第一諦觀)을 천태종(天台宗, Tientaischool)의 개조인 지자(智者)대사는 "공즉가(空卽假) 가즉공(假卽空) 불이이이(不二而二) 이이불이(二而不二)라 깨닫는 것, 종가입공(從假入空)에 머무르지 않고 종공입가(從空入假)에도 정체하지 않는 양관쌍존(兩觀雙存)을 중도제일의라 한다"고 말하였다. 중도제일체관을 지자대사처럼 어렵게 해석하면 불교 믿을 사람 아무도 없다.

空은 불멸의 ○이고 假는 일시적으로 존재하는 나의 육신인 가아(假我)를 말한다. 따라서 종가입공(從假入空)은 육신을 버리고 난 나의 ○이 본래의 고향인 한인하나님의 ○으로 귀향(歸鄕)하는 열반을 말하여 종공입가(從空入假)는 하나님의 ○으로 자기 복귀한 ○이 다시 다른 육신을 받아 욕계(欲界)에 태어나는 윤회를 말한 것이다. 육신이 있어야 윤회하고 ○이 있어야 열반한다. 이러한 의미에서 육신과 영혼은 분리될 수 없는 하나이고 열반과 윤회, 삶과 죽음도 한손 안에 있는 손등과 손바닥의 관계처럼 서로 다른 것이 아니다.

사카모니의 ○과 사카한인의 ○은 수학적 개념에서 보면 두 개의 ○이지만 일법계(一法界)의 존재론적 입장에서 보자면 결코 둘이라 말할 수 없는 하나님의 ○ 하나뿐이다. 이것이 2개이되 2개가 아닌 이이불이(二

而不二)의 뜻이다. 우주 본체로서의 中인 하나님의 O은 65억 인류의 육신 속에 체현됨으로써 하나가 65억 개요, 65억 개가 하나이다. 이것이 두 개나 아닌 하나로되 하나가 여러 개로 나타나는 불이이이(不二而二)의 뜻이다. 이러한 진리를 깨달아 아는 것을 일러 중도제일의(中道第一義)라 한다.

팔불중도(八不中道)를 기존 불교계는 불생(不生), 불멸(不滅), 부단(不斷), 불상(不常), 불일(不一), 불이(不異), 불래(不來), 불출(不出)의 팔불(八不)로 해석하고 있다. 나가르쥬나는 『중관론』에서 ① 우주 최초에 연기(緣起)의 이(理)로서 不生을 말하였고 ② 不生 때문에 不滅이 있고 ③ 不常으로 말미암아 부단(不斷)이 있고 ④ 불일(不一)로 하여금 불이(不異) ⑤ 불래(不來)로 하여금 불출(不出)이라는 내용이 있다는 것을 가르쳤다. "미(迷)하고 삿된 견해를 끝까지 없애는 팔불(八不)이 곧 무어라 말할 수 없는 팔불중도의 이치다. 따라서 팔불중도의 참뜻을 알면 일체의 혼미스럽고 삿된 견해가 없어질 뿐 아니라 팔불중도라는 생각조차 없어져 버린다"고 말한다. "中道는 앞서 말한 바와 같이 '하나님의 O이다', '하나님의 O은 8가지 뜻으로 규정지울 수 없다' 라는 뜻이 八不"이다. 八不의 뜻을 정확하게 알기 위해 독자 여러분 중 한 사람을 질문자로 필자를 대답자로 설정하여 풀어보자.

문1: 하나님의 O은 언제 어떻게 생겨났나? 답: 생겨난 것도 태어난 것도 아니다. 우주 시공연속체가 존재하기 이전부터 스스로 있었다. 우주 최초의 연기의 理인 하나님의 O이 생겨났다고 믿는 것은 삿된 견해이며 不生이라고 믿는 것이 진리이다.

문2: 하나님의 O은 가멸적(可滅的) 존재인가? 답: 아니다. 불멸(不滅)이다. 하나님은 육신이 없는 우주정신 자체인 순수 O이기 때문에 불멸이다. 가멸적 존재로 규정하는 것은 삿된 견해이고 불멸의 존재로 인식하는 것이 진리다.

문3: 일정한 기간이 지나면 끊어지는(斷) 육신의 목숨처럼 하나님의 ○도 끊어지는 존재인가? 답: 아니다. 영원히 이어진다. 하나님은 육신이 없는 순수 ○인데 끊어지고 말고가 있을 까닭이 있나? 끊어진다(斷) 생각하는 것은 삿된 견해이며 끊어지지 않는다(不斷)를 믿는 것이 진리다.

문4: 하나님의 ○은 항상 한곳에만 머물러 있는가? 답: 아니다. 우주의 모든 존재에 이전되어 체현된다. 따라서 한곳에만 머물러 있는 常은 삿된 견해이고 不常이 진리다.

문5: 하나님의 ○은 하나인가? 답: 이미 말하지 않았나. 일법계(一法系)의 존재론적 의미에서 보자면 하나님의 ○은 하나이지만 ○이 작용하는 용사(用事)면에서 65억 인류의 육신 속에 하나의 ○이 모두 체현(體現)됨으로 ○은 하나가 아닌 65억 개다. ○을 하나(一)로 생각하는 것은 ○의 용사(用事)를 모르는 삿된 견해고 하나가 아닌 "불일(不一)" 즉 하나가 전부라고 믿는 것이 진리다. 의상조사 법성계 중 "하나가 전부고 전부가 하나(一卽多多卽一)"가 바로 이것이다.

문6: 65억 인류의 육신 속에 거주하면서 배우기를 계속하는 65억 개의 영혼은 서로 다른 영혼인가? 답: 아니다. 똑같은 영혼이다. 65억 개의 영혼 모두가 하나님의 ○으로부터 본래 되고 분유되고 이전된 것이다. 65억 명의 겉모습은 65억 개의 차별상(差別相)을 지어내나 65억 명이 하나님의 ○을 공통적으로 구유하고 있다는 점에 있어 무차별 절대평등인 것이다. 따라서 65억 명의 영혼을 서로 다른 영혼, 즉 이(異)로 보는 것은 삿된 견해이고 다르지 않는 불이(不異)로 보는 것이 진리이다. 깨달은 자(佛)의 4종 지혜 중 하나인 평등성지(平等性智)가 바로 이것임을 알라.

문7: 하나님의 ○은 도대체 어디로부터 왔나? 답: 온 곳이 없다. 불래(不來)이다.

문8: 하나님의 ㅇ은 어디로 가나? 답: 가는 곳이 없다. 불출(不出)이다. 온 곳도 없는데 가는 곳이 어디 있겠는가. 어디로부터(from where) 어디까지(to where) from 서울 to 부산은 400km의 제한된 공간적 거리를 말하고 from 8 to 5 o' clock은 9시간의 한정된 시간을 가리키기 때문에 from은 시작이고 to는 끝이다. 우주는 from, to가 없는 무한대의 공간과 시작과 끝이 없는 영원한 시간의 시공연속체이기 때문에 우주의 이체(理體)인 하나님의 ㅇ은 제한된 공간과 한정된 시간에 구속되지 않으므로 온 곳도 없고 간 곳도 없는 것이다. 서산대사의 제자 되기를 원하는 18세의 사명에게 서산이 물었다.

문: 그대는 어디로부터 왔는고? 답: 일찍이 간 곳이 없으니 온 곳도 없습니다.

이 말을 들은 서산대사 무릎을 탁 치며 "큰 물건 한 놈 얻었다"며 기뻐했다.

광명(光明): ㅇ(囧)의 또 다른 이름은 광명이다. 인류 역사상 가장 큰 제국을 건설하였던 태무진은 1206년 12월 알난하 상류의 초원에서 크릴타이(신라의 만장일치제 화백제도와 같은 족장연합회의)의 추대를 받아 9개의 백기를 세워놓고 칭기즈한(Chinggis Kahn)이 되었다. '한'은 한인, 한웅, 한검 할 때의 한(桓)으로서 크다(大), 으뜸, 제일 먼저라는 뜻을 가진 명사이고 '간(干)'은 '한(桓)'의 전음(轉音)으로 신라의 왕칭인 마립간(麻立干) 1품 벼슬인 대각간(大角干)에 나타나는 수장(首長)을 의미하는 말로 티베트어의 '칸'과 뜻이 동일하다. 그렇다면 칭기스(Chinggis)의 어원은 어디에서 왔으며 그 뜻은 무엇인가.

칭기스는 몽골어 Hajir Chinggis Tengri(하지르 칭기스 탱그리)에서 나왔다. Hajir(하지르)는 광명, Chinggis(칭기스)는 무한한 공간과 영원한 시간의 합성어인 한국어 '누리', 한문의 宇宙며 'Tengri'(탱그리)는 우주 창조자인 하나님을 뜻한다. 따라서 '하지르 칭기스 탱그리'는 온누리를 비추이는 광명의 신인 하나님이라는 뜻이다. 제2장에서 말한 태양앙명인중천지일도와 이 도형을 줄인 쌍십자(雙十字) 그림✴은 중앙점인 태극에서 유출된 광명이 온누리로 퍼져나가는 모습을 추상화한 것이다. 때문에 칭기스한(Chinggis Kahn)의 즉위식에 사용된 아홉 개의 백기(白旗)는 9번의 항복(인류의 일반적 상식은 백기를 항복으로 이해하고 있다)을 의미하는 것이 아니라 중앙 태극점을 교차점으로 하여 동·서·남·북·동북·서북·동남·서남의 8방향으로 뻗어나가는 8줄기의 광명을 상징한 것이다.

칭기스한은 천신을 대신하여 온누리에 광명을 전달하는 우두머리라는 뜻으로 온누리(居世)를 밝게 비추이는 우두머리라는 박혁거세간(朴赫居世干)과 의미가 동일하다. 『단군세기』(檀君世紀)에 "4세 오사구(烏斯丘) 단군 갑신 원년(B.C. 2137) 황제의 동생 오사달(烏斯達)을 몽고리한(蒙古里汗)으로 봉(封)하니 이 분이 몽골족의 조상이다"라 기록되어 있고 또한 몽골어 '알타이'는 밝은 광명이라는 뜻이다. 광명을 상징하는 흰 옷을 즐겨 입어 백의민족(白衣民族)이라 불리는 우리와 마찬가지로 동족인 몽골인들도 흰색을 신성시한다.

흰 비단, 흰 마유주, 흰 말, 흰 지붕의 게르(ger)를 선호하며 검은 사람은 죄인, 검은 집은 감옥을 의미한다. 순백색(純白色)을 사랑하고 검은색을 혐오하는 몽골인들의 의식구조는 그들의 세계관과 종교관에 그대로 현시(顯示)되어 세계를 길상(吉祥)과 광명과 지선(至善)을 상징하는 백신(白神)과 죽음과 암흑과 악을 상징하는 흑신(黑神) 간의 투쟁이 끝없이 계속되는 무대로 이해하고 있다. 광명신과 암흑신 간의 끝없는 투쟁이 벌어지는 무대로서의 세계 인식, 이 점이 바로 바이칼 호수의 시베리아를 중심으로 동쪽으로 베링 해협을 건너 아메리카 대륙의 인디언 문명과 서쪽으로 발칸 반도, 남쪽으로 티베트, 인도, 페르시아까지 확산되어 간 살만교(薩滿敎), 즉 샤머니즘(shamanism)의 본질인 것이다.

기원 전 6세기 조로아스터에 의해 페르시아에서 발생한 조로아스터교 (Zoroastrianism: 일명 拜火敎)는 세계를 천지창조 신이자 유일신인 아후라마즈다와 악의 신 알리만이 벌이는 전쟁터로 인식하여 모든 인간은 선신(善神)인 아후라마즈다를 숭배해야할 의무가 있다고 가르친다. 세계의 역사를 3천 년씩 4개의 기간으로 구분하여 마지막 4기인 9천 년에서 1만2천 년 사이에 선신(善神) 아후라마즈다가 악신 알리만을 물리쳐 큰 승리를 거둔다고 예견한다.

시대의 추이에 따라 조로아스터교는 이슬람교로 대치되어 현재 미미한 교세에 머물러 있지만 배화교가 이집트의 창세 신화, 수메르의 홍수 신화와 더불어 유대교의 형성에 지대한 영향을 미친 점은 결코 간과할 수 없다. 왜냐하면 유대교의 기본교리 또한 천지창조의 신 야훼와 사탄(satan)의 전쟁터로 세계를 규정하고 모세와 야훼 간의 계약으로 이루어진 십계명을 모든 유태인들이 지켜야할 의무로 강제하기 때문이다.

여기서 백신(白神)과 흑신(黑神), 선신(善神)과 악신(惡神), 유일신과 사탄, 광명과 암흑의 2원론적 이신관(二神觀)은 무엇을 의탁해 이루어진 표현인가를 반드시 짚고 넘어가야 할 필요가 있다. 단도직입적으로 말하자면 광명, 선, 유일신은 사람의 영혼을, 암흑, 악신, 악마는 사람의 육신을 말하는 것이다. 육신은 죽어 컴컴한 땅속으로 들어가 썩어 없어지므로 암흑의 상징이요, 영원불멸의 영혼은 육신을 여윈 후 우주의 中이며 대광명의 본체인 창조주의 O으로 회귀하기 때문에 광명의 상징이 된다. 육신의 생리는 배고픔이나 아픔을 싫어하여 항상 안락과 편안함만을 추구하는 반면 수백만 개의 다른 육신들을 윤회하면서 현생체(現生體)에 살고 있는 영혼은 언제나 진리를 갈구하며 영적 개오(開悟)와 완성을 향해 전진한다. 편안함만을 찾는 육신의 논리를 따르자니 영혼이 타락하고 영혼이 갈구하는 진리의 가시밭길을 따르자니 편안함만을 좋아하는 육신이 거부한다.

영혼과 육신의 상반성(相反性)은 이자(二者)를 대립시켜 2자간의 갈등과 투쟁을 심화시킨다. 사람들이 흔히 말하는 내 자신과의 싸움이 바로 이것이다. 영혼이 육신을 통제하고 제어하면 승리자가 되고 반대로 맛있는 음식과 편안한 잠자리를 요구하는 육신에 영혼이 굴복하면 내 자신과의 싸움에서 패배자가 된다. 따라서 악마는 내 몸밖에 있는 체외유물(體外有物)이 아니라 내 몸속에 있으면서 이성과 양심을 송두리째 잡아먹는 육체의 감각적 요구 그 자체인 것이다. 영혼과 육체를 근거로 한 선과 악, 신과 악마의 끊임없는 투쟁 이론은 시베리아의 살만교와 조로아스터교를 거쳐 발칸반도에 위치한 마케도니아 트라키아 지역의 오르페우스교(orphism)로 이전되었고. 오르페우스교의 영육투쟁설을 철학으로 발전시킨 사람이 피타고라스였다.

피타고라스 이전 고대 그리스의 이오니아 철학은 탈레스, 아낙시만드로스, 아낙시메스, 헤라클레이토스로 대변되는 유물론이었다. 우주의 아르케(Arche, 본질 시원)를 물(水)로 본 것은 탈레스이고, 물도 아니고 불도 아니고 물과 불의 대립물을 만들어내는 무규정적 무한자(Indeterminate infinite)인 아페이론(Aperiron)이라 말한 사람은 아낙시만드로스였고, 에이론(Aeron, 공기)을 아르케로 본 사람은 아낙시메스이며 물과 불이라는 서로 모순되는 대립물 간의 투쟁을 아르케(Arche)로 삼았던 사람은 헤라클레이토스였다.

피타고라스는 우주의 아르케를 물과 불 대신 영혼과 육체의 대립으로 전환시켜 소크라테스, 플라톤으로 이어지는 그리스 철학의 인성논적(人性論的) 시대를 개화시킨 장본인이다. 피타고라스는 오리엔트 지방의 노

예 신앙이었던 오르페우스교의 영향을 받아 영혼을 선(善), 육체를 악
(惡)으로 규정하여 영육을 대립시키고 육체가 잠자는 동안에만 영혼이
자유로워진다. 생각하여 침묵의 업(業)을 비법(秘法)으로 삼았으며 신자
들에게 광명을 상징하는 흰 베옷을 입을 것과 흰 수탉을 제물로 바치지
말라는 등의 금령(禁令)을 내렸다.

보다 중요한 점은 피타고라스가 영혼을 불멸의 존재로 여겨 윤회
(Metempsychosis)한다고 생각하였다는 점이다. 윤회를 벗어나는 길은
카타르시스(Katharsis, 淨化) 뿐이며 카타르시스는 관조적 정관(靜觀)인
테오리아(theoria)에서 얻어진다. 그리스어 테오리아 즉 정관은 "고요하
게 본다"는 뜻이 아니다. 바라문교의 요가론에서 이미 설명한 바와 같이
"명상을 통하여 우주의 궁극적 실재인 절대자와의 합일을 이룩하는 것
이 정관이다. 김일부(金一夫)는 『정역』(正易) 20장에서 정관우주무중벽
(靜觀宇宙無中碧)을 말했다. 우주 만물을 창조한 화화옹(化化翁)의 ㅇ인
무중벽과 그의 일부인 내 영혼은 묵상(默想)을 통해 하나로 감응하여 합
일한다는 뜻이다. 영혼의 영원불멸성과 윤회 그리고 테오리아(정관)를
통하여 소광명인 내 영혼이 대광명인 창조주의 ㅇ과 합일하는 진리, 이
것이 바로 철학이라 번역되는 그리스어 philo(사랑) sophia(영혼의 지
혜)이다.

피타고라스 철학의 계승자인 플라톤은 『파이돈』(Phiaidon)에서 다음
과 같은 명언을 남겼다. "영혼은 육체로부터 진정한 해방을 달성한다. 영
혼을 육체로부터 해방시키고 분리하는 것이 죽음이다…. 철학하는 사람
이 항상 명심해야 할 것은 다름이 아닌 그것, 영혼을 육체로부터 해방하
고 분리하는 바로 그것이다. 육체는 영혼의 무덤이며 육체로부터 영혼의
이탈이 죽음이기 때문에 철학이란 죽음에 대한 연습이다."

그리스 철학이 세계 철학의 기원이 아니라 태양앙명인중천지일의 한

(桓)사상에서 나간 철학의 한 갈래가 서양 철학의 주류인 관념론 철학의 모태가 되었기 때문에 "광명은 동방에서 법은 서방에서"(Ex oriente lux ex occidente lex) 탄생한 것이 틀림없다 할 것이다.

8. 신(褞)

褞은 하나님신, 조물주신으로 神자의 고자(古字)이다. 이중 褞자만 한문 사전에 있고 橺자는 찾아볼 수 없다. 하지만 고구려, 발해 시절 온 국민이 즐겨 독송한 『삼일신고』(三一褞誥) 원본에 橺자가 7번이나 등장하기 때문에 결국 橺자는 우리식 한자라 말할 수 있다.

먼저 褞자의 구성을 살펴보자.

褞자는 보일시(示)와 열흘순(旬)과 또차(且)로 이루어져 있다. 旦자는 한일(一)자, 달월(月)자, 날일(日)자, 갑쌀포(勹)로 구성되어 있다.

이미 말한 바와 같이 기호해석학적으로 풀이하면 二에 있어 위의 一은 하늘 밑의 一은 지구를 가리키므로 차(且)는 지구 위에 달(月)이 떠 있는 모습을 형상화한 글자이다.

旦은 지구 위에 달이 떠 있고 달 위에 태양(日)이 떠 있는 모양이다.

旦은 지구 위에 떠 있는 달(月)과 태양(日) 즉, 태양계를 감싸고 있는 더 큰 우주를 나타낸다. 그러므로 褞은 무수한 태양항성계를 내포하고 있는 시방(十方) 우주에 두루 현신하여 자신을 보여주는 지고한 존재라는 뜻이다.

위의 褞자 풀이를 바탕으로 우리식 한자인 橺자를 요해(了解)해보자. 橺자가 褞자와 다른 점은 褞자의 보일시(示)를 나무목(木)으로 바꾸어 된 자이다. 하지만 木자를 나무로 해석하면 橺자의 뜻을 풀 수가 없다. 여기서의 木자는 나무가 아닌 米를 줄인 글자이다. 바로된 목(木) 자와 거꾸로 된 목 자의 2개를 합치면 쌍십자(+과 ×)의 米 모양이 된다. 쌍십자는 『천부경』에 나오는 태양앙명인중천지일도를 줄인 것이다.

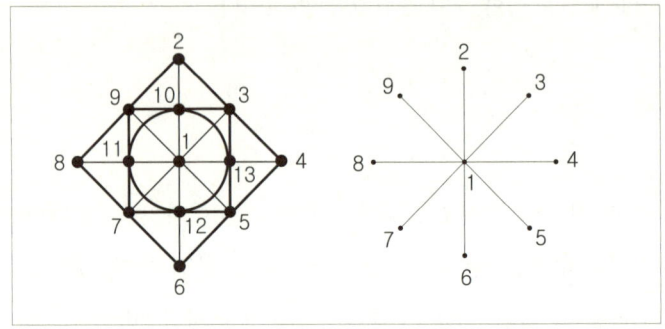

다시 말해 위 왼쪽의 태양앙명인중천지일도에서 천부인 3개(○ □ △)를 빼고 나면 오른쪽의 쌍십자도만 남게 된다. 쌍십자는 중앙태극점에서 발원된 광명이 우주 8방으로 뻗어나가는 형상이다. 중앙 태극점은 광명의 시원처(始源處)이고 교차로이며 뻗어나갔던 광명이 다시 되돌아오는 귀환점(歸還點)인 우주의 中, 우주의 理이다.

광명은 태양빛이나 보름달 같은 가시적 광명만이 아니다. 죽어 캄캄한 땅속으로 들어가 썩어 없어지고마는 육신이 암흑을 상징한다면 불멸의 영혼이야말로 영원히 꺼지지 않는 신화적(神火的) 광명이다. 우주의 中인 한인하나님은 자신의 ○을 우주의 모든 존재에게 이식, 전달해주는 하지르 칭기스 탱그리(우주 온누리에 광명을 주는 大광명신)다.

따라서 광명이세(光明理世)는 우주 만물의 영혼을 창조하여 그들 ○과 교감하고 마침내 한님의 ○에 하나로 합일하는 일법계(一法界)의 대원칙인 神의 ○, 즉 대광명이 온누리 영겁의 시간을 관통하여 지배한다는 뜻이다. 단군의 檀자도 마찬가지다. 檀은 나무를 믿는다는 뜻이 아니라 하나님의 광명(영혼)이 사면팔방으로 뻗어나가 우주 만유의 본질을 구성하는 진리를 믿는다는 뜻이다.

9. 려(呂)

한문사전에는 呂(려)를 풍류려, 등골뼈려로 풀이하고 있으나 이것으론 턱없이 부족하다. 한자에 ㅇ을 변으로 하여 구성된 글자는 없지만 呂자의 윗부분 ㅁ을 ㅇ으로 대치시켜 움모양으로 만들어보면 한층 이해가 빠르다. 움에 있어 위의 ㅇ은 하늘 밑의 ㅁ은 지구, ㅇ과 ㅁ를 연결하는 수직 ㅣ은 사람을 기호화한 것이다.

따라서 움(려)는 생물의 대표자인 사람을 매개자로 하여 하늘과 땅 그리고 지구에 살고 있는 모든 생물이 법도에 맞게 상응, 상통하여 화합을 이룬다는 뜻이다. 움자를 인체에 적응시키면 위의 ㅇ은 머리, 밑의 ㅁ은 몸통, 중간 ㅣ은 ㅇ과 ㅁ부분을 연결하는 목이다. 석굴암의 구도는 정확히 움자 형상을 따라 조성되었다. 단지 석굴암에서는 위의 ㅇ부분을 감실(龕室), 밑의 ㅁ부분을 전실(前室), 감실과 전실을 연결하는 중간 ㅣㅣ부분을 비도(扉道)라 부르는 점만 다를 뿐이다.

하늘과 땅과 사람이 리듬에 맞게 서로 화합하여 유유자적, 동심일체가 됨을 율려(律呂)라 이름한다. 또한 육율(六律)과 육려(六呂)의 음악이나 가락을 율려라 하며 1년 12개월 음양 계절에 관한 법칙을 율력(律曆)이라 부른다. 1년 12개월 중 2, 4, 6, 8, 10, 12월은 陰의 달인 육여(六呂)에 속하고 陽의 달인 1, 3, 5, 7, 9, 11월은 육율(六律)에 속한다. 六呂는 협종(夾鐘), 중려(仲呂), 임종(林鐘), 남려(南呂). 응종(應鐘), 대려(大呂)이고 태주(太簇), 고세(姑洗), 유빈(蕤賓), 이측(夷則), 무사(無射), 황종(黃鐘)은 육율(六律)이다.

 1월 太簇 2월 夾鐘 3월 姑洗 —— 春
 4월 仲呂 5월 蕤賓 6월 林鐘 —— 夏
 7월 夷則 8월 南呂 9월 無射 —— 秋

10월 應鐘 11월 黃鐘 12월 大呂 —— 冬

율려의 음악은 4시(四時, 春夏秋冬) 1년 12개월의 천지운행도수(天地運行度數)의 조화로움을 찬미하는 음악이다. 전통 학기인 현금(玄琴, 거문고), 가야금(伽倻琴), 비파(琵琶)는 율려 사상을 바탕으로 제작되었음을 『삼국사기』 악지(樂志)는 증언하고 있다.

왕산악(王山岳)이 만득 거문고는 오현금(五絃琴)과 칠현금(七絃琴)의 2종류가 있다. 5현금의 길이 3자 6치 6푼은 1년 366일을 본뜻 것이고 5현은 오행(火水木金土)을, 너비 6치는 6합(동·서·남·북·위·아래)을 위는 둥글고 아래가 모난 것은 하늘(ㅇ)과 땅(ㅁ)을 본뜬 것이며 칠현금의 길이 4자 5치는 사시오행(四時五行)을, 줄 7개의 칠현(七絃)은 북두칠성을 본 딴 것이다.

가야국의 가실왕(嘉實王)이 만든 가야금은 쟁(箏)을 본받아 만든 것인데 위가 둥근 것은 하늘을 본뜨고 아래가 고른 것은 땅을 본뜨고 길이 6자는 육합(六合)에 맞추고 12현은 1년 12개월을, 기둥 높이 3치는 3재(三才, 天地人)를 본뜬 것이다.

비파(琵琶)는 북방 기마민족이 마상(馬上)에서 타던 악기인데 손을 앞으로 내밀어 줄을 튕기는 것을 비(琵), 손을 뒤로 당겨치는 것을 파(琶)라 하기 때문에 이름이 되었다. 비파의 길이 3자 5치는 천지인 삼재와 오행을 본뜻 것이며, 4현(四絃)은 춘하추동의 사시를 본뜻 것이다. 사이좋은 부부를 흔히 금슬(琴瑟)이 좋다고 표현한다. 琴자는 임금 王 자 2개 밑에 이제 수으로 이루어져 있고, 瑟자는 임금 王 자 2개와 반드시 必자로 구성되어 있다. 개성이 서로 다른 두 임금인 아내와 남편이 이제 하나로 합해 일심동체가 된 결과, 필연적 대조화를 이루어내었다는 뜻이 금슬이다.

어찌 부부간에만 금슬이 필요하랴? 남녀노소, 혈연, 비혈연, 가릴 것 없이 친소(親疎)에 구애되지 않고 모든 사람이 모든 사람과 화합하여 아름다운 금슬을 이룩함이 『시경』에 나오는 소아(小雅)의 정신임은 이미 말했다. 천지인 삼재가 화합하는 대아(大雅)의 음악이 곧 아악(雅樂)으로서 아악은 주(周)나 당(唐)의 음악이 아니다. 하나님과 지신님과 인간, 3자가 회삼귀일의 통일적 1자(一者)로 수렴되는 동이민족 전래의 선의식(禮儀式) 때 부르는 음악으로 고구려의 동맹(東盟), 부여의 무천(舞天), 예맥의 영고(迎鼓), 신라의 숭천(崇天), 백제의 효천(效天), 이 모두 선의식을 행하던 국중대회(國中大會: 근본에 대해 감사하고 한님의 큰 덕을 기리며 서로의 화목을 다지던 나라 제사)였다.

고구려의 조의선사들 특히 광개토대왕이 즐겨 불렀던 어아가(於阿歌), 유리 이사금 때 제정되어 팔월 한가위에 불렀던 회소곡(會蘇曲)과 강강수월래(康康隋月來), 탈해 이사금의 돌아악(突阿樂)이 대표적 아악들이다.

여기에 어아가(於阿歌) 즉, 신가(禋歌) 원본을 소개한다.

어아어아 나리한님 가마고이 배달나라 나리다모 골잘너나도 가오소
어아어아 차마무가 한라다시 거마무니 설데로다 나리골잘다모 한라두리
온차마무 구설하니 마무온다
어아어아 나리골잘다모 한라하니 무리설데 마부리야 다미온마차마무나
하니 유모거마무다
어아어아 나리골잘다모 한라고비온마무 배달나라 달이하소 골잘너나
가마고이 나리 한님 나리 한님

於阿於阿 我等大祖禋大恩德 倍達國 我等皆 百百千千勿忘 於阿於阿
善心大弓成 惡心矢的成我等百百千千人皆 大弓弦同善心直矢一心同
於阿於阿 我等百百千千人皆 大弓一衆多矢的貫破 沸湯同善心中
　一塊雪惡心 於阿於阿 我等百百千千人皆 大弓堅勁同心倍達國光榮
百百千千年大恩德 我等大祖禋 我等大祖禋

어아가의 위 한문 원본은 국문 원음에 나오는 뜻을 완전히 살리지 못했고 또한 고어체(古語體)로 된 국문 원음은 현대인들에게 매우 생소하기에 필자는 국문 원음과 한문 원본에 나오는 뜻을 모두 종합하여 알기 쉽게 의역하고자 한다.

"어아어아! 우리 모두에게 한님의 ㅇ이 내려 강신(降神)하시니 조용히 상념을 모두어 한님의 크나크신 고이(大德)를 감사드리세. 한님의 ㅇ은 배달나라 전국방방곡곡에 살고 있는 모든 생령들에게 어김없이 나리사 비록 그들의 육신이 죽은 후라도 영혼만은 한님의 본령으로 가고오고 한다네(윤회 열반의 뜻)

어아어아! 한님의 참마음을 물려받은 모든 사람의 참마음(차마무는 참마음, 착한 마음의 고어이다)은 하나의 큰 활이요, 검은 마음(거마무는 검은 마음, 거짓 마음의 고어임)은 화살로 쏘아 맞추어야할 과녁이니 우리 백천만인 활줄같이 바르고 착한 마음 곧은 화살처럼 모두 한마음일세

어아어아! 우리 백천만인 모두 참마음 착한 마음의 큰 활이 되어 악한 마음의 과녁을 꿰뚫어버리니 착한 마음은 끓는 물과 같고 악한 마음은 끓는 물에 녹아 없어지는 한 점의 눈송이일세

어아어아! 모든 생령들에 한님의 ㅇ이 강림하시니 백천만인 모두 큰 활이 되어 착한 마음으로 굳게 뭉친 한마음! 배달나라 광영일세! 백백천천년 높으신 한님의 대은덕! 모든 생물을 낳아 기르신 조상신이신 우리 한님이여! 우리 하나님이여!"

어아가에 나오는 큰 활은 육신의 형상 없는 한인한님의 본심이며 모든 생령은 한님의 참마음을 옹글게 받았느냐(사람의 경우) 치우치게 받았느냐(사람 이외의 다른 생물)의 차이점만 있을 뿐 한님의 ㅇ이 강신하여 생명 존재가 된 것임에 틀림없다.

배달민족을 흔히 동이족(東夷族)이라 부르는데, 夷는 오랑캐이 자도

되지만 보다 중요한 근본 의미는 큰 활 夷자이다. 왜냐하면 大弓의 합성어가 夷자이기 때문이다.

다음으로 팔월 한가위 때 부르는 유리이사금 때 제정된 회소곡(會蘇曲)과 탈해이사금 때 제정된 돌아악(突阿樂)을 살펴보자.

『삼국사기』신라본기 유리이사금편에 다음과 같은 기록이 있다.

"유리이사금 9년(서기 32년) 6부 6성(梁部의 李氏, 沙梁部의 崔氏, 漸梁部의 孫氏, 本彼部의 鄭氏, 漢祇部의 裵氏, 習比部의 薛氏)을 정한 다음 왕녀 두 사람으로 하여금 각기 부내의 여자를 거느리고 편을 지어 가을 7월 기망(旣望, 15일)부터 매일 일찍 대부(大部)의 뜰에 모여 길쌈을 하고 한밤중에 파하되 8월 15일에 이르러 그 공의 다소를 고사(考査)하여 진편이 주식(酒食)을 장만하고 이긴 편에게 사례토록 하니 이에 노래와 춤 등 온갖 놀이가 벌어졌는데 이를 가배(嘉俳)라 하였다. 이때 진편에서 한 여자가 나와 춤을 추고 탄성(歎聲)을 지르며 회소회소(會蘇會蘇)라고 하는데 그 소리가 구슬프고 청아하였다. 후인이 그 소리로 인하여 노래를 짓고 이름을 회소곡이라 하였다."

회소의 會는 모일회, 蘇는 어조사이므로 '회소회소'의 뜻은 "모이소 모이소"이다. '모이소'는 물론 '모이십시요'의 경상도 방언이다. 어디로 모이라는 말인가?

보름달이 휘영청 밝게 비추이는 이곳, 천심과 지심과 인심이 회삼귀일(會三歸一)의 일심(一心)으로 수렴되는 태극으로 모이라는 말이다.

『천부경』에 나오는 태양앙명인중천지일의 중앙태극점에 태양 대신 팔월대보름의 만월(滿月)을 대치하면 만월앙명인중천지일(滿月昴明人中天地一)이 된다. 김일부(金一夫)는 『정역』에서 보름달은 우주를 만드신 하나님의 마음이 밝게 나타나는 천심월(天心月)이라 했다.

하나님의 밝은 마음인 팔월 한가위 천심월 밑에서 햇곡식으로 빚은 떡과 술을 서로 나누어 먹고 음복하며 풍년을 주신 하나님과 지신님의 은덕에 감사하고 사람들끼리 인화를 도모하는 축제의 선의식(禪儀式)이 팔월 가배절이다. 이때 부르는 노래가 회소곡이며 추는 춤은 돌아악이다. 돌아악의 '돌아'는 이두문으로 보름달을 닮은 원형의 모양으로 손에 손을 맞잡고 빙글빙글 돌아가는 원무(圓舞)로 오늘날까지 전해져 내려오는 강강수월래의 원형이다. 강강수월래의 원무에 동원되는 숫자는 몇 명인가?

『논어』 팔일(八佾)편에

계씨(季氏)가 자기 집 뒤뜰에서 팔일무를 추게 하는 것을 보고 공자께서 말씀하시기를 이를 보고 그냥 참아낸다면 무엇을 참지 못하리오
孔子謂季氏 八佾舞於庭 是可認也 孰不可認也

하였다. 팔일무(八佾舞)란 보름달 달밤에 천자만이 추게 하는 춤으로 8명이 8줄로 늘어서서 추며 모두 64명이 필요하다고 『논어』 해설판은 말하고 있다. 제후의 나라인 노(魯) 나라 군주도 할 수 없고 오직 천자만이 거행할 수 있는 팔일무를 노나라 3대부(大夫) 집안의 일원인 계손씨(季孫氏)가 자기 집 뒤뜰에서 추게 하는 행위는 법도에 어긋나는 월권이라는 것이 공자의 비판적 관점이다. 그러나 8명이 8줄로 늘어서서 추는 춤을 팔일무라 한 논어 해석은 분명 잘못된 것이다. 팔일무는 8명이 8열 종대 혹은 횡대로 늘어서서 추는 춤이 아니라 8×8=64명의 인원이 손에 손을 맞잡고 보름달 모양의 둥근 원을 이루어 원둘레를 반복적으로 회전하며 추는 달맞이 원무이며 돌아악이다.

오늘날 크게 유행하는 말로 웰빙(well-being)이라는 단어가 있다. well-being은 well과 being의 합성어로 well은 병들어 아프지 않은 튼튼

한 육체적 상태를 가리키는 말이고, Being은 존재로 번역되나 여기서의 존재는 육체적 존재가 아닌 정식적—영적 존재를 말한다. 따라서 well-being은 몸과 마음이 결합된 자기 존재의 양호하고도 만족한 조건, 혹은 건강, 행복, 번영으로 특징 지워지는 자기 존재의 심신적 상태로 해석될 수 있다. 하지만 웰빙의 원조가 그대 그리스가 아닌 우리 한국이라는 사실을 알고 있는 사람이 몇이나 될까? 우리들이 일상 사용하는 안녕, 건강, 강녕이라는 단어를 풀어보자.

안(安) : 마음 편안할안, **寧(녕)**: 몸 성할녕 병들어 아프거나 육신의 정상적 운영에 장애를 초래하는 외부로부터의 사고가 없는 정상적 육신의 상태를 말한다.

건(健) : 몸 튼튼할건, **강(康)** : 마음 편할강, 불안 · 초조감 · 근심 · 걱정이 없는 마음의 평정무려(平靜無慮) 상태를 말한다.

강강수월래(康康隋月來)의 康은 마음 편안할강, 隋는 따를수, 月은 달월, 來는 올래이다. 하나님의 本心인 보름달 天心月이 밝게 비추이는 마당 위에 天心月의 모습을 본 딴 64명이 손에 손을 맞잡고 둥글게 원무(圓舞)하면서 "더도 말고 덜도 말고 보름달만 같아라"의 원만대덕(圓滿大德)을 배우고 本받아 천지인 삼재합일의 원성(圓成)에 도달하는 것, 이것이 곧 康康隋月來의 철학적 의미이다. 계절의 변화에 따라 사람은 봄에 씨앗을 뿌리고 여름에 김을 매며 가을에 추수하고 겨울에 수확물을 저장하며 식물은 봄에 싹을 틔워 가을에 열매를 맺고 동물은 봄에 교미하고 가을에 털갈이한다.

이 모두 천지운행의 율려(律呂)에 맞추어 행동하는 것이니『중용』 30장에 나오는 상률천시(上律天時), 하습수토(下襲水土), 위로는 계절이 바뀌는 리듬에 맞추고 아래로는 물과 흙의 자연이치에 따르고 적응하는 모든 생물들의 생존 지혜인 것이다. 여름인지 겨울인지 분간하지 못하는 사람을 '철부지'라 부른다. 사람 이외 다른 생물들도 다 준수하는 율려의 법도를 사람이 지키지 못한데서야 어디 말이 되는가? 사람은 모름지기 율려의 법도를 거스르지 말고 천지간의 자연도수(自然度數)에 따라 순리대로 살아야 한다. 바로 이러한 이유로 박혁거세께서는 만 12살에 임금이 되시자 백성들에게 천시에 따르고 지리에 순응하는 기반 위에서 협화공생(協和共生)의 인화를 이룩하는 율려화생법(律呂化生法)을 가르쳤으며 유리 이사금의 회소곡과 탈해 이사금의 돌아악은 시조 박혁거세의 율려화생법을 축제의 예술로 승화시킨 것이다.

10. 出

出모양은 글자가 아닌 금으로 된 신라 금관 정면에 새겨져 있는 상징이다. 出형을 놓고 많은 역사학자, 고고학자, 문화인류학 학자들은 저마다 각양각색의 해석을 내리고 있다. 어떤 학자는 이를 스키타이 문화에서 유래된 사슴뿔이라 주장하였고 정신문화연구원의 박성수교수는 한웅께서 강림하였던 태백산 신단수로 풀이하였으며 또 어떤 이는 한문으로 날 出자 비슷한 모양으로 새겨진 것에 착안하여 이는 왕권의 지엄한 권위가 하늘로부터 나온 것임을 표현하는 왕권천수설(王權天授說)의 상징물로 해석하였다.

하지만 이 모두 각도가 한참 빗나간 잘못된 해석들이다. 이미 말한 바와 같이 임금王자는 하늘, 땅, 사람을 상징하는 三에 아래 위 서로 통할 곤자ㅣ이 결합하여 이룩된 글자이며 巫자는 王자의 중간 一 대신 사람 人 2개를 노골적으로 넣어 만들어낸 글자이다.

그러므로 出은 무한한 우주 공간을 수놓고 있는 모든 별들의 생명체와 색계(色界)나 무색계(無色界)에 서식하고 있는 물질적 내지 정신적 존재들과 인간으로 대표되는 욕계(欲界)의 모든 생물이 모두 우주의 中인 한님의 O으로 연결되어 있음을 나타내는 王자 ㅍ자의 상징화된 기호이다.

ㅍ그림을 자세히 들여다보면 出자라기보다 오히려 뫼山자 3개가 상하로 연결되어 있음을 볼 수 있다.

신라 52대 효공왕(孝恭王)의 아우인 김흥광(金興光)의 34대 손이 되는 광산(光山) 김씨 김일부는 이를 삼원일원(三元一元) 혹은 삼산일학(三山一鶴)으로 표현하였다.

天地之理 三元元降聖人 示之神物 乃圖乃書(『정역』 십오일언 중에서)

천지의 이치는 3원이다. 반고한인상제(盤古桓因上帝)께서 聖人을 내리시고 신물(神物)을 보이시니 그것이 바로 하도(河圖)와 낙서(洛書)이다

여기서의 三元은 天地人 三才 혹은 天皇, 地皇, 人皇을 말한다. 육신의 모습이 없는 그 자체로 하나의 커다란 O(囧)인 한인상제의 一元은 나누어지면 3才, 3元, 3皇이 되지만 회삼(會三)하면 우주 만물을 창조하신 莫非盤古桓因一元之妙用 즉, 반고한인상제의 一元(한 영혼)의 신묘(神妙)한 작용 아닌 것이 없다는 뜻이다.

하늘, 땅, 사람의 3元은 1元인 하나님 O의 작용이며 1元인 하나님은 3元의 본체며 본령이다.

風三山而一鶴 化三碧而一觀(『정역』 금화이송 중에서)

삼산에 바람이 일어나는 것은 모두 일학(一鶴)의 묘용(妙用)이니 천지인 3가

지 푸른 보석이 한인상제의 이마에 있는 푸른색의 보배구슬로부터 나온 것임을 지혜로 조견(照見)하여 아노라

여기서의 3山은 물론 天山, 地山, 人山이며, 一鶴은 한인상제를 지칭한 것이다. 시경, 주역 및 정역에서는 인간의 영혼이 한인상제의 ○(囲)인 무중벽(無中碧)과 수직으로 연결되어 있다고 말한다. 碧은 무를 벽으로 無中碧을 한국어로 번역하면 '우주에 존재하지 아니한 데가 없는 푸른 보석'이다. 『대반열반경』32권 사자후보살품에 "선남자야 대반열반경은 마치 제석천한인의 머리에 있는 푸른 보배 구슬 같아 영원불멸이며 헤아릴 수도 없느니라"는 구절이 있다.

과거, 현재, 미래의 삼세(三世)에 걸쳐 일어났거나 일어나고 있거나 일어날 법계(法界)의 모든 사상(事象)은 제석천한인의 이마에 박힌 푸른 보석으로 된 7중(七重)의 거울에 투영되며 이 거울은 저 거울을, 저 거울은 이 거울을 서로 비추어 상입(相入) 상즉(相卽)한다.

석가는 의인화신관(擬人化神觀)을 원용(援用)하여 제석천한인의 이마에 있는 푸른 구슬이라 표현하였지만 사실 푸른 보배 구슬은 무중벽과 같은 의미로 육신의 형상이 없는 우주의 中인 하나님의 ○(囲)을 말한다.

化翁無位原天火 生地十己土(『정역』一歲周天律呂度數 중에서)

조물주의 ○은 무소부재(無所不在)하시어 만물의 영혼에 생기를 불어넣는 원천의 광명이시니 지구의 땅도 원천화(原天火)로부터 생겨났다.

그렇다! 우주를 만드신 조화옹(造化翁)인 한인하나님은 무방무위(無方無位)의 원천화(原天火)이며 무량광명(無量光明)의 발광체(發光體)인 무중벽(無中碧)인 것이다.

제4장

한검(桓儉)단군과 가륵(嘉勒)단군의 즉위조서(卽位詔書)

■ 1세 단군왕검 즉위조서 (B.C. 2333, 戊辰年 10월 3일)

天心唯一 弗二厥門 爾[1)]惟純誠一爾心 乃朝[2)]天 天心恒一 人心惟同
천심유일 불이궐문 이유순성일 이심내조천 천심항일 인심유동
推[3)]己秉[4)]心 以及人心 人心惟化 亦合天心 乃用御于萬邦 爾生惟親
추기병심 이급인심 인심유화 역합천심 내용어우만방 이생유친
親降自天 惟擊爾親 乃克擊天 以及于邦國 是乃忠孝 爾克體是道
친강자천 유경이친 내극경천 이급우방국 시내충효 이극체시도
天有崩必先脫免 禽獸有雙 幣履有對 爾男女以和無怨 無妬無淫 以嚼[5)]
천유붕필선탈면 금수유쌍 폐리유대 이남여이화무원 무투무음 이작
十指 痛無大小 爾相愛 無胥[6)]讒[7)] 互佑無相殘 家國以興 爾觀牛馬
십지 통무대소 이상애 무서 참 호우무상잔 가국이흥 이관우마
猶分厥[8)]蒭[9)] 爾互讓 無胥奪 共作無相盜 國家以殷 爾觀于虎 强暴不羣
유분궐 추 이호양무서탈 공작무상도 국가이은 이관우호 강포불령
乃作孼[10)] 爾無桀[11)12)]鷔 以戕[13)]性 無傷人 恒遵天心克愛物 爾扶傾
내작얼 이무걸 오 이장 성무상인 항준천심극애물 이부경

無陵弱濟恤無侮[14]卑 爾有越厥則 永不得桓佑 身家以殞[15] 爾如有衝火于
무능약제휼무모 비 이유월궐칙 영부득신우신가이운 이여유충화우
禾田稼[16]將殄[17]滅桓人以怒 爾雖厚包 厥香必漏 爾擎持彝[18]性 無懷慝[19]
화전가 장진 멸신인이노 이수후포 궐향필루 이경지이 성 무회특
無怨惡 無藏禍心 克擎于天親于民 爾乃福祿無窮 爾五加[20]衆其欽[21]哉
무원악 무장화심 극경우천친우민 이내복녹무궁 이오가 중기흠 재

註, 1) 爾: 너 이 2) 朝: 여기서는 아침 조가 아닌 만날 조이다. 『서경』에 나오는 江漢朝于海는 강물이 한곳으로 모여 바다로 흘러들어간다는 뜻이다. 따라서 朝天은 하나님 영혼의 일부분인 사람의 영혼이 본령인 하나님의 ㅇ으로 모여 감통한다는 뜻이다. 3) 推: 궁구할 추 4) 秉: 잡을 병 5) 嚼: 씹을 작, 깨물을 작 6) 胥: 모두 서, 서로 서 7) 蒭: 꼴 추, 짐승먹이 추 8) 讒: 참람할 참, 간악할 참 9) 厥: 그것 궐, 그 궐 10) 孼: 첩자식 얼, 요물 얼 11) 驁 : 뻣뻣할 오, 깔볼 오 12) 桀驁: 성질이 거세고 나쁨 13) 戕 : 배말뚝 장 14) 侮: 업신여길 모 15) 殞: 죽을 운, 떨어질 운 16) 稼: 심을 가 17) 殄: 다할 진, 끊을 진 18) 彝: 떳떳할 이, 종묘제기 이 19) 慝: 간사할 특, 간악할 특 20) 五加: 馬加, 牛加, 羊加, 狗加, 猪加 등 오가의 벼슬 이름은 고구려 시절까지 전해져 내려왔다. 하지만 오가(五加)가 五行에서 나온 것이고 또한 조서 곳곳에 너희 백성들이라는 표현이 있는 것으로 미루어보아 단군께서 벼슬아치만을 상대로 연설했다고 볼 수 없다. 21) 欽: 공경할 흠

"하나님은 우주에 중존(中存)하는 한마음(一心)일 뿐이며 그곳으로 이르는 문은 둘이 아니다. 너희 백성들 오직 순수한 정성으로 한마음을 지킨다면 언제나 하나님을 친견할 수 있으리라. 하나님의 마음인, 천심이 항상 변하지 않는 하나이듯 하나님의 마음이 강림한 사람들의 마음 또한

이와 같아서 자신의 마음을 궁구(窮究)하여 한결같이 한마음을 먹게 되면 이러한 마음이 다른 사람들의 마음에 옮겨져 모든 사람이 한마음으로 감화되어 하나님의 천심에 합쳐지게 되나니 이 세상 어느 곳에서나 큰 쓰임(用)을 얻게 되리라.

너의 백성들은 오로지 부모로부터 태어났으되 그 최초의 어버이는 하늘나라로부터 스스로 강림하신 한웅이시니라. 너의 육친의 부모를 공경함은 하늘로부터 스스로 강림하신 한웅 아버지를 공경하는 것이며 이것이 바로 한인하나님을 공경하는 것이니 이러한 경천(擎天)사상과 효친사상이 내외토에 널리 전파되는 것을 충효라 이르며 이것이 바로 진리(道)이니라. 너희 백성들이 만약 이 충효의 도를 잘 체득할 수 있다면 설사 하늘이 무너진다 하더라도 반드시 먼저 화를 면할 수 있을 것이니라. 새들과 짐승들도 제짝이 있고 헌 신발도 짝이 있어 한 켤레를 이루듯 너희들 남녀도 서로 짝을 이루어 화목하게 살 것이며 어떠한 원망도 질투도 음란함도 없어야 할 것이니라.

열 손가락을 깨물어 보아라. 큰 손가락, 작은 손가락 가릴 것 없이 모두 아플 것이다. 그러므로 너희 백성들은 서로 사랑할지언정 서로 헐뜯지 말 것이며 서로 도울지언정 서로 다투지 말아야 집안과 나라가 흥성할 것이니라. 너희 백성들 소와 말을 보아라. 오히려 먹이를 서로 나누어 먹지 않느냐? 너희 백성들도 서로 양보할지언정 서로 빼앗지 말며 서로 도와 함께 일할지언정 서로 도둑질하지 않으면 나라가 은성(殷盛)할 것이니라.

너희 백성들 호랑이를 보아라. 강포하고 신령스럽지 못하여 비천하게 되었지 않았느냐. 너희 백성들은 호랑이처럼 사납게 날뜀으로써 하나님으로부터 물려받은 천성을 잃어서도 아니 되고 사람을 상하게 하여서도 아니 되나니 항상 하나님으로부터 받은 천심을 지켜 만물을 사랑할지어다. 기울어져 가거나 쓰러져 가는 존재들을 부축해줄 것이며 약한 존재들을 능멸하지 말고 불쌍히 여기는 마음으로 구제해줄 것이며 낮은 자를 모멸하지 말지어다. 너희 백성들이 만약 하나님으로부터 본래되고 전수된 한마음을 벗어나 천심에 위배되는 행동을 하게 되면 하나님의 도움을 영원히 얻지 못하게 되어 몸과 집안이 모두 멸망하리라.

너희 백성들이 만약 논에 불을 질러 벼를 하나도 남김없이 태워버린다면 하나님과 사람들이 모두 노할 것이니 너희가 비록 이를 두텁게 싼다 할지라도 그 타는 냄새가 반드시 새어나올 것이니라. 너희 백성들 또한 이와 같아서 항상 공경스럽고 밝고 떳떳한 성품을 길이 간직할지니 사특(邪慝)한 마음이나 악한 마음이나 남에게 화를 끼치려는 마음은 아무리 감추려 해도 감추어지지 않는 법이니 오로지 하나님을 공경하는 마음으로 사람들을 공경하며 친하게 대한다면 하나님이 내리시는 복록이 무궁하리라. 동서남북의 사방과 아사달에서 온 백성의 무리들은 내가 지금까지 말씀해온 이 뜻을 높이 우러러 받들고 따를지언저!"

■ 3세 가륵(嘉勒)단군 즉위조서(B.C. 2176, 乙巳年 9월)

天下大本在於吾心之中一也 人失中一則事無成就 物失中一則體乃傾覆
천하대본재어오심지중일야 인실중일즉사무성취 물실중일즉 채내경복
人心有危道心 惟微唯精唯一 允執厥中 然後中正可得也 惟中惟一之道
인심유위도심 유미유정유일 윤집궐중 연후중정가득야 유중유일지도
爲父當慈爲子當孝 爲君當義爲臣當忠 爲夫婦當相擎 爲兄弟當相愛
위부당자위자당효 위군당의위신당충 위부부상당경 위형제당상애
爲老少當有序 爲朋友當有信 恭儉持己博愛及衆 以廣弘益常尊國是
위노소당유서 위붕우당유신 공검지기박애급중 이광홍익 상존국시

各盡其職 勳勉致産 修學鍊業 啓知發能 鑄成德器 成己 自由 開物平等
각진기직 훈면치산 수학연업 계지발능 주성덕기 성기 자유 개물평등
以天下自任當尊 是 朕與爾國人 切切佩服而勿替者也 庶幾一體 完實之
이천하자임당존 시 짐여이국인 절절패복이 물차자야 서기일체 완실지
至意焉其欽哉
지의언기흠재

"천하의 크나큰 근본은 내 마음속의 중일(中一: 우주에 中存하고 있는 본체가 中一이니 곧 육신의 형상이 없는 하나님의 영혼이다. 따라서 한님의 ○(囲)으로부터 본래 되어 헤아릴 수 없이 많은 윤회 과정을 거쳐 현재의 내 육신 속에 거주하고 있는 하나님 ○의 일부가 中一이다)에 있다. 사람으로서 中一을 잃어버리면 어떠한 일도 성취될 수 없고 사람 이외 다른 생물들이 중일을 잃게 되면 형체가 기울어지고 뒤집혀 죽고 만다. 현재 나의 육신 속에 거주하고 있는 인심이란 천생지(天生智)가 아닌 현생체(現生體)에 발현된 후득지(後得智)의 산물로 온갖 근심, 걱정이나 갈등이 일어나게 되면 인심은 평형을 잃어 걷잡을 수 없이 위태롭게 되나니 애오라지 정성을 다하여 하나님의 마음인 天心, 道心과 하나되게 하여 하나님으로부터 물려받은 本心을 잡은 후에라야 가히 바르고 하나된 진리를 얻을 수 있으리라!

내 마음과 하나님의 마음이 하나되게 하여 현실 세계에서 실천할 수 있는 道는 아버지된 자 마땅히 자식에게 자애를 베풀어야 하고 자식된 자 마땅히 부모에 효도해야 하며 임금된 자 마땅히 정의로워야 하고 신하된 자 마땅히 한마음을 다하여 나라와 백성들을 섬겨야 하며 부부된자 마땅히 서로 공경해야 하며 형제는 마땅히 서로 사랑하고 늙은이와 젊은이는 마땅히 차례가 있어야 하고 친구간에는 마땅히 서로 믿음이 있어야

할 것이니라. 하나님을 공경하고 검소한 생활을 하며 하나님이 주신 사람의 본성을 지켜 널리 만물을 사랑하여 중생일체에 미치게 함이여! 두루 중생을 사랑하는 홍익정신을 더욱 더 넓게 펼치고 항상 국시(國是)를 지켜 맡은 바 자기 자리에 노력과 재능을 다할 것이며 땀방울 흘려 부지런히 일함으로써 생산을 이루고 배움을 닦고 직업을 연마하고 하나님으로부터 물려받은 천생지(天生智)를 밝게 하고 능력을 발휘하여 마치 대장간에서 녹아나는 쇳물을 두드려 좋은 연장을 만드는 것처럼 항상 스스로를 다지고 두드려 덕이 충만한 그릇으로 만들지어다. 이렇게 함으로써 자기 자신을 완성하고 만물의 매개자인 홍익인간으로서 도덕적 자유를 고양하여 인간 세계와 중생계를 아우르는 온전하고도 올바른 역할의 평등성에까지 두루 미치게 한다면 우리가 살고 있는 하늘 밑의 이 지상 세계는 스스로 높임을 받게 될 것이니라.

위에 말한 내용들을 짐은 그대들 백성들과 더불어 구구절절 가슴에 아로새겨 하나도 어긋남이 없게 할 것이니라. 우주에 존재하는 만물의 기틀과 하나님이 결코 둘이 아닌 온전한 한 몸이라는 이 지극한 뜻이 완전한 열매를 맺을 수 있도록 높이 받들어 따를지언저!"

한검단군의 즉위조서와 3세단군 가륵천황의 즉위조서를 동시에 기재한 이유는 한검단군의 즉위조서에서 ① 忠 → ② 擎天 → ③ 孝親 → ④ 事人如天 → ⑤ 克愛物의 사상을 취(取)하고 가륵단군의 즉위조서로부터는 → ⑥ 成己 → ⑦ 自由 → ⑧ 開物平等 → ⑨ 以天下自任當尊의 개념을 취하여 이들을 순서대로 진행시키고 결합시켜야만 홍익인간 이세광명(弘益人間 理世光明)의 완전한 한철학(桓哲學)이 되기 때문이다.

수를 순서대로 나열하면

0, 1, 2, 3, 4, 5, 6, 7, 8, 9 다시 0이 된다. 마지막 자리에 10대신 0을 두

는 것은 10은 10진법을 사용하여 1의 10배가 되는 수이며 원래의 수는 사실상 0이기 때문이다. 한웅이 태백산 강림 시에 가지고 오신 천부인 3개 중 ○이라는 개념은 단독으로는 아무런 수가 될 수 없고 단지 1, 2, 3, 4, 5, 6, 7, 8, 9의 다른 숫자와 결합했을 때만 0.01, 103, 5,900과 같은 성수(成數)가 될 수 있다. 따라서 처음 ○과 마지막 ○의 자리에 天心을 놓는다. 육신의 형상이 없는 하나님의 ○인 天○(囲)을 내 마음속에 살고 있는 中一(在於吾心之中一)로 표현하신 가륵단군의 말씀을 대입시키면 하나님의 마음인 天心이 곧 하나님의 ○인 天囲이다. 天心 = 天囲이다.

이를 다시 정리해 보면 다음과 같다.

○→1→2→3→ 4 → 5→ 6→7→ 8 → 9 → ○
天心,忠,擎天,孝親,事人如天,克愛物,成己,自由,開物平等,以天下自任當尊, 육신이죽은후
                                                               다시하나님○
                                                                으로 자기복귀

○에서 와서 ○으로 돌아가는 것, 空에서 와서 다시 空으로 가는 것, 無에서 와서 無로 돌아가는 것, 이것이야말로 불교의 윤회와 열반이며 노자의 복귀어무극(復歸於無極)이며 유교와 동학의 천도무왕불복지리(天道無往不復之理)이며 예수께서 말씀하신 바 영혼의 완성을 위해 인간이 필연적으로 겪어야할 운명인 것이다. 이제 각 항목을 구체적으로 살펴보자.

1. 천심(天心), 도심(道心)과 인심(人心)

天心은 하나님의 마음이다. 한검단군은 "하나님의 마음은 우주에 중존(中存)하는 一心일 뿐이며 그곳에 이르는 문은 둘이 아니다(天心惟一弗二厥門)"라고 하셨다. 天心이 이미 내 속에 강림해 있으므로 사람이 天心을 찾으려면 먼 허공에 계시는 하나님에게서 구할 필요 없이 자기 마음속을 들여다보면 되기 때문에 天心으로 들어가는 문은 둘이 아니라 하셨

다. 그런데 가륵단군의 즉위조서에는 "내 마음속에 있는 中一(吾心之中一)"이라 하였고, "내 마음속에 있는 中一을 꽉 잡아라(允執厥中)"는 표현이 있는 한편 "人心은 위태롭고 道心은 미약해진다(人心有危道心惟微)"는 표현이 있어 '中一' 은 무엇이고 '天心' 과 '道心' 은 무엇이며 어떻게 다른가 하는 의문을 자아내게 만든다.

해답은 이렇다. 우주의 本을 한인하나님의 ○(囧)으로보면 '中', '中一', '一中' 이 되고 우주의 本을 하나님의 마음으로 보면 '天心' 또는 '道心' 이 된다. 中자 해설에서 설명했듯이 하나님은 형상을 갖춘 육신없이 불생불멸(不生不滅)의 ○(囧)으로만 존재하기 때문에 우주의 中은 하나님의 ○이란 뜻이고, 中一은 ○의 하나님, 一中은 하나님의 ○이란 뜻이다. 그렇다면 한검단군은 우주의 本을 하나님의 마음으로 보아 天心 하나만을 말씀하셨는데 가륵단군은 왜 사람의 마음인 人心과 하나님의 마음인 道心을 구별해서 말씀하셨나? 예수처럼 우주의 本을 창조주의 영혼으로 보면 설명이 간단하나 창조주의 마음인 天心, 道心 혹은 本心으로 보면 문제가 복잡해진다.

6·25 전쟁 때, 형은 국군 아우는 인민군으로 복역했는데 형과 아우가 마주쳐 형이 아우를 겨냥해 총을 쏘며 "내 本心은 쏘고 싶지 않은데 어쩔 수 없이 쏘게 되는 이 아픈 마음을 누가 알아주랴"며 한숨을 내쉬었다. 本心이 곧 하나님으로부터 받은 道心이고 어쩔 수 없이 쏘게 되는 이 아픈 마음이 당체(當體)에서 생겨난 일시적 마음인 人心이다.

囧자를 구성하는 2개의 口 중 하나는 혼(얼) 또 다른 하나의 口는 신(牪)으로 신(牪)은 육체의 소멸과 함께 사라지고 혼 부분만이 본래 자기가 왔던 곳인 하나님의 ○(囧)으로 자기 복귀하게 된다. 고로 天心, 道心, 本心은 囧의 혼(얼) 부분에 해당되고 人心은 囧의 牪부분에 해당되는 현생체(現生體)에서 후천적으로 생겨난 마음이다.

이해를 돕기 위해 앞서 몇 번이나 인용한 100만 개의 이름 모를 육신 → 클레오파트라 → 측천무후 → 잔 다르크 → 유관순 → 현재의 나로 이전되어온 한 영혼의 윤회사에 맞추어 이를 설명해보자.

영혼으로 설명하자면 100만 5개의 서로 다른 육신에는 100만 5개의 牲이 있으나 혼은 하나뿐인 것과 같이 마음으로 설명해도 100만 5개의 서로 다른 육신에는 100만 5개의 人心이 있으나 윤회하는 道心은 오직 하나밖에 없다. 클레오파트라적 마음은 클레오파트라의 육체가 죽으면 자동 소멸되지만 클레오파트라의 육체를 임시 거주지로 삼았던 道心은 클레오파트라 이전 100만 개의 서로 다른 육체들을 윤회하여 클레오파트라의 육체 속에 머물다가 육체의 소멸과 동시에 측천무후, 잔 다르크, 유관순, 현재 나의 육체로 차례차례 윤회하여온 道心이다. 이런 이유로 한검단군은 "너희 백성들 오직 순수한 정성으로 하나님으로부터 받은 天心을 지킨다면 네 속에서 하나님을 친견할 수 있다" 하셨고, 가륵단군은 "후천적으로 생긴 나의 人心 가운데 강림하신 하나님 마음인 道心을 꽉 잡은 후에라야 바르고 하나된 진리를 얻을 수 있다" 말씀하신 것이다.

가륵단군의 즉위조서 3행에 나오는 人心有危 道心惟微 唯精唯一 允執厥中 中正可得也의 유명한 문장은 원작자가 가륵단군임에도 불구하고 지나인들은 이를 표절하여 요와 순이 한 말씀으로 버젓이 둔갑(遁甲)시켜 여러 문헌에 기록하고 있다. 『논어』(論語)에

요 임금이 말하기를 아아! 너 순(舜)아! 하늘의 역수가 너의 몸에 있으니 진실로그 중용을 잡을지니라. 사해가 곤궁해지면 하늘의 녹이 영영 끊어지리라. 순 임금도 이 말씀을 우 임금에게 일러주셨다

堯曰 咨爾舜天之曆數 在爾躬 允執厥中 四海困窮 天祿永終 舜亦以命禹

『서경』 우서(虞書)에

사람의 마음에 욕심이 끼게 되면 위태롭기만 하고 도를 향한 마음은 미약해지기만하니 오로지 정신을 하나로 모아 성실한 마음으로 中正의 도리를 지키라.
人心惟危 道心惟微 惟精惟一 允執厥中

또한 『중용』 장구서(章句序)에

상고에 성신(聖神)이 하늘을 이어 만인의 준칙을 세우면서부터 도통의 전승이 시작되었으니 그 경서에 나타나 있는 것으로 진실로 그 中을 잡으라 한 것은 요(堯)가 순(舜)에게 전수한 것이요. 인심은 위태하고 도심은 미묘하니 정밀히 하고 한결같이 하고서야 진실로 그 中을 잡으라고 한 것은 순(舜)이 우(禹)에게 전수한 것이다.
蓋自上古 繼天立極 而道統之傳 有自來矣 其見於經 則允執厥中者 堯之所以授舜也 人心惟危 道心惟微 惟精惟一 允執厥中者 舜之所以授禹也

『중용』 장구서(章句序) 4에

대개 이 문제를 논해보자면 마음의 허령지각(虛靈知覺)은 하나일 뿐이다. 그래도 인심과 도심의 분별이 있게 되는 것은 인심이 형기(形氣)의 私에서 생겨나고 도심은 성명의 正에 바탕을 둠으로써 그 지각하는 바가 같지 않기 때문이다.
蓋嘗論之 心之虛靈知覺 一而已矣 而以爲有人心道心之異者 則以其或生於形氣之私 或原於性命之正 而所以爲知覺者不同

『중용』 장구서(章句序) 6에

반드시 도심으로 하여금 항상 일신을 주재하게 하고 인심을 항상 이에 순종하게 하면 곧 위태한 것은 안정되고 미세한 것은 나타나서 그 행동과 말씨에 스스로 지나침도 모자람도 없게 될 것이다

必使道心 常爲一身之主 而人心 每聽命焉 則危者安 微者著 而動靜云爲 自無過不及之差矣

『중용』장구서(章句序) 10에

자사가 중용 첫머리에 천명(天命)과 솔성(率性)이라한 것은 곧 도심을 말한 것이요. 선을 가려 굳게 잡는다고 한 것은 곧 정밀하고 한결같음을 말한 것이요. 군자는 시기에 맞게 응한다 한 것은 곧 中을 잡음을 말한 것이다

其曰 天命率性 則道心之謂也 其曰 擇善固執 則精一之謂也 其曰 君子時中 則執中之謂也

『서경』에 따르면 요가 순에게 선양(禪讓)하면서 말한 것이 윤집궐중(允執厥中)이요, 조선사람 순이 부루단군의 도움을 받아 황하의 홍수를 퇴치한 우에게 임금 자리를 물려주면서 允執厥中 앞에 人心惟危 道心惟微 惟精惟一의 삼언(三言)을 덧붙였다는 주장이 중용장구를 쓴 주희의 해석이다.

그러나 위의 말이 실려 있는 『서경』자체가 실은 요순시대의 기록이 아니라 훨씬 후대에 공자의 제자들이 꾸며낸 위작(僞作)임이 청조(淸朝)의 고증학자인 염약거(閻若據)와 혜동(惠棟)에 의해 증명되었으므로 "인심유위 도심유미 유정유일 윤집궐중" 의 16자는 사실상 요나 순과는 아무런 관계도 없다. 춘추시대 공자의 제자들이 가륵단군의 즉위조서에서 16자를 표절하여 마치 요 임금, 순 임금이 말한 것처럼 가짜로 꾸민 것에 틀

림없다. 예나 지금이나 중국은 참으로 구제할 수 없는 가짜 천국이다. 남의 글을 도둑질하여 글의 대의(大意)도 모르면서 억지해석을 하자니 允執厥中을 "中을 잡아라", "중용을 잡아라", "中正의 도리를 지키라" 등으로 『서경』과 『중용장구』는 오역하고 있다. 中은 中자 해설에서 말한 바와 같이 오성(悟性)의 중도(中道)인 건용황극(建用皇極)의 中과 우주 본체로서의 中, 2가지가 있는데 윤집궐중에 나오는 中은 우주 본체로서의 中인 하나님의 영혼 즉 천령을 말한다.

가륵단군 조서 첫머리에 나오는 "내 마음속에 거주하고 있는 中一(在於吾心之中一)이 바로 그것이다. 마음으로 표현하자면 하나님의 마음은 天心, 本心, 一心, 道心, 唯心, 心眞如이고, 성품으로 표현하자면 하나님의 성품은 天性, 本性, 禧性이며 ○(田)으로 표현하자면 하나님의 ○은 天田, 中, 中一, 理體, 本體, 道體, 法身, 眞如이다.

우주에 하나밖에 없으되 우주 시공연속체에 편만(遍滿)하고 충일(充溢)하여 존재하지 않는 곳이 없는 우주 본체로서의 中一은 나라는 존재에게로 이전되고 분화되어 이 세상을 살아가면서 배우기를 계속한다. 동학의 표현을 빌리자면 "내 마음속에 한울님을 모시고 있으며(侍天主)", "나의 육신 속에는 한울님의 영혼이 살고 있고(內有禧田)", "우주 만물은 한울님의 ○(田)적 기화로 이루어진 것(外有氣化)의 결과물이다. 그러므로 나의 육신 속에 거주하고 있는 하나님의 ○을 단단히 잡아서 天○과 合一하라. 현재의 내 육신 속에서 후천적으로 생성된 내 마음은 진리의 기준이 될 수 없으며 믿을 수 없는 위태로운 마음인고로 오직 나의 마음 속에 잠재되어 있는 진리의 마음인 하나님의 道心과 合一된 연후라야만 올바른 진리를 얻을 수 있다는 뜻이 人心惟危 道心惟微 惟精惟一 允執厥中 然後 中正可得也이다.

『중용』 장구를 쓴 주희는 人心과 道心을 現生體에서 발생하여 공존하고 있는 두 마음으로 보고 道心을, 지어지선(止於至善)의 善心, 人心을 인욕(人欲)에 물든 惡心으로 해석하여 선악이 혼재된 인심이 道心의 지배를 받을 때만 위태로운 人心이 안정된다고 말한다.

주희의 오류는 첫째, 道心이 윤회한다는 진실을 전혀 몰랐다는 점, 둘째 道心은 군자에게만 있고 소인배에게는 없는 점으로 해석한 점, 셋째 道心을 군자와 성인의 윤리도덕심으로만 이해한 점이다.

젊은 시절 불교신자였던 주희가 道心의 윤회성을 알지 못했다는 점은 의외다. 주희는 14세 시 아버지 주송(朱松)의 유언에 따라 호헌(胡憲), 유면지(劉勉之) 등에게 불교 철학을 배웠고 대혜선사(大慧禪師)로부터 구자불성(狗子佛性: 개새끼에도 불성이 있다)의 화두를 받아 선에 정진하던 위인이었다.

그러던 주희는 나이 24세 시 유학자 이동(李侗)과의 만남을 전환점으로 삼아 당시에 만연했던 불교의 空 사상과 唯識사상을 반대하는 대항 논리로 송학(宋學)의 이론적 체계를 완성하게 되었다.

송학이란 범중엄(范仲淹)→주렴계(周濂溪)→정명도(程明道)→정이천(程伊川)으로 이어지는 사단(四端, 仁義禮智)과 오륜(五倫)을 기반으로 한 도덕 철학과 구양수(歐陽修)와 사마광(司馬光)의 춘추학(春秋學, 역사학)을 하나로 결합한 학문이다.

주희 철학의 핵심은 이기론(理氣論)이다. 주희에 의하면 "理는 形而上의 道로서 만물을 이루는 本이며, 氣는 形而下의 器로서 만물의 형질을 이루는 具이다. 만물은 반드시 理를 받은 뒤에 性이 있고 氣를 얻은 뒤에 形이 있다." 天으로부터 理와 본연의 性을 똑같이 부여받았다는 점에 있어 만물은 무차별평등하지만 氣의 맑고 탁하고 두텁고 얇고 어둡고 밝음(淸濁厚薄昏明)의 차이에 따라 만물의 형태가 다르게 나타나므로 현실 세계는 불평등할 수밖에 없다는 것이 이기이원론(理氣二元論)의 골자이다. 옥산(玉山) 강의에서 주희는 맑고 밝은 氣를 받아 물욕이 전혀 없는 사람이 성인이고 현인은 맑고 밝은 氣를 받아 물욕을 道心으로 극복한 사람이며 우인(愚人)과 불초(不肖)는 어둡고 혼탁한 氣를 받아 물욕을 떨쳐버릴 수 없는 부류의 인간들이라 규정하였다.

임금과 사대부 계급은 맑고 두텁고 밝은 氣를 받아 태어난 사람들이므로 높은 지위를 누릴 수 있으며 농공상의 기층민은 혼탁하고 얇고 어두운 氣를 받아 비천하게 태어난 사람들이기 때문에 이러한 부류의 인간들이 사대부 계급에 복종하는 것은 당연한 일이다. 주희에 있어 봉건사회의 신분제도는 인위적이고 가변적인 것이 아니라 天, 즉 초월적 理가 정해준 천부적인 것이기에 氣가 혼탁하고 얇아 농민이나 농노로 태어난 자들을 생산기반으로 삼는 봉건제도는 자연의 이치에 합당한 도리이며 농공상에 종사하는 자들이 사대부 계급에 무조건 복종해야만 하는 것도 하늘이 정한 의리의 道를 따르는 것이다. 여기서 한 가지 크게 주목해야할 사실이 있다. 주희가 20대 중반에 불교와 절연(絶緣)하여 불교 철학을 배척하는 대항의 논리로 송학(宋學)을 완성했다고는 하지만 그는 여전히 불교의 철학 용어를 그대로 답습하여 자신의 철학 체계로 삼고 있다는 점이다.

理와 氣는 유가 고유의 철학 개념이 아니다. 理는 앞서 말한 바와 같이 동진(東晋)의 지둔(支遁)스님으로부터 빌려온 개념이며 氣 역시 불교 화엄학의 이사무애법계(理事無碍法界)에서 事를 氣로 바꾸어 이기이원론(理氣二元論) 내지 이기유애법계(理氣有碍法界)로 변조한 것이다.

理는 무엇이고 氣는 무엇인가?

간단히 말하자면 理는 우주에 하나밖에 없는 理體, 本體로서 창조주 하나님의 天疁을 말하고 事나 氣는 일법계(一法界, 우주)에 나타난 만유의 육신을 말한다. 무릇 생명이 있는 것은 그 몸이 바로 하나의 氣이다.

따라서 氣가 취합(聚合)되어 있는 상태가 육신의 삶(生)이고, 氣의 흩어짐이 육신의 죽음(死)이다. 하지만 하나님의 理體가 거주하고 있는 육신은 종(種)에 따라 상대적 차별상이 있다. 사람, 코끼리, 고래, 황새, 소나무, 나비, 개미는 나타난 겉모습으로 보자면 氣의 상대적 차별상이 현저하나 모두다 조물주 영혼의 일부를 공유하고 있다는 점에 있어 절대 평등한 것이니 이것이 바로 이사무애법계의 실상(實相)이다.

氣의 차별상 즉 육신의 현상적 차별상은 각 생물이 가지고 있는 유전인자에 의해 좌우될 뿐 결코 천부적으로 결정된 것이라 말할 수는 없다. 만약 주희의 주장대로 氣의 청탁후박혼명(淸濁厚薄昏明)론을 사람과 코끼리, 제비와 황제에 적용하자면 사람보다 몇 배나 큰 체구를 가진 코끼리는 오히려 성인인 체하는 주희보다 더 두터운 氣를 타고났으며 창공을 춤추듯 유유하게 날아가는 제비는 오히려 구중궁궐에 갇혀 사는 황제보다 더 맑고 밝은 氣로 태어난 존재라 말할 수 있다.

영혼은 육신이라는 의지처가 없으면 용도를 확장할 수 없고 육신은 영혼의 힘을 빌리지 않고는 그 능력을 발휘할 수가 없다. 때문에 영혼과 육신 理와 氣, 理와 事는 둘이 아닌 하나로서 이기일원(理氣一元)이며, 이기이원(理氣二元)이 될 수 없다.

한때 불교신자로서 이러한 진리를 모를 턱이 없는 주희는 다분히 대토지 소유자에 의한 장원(莊園)경제 체제와 농공상 계급에 대한 사대부 계급의 지배구조로 특징 지워지는 남송의 봉건체제를 수호하고 강화하려는 의도에서 理, 氣를 분리하여 우주본체로서 형이상학적 의미의 理를 인간 이성 특히 사대부 계급의 理性으로 격하시키고 理를 맹자가 말한 인의예지(仁義禮智)의 사단(四端)에 국한하여 이를 道心이라 규정하고 氣를 천한 인간들의 하잘것없는 감정, 즉 희로애구애오욕(喜怒哀懼愛惡欲)의 칠정(七情)에 편입시켜 이를 人心으로 해석, 감성에 대한 理性의 우위와 人心에 대한 道心의 탁월성을 주장하였다.

『주역』계사전(繫辭傳) 十二의 四에 "형상 없는 것을 일러 道라 하고 형상 있는 것을 일러 器라 한다"(形而上者謂之道 形而下者謂之器)고 했다. 형상 있는 그릇이란 곧 육체를 말함이요 형상 없는 道란 곧 영혼 또는 天心, 道心을 말함이다. 고로 道心은 우주에 하나밖에 없는 하나님의 마음이며 결코 사대부 계급의 윤리 도덕심을 말한 것이 아니다. 道인 영혼 또는 天心, 道心은 하나님으로부터 받고 器인 육체는 부모로부터 받는다.

생명체를 구성하는 이중나선형의 기본인자인 디옥시리보핵산(DNA)과 리보핵산(RNA)에는 맑고 탁하고 두텁고 얇고 어둡고 밝음의 기계론적 2분법이 적용되지 않는다. 따라서 인체에 대한 생물학적 탐구가 전무했던 시대에 形而下의 器(육체)인 氣(에너지의 흐름)를 청탁후박혼명(淸濁厚薄昏明)으로 구분한 주희의 편벽된 관점은 결국 맑고 두텁고 밝은 氣를 타고난 지배계급과 탁하고 얇고 어두운 氣를 타고난 피지배계급의 수직형 사다리꼴 봉건사회를 합리화시킨 어용철학에 불과할 따름이다.

솔직히 고백하자면 필자 자신도 원효의 『대승기신론소』(大乘起信論疏)를 읽기 전까지는 道心이 윤회한다는 진리를 깨닫지 못하였다. 신유학파들이 해결하지 못했던 人心과 道心의 문제, 다시 말해 윤회전생을 전제로 한 道心과 현생체에서 발생한 人心과의 상호연관성을 올바르게 파악하여 해석한 인물은 원효였다. 원효가 지은 『대승기신론소』는 용수(龍樹), 제바(提婆), 청변(靑辨) 등을 중심으로 한 중관파(中觀派)의 空사상과 무착(無着), 세친(世親) 형제를 중심으로 한 유식파(唯識派)의 아리야식(阿梨耶識, Alaya-vijnana)논을 하나의 카테고리로 통합한 불후의 명작이다.

空사상은 우주의 本體를 하나님의 ○(田) 즉 大乘으로 본 것이며 유식사상은 우주의 본체를 창조주의 一心인 아리야식으로 본 것이다. 석가의 원시불교, 지나의 각론적 불교의 모든 교리를 會通하여 하나의 철학 체계로 통합한 불교 완성자로서의 원효 사상은 놀랍게도 모두 단군 사상에서 나온 것이다. 한검단군의 즉위조서 첫머리에 나오는 天心과 가륵단군의 道心이 곧 원효가 말하는 一心이다.

한검단군의 손자인 가륵단군은 할아버지가 말씀한 天心을 사람의 육신 속에 거주하고 있는 一妙衍萬往萬來用變不動本本心本의 道心으로 표현하고 현생체에서 발생한 조변석개(朝變夕改)의 마음을 人心으로 표현하셨는데 바로 가륵단군의 道心이 원효의 心眞如이고 人心이 원효의 心生滅이다.

心眞如는 우주에 하나밖에 없는 불생불멸의 道心으로 윤회하며 心生滅은 문자 그대로 현생체에서 생겨났다가 현생체의 죽음과 함께 없어지고 마는 가변적 人心이다. 두 분 단군의 즉위조서에 나오는 天心, 道心, 人心이 철학적 개념을 원효가 心眞如, 心生滅의 불교 용어로 바꾸어 사용한 점은 원효의 성장과정과 당시 신라 사회를 지배하던 사상적 주류가 무엇인지를 알고 나면 한층 이해가 빠르다. 우리가 원효에 대해 알고 있는 부분은 『삼국유사』 원효불기(元曉不羈) 편에 나와 있는 단편적 이야기뿐으로 여기에는 출가 이전의 원효 행장(行狀)이 생략되어 있다. 하지만 경주 설(薛)씨 세헌보(世獻譜, 족보)에는 다음과 같은 흥미로운 사실이 기록되어 있다.

① 원효의 어머니 파라(婆羅) 부인은 사라수(沙羅樹) 밑에서 원효를 출산하자마자 원적(圓寂)하셨다. 그때가 해뜨기 전 새벽이었으므로 으뜸 元 새벽曉가 이름이 되었다.

② 원효가 11세 되던 해 아버지 내말공(乃末公)은 김유신의 아버지 서현(舒玄) 장군과 더불어 고구려 낭비성을 공격하다 전사하였다.

③ 12세 되던 해 원효는 할아버지 적대공(赤大公)을 따라 서라벌 내을

신궁(柰乙神宮)에 이르러 당대의 국선(國禪)이었던 문노(門弩) 문하에서 국선도(國禪道)와 병법을 배워 국선 화랑이 되었다.

④ 16세 시 원효는 내을신궁에서 해마다 열렸던 전국화랑무술경연대회에서 1등을 하였다. 무술대회 장원급제로 인하여 하사받은 원효의 장검(長劍)은 포항 오어사(吾魚寺)에 보관되어 있다가 일제 시절 도실(盜失)되었다. 647년 진덕여제 원년 백제 군사들이 무산(茂山) 감물(甘物) 동잠(桐岑)의 삼성(三城)을 침략해 오자 화랑 원효는 김유신과 함께 전쟁에 참여하여 혁혁한 무공을 세웠다. 전투 중 원효가 김유신에게 추천한 비녕자(丕寧子) 장군과 문노 문하에서 원효와 동문수학한 비녕자의 아들 거진(擧眞)과 그의 노복이던 명절(命節)이 함께 전사하자 3인의 시신을 수습하여 정중히 장사 지낸 사람도 원효였다.

⑤ 원효의 결혼 시기는 일반적으로 잘못 알려진 38세나 45세 때가 아니라 23세 시에 아유타공주(일명 요석공주)와 결혼하여 설총을 낳았다.

⑥ 원효는 23세에 결혼하여 6년간 세속에 몸담았다가 29세에 출가하여 35세에 성불하였다. 이 점은 신기하게도 29세에 출가하여 6년의 고행 끝에 35세에 부처를 이룬 석가모니와 동일하다.

위에 열거한 원효의 행장(行狀) 중 가장 중요한 부분이 ③ 항으로서 12세에 내을신궁에 들어가 문노 문하에서 국선도와 병법을 배워 국선 화랑이 되었다는 점이다. 말 잘 타고, 칼 잘 쓰고, 활 잘 쏜다해서 국선 화랑이 되는 것은 아니다. 신라의 국선도와 고구려의 조의선사에 나타난 禮이 무엇인가? 禪, 仙, 僊, 單이 모두 禮에서 나온 것임을 밝힌 禮자 해설에서 이미 말한 바와 같이 禮은 보일示와 믿을豊의 합성어이다. 소우주인 나의 영혼이 대우주인 한인하나님의 ㅇ(囲)과 계합하여 하나가 됨으로써 하나님과 나는 결코 둘이 아닌 하나라는 것을 굳게 믿어 실천을 통해 드러내 보이는 신앙이 禮의 뜻이다. 다시 말해 내 마음 밖에서 형상 없는 하나님의 존재를 찾는 것이 아닌 내 마음속에 이미 강림해 있는 하나님의 마음인 天心을 자기 존재의 본질로 대오각성하는 내유신령심외무신(內有神靈心外無神)의 정신이 선(禮)의 핵심이다.

국선도를 창설한 11세 도해(道奚)단군의 국사(國師)였던 유위자(有爲子)께서는 一神所降者是物理也(하나님이 이미 강림해 있는 존재 이것이야말로 만물의 이치이다)말씀하셨고 도해단군께서는 대원일(大圓一)에서 眞我一神攸居之宮也(참나란 하나님의 ○(神)이 항상 머무르고 있는 궁궐이다)라고 말씀하셨다.

원효의 본적이 국선 화랑이라는 점을 염두에 두고 원효가 논파(論破)한 대승의 의미를 살펴보자.

대승(大乘)의 종체(宗體)는

① 고요하고 공적(空寂)하다

② 현묘(玄妙)하고 또 현묘하여(玄之又玄之) 만상(萬像)의 모습은 모두 이것으로부터 나온다

③ 백가(百家)의 말 속에 들어있는 듯하나 언설(言說)로 드러내어지는 것이 아니다

④ 육안(肉眼) 천안(天眼) 혜안(慧眼) 법안(法眼) 불안(佛眼)의 오안(五眼)으로도 실체를 볼 수 없고 불교 교리에 달통한 사변(四辨)으로도 실체의 모습을 말할 수 없다

⑤ 크다고 하자니 지극히 작아 無內(겉과 속을 구별하기 힘든 지극히 작은 미립자)에 들어가도 완전히 다 들어가 하나도 남음이 없다

⑥ 작다고 하자니 無外(우주는 공간적으로 무한하여 어디가 바깥이고 어디가 안인지 內外의 경계가 없다)를 덮어 싸고도 오히려 남음이 있다

⑦ 그것을 있다 하자니 한결같이 쓰고도 空한 상태요

⑧ 없다 하자니 만물이 다 이것을 타(乘) 생성된다

그러므로 "정작 어떻게 표현해야 할지 몰라 억지로 이름을 붙여 대승이라 한다"(不知何以言之强號之謂大乘) 결론지었다.

이제 독자 여러분들께서도 우주의 본체인 하나님의 ○(囧)이 대승임을 알 수 있을 것이다. 대승의 大는 크다는 뜻으로 만유를 포용하는 우주의 본체이고 乘은 수레 승으로 수레가 사람과 물건을 실어 나르듯 우주 만물에 타타타(Tathata, 진리, 眞如)를 실어 나르는 것을 공용(功用)으로 삼기에 기탁을 비유하여 이름 지워진 것이다. 우주와 만물에 널리 두루한 상주불변(常住不變)의 본체로서 오직 나의 영혼과 하나님의 영혼이 하나라는 것을 깨달은 자만이 알 수 있는 진성(眞性)이 곧 대승인 바 『승만경』, 『능가경』에서는 여래장(如來藏)으로 반야부계통의 경전에서는 쏲 혹은 大慧로 『법화경』에서는 一乘, 『유마경』에서는 眞解脫者로 표현되어 있다.

여기서 이 책을 읽는 불교 승려나 신도들은 어찌하여 당신은 부처님 대신 하나님을 대입하여 大乘을 비로자나불의 법신(法身)이라 하지 않고 하나님의 영혼이라고 말하는가 하며 의문을 제기할 것이다. 이에 관해서 제7장에서 충분히 설명해 놓았으므로 여기서 구체적으로 거론하지는 않겠으나 비로자나불은 우주를 창조한 창조주가 아니기 때문에 엄밀히 말해 大乘의 본체는 아니지만 불교 교리에 입각하여 편의상 비로자나불을 대승의 본체로 보아도 무방하다는 점을 밝혀둔다.

如來는 산스크리트 어와 팔리 어의 타타가타(Tathagata)를 한역한 말인데 타타가타가 어떻게 합성된 말인가에 따라서 차이가 있다.

Tatha(진리)+gata(간다)는 如去이고 Tath(진리)+agata(온다)는 如來이기 때문에 타타가타(Tathagata)를 정확하게 번역하면 如來如去라는 뜻이 된다.

如는 같은 여이므로 如來如去는 나와 똑같은 존재로부터 내가 왔고 나와 똑같은 존재에게로 내가 간다는 뜻이다. 홍길동과 똑같은 사람이 홍길동이듯 나와 똑같은 사람이란 나 하나밖에 없다.

나는 누구인가? 100만 개의 서로 다른 육신→클레오파트라→측천무후→잔 다르크→유관순→현재의 나의 비유에서 말했듯이 100만 5개의 서로 다른 육신은 일시적으로 존재했던 가짜 나이며 진짜 나란 100만 4개의 서로 다른 육신을 윤회하여 현재 내 몸속에 머무르고 있는 창조주의 영혼이다. 나의 ○(囲)은 창조주의 ○(囲)이고 창조주의 ○(囲)이 곧 나의 囲이므로 진짜 나는 창조주다. 그러므로 如來如去는 창조주는 창조주로부터 나와 창조주에게로 돌아간다. 나는 나로부터 나와 나로 돌아간다는 뜻이다.

우주의 본체를 一乘으로 보면 空 사상이 되고 一心으로 보면 유식 사상이 된다.

구태어 두 사상의 차이점을 지적하자면 空 사상은 우주만유를 절대 평등한 평등성지(平等性智)의 존재론적 입장에서 본 관점이고 유식사상은 나라는 인식의 주체와 내가 인식하는 객관적 대상이 결코 분리될 수 없는 전일적(全一的) 하나라는 것을 깨달아 결과적으로 주체와 객체, 주관과 객관의 경계를 허물어버리는 인식론적 입장을 대변한 것이라 말할 수 있다.

가륵단군적 표현으로 말하자면 우주의 본체를 하나님의 ○인 中一로 보면 이는 空 사상이 되고 우주의 본체를 하나님의 道心으로 보면 유식 사상이 된다. 따라서 가륵단군의 人心과 道心과의 상호관련성을 유식론의 팔식(八識), 즉 ① 눈으로 보는 안식(眼識), ② 귀로 듣는 이식(耳識), ③ 코로 냄새 맡는 비식(鼻識), ④ 혀로 맛보는 설식(舌識), ⑤ 춥고 덥고 배고프고 아픔을 느끼는 신식(身識)의 오식(五識)과 6식인 의식(意識, manovijnana), 7식인 말나식(末那識, manas: 선도 아니고 악도 아닌 無

記의 상태로 잠복되어 있는 我痴, 我見, 我慢, 我愛의 4종 번뇌), 8식인 아리야식(Alaya vijnana)에 대입시키면 안, 이, 비, 설, 신의 5식과 6식, 7식은 현생체에서 생긴 人心에 해당하고 8식인 아리야식은 수연유전(隨緣流轉) 즉 필연성의 인연에 따라 100만 4개의 다른 육신을 유전하여 현재 내 몸속에 머무르고 있는 진짜 나(眞我)인 道心에 해당된다.

수많은 불경을 번역한 쿠마르지바는 아리야식을 무몰식(無沒識)으로 법상종 개조인 현장은 장식(藏識)으로 한역(漢譯)하였는데 결과적으로 둘 다 완전하지 못한 번역이 되고 말았다. 정신활동의 3가지 영역은 心, 意, 識인바 心은 산스크리트어로 citta, 意는 manas, 識은 vijnana며 아리야식은 心에 해당하므로 마땅히 이를 유심(唯心, 오직 한마음, citta-matra)으로 번역해야 이해하기가 쉽다. 바수반두(世親)는 "삼계는 오직 唯心뿐이다" 하였고 그의 형 아상가(無着)는 『섭대승론』(攝大乘論)에서 "만물은 궁극적으로 모두 唯心으로 돌아간다" 하였으며 화엄교학의 진수(眞髓)는 "일체유심조(一切唯心照: 우주만물은 一心의 거울에 투영된 한 물건일 따름이다)가 아니던가.

클레오파트라를 예로 들어 설명해 보자.

클레오파트라의 眼識을 인식의 주체로 삼으면 클레오파트라의 눈에 자신의 육신은 남자의 육신과 다르고 사람의 겉모습은 코끼리, 황새, 여우, 나비와 판이하여 코끼리, 황새, 여우, 나비도 서로 닮은 모습이 아닌 천차만별의 다른 모습이다. 따라서 클레오파트라의 안식에 대립되는 대상(對象) 세계는 주관과 객관이 분리된 차별적 현상계이다 하지만 현상계에 모습을 드러낸 만유는 겉모습의 상대적 차별상에도 불구하고 존재의 본질인 창조주의 唯心(아리야식)을 공통적으로 구유하고 있다는 점에 있어 절대 평등하다. 나의 육신 속에 아리야식이 거주하고 있다면 나와 겉모습이 다른 상대에게도 똑같이 아리야식이 있다. 나라는 주체 내에 거주하는 아리야식과 나 이외 객체에 거주하는 아리야식이 차별성이 전혀 없는 똑같은 아리야식임을 깨닫는다면 나와 너, 주체와 객체, 주관적 세계와 객관적 세계를 구분하는 경계선이 무너지면서 우주만유가 곧 나이고 내가 곧 우주만유가 되는 궁극적 진리를 얻게 된다.

　이러한 진리의 개오(開悟)를 방해하는 자는 누구인가? 현생체에서 발생한 6식과 7식이 바로 그들이다. 클레오파트라의 6식인 클레오파트라 특유의 의식구조를 한마디로 표현하자면 "나를 보고 반하지 않는 남자는 남자가 아니다"라고 정의할 수 있다. 천하의 영웅으로 자처하던 시저도 안토니우스도 그녀의 살인적 미모에 넋을 잃어 벼락 맞은 황소처럼 비틀거리며 신음한다. 영웅으로서의 권위와 체면을 다 벗어던지고 그녀의 무릎 아래 엎드려 사랑을 구걸하는 이들 사내들의 가련한 모습을 바라보는 것만으로도 클레오파트라는 최대의 쾌감을 느낀다. 여왕이라는 지위, 엄청난 부와 보석들, 모든 남자를 뇌살시키는 절세의 미모, 무엇 하나 모자랄 것도 부러울 것도 없는 클레오파트라지만 외관상 가장 행복해 보이는 그녀에게도 끊임없이 일어나는 번뇌가 있다.

　"늙어 피부가 쭈글쭈글해지고 이마와 눈가에 주름살이 늘어나면 어느 사내가 나를 거들떠볼 것이며 여왕의 지위와 엄청난 부도 내가 죽고 나면 무슨 소용인가?"

　이러한 번뇌가 꼬리에 꼬리를 물고 계속 일어나 클레오파트라의 마음을 괴롭히면서 하나의 번뇌는 또 다른 모습의 번뇌를 새끼 쳐 일파의 번뇌가 만파의 번뇌로 번져나간다.

　이러한 과정이 이른바 번뇌의 생주이멸(生住異滅) 현상이다. 번뇌의 생주이멸은 결국 클레오파트라로 하여금 늙어 모든 것을 잃기 전에 자신이 욕구하는 물건을 다 소유하려고 하는 取(12인연 중 하나로 집착을 말함)와 고통을 싫어하고 쾌락을 사랑하는 愛(12인연 중 하나로 자신의 육신에 대한 애착)로 굳어져 無明(12인연 중 하나로 살기 위해 맹목적으로 움직이고 있는 육신, 무명은 광명의 반대말로서 세계 모든 종교의 공통적 가르침은 육신을 암흑, 영혼을 광명으로 봄)이 지은 업행을 이끌고 온갖 염상(染相)을 만들어 진여(眞如)의 아리야식을 오염시킨다.

원효(元曉)는 말하였다.

진여의 깨끗한 법성은 실로 더러움이 없으나 다만 무명으로 훈습되기 때문에 오염된 모양이 있게 된다. 무명의 오염된 法에는 본래 깨끗한 작용이 없으나 다만 진여로서 훈습되기 때문에 곧 깨끗한 작용이 있게 된다

眞如淨法 實無於染 但以無明而熏習故 則有染相 無明染法 本無淨業 但以眞如而熏習故 則淨用也

클레오파트라 당체(當體)의 無明에서 생긴 6식과 7식은 100만 개의 이름 모를 육신을 유전하여 그녀의 육신 속에 머무르고 있는 진여(아리야식)를 온갖 더러움으로 물들여 오염시키지만 본래 청정한 아리야식은 깨끗하고 순수한 작용을 일으켜 오염의 본거지인 6식과 7식을 도리어 정화시킨다. 이것이 6, 7식과 8식 간에 거래되는 상호작용으로서 아리야식을 진망화합식(眞妄和合識)으로 부르는 이유이기도 하다.

세계를 주관적 세계와 객관적 세계로 양분하여 객관적 세계에 나타난 대상의 현상적 차별상을 진실제(眞實際)로 보는 것은 어디까지나 오식과 6식과 7식에 의한 망심(妄心)이고 심생멸문(心生滅門)이며 현상적 차별상을 뛰어넘어 모든 존재에 내재되어 있는 아리야식(一心)의 절대 평등성을 깨달아 우주만물을 一心의 거울에 투영된 一物로 보는 것만이 眞心이고 眞如며 모든 존재의 본성이 眞如(Tathata)의 아리야식임을 깨닫는 것이 곧 本覺이고 性淨涅槃이고 一切種智이고 大圓鏡智다. 이러한

경지에 이르기 위해서는 허망한 심념(心念)에 불과한 6, 7식과 대상과의 관계를 끊어버리고 나의 마음이 창조주의 唯心과 合一되는 요가카라(yogacara, 瑜伽行)을 통해 一心의 근원인 아리야식 본래의 모습을 깨달아야 한다.

이상 『대승기신론소』에 나타난 원효의 논지를 필자 나름대로 간략히 설명하였다. 주목해야 할 대목은 내을신궁에서 12세에 국선 화랑이 된 원효가 『대승기신론소』의 저자인 자신을 해동사미 원효(海東沙彌元曉)로 소개한 점이다. 사미(沙彌)나 사문(沙門)은 정식 승려가 아닌 견습생으로 비구가 되고자 하는 입문 수행자를 뜻하는 명칭인데 어떻게 불교 초보자에 불과한 원효가 마명이 쓴 『대승기신론』의 논지를 칼로 무를 자르듯 이것은 맞다 저 논지는 틀린다는 식의 단정적 해석을 내릴 수 있느냐 하는 의문이 제기된다. 비유로 말하자면 이는 마치 초보 운전자가 노련한 운전자의 경험을 무시한 채 자동차 운전의 모든 법도(法度)와 규칙을 단정적으로 규정하는 것과 같다. 하지만 해답은 의외로 간단하다.

문사철(文史哲)에 달통한 대석학 최치원은 난랑비서(鸞郎碑序)에서 "불교, 유고, 도교의 삼교(三敎)는 모두 국선도의 본류에서 갈라져 나간 지류임을 천명하였다. 그렇다. 불교의 유가행(瑜伽行)과 선정(禪定), 여래여거(如來如去)의 타타가타(Tathagata), 유교의 존심지경(存心持敬)과 수정거경(守靜居敬), 도교의 홀황(惚慌) 좌망(坐忘) 오상아(吾喪我)의 수행법은 모두 참선(參禪)을 통해 신아일체(祗我一體)임을 깨닫고 확인하는 국선도적 수행 방법의 삼교적 표현에 불과할 따름이다. 佛性之體正是一心(깨달음의 본체는 바로 이것 한마음뿐이다)이라는 원효의 표현은 하나님의 마음은 오직 하나의 一心일 뿐, 그곳에 이르는 문은 둘이 아니다(天心惟一弗二厥門)라는 한검단군의 말씀과 무엇이 어떻게 다른가?

원효대사 뿐만 아니라 혜공(惠空)대사, 혜숙(惠宿)대사, 의상대사, 사복(蛇福)대사, 신라 왕자 출신으로 정중종(淨衆宗)의 개조가 된 무상(無相)대사, 지장보살로 추앙받는 안휘성 구화산(九華山)의 김교각(金嬌覺) 대사와 표훈(表勳)대사, 도선국사, 문창후(文昌候) 최치원이 모두 국선 화랑 출신이다.

대부분의 사람들이 최치원을 유학자로만 알고 있는 점 또한 크게 잘못된 인식이다. 최치원은 절에 가면 고운대사(孤雲大師)요 도교의 도관에 가면 해운신선(海雲神仙)이며 유교의 서당에 가면 경학대장(經學隊仗)과 토황소격문(討黃巢檄文)을 쓴 천하의 대문장가로서 모든 유생(儒生)과 동몽(童蒙)을 가르치는 대선생님이시다.

경북 의성 단촌(丹村)에 있는 고운사(孤雲寺)는 고운대사가 창건한 절이며, 부산 해운대는 달밤에 흰 갈매기들과 더불어 유유자적 선유(仙遊)하던 해운신선의 이름을 따 붙여진 지명이며 경학대장은 고려 초기까지 태학의 한 과목으로 지정되어 관리들을 가르치던 경국치세(經國治世)의 교과서이다.

어제는 서당의 선생으로 오늘은 정처 없이 떠도는 운수납자(雲水衲子)의 고운(孤雲)스님으로 내일은 흰구름과 갈매기를 벗삼아 유유저적 선유(仙遊)하는 해운(海雲)신선으로 3일만에 겉모습을 3번이나 바꾸어 삼교(三敎)의 문턱을 들락날락하여도 마음에 아무런 장애(障碍)가 없는 일체무애인(一切無碍人)이 되었던 이유는 유불선(儒彿仙)의 삼교가 모두 국선도에서 갈라져 나간 지류임을 익히 인지하고 있었기 때문이다. 유불선의 별당(別堂)에서 안빈낙도하던 최치원이 본가(本家)로 다시 돌아와 국선 화랑으로서의 진면목을 천하에 드러낸 유사 이래 가장 큰 사건은 신시 시절 신지(神誌)가 쓴 전비문(篆碑文)에 수록되어 있던 『천부경』을 한문 81자로 번역하여 후세에 전한 일이다.

유불선은 변색(變色)이요 국선도가 본색(本色)이었던 최치원의 행장이 이러한데 하물며 최치원보다 240년 선배로서 머리를 깎으면 원효대사요 머리를 기르면 복성거사(卜成居士)였던 국선화랑의 원조격인 원효를 불교의 좁은 테두리 안에 구속하여 불교 승려로서만 그의 위치를 한정지으려는 불교계와 학계의 관점은 전적으로 부당한 것이다.

『대승기신론소』 첫 머리에 원효가 사용된 현지우현지(玄之又玄之)란 용어는 불가의 개념이 아닌 『도덕경』 1장에 나타난 도가의 문자이며 또한 원효의 저작에 자주 등장하는 무시지시(無始之時: 시작이 없는 과거)와 무종지시(無終之時: 끝남이 없는 미래)의 無始, 無終은 불가의 언어가 아닌 『천부경』에 나오는 단군철학의 고유 언어이다.

『천부경』이 수록된 『신지비사』(神誌秘史)는 조선조 세종에까지 전해져 옛 전자(篆字)를 모방한 훈민정음 28자 제정(制定)에 결정적 역할을 했다.

최치원뿐만 아니라 조선조 세종도 알고 있고 심지어 조선조 명종 때 사람인 남사고(南師古)까지 알고 있었던 『천부경』의 내용을 원효대사께서 몰랐을 리가 만무하다. 『천경신고』(天經神誥, 천부경과 삼일신고)를 필수 과목으로 하고 참전(參佺, 참은 진리, 전은 사람人과 온전 全자의 합성어이므로 참전은 참되고 온전한 사람 즉 홍익인간이라는 뜻)으로 계(戒)를 삼아 원행(遠行)의 실천궁행(實踐躬行)으로 산수간(山水間)에 좌선(坐禪)도 하며 혹은 생활현장의 한복판에서 백성들과 고락을 함께 하는 홍익인간의 전도사가 바로 국선화랑의 참뜻이다.

『천경신고』의 기초 위에서 지상의 신라국을 천상의 천국으로 만들겠다 약속한 박혁거세의 부도복본(符都復本)은 불교의 입장에서 이상 사회를 說한 원효의 불국정토론과 선가(仙家)의 입장에서 이상 사회를 묘사한 최치원의 『계원필경』(桂苑筆耕)으로 나타났지만 근본은 오직 하나, 3인 모두 신도풍류(禠道風流)의 국선화랑으로서 단군 사상의 정통적 계승자들이라는 점이다. 합천 해인사에 보관되어 있는 고려대장경 가운데 원효의 『십문화쟁론』(十門和諍論)은 원문이 거의 마멸되고 부식된 상태의 잔문(殘文)만이 몇 구절 남아 있는데 그 첫째 문이 공유이집화쟁문(空有異執和諍門)이다. 중관파(中觀派)의 空 사상과 유식학파의 有사상이 서로 다른 것이라 집착하는 견해를 비판하고 결국 空과 有, 眞空, 妙有가 서로 다른 것이 아니라는 것을 증명하여 하나로 통일한 논지가 공유이집화쟁문의 골자다.

나가르쥬나로 대표되는 중관파는 我空, 法空, 一切皆空의 三空을 최고의 원리로 삼는데 비해 아상가와 바수반두로 대표되는 유식파는 假有, 實有, 妙有의 三有를 최고의 원리로 삼는다.

空이 우주 창조주의 ○임은 이미 말씀드린 바와 같고 假有는 일시적으로 존재하는 중생의 육신이고 實有는 일시적으로 존재하는 유한한 육신 속에는 나지도 죽지도 멸하지도 않는 불생불사불멸(不生不死不滅)의 실질이 있다는 뜻이며 오묘, 절묘, 신묘, 현묘한 우주 창조주의 一心인 妙有에 의해 중중연기(重重緣起)된 것이 모든 존재의 實有이기 때문에 우주에는 오직 妙有인 一心(아리야식)밖에 없다는 논리가 유식파의 주장이다. 가륵단군의 中一과 道心과 人心 그리고 원효의 공유이집화쟁문과 광개토대왕, 강이식, 을지문덕, 연개소문, 양만춘 등 고구려의 조의선사들이 즐겨 불렀던 다물흥방가(多勿興邦歌)의 한 구절을 비교하여 스스로 그 깊은 뜻을 헤아려 보기 바란다.

  人中天地爲一兮여 心與禔卽本爲一故요
  인중천지위일혜 심여신즉본위일고
  其虛其粗是同卽本故니 惟禔惟物不二니라
  기허기조시동즉본고 유신유물 불이

사람 가운데 하나님과 지신님이 하나가 됨이여! 사람의 一心은 하나님의 一心과 더불어 근본이 하나인 까닭에 눈으로 볼 수 없는 형상 없는 一心과 눈으로 볼 수 있는 오밀조밀한 세포의 집합인 육신은 하나로서 우주의 本인 하나님일세. 그러므로 우주에 한 분밖에 없는 하나님과 하나님의 一心을 받아 현상계에 모습을 드러낸 우주만물은 결코 둘이 아닌 하나라네.

2. 충(忠)이란 무엇인가

忠자를 파자하면 中心(중심)이 된다. 사람으로서 中心을 잃으면 사람 노릇을 할 수 없고 달리는 자동차도 중심을 잃으면 차체가 기울어져 전복되고 만다. 우주의 中인 하나님의 마음이 中心이기 때문에 中心이 곧 天心이고 道心이고 一心이고 本心이다. 中心 곧 忠의 발현은 어떠한 객관적 대상도 필요로 하지 않는다. 예컨대 나라에 충성한다던지 혹은 권력자의 명령이나 돈에 대해 충성을 바친다고 할 때 나라, 권력자의 명령, 돈은 忠을 바치는 객관적 대상이다.

하지만 忠의 진정한 의미는 하나님의 天心을 전수받은 자신의 一心에 정직하게 충실히 따르는 것이기 때문에 忠의 발현 대상은 어디까지나 자기 자신의 양심이며 국가나 권력이나 돈과 같은 제3자가 아니다.

『경학대장』(經學隊仗)에 나와 있는 최치원의 忠자 해설을 보자.

忠이라는 것은 자기 자신을 속이지 않는 것을 말한다. 사람이란 오직 스스로 자기 자신을 속인 다음에야 임금도 속이게 되나니 무릇 내일에 임금을 섬기면서 임금을 속이는 자는 모두 오늘에 처하여 이미 자기 자신의 一心을 속인 자이다

忠不欺之謂也 人惟自欺於己而後敢欺於君 凡異日事君而敢欺背
今日處己自欺者也

지나 유교의 중시조인 공자는 한검단군이 말씀하신 忠을 자신의 사상적 진수로 삼은 소이를 『논어』이인(里仁)편에서 이렇게 말하였다.

공자가 말하기를 증참아! 나의 도는 하나로 모든 것을 꿰이는 데 있느니라. 증자 말하기를 예, 그러하옵니다. 공자가 밖으로 나가자 공자의 제자들이 증자에게 묻기를 무슨 말씀이신지요? 증자 말하기를 선생님의 도는 忠과 恕일 뿐이니라

子曰 參乎아 吾道는 一以貫之니라 曾子曰 唯라 子出하거늘 門人이 問曰 何謂也리잇고 曾子曰 夫子之道는 忠恕而已矣니라

위 문장의 기존 해석은 주희의 『사서집주』(四書集註)에 바탕을 두고 있는 바 진실과는 거리가 너무 멀다. 첫째, 공자의 道는 한 가지 원리 즉 仁의 사상에 기초한 것이기에 吾道 一以貫之를 "나의 道는 仁으로서 모든 것을 관통하는 것"이라 해석한 점, 둘째, 忠의 참뜻이 一心임에도 불구하고 "몸(身)을 다하여 바치는 것"으로 해석한 점이다.

만약 忠이 몸을 다하여 바치는 것이라면 어디에다 누구를 위하여 忠을 바치는지 그 대상 설정이 있어야 하는데 거기에 관한 언급은 하나도 없다. 셋째 사람은 자신의 허물이나 과오에는 너그러우나 남의 허물이나 실수는 흉보고 비판하는 습성이 있으므로 자신의 허물을 용서하는 것처럼 남의 허물도 관대하게 용서하는 것을 恕의 뜻으로 풀이한 점이다.

주희의 해석에 무엇이 잘못되었는지 우선 恕자부터 살펴보자. 恕를 파자하면 如心이 된다. 같을如 마음心자로 恕는 같은 마음이라는 뜻이다. 두 명의 도둑이 똑같은 마음을 품고 남의 금품을 훔치다 들켜 절도죄로 재판을 받게 되었는데 판사는 그들에게 각각 징역 2년을 선고했다. 왜? 두 명의 도둑은 서로 같은 마음인 如心이지만 판사의 마음은 두 도둑의

마음과 같지 않기 때문에 용서할 수 없는 것이다. 사흘 굶은 사람이 어떤 집에 들어가 밥을 훔쳐 먹다가 주인에게 발각되었다. 자초지종 사정을 듣고 난 주인이 말하기를 "나도 당신과 같은 처지에 있었다면 남의 집 밥을 훔쳐 먹었을 것이오. 당신 마음과 내 마음이 같은 마음이니 용서하겠소"라고 하였다.

따라서 "과부 마음은 과부가 안다"는 속담처럼 상대방의 마음과 내 마음이 같은 마음인 如心일 때 서로의 사정을 이해하고 서로의 허물을 덮어주는 용서(容恕)가 있지만 상대방의 마음과 내 마음이 각각 다른 이심(異心)일 때는 이해나 용서가 있을 수 없다.

一心인 忠과 如心인 恕는 어디로부터 왔는가? 一心인 忠이 天心惟一로부터 本來된 것과 같이 如心인 恕 역시 天心으로부터 流轉된 것이다. 그러므로 如心은 우주의 본체인 한인하나님으로부터 본래되고 유전되고 전수되고 분유된 나의 一心은 하나님의 一心과 같은 마음이라는 뜻이다.

1860년 4월 동학의 최제우가 상제로부터 경신천계(庚申天啓)를 받을 때 상제께서 말씀하신 오심즉여심(吾心卽如心: 나의 마음이 곧 너의 마음)이 如心을 설명해주는 좋은 예이다.

忠恕는 당체(當體)에서 발생한 변덕스러운 人心이 아닌 수많은 다물(多勿, 윤회전생)을 거쳐 나의 육신 속에 살고 있는 순선(純善)한 진리의 마음인 道心을 말한다. 진실이 이러함에도 불구하고 공자와 그의 문인들은 忠恕를 수박 겉핥기식으로 해석하여 당체에서 발생한 인간의 윤리적 마음으로만 이해하고 있다.

만약 공자와 그의 문인들이 忠恕의 뜻을 정확하게 알았다면 吾道一以貫之를 주희의 해석처럼 吾道仁以貫之가 아닌 吾道一心以貫之와 吾道如心以貫之로 표현했을 것이다.

吾道一心以貫之라야 忠자가 되고, 吾道如心以貫之라야 恕자가 되기 때문이다. 나뿐만이 아닌 나 이외 모든 사람들이 하나님의 一心을 천부적으로 구유하고 있다. 때문에 一心以貫之, 如心以貫之가 되어야만 사람과 사람 간의 일심감통법(一心感通法)이 이루어지고 천하만인이 한 가지로 같은 마음인 恕로서 화목단결하여 천하일가(天下一家) 대동사회(大同社會)로 발전할 수 있다.

『단기고사』에 기록되어 있는 일심감통법의 사적(事跡)을 들어보자.

15세 이벌기자(伊伐奇子) 당시 국태사(國太師) 한문거(韓文渠)가 글을 올려 가로되 "초대 한검단군, 2세 부루단군, 3세 가륵단군, 4세 오사구(烏斯丘)단군, 5세 구을(丘乙)단군에 이르기까지 250년 동안 옛 성제명왕(聖帝明王)들께서는 천하순행 시 일반삼토포(一飯三吐哺)하시고 일목삼악발(一沐三握髮)하시니 천하귀일심(天下歸一心)하였나이다. 부디 폐하께서는 이를 본받아 태평성세를 열으소서" 하였다.

한一 밥飯 석三 토할吐. 씹어먹을哺의 一飯三吐哺는 한 번 밥먹을 때마다 씹던 밥을 3번씩 토하고 토했던 밥을 다시 3번씩이나 도로 먹었다는 뜻이다.

한검단군께서 백성들이 어떻게 사는지 삶의 현장을 살피기 위해 순행할 당시 어떤 민가에 들려 집주인과 더불어 식사하시던 중 임금이 오셨다는 소문을 들은 인근의 백성들이 찾아와 면담을 요청하자 입안에 든 밥을 삼키지 않고 그대로 뱉어낸 채 황급히 달려나가 백성들과 만났다. 입안에 있던 밥을 토해내면서까지 서둘러 백성들을 만나고 돌아와 토해냈던 밥을 다시 씹어 잡수시는데 또 다시 백성들이 찾아와 씹던 밥을 토해내고 토했던 밥을 잡수시기를 3번이나 반복하였다는 한검단군의 행적에서 일반삼토포의 고사성어가 생겨난 것이다.

일목삼악발(一沐三握髮) 역시 순행 중이던 한검단군의 행적에서 유래된 고사성어다. 한一 머리감을沐 석三 잡을握 머리카락髮의 一沐三握髮

은 "한 번 머리를 감을 때 3번씩이나 머리카락을 움켜잡았다"는 뜻이다. 옛날에는 남녀노소 모두 머리를 길렀기 때문에 머리감을 때는 왼손으로 머리채를 움켜쥐고 오른손으로 바가지에 물을 떠 머리 위에 끼얹을 수밖에 없었다. 순행 중이던 한검단군께서 왼손으로 머리채를 움켜쥐시고 오른손으로 바가지 물을 끼얹어 이제 막 머리감기를 시작할 무렵 백성들이 찾아와 뵙기를 청하자 머리감기를 마치시지도 않고 머리카락을 말리시지도 않은 채 서둘러 나아가 백성들을 만나셨다. 그리고는 돌아와 다시 머리채를 움켜쥐고 물을 끼얹어 못다 한 머리감기를 계속하던 중 또 다시 백성들이 찾아와 그들을 면접하고 다시 머리채 잡기를 3번씩이나 한 후에야 겨우 머리감기를 마치셨다는 한검단군의 행적에서 一沐三握髮이 유래되었다.

 식사 중에 혹은 머리감는 도중에 만약 손님이 찾아왔다면 식사를 마치고 나가겠다 머리감던 것을 마저 마치고 나갈 테니 잠시 기다려달라고 말하는 것이 보통 인간의 상식이다. 더구나 지위가 높은 고관대작의 집에 일반 백성들이 찾아가면 주인을 만나기도 어렵고 대개의 경우 만나주지도 않을 뿐 아니라 그 집 종복들에게 문전박대 당하여 쫓겨나기 십상이다.

 하지만 일반적 통념을 깨뜨려버린 한검단군의 행적은 역시 성군다웠다. 만민이 우러러보는 하늘같이 높으신 한검단군께서 씹던 밥도 뱉어내고 머리감다가도 찾아온 백성들을 친히 영접하여 임금과 백성을 구분짓는 마음의 경계선을 스스로 무너뜨려 一心(忠)으로 감통하고 如心(恕)으로 동화하여 천하를 한 집안으로 만드시니 이것이 그 유명한 한검단군의 일심감통법이다.

 한검단군의 일반삼토포와 일목삼악발의 일심감통법은 5세 구을단군에까지 전승되어 길에 물건이 떨어져 있어도 집어가는 사람이 없고 밤에 대문을 열어놓고 자도 도둑이 들지 않는 250년간의 태평성세를 구가할 수 있었다. 『단기고사』에 의하면 아사달조선에 죄인이 처음으로 생겨난 시기는 6세 달문(達門)단군 6년(B.C. 2078)으로 달문단군께서 죄인에게 말씀하신 내용이 다음과 같이 기록되어 있다.

"임금께서 남쪽 황산곡(黃山谷)에 행차하시어 두 손을 묶인 죄인을 보시고 수레에서 내려 묻기를 네가 무슨 일로 범죄를 저질렀느냐, 죄를 지었구나, 나라가 시작될 때의 삼성시대(三聖時代, 한인하나님의 한(桓)국 시대 3301년과 한웅의 신시 시대 1565년과 한검의 아사달조선 시대를 말함) 백성들은 모두가 삼성의 마음으로서 자기 마음을 삼더니 내가 임금이 되어서는 백성들이 각자의 마음으로 자기 마음을 삼으니 내가 슬퍼하노라"

삼성 시대의 사람들이 모두 한인, 한웅, 한검의 마음으로 자기 마음을 삼았다 함은 우주의 본체인 한인하나님의 天心惟一이 곧 나에게 강충(降衷)된 一心임을 깨달아 이를 실천했다는 말이며 달문단군 시대의 백성들이 각각의 마음으로 자기 마음을 삼았다 함은 위태롭고 변덕스러운 有危人心을 행위의 기준으로 삼았다는 말이다. 견물생심 즉, 탐나는 물건을 보니 가지고 싶은 마음이 일어난다 혹은 화장실 가기 전의 마음과 갔다 온 후의 마음이 다르다 할 때의 마음은 현생(現生)의 육신에서 발생한 人心이지 영원불멸한 우주 본체로서의 一心은 아니다.

皆人一切 悉有一心 煩惱覆故 不能見也
모든 사람이 惟一天心으로부터 본래된 一心을 간직하고 있으나 번뇌의 오염으로 덮여 있는 까닭에 一心의 본체를 보지 못할 따름이다

주인이 지켜보지 않을 때, 순경이라는 감시자가 없을 때 도둑질을 끝

낸 도둑은 "오늘 내가 저지른 행위는 하늘도 모르고 땅도 모르고 아는 사람이 아무도 없기에 성공한 것이 아니겠는가" 스스로 생각할 것이다. 하지만 이 어리석은 도둑은 자신의 육신 속에 거주하고 있는 一心이라는 감시자가 있는 것을 알지 못한다. 一心이라는 감시자가 있는 것을 알고 있는 사람이 유교에서 말하는 군자다.

一心의 본체는 형상이 없어 눈으로 볼 수도 귀로 들을 수도 없다. 형상 없는 一心의 본체는 육신 속에 깊숙이 숨어 있으나 사람의 행동 여하에 따라 나타나기 때문에 군자는 혼자 있을 때라도 一心인 忠 즉 天心에 거슬리는 행위는 하지 않는다.

이상이 삼성(三聖)의 마음으로 자기 마음을 삼는 사람과 당체(當體)에서 발생한 人心으로 자기 마음을 삼는 사람과의 차이점이다.

일심감통법은 순행 중에 나온 한검단군의 행적임을 앞에서 이미 말했다. 그렇다면 국선화랑의 원행(遠行), 유가의 유행(儒行), 불가의 두타행(頭陀行)의 원류인 순행은 무엇이며 또한 순행(巡行)과 순수(巡狩)는 어떻게 틀리는가? 巡은 돌아다닌다는 뜻이고 行은 발로 걷는다. 행동한다 실천한다의 뜻을 동시에 가지고 있다. 따라서 巡行은 백성들이 살아가는 실생활상을 직접 눈으로 보고 귀로 듣고 그들과 함께 숙식과 고락을 나누면서 삶의 생생한 현장을 몸소 체험하는 군주로서 반드시 해야 할 왕도정치의 핵심적 실천요강이다.

순행의 의미를 구체적으로 열거하자면 첫째, 만약 하룻밤 묵은 백성의 집이 가난하여 아침상에 밥 대신 죽이 나온다면 죽을 같이 먹고 먹을 것이 없어 주인이 굶는다면 임금도 같이 굶을 수 있는 임금이라야 백성과 더불어 살아가는 실생활을 알 수 있기 때문이다. 둘째, 순행 본래의 뜻이 임금과 백성들이 같이 겪는 체험의 공유에 있는 만큼 백성들과의 의사소통에 방해가 되는 사람의 장벽 즉 많은 수의 비서나 수행원을 대동하지 않는 단출한 모습으로 순행에 임해야 한다. 많은 수의 수행원으로 층층시하 인의 장벽을 설치하면 임금과 백성 간의 자유로운 의사소통이 이루어질 수 없다. 한검단군께서 몇 명의 수행원을 거느리고 순행에 임하셨는지 기록이 없어 정확히 알 수는 없으나 입안에 있던 밥도 뱉어내고 머리 감는 도중에도 백성들을 친견한 사실을 상기해 볼 때 수행원 없이 거의 혼자서 순행하신 것이 아닌가 짐작된다.

셋째, 순행의 원조인 한검단군께서는 모든 인간관계를 수직적 계제(階悌) 질서로 파악하지 않고 수평적 인간관계로 이해하시어 이를 실천한 점에 순행의 가장 중요한 의미가 담겨 있다.

정치권력론의 입장에서 보자면 임금은 통치자이고 백성은 피치자로서 임금과 백성의 관계는 수직적 상하관계다. 때문에 피치자의 의견이 임금에게 전달되는 하의상달 방식이나 통치자의 의중과 명령이 피치자에게 전달되는 상의하달식의 신호전달 체계는 어디까지나 피라미드식의 수직적 인간관계를 전제로 할 때만 성립될 수 있다.

왕상민하(王上民下) 관존민비(官尊民卑)에 바탕한 수직적이고도 계제적(階悌的) 인간관계는 결국 강자의 의견을 약자인 백성들에게 일방적으로 강요하는 경직된 신호체계로서 상호간에 자유로운 의견교환이 일어날 수 없다.

신인(神人) 한검단군의 일심감통법을 통한 무위(無爲)의 치화(治化)는 통치자와 피치자의 수직적 구조를 부정하는 바탕 위에서 일반삼토포(一飯三吐哺)하고 일목삼악발(一沐三握髮)하면서까지 자신의 몸을 낮추어 스스로 평범한 백성의 한 사람으로서 백성들을 친구처럼 대했기 때문에 성공할 수 있었다. 창칼이나 채찍 혹은 감옥, 엄한 법률, 추상같은 명령을 수단으로 삼아 백성들을 다스리는 방법은 유위(有爲)의 치화(治化)며 백성들의 마음을 다스려 천하를 일심동체의 한 집안으로 만드는 방법이 무위의 치화다. 무위의 치화를 이룩하기 위해서는 구태여 백성들의 마음을 다스리고자 애쓸 것이 아니라 임금의 마음을 백성들의 마음과 똑같게 하여 내 마음이 곧 너의 마음이요(吾心卽汝心) 너의 마음이 내 마음(汝心卽吾心)이 되게 하는 일심감통법이 최선의 방법이다.

한검단군께서 시작한 순행(巡行)이 순수(巡狩)로 그 명칭과 본질이 바뀐 데는 순(舜)임금의 피살이 결정적 계기가 되었다.

순임금은 단군조선에서 사농관(司農官)을 지낸 고시내(高矢乃)의 친형인 고수(瞽瞍)의 아들로 한검단군과 부루단군의 덕택으로 요임금을 몰아내고 임금이 되었으며 왕위에 오른 지 61년 되던 해 순행 도중 지나족에게 살해되어 승하했다. 순(舜)이 상국(上國)인 아사달조선의 한검단군과 부루태자의 도움을 받아 왕위에 오른 뒤 취한 첫 번째 조치는 홍수범람을 다스리지 못한 책임을 물어 요 임금 밑에서 치수관을 지낸 곤(鯀)을 우산(羽山)에서 참(斬)한 일이었다. 그런데 곤은 홍범구주를 전수받아 황하의 홍수를 다스린 순 임금의 치수관이었던 우(禹)의 아버지였고 곤과 우는 조선인이 아닌 지나인이었다.

계해력 대신 스스로 갑자력을 만들어 아사달부도(阿斯達符都)에 반항하였던 요와 요가 임명한 곤이 순 임금에 의해 거세되고 순의 덕이 나날이 높아가게 되자 요와 곤의 잔당들은 순을 시기하여 겉으로 신복(信服)하는 체 위장하면서도 속으로는 순을 제거할 복수의 기회를 엿보고 있었다. 미처 이러한 음모를 눈치 채지 못한 순은 평소에 하던 대로 재위 61년이 되던 해 5월에 남쪽을 순행하여 남악(南岳)인 형산(衡山)에 올라 시제(柴祭, 섶을 불살라 上帝에게 지내는 제사)를 올리고 하산하여 민정을 살피던 중 창오(蒼梧)의 들판에서 지나인들의 기습을 받아 살해당하고 만다. 어떻게 이런 일이 일어날 수 있는가?

앞서 설명한 대로 순행은 백성들과의 자유로운 의사소통에 방해가 되는 많은 수의 수행원과 호위 병사들 없이 거의 군주 홀몸으로 움직이면서 백성들과 대화와 숙식을 함께 나누어 체험적 공감대를 형성하는 성인 정치의 이타적 수행(利他的修行)이기 때문에 만약 순임금이 많은 수의 호위 병사와 수행원들을 거느리고 순행에 임했더라면 기습을 받아 암살당하는 비극은 일어나지 않았을 것이다. 여하튼 순임금의 암살로 말미암아 순행과 일심감통법으로 대표되는 성인 정치의 덕치주의는 창, 칼에 의존하는 패도정치(覇道政治)의 순수(巡狩)로 대치되고 말았다.

순임금이 암살당한 후 이에 겁을 먹은 지나의 역대 군왕들은 기습이나 암살로부터 자신의 생명을 보호하기 위해 과다한 수의 호위 병사들을 대동하고 순행에 임했다. 더구나 진시황처럼 6국의 무수한 인명을 살상하여 원망을 많이 받은 독재자일수록 더 많은 수의 호위 병사들을 필요로 하였다. 진시황은 제위 37년째 되던 해(B.C. 210) 7월 병인일(丙寅日)에 태산(泰山)으로 순행 도중 사구(沙丘)의 평대(平臺)에서 죽었다.

사람을 많이 죽인 진시황은 보복이 두려워 자신이 거동하는 시기와 행선지, 머무는 곳을 철저히 비밀에 부쳤고 이를 알거나 누설하는 자는 가차 없이 죽였다. 철갑으로 무장한 수많은 경호 병사와 문무백관의 수행원과 환관들, 비빈(妃嬪), 처첩(妻妾), 상궁 나인들을 다 합치면 진시황의 순행 길에 동행한 인원수는 아무리 적게 잡아도 2만 명은 되는데 이들은 과연 무엇을 먹나? 여기에 순수(巡狩)의 비밀이 있다. 돌巡, 사냥할狩의 순수는 순행 도중 식사 시간이 되면 인근 산에 있는 멧돼지, 노루, 곰, 토끼, 꿩 등을 사냥하여 고기반찬으로 밥을 먹는데서 유래된 말이다.

당나라의 태종이 태산으로 순행하여 옥황상제 사당에 봉선(封禪, 진흙으로 단을 쌓아 상제께 드리는 제사)하려 하자 중신 위징(魏徵)은 "수말(隋末)의 대란 끝에 호구(戶口)는 복귀되지 않았고 식량 창고는 여전히 비어 있다. 이럴 때 만약 황제의 거가(車駕)가 태산에 순행하시면 무수한 병거(兵車)와 기마병의 숙식을 제공하기 위한 노고와 비용을 감당하기 어렵다"는 이유를 들어 태종의 순행을 반대했다.

구중궁궐에서 온갖 산해진미로 입맛이 길들여진 황제와 황제를 수행하는 문무백관들은 가난한 일반 백성들이 먹는 조식(粗食)이나 악식(惡食)은 도저히 먹지 못한다. 식사 때마다 최상의 진상미(進上米)에 고기반찬을 곁들여 먹고 최고 품질의 차를 마셔야만 한다. 황제를 경호하는 호위 병사들 역시 경호의 대가로 식사만큼은 최상의 대우를 받는다. 2만 명의 잘 길들여진 미식가들이 한 끼에 먹어치우는 육류의 양만 계산해도 어마어마하다. 만약 황제의 순행 도중 인근 산에서 사냥한 멧돼지나 노루 고기의 양이 2만 명의 정량을 채우기에 부족하다면 백성들 소유의 소나 돼지도 강제 차출하여 잡아먹는다. 뿐만 아니라 황제의 어가가 통과하는 지역의 수령방백들도 백성을 착취하여 얻은 극상의 토산품을 바치면서 황제의 환심을 사기에 여념이 없다. 이렇게 되면 백성들이 평소에 먹는 음식을 같이 나누어 먹으면서 신분 고하의 수직적 관계를 떠나 수평적 동일선상에서 임금과 백성이 자유롭게 의사를 교환하는 순행 본래의 대의는 사라져버리고 결과적으로 가는 곳마다 선혈이 낭자한 살생을 자행하여 민폐만 잔뜩 끼치는 악행으로 귀결된다.

이러한 의미에서 순임금 암살 후에 거행되었던 지나 역대 군주들의 순행 - 그중에서도 대표적인 순행으로 꼽히는 진시황과 한문제(漢文帝)와 당현종(唐玄宗)의 순행은 겉무늬만 순행의 이름을 빌렸을 뿐 그 실질적 내용은 순수다.

한검단군이 창안하여 실천에 옮긴 순행이 순임금 암살 이후 순수로 바뀐 것은 왕도 정치의 가치관 자체가 변질되고 붕괴된 것을 의미한다.

첫째, 일대일 수평적 관계에서 임금과 백성이 자유롭게 의사 교환을 하는 대화의 광장이 사라졌다.

둘째, 王자 해설에서 밝힌 바와 같이 王이란 벼슬로서의 임금의 자리를 말하는 것이 아니라 어디까지나 천지인 삼재합일 정신을 가진 인간 존재를 말한다. 다시 말해 우주의 中인 한인상제의 一心이 나의 육신 속에 내재되어 있는 것과 마찬가지로 나 이외 다른 사람, 다른 생물에게도 내재되어 있다는 사실을 조견하여 천지만물 일체가 곧 나이고 나 아닌 천지만물은 하나도 없다라는 진리를 깨달아 실천하는 사람이 王인 것이다.

그러나 맹자가 말한 王者之迹熄而詩亡, 즉 천지인 삼재합일 정신을 가진 왕자의 행적이 종식되고 하늘과 지구와 사람으로 대표되는 모든 생물들 간의 대조화를 이상으로 삼았던 『시경』의 대아정신(大雅精神)이 사라져버린 춘추전국시대에 접어들자 王은 막강한 권력자를 의미하는 명칭으로 타락하였고 나아가 상제의 一心을 분유하고 있는 중생일체를 王의 개인적 소유물로 보는 절대 왕권 사상이 득세하게 되었다.

나와 만물에 내재되어 있는 상제로부터 전래된 一心에 충실하게 따르는 忠 본래의 의미는 순자(荀子)의 존군권(尊君權)과 충효편에서 한비자(韓非子)가 규정한 忠에 대한 새로운 해석과 『여씨춘추』의 시군람(恃君覽)과 동중서(董仲敍)의 『춘추번로』(春秋繁露)에서 폭군이든 암군이든 혼군(昏君)이든 임금의 말과 명령에 백성과 신하가 무조건 복종해야만 하는 충군(忠君) 사상으로 변질 타락되고 만 것이다.

영혼으로 보면 모든 사람이 하나님의 ㅇ인 天命을 받았고 一心으로 보면 모든 사람이 하나님의 一心인 忠을 받았다. 순 임금의 精一之中과 성탕(成湯)의 終始之一, 공자의 一貫과 증자의 守約, 자사의 中庸과 맹자의 不動心이 모두 一心인 忠을 말한 것이다.

그러나 한검단군과 가륵단군의 정통 유교 교리에 크게 어긋난 공자 이후 지나의 변종(變種) 유교는 一心의 본체가 누구인지 밝히지도 않은 채

一心이 농공상에 종사하는 일반 백성들에게는 없고 오직 제왕과 통치 계급에게만 내재하는 공명정대한 윤리심으로 해석하여 본체론과 인식론을 거세시켜버린 후 단지 ㅌ통치계급이 수행하고 지향해야 할 윤리학으로 변질시켜버렸다. 우주의 본체가 하나님의 一心인 忠이라면 一心은 어느 누구에게나 내재되어 있기 때문에 하나님과 사람은 둘이 아닌 하나이다. 이러한 의미에서 단군 사상의 정통 계승자인 최치원의 天民을 소개한다. 天民은 한국어로는 하나님과 사람들이고 한문으로는 上帝와 百姓이다. 최치원의 天民에는 본체론과 인식론이 다 내포되어 있다.

達一貫之大觀者則 能以天與民而幷言梏形 體之偏見者則 不能以天與
달일관지대관자즉 능이천여민이병언곡형 체지편견자즉 불능이천여
民而幷論 論天之所視者 必以自我民視 論天之所聽者 必以自我民聽
민이병론 논천지소시자 필이자아민시 논천지소청자 필이자아민청
民之所懷者 天必親 民之所欲者 天必從其故何也 誠見夫至遠之中有下
민지소회자 천필친 민지소욕자 천필종기고하야 성견부지원지중유하
濟者 存至昧之中有顯道者 存而天卽民也 可忽之中有可畏者 存至賤之
제자 존지미지중유현도자 존이천즉민야 가홀지중유가외자 존지천지
中有至貴者 存而民卽天也 或者委天於不可測識之 境而以驗於民者
중유지귀자 존이민즉천야 혹자위천어불가칙식지 경이이험어민자
爲卑陋不切之談 實民於可殺之 地而以本乎 天者爲妄誕無實之語
위비루불절지담 치민어가살지 지이이본호 천자위망탄무실지어
亦何知天人之一哉
역하지천인지일재

一心으로서 만물을 꿰뚫어보는 대관(大觀)에 통달한 자는 능히 하나님과 사람을 아울러 동일한 존재임을 말할 수 있고, 사람마다 각각 다른 형상의 육신으

로 나타난 상이성(相異性)의 편견에 속박된 자는 상제와 백성들을 아울러 같은 존재라 논할 수는 없다. 상제와의 친견을 논하자면 반드시 우리 백성들의 육신 속에 거주하는 상제의 一心을 봄으로써 친견할 수 있고 상제의 음성을 듣고자 한다면 반드시 우리 백성들에 내재되어 있는 상제의 一心에 귀를 기울임으로써 그 음성을 들을 수 있느니라. 백성들의 一心 속에 품은 바를 상제께서는 반드시 친애하시고 백성들이 하고자 하는 바를 상제께서는 반드시 따르나니 그 까닭이 무엇인가?

성력(誠力)을 다하여 나의 진면목을 보건대 무릇 지극히 머나먼 우주에 중존(中存)하는 상제의 一心이 나의 육신으로 내려 건너와 거주하고 지극히 캄캄한 나의 육신 속에 밝게 빛나는 도체(道體)인 一心의 광명이 존재하므로 하나님이 곧 만백성이며 가히 소홀히 여기는 육신 가운데 가히 두려워해야 할 상제의 一心이 존재하고 죽으면 썩어 없어질 지극히 천한 육신 가운데 가장 귀중한 상제의 一心이 거주하므로 만백성이 곧 하나님인 것이다(죽으면 캄캄한 땅속으로 들어가는 임시적 존재인 육신은 암흑으로 상징되고 영원불멸의 영혼 혹은 一心은 광명으로 상징화된다. 그러므로 至昧之中 可忽之中 至賤之中은 육신이고, 有顯道者 有可畏者 有至貴者는 一心 혹은 영혼임을 알라).

어떤 자는 하나님이 이미 내 속에 강림해 있는 줄도 모르면서 상제의 존재를 가히 헤아릴 수 없는 경지에 내팽개쳐 맡기고는 상제의 一心이 만백성의 一心으로 강림하여 징험(徵驗)하는 것을 비루하고 비현실적 말이라 하고 백성들을 가히 죽이는 처지에 두고서는 백성들의 一心이 하나님의 一心에 근본하는 것을 망령되고 실상(實相)이 없는 말이라고 하니 이러한 자! 역시 어떻게 하나님과 사람이 둘이 아닌 하나임을 알 수 있으리오.

경자(庚子) 93년(B.C. 2241) 3월 15일 한검단군께서 부루태자에게 명하여 임금의 자리를 이어받게 하고 말씀하시기를

天道昭昭 降在爾心 惟秉爾心 以視萬民 惟純誠乎
천도소소 강재이심 유병이심 이시만민 유순성호

밝고 밝은 한인하나님의 天心이 이미 너의 一心으로 강림하여 있으니 一心을 굳게 잡아 오직 一心으로서 만민에게 똑같이 강림해 있는 一心을 직시하는 일에 애오라지 순수한 정성을 바칠지어다.

3. 경천(擎天)의 올바른 이해

천국(heaven)에 계신 하나님을 공경함이 경천이다. 하나님은 어디에 계시는가?
최치원은 『경학대장』 법천(法天) 마지막 구절에서

天不在天而 天乃在我矣
천부재천이 천내재아의
하나님은 하늘에 계신 것이 아니라 바로 내 안에 있다.

하였으며, 擎天의 뜻을 다음과 같이 해석하고 있다.

人皆知天之爲天而 不知己之爲天 以天爲天 是必備其物而奉之也
인개지천지위천이 부지기지위천 이천위천 시필비기물이봉지야
以己爲天 是必正其心而事之也 孰知一心之間 有天君焉 主宰是矣
이기위천 시필정기심이사지야 숙지일심지간 유천군언 주재시의
有天官焉 司牧是矣
유천관언 사목시의

사람들은 모두 하나님이 하나님됨은 알면서도 자신이 하나님임을 알지 못한다. 하나님으로 하나님을 삼으면 반드시 모습이 갖추어진 내 육신 속에 강림해 있는 하나님의 一心을 받들게 되고 자신으로서 하나님을 삼으면 이것은

반드시 자신의 마음을 바르게 하여 자신에 内在되어 있는 하나님의 一心을 섬기는 것이다. 따라서 경천의 뜻은 자신의 一心 속에 천군(天君, 하나님)이 내려와 있어 육신을 주재(主宰)하며 또한 천관(天官, 하늘의 감시자, 즉 하나님의 一心을 말함)이 있어 육신을 맡아 다스리는 진리를 익히 아는 것이다.

그렇다! 하나님은 저 멀리 떨어진 하늘에 있는 것이 아니라 나의 육신 속에 이미 강림해 있다. 동학의 해월신사는 삼경(三擎)편에서
"경천은 결단코 허공을 향하여 상제를 공경하는 것이 아니요, 내 마음을 공경함이 곧 경천의 道를 바르게 아는 길이니 吾心不擎卽天地不擎(오심불경즉천지불경 - 내 마음을 공경치 않음은 곧 천지를 공경치 않는 것이다 함은 이를 두고 한 말이다. 사람은 한울님을 공경함으로써 자신의 영원한 생명을 알게 될 것이며 한울님을 공경함으로써 人吾同胞物吾同胞之全的理諦 즉, 모든 사람과 만물이 나의 동포라는 전일적 진리를 깨달을 것이요, 한울님을 공경함으로써 남을 위하여 희생하는 마음과 세상을 위하여 의무를 다할 마음이 생길 수 있나니 그러므로 擎天은 모든 진리의 중추(中樞)를 파지(把持)함이라" 하였다.

여기서 擎자에 주목해 주시기바란다. 공경할敬자 밑에 손手자가 들어가는 擎자는 단군 이래 우리 조상들이 써오던 독특한 우리식 한자다.

어찌하여 敬이 아닌 擎이 되어야만 하는가?

웃어른에게 찻잔이나 술잔이나 밥상을 올릴 때 두 손으로 공손히 받들어 정중하게 올리는 것이 단군 이래 우리의 예절이므로 敬자 밑에 손手자를 넣은 擎이 지극한 공경심을 나타내는 바른 글자가 된다. 조상을 숭모 공경하는 경조도 敬祖가 아닌 擎祖로 써야 옳다. 禮예의 기본은 擎이다. 상대방에 대한 공경심(恭擎心)이 없는 禮는 허위로 포장된 겉치레에 불과하다.

실제로 김구 주석과 함께 독립운동을 한 상해 임시정부 요인들 중 조경한(趙擎漢)과 김경천(金擎天)이란 분도 계셨다. 조경한, 김경천 이 두 분이야말로 단군 이래 반만년의 세월이 흘렀어도 擎의 진정한 뜻이 무엇인지를 체관(諦觀)한 어른들이 아니신가 생각될 따름이다.

상즉상입(相卽相入) 여래여거(如來如去)의 관점에서 보자면 내가 곧 하나님이요 하나님이 곧 나이기 때문에 하나님을 공경하는 擎天은 영원불멸한 신성(褈性)으로부터 유래된 나의 본성을 지키는 持己와 내 속에 강림해 있는 하나님의 一心을 공경하는 恭己와 일치한다.

擎天 = 持己 = 恭己가 되어야만 천지만물일체를 나(我)로 보는 홍익인간 정신으로 승화될 수 있기 때문이다.

4. 효친(孝親)

나를 낳아준 부모를 공경하고 정성껏 섬기는 행위가 孝親이다. 효친은 부모의 낳아주신 은혜에 감사하고 길러주신 공덕을 높이 받들어 부모를 섬기는 인간 사회의 기본이 되는 도덕적 행위다. 인간 존재는 영혼과 육신이 결합되어 있는 온전한 하나이므로 영육일체(靈肉一體), 심신일체(心身一體)가 되어야만 사람 노릇을 할 수 있다. 육신은 부모로부터 받았고 영혼(一心인 忠)은 하나님으로부터 받았기 때문에 인간 존재란 인간과 하나님이 함께 결합되어 있는 신인합일(褈人合一)의 표상이다. 한검단군 즉위조서에 나오는 30자가 이러한 진리를 대변하고 있다.

爾生惟親 親降自天 惟擎爾親 乃克擎天 以及于邦國 是乃忠孝爾克體是道
이생유친친강자천 유경이친 내극경천 이급우방국 시내충효 이극체시도

첫 구절 **爾生惟親**은 너희들의 生은 오로지 양친으로부터 받았다는 뜻

이다. 생명의 生은 육신 命은 영혼이므로 爾生은 너희들의 육신이다. 다음 구절 親降自天은 두 가지로 해석할 수 있다.

첫째, 부친께서는 하늘로부터 스스로 지상에 강림하셨다로 해석할 수 있다. 이는 5906년 전 계해년 9월 9일에 한인하나님으로부터 천부인 3개를 받아 홍익인간 이세광명(弘益人間 理世光明)의 이상을 실현하기 위해 태백산 신단수 아래로 강림하신 한웅천황의 신시개천을 증언하는 문장이다. 한웅은 조선족, 몽골족, 선비족, 여진족, 훈족, 위구르족, 장족(藏族, 티베트족), 키타이족(契丹, 거란민족) 등 모든 알타이 민족의 첫 조상이므로 위와 같은 해석은 유전학적인 의미에서 혈통 승계를 반영한 관점이라 할 수 있다.

둘째, 親降을 부친께서 강림하셨다 대신 친히 강림하셨다로 해석하고 自天을 하늘로부터가 아닌 스스로 존재하는 하나님으로 볼 때 親降自天은 육신의 형상 없이 순수 ○으로만 존재하는 (혹은 一心으로만 존재하는) 우주의 본체인 하나님께서 모든 인간의 육신 속으로 친히 강림하셨다로 해석할 수 있다. 위와 같이 親降自天을 해석할 때 유형의 육신은 부모로부터 받고 무형의 영혼은 하나님으로부터 받아 육신과 영혼이 하나로 결합된 영육일체의 온전한 인격체로서 인간 존재의 의미를 설명할 수 있다. 한웅의 혈육이 대대손손 유전하는 것은 사사무애법계의 이치며 한인하나님의 一心이 유형의 인간 육신 속으로 親降하는 묘계(妙契)는 이사무애법계의 진리다. 때문에 忠孝는 두 개의 별다른 가치가 아닌 분리될 수 없는 하나의 가치다.

나의 육신은 부모 육신의 모제품이고 나의 육신 속에 거주하고 있는 一心은 우주에 오직 하나밖에 없는 하나님의 一心이다. 결국 나는 하나님과 부모님이 나란히 공존하고 있는 천인합일(天人合一)의 존재인 까닭에 하나님의 一心을 공경하는 忠과 부모를 공경하는 孝는 결코 분리될 수 없는 것이다. "너희에게 육신을 준 양친을 공경함이 능히 하나님을 공경하는 것이다"라는 뜻의 惟擎爾親 乃克擎天이 바로 그것이다.

다음에 나오는 문장 以及于邦國의 邦國은 內外土라는 뜻이다. 邦은 나라방이고, 國도 나라국이므로 邦國을 직역하면 나라가 틀림없다. 하지만 地자 해설에서 말했듯이 나라는 정치학적 규정의 국가(nation-state)가 아닌 생물 서식의 기본 조건인 흙(土)과 물(水)을 의미하는 단어다. 따라서 다양한 종류의 생물들이 서식하고 있는 지구는 外土로서의 나라이고 土인 肉과 水인 血 즉, 血肉으로 집약되는 사람의 육신은 內土로서의 나라다.

독자들의 이해를 돕기 위해 원효가 불설아미타경종요(佛說阿彌陀經宗要)에서 개진한 정토(淨土)사상의 핵심인 의정이토(依正二土)의 개념을 빌려 內土, 外土를 설명해 보자.

依土는 중생들이 의지해 살고 있는 들과이나 언덕, 강, 수풀, 바다 등 지구의 자연적 환경을 총칭하는 말이다. 지구의 자연환경은 모든 생물이 몸을 담아 사는 그릇이기에 일명 기세간(器世間)이라 부르며 중생들이 공유하므로 依土인 지구는 공과(共果)다. 반면 正土는 하나님의 一心이 거주하는 중생의 육신을 말하며 과거세에 지은 業이 불러온 갚음(업보)으로 인하여 어떤 중생은 사람의 몸으로, 어떤 중생은 소나 돼지 같은 축생의 몸으로 태어나기 때문에 보토(報土)라고도 부른다. 공과(共果)인 依土와는 달리 正土는 근본적으로 불공과(不共果)이다.

원효가 말한 依土가 外土인 지구이고 正土가 바로 內土인 나의 육신이다. 따라서 원효가 말하는 佛國土는 부처가 다스리는 나라가 아니라 깨달음의 본체인 창조주의 一心이 친히 강림해 있는 사람들의 육신을 의미한다.

기존의 주기도문(Lord's Prayer)에 나오는 'Thy Kingdom come'은

'나라가 임(臨)하옵시며'로 번역되어 있다. 하지만 『탈무드 임마누엘』에서 예수가 가르친 진짜 가르침은 "창조주의 영혼과 사람의 영혼이 하나라는 진리를 깨달은 사람으로서 다음과 같이 기도하시오. 나의 영혼이여, 그대는 전능합니다. 그대의 이름이 거룩하게 되기를 빕니다. 내 안에 그대의 왕국을 스스로 구현하도록 하소서. 그대의 능력이 내 안과 지구 위에서 그리고 하늘들 안에서 펼쳐지도록 하소서"로 되어 있다.

Kingdom은 King과 domain(영토)의 합성어로 왕의 통치 하에 있는 영토 즉 왕국을 말한다. King은 누구며 King이 다스리는 영토는 어디에 있나? 내 속에 친히 강림해 있는 하나님의 영혼이 바로 King이며 하나님의 一心인 忠이 거주하고 있는 사람들의 육신이 바로 왕국이며 나라인 것이다.

그러므로 하나님의 一心인 忠이 거주하는 사람들의 內土(육신)와 一心이 거주할 수 있는 육신을 주신 부모에 효도하는 忠孝는 하나의 가치며 진리다. 忠孝가 분리된다는 것은 육신과 영혼의 분리로서 죽음을 의미하기 때문이다.

이것이 바로 마지막 9자 是乃忠孝 爾克體 是道의 뜻이다.

상제로부터 받은 一心과 부모로부터 받은 육신의 결합으로 이루어진 인간의 존재론적 의미가 忠孝로 상징화된 것이라면 忠孝是道 즉, 忠孝의 진리와 인간의 진가는 현실 세계에서 맺게 되는 인간관계를 매개체로 하여 발현되고 수증(修證)된다. 태어나서 죽을 때까지 필연적으로 맺게 되는 대인 관계는 부모와 자식으로서의 관계, 남편과 아내로서의 관계, 형과 아우로서의 관계 등 혈연적 관계와 임금과 신하로서의 관계(특히 동서양을 막론한 고대국가에서) 연장자와 연하자로서의 관계, 친구로서의 관계 등 비혈연적 인간관계로 요약될 수 있다.

상술한 제인간관계가 윤활하게 소통되기 위해서는 각 인간관계의 그물 속에 참여하고 있는 개별적 인간이 반드시 분담해야 할 당위성의 실천 강령이 요구된다. 이것이 바로 가륵단군의 즉위조서에 나와 있는 惟中惟一之道로서 "아버지된 자 마땅히 자식에게 자애를 베풀어야 하고 자식된 자 마땅히 부모에 효도해야 하며(爲父當慈 爲子當孝) 임금된 자 마땅히 정의로워야 하고 신하된 자 마땅히 한마음을 다하여 나라와 백성을 섬겨야 하며(爲君當義 爲臣當忠) 부부된 자 마땅히 서로 공경해야 하며(爲夫婦當相擎) 형제는 마땅히 서로 사랑해야 하며(爲兄弟當相愛) 늙은이와 젊은이는 마땅히 차례가 있어야 하고(爲老少當有序) 친구 간에는 마땅히 서로 믿음이 있어야 할 것이니라(爲朋友當有信)"이다.

원 저자가 누구인지를 밝히지도 않은 채 가륵단군의 말씀을 표절해 간 지나 유교는 惟中惟一之道를 ① 父子有親, ② 君臣有義, ③ 夫婦有別, ④ 長幼有序, ⑤ 朋友有信의 소위 오륜(五倫)으로 변질시켰다.

원래 오륜이라는 명칭은 맹자와 주희에게서는 인륜(人倫)이라는 말로 사용되었으나 명대(明代)의 선종(宣宗)이 『오륜서』를 편찬하고 영종(英宗)이 이를 보급하면서부터 오륜이 보편적으로 사용되기 시작했다.

가륵단군의 惟中惟一之道 첫 항인 "아버지된 자 마땅히 자식을 사랑하고 자신된 자 마땅히 부모에 효됴하는 爲父當慈 爲子當孝"와 "형제는 마땅히 서로 사랑하는 爲兄弟當相愛"를 주목해 보자.

여기에 왜? 마땅히 라는 뜻의 當 자가 들어 있는가? 콩 심은 데 콩 나고 팥 심은 데 팥 나는 자연의 因果律과는 달리 道德律은 목적과 결과가 어떻든 인간으로서 반드시 실천해야 할 當爲性에 기초해 있다.

도덕률은 내 속에 친강해 있는 하나님의 一心이 내리는 가장 높은 명령이며 실천 윤리는 명령하는 법칙이다. 父子之間과 兄弟之間은 수평적 관계가 아닌 혈연적 수직 관계로 아버지가 상위(上位) 자식은 하위(下位), 형이 상위 아우는 하위적 존재다. 따라서 父須慈其子 子必孝其父

즉, 상위에 있는 아버지가 마땅히 자식을 사랑해야만 자식도 마땅히 아버지에 효도하고, 兄須愛其弟 弟必恭其兄 형으로서 마땅히 아우를 사랑해야 아우도 반드시 형을 공경한다. 아버지의 내리사랑인 慈와 자식의 孝 그리고 형제간의 相愛는 일방통행이 아닌 쌍방 통행으로 어디까지나 상대성에 의존한다.

아버지가 자식을 학대하고 넝마쪼가리처럼 취급하는데 어느 자식이 그런 아버지에게 효도하며 형이 아우를 꾸짖고 때리기만 하는데 어느 아우가 그런 형을 존경하고 사랑하겠는가?

그러나 지나 유교의 오륜 중 첫째 항인 父子有親과 넷째 항인 長幼有序는 부모의 자식 사랑보다 자식의 孝를, 형의 아우 사랑보다 아우가 형을 공경하는 悌를 지나치게 강조하여 부모와 형에 대한 자식과 아우의 무조건적 순종을 孝悌로 규정함으로써 慈와 孝, 愛와 悌의 상대성을 무시하고 있다.

부모에 효도하고 형을 공경하는 것은 仁을 실천하는 근본이다.

(孝悌也者는 其爲仁之本與)(『논어』學而 2)

仁의 실제는 어버이를 섬기는 일이요, 義의 실제는 형을 따르는 것이다.

(孟子曰 仁之實 事親是也 義之實 從兄是也)(『맹자』離婁 上 27)

공자와 맹자는 모두 孝悌를 정치의 근본으로 삼았다. 맹자는 순 임금의 고사를 들어 천하를 다스리는 이치로 孝悌가 우선이라 했고 공자는 孝悌가 정치 자체라고 평가했다.

"어떤 사람이 공자에게 묻기를 선생께서는 왜 정치를 하지않으십니까?' 공자가 말씀하기를 "『서경』에 효도하라 오직 효도하고 형제간에 사이좋게 지내라. 그러면 네가 하는 일이 곧 정치라 일렀거늘 그것이 바로 정치하는 것인데 일부러 정치하겠다고 나설 이유가 무엇이오."

(或謂 孔子曰 子奚不爲政 子曰 書云孝乎 惟孝友于兄弟 施於有政 是亦

爲政 奚其爲爲政)(『논어』 爲政 21)

　공자의 禮治와 仁義에 기반을 둔 맹자의 왕도정치는 孝悌의 미명하에 부모에 대한 자식의 무조건적인 恭順과 형의 언행에 무조건 순응하는 아우의 맹목적인 복종을 전제로 할 때 성립될 수 있다.

　무조건이니 맹목적이니 하는 말들은 혈연공동체 내부에서나 통용될 수 있는 신성한 언어다. 하지만 군신 관계나 사대부와 일반 서민의 관계 등 계급적 상하 구조에 기반한 비혈연적 관계에도 신민의 일방적이고도 무조건적 복종을 요구할 수는 없다.

　여기서 혈연공동체를 기반으로 한 孝와 신민(臣民)의 무조건적 복종을 강요하는 중앙집권적 정치권력의 大義는 필연적으로 충돌하게 된다. 혈연공동체의 孝와 국가공동체의 大義 중 어느 가치가 우선이냐 하는 문제를 둘러싸고 중앙집권적 권력 구조가 나타나기 이전의 선진(先秦) 시대에 살았던 孔孟은 孝를 우위에 두었다.

　섭공이 공자께 말하기를 "우리 마을에 행실이 정직한 사람이 있습니다. 그 아비가 양을 훔친 도둑 행위를 그 아들이 관가에 증언하였나이다." 공자께서 말씀하기를 "우리 마을의 정직한 사람은 그와 다릅니다. 아비는 자식을 위해서 숨기고 자식은 아비를 위해서 숨기나니 그 가운데 정직함이 있는 것입니다."

　(葉公語 孔子曰 吾黨有直躬者 其父攘羊 而子證之 孔子曰 吾黨之直
　者異於是 父爲子隱 子爲父隱 直在其中矣)(『논어』 子路 18)

　도응이 물었다.

　"순께서 천자로 계시고 고요(皐陶: 순임금 밑에서 형벌을 담당하던 관리)는 형벌을 담당하는 사(士)가 되었는데 만약 고수(瞽瞍: 순 임금의 아버지)가 사람을 죽였다면 어떻게 하였을까요?

　맹자께서 대답하셨다.

"그를 체포할 따름이다."

"그렇다면 순께서 이것을 못하게 하지 않았을까요?"

"순께서 어떻게 그것을 금할 수 있겠는가? 고요가 이어받은 권한이 엄연히 있다."

"그렇다면 순께서는 어떻게 하셨을까요?"

"순께서는 천하를 버리는 것을 헌신짝 버리는 것처럼 할 것이므로 남 모르게 아버지를 등에 업고 도망쳐 바닷가에 사시면서 몸이 죽을 때까지 즐거워하시며 천하를 잊으실 것이다."

(桃應問曰 舜爲天子 皐陶爲士 瞽瞍 殺人則如之何 孟子曰 執之而已矣 然則舜如之何曰舜視棄天下 猶棄蔽屣也 竊負而逃 遵海濱而處 終身 訴然樂而忘天下)(『맹자』盡心 상 35)

공자에게 있어 양을 훔친 아비를 관가에 고발하여 증언한 자식은 정직한 사람이 아닌 천하의 불효자며, 맹자에게 있어 살인한 아버지를 감옥에서 빼내 남몰래 등에 업고 바닷가로 도망쳐 여생을 안빈낙도(安貧樂道)하는 순은 孝를 위해 임금의 지위도 버리는 大孝의 상징이다.

하지만 전국시대를 거쳐 진, 한의 통일국가가 성립되자 내 속에 친강해 있는 상제의 一心을 지켜 그 명령에 따르는 忠 원래의 개념이 막강한 권력을 가진 전제군주에게 무조건 복종하는 충군(忠君), 충간(忠肝) 개념으로 변질되면서 혈연공동체 최고의 가치인 孝가 국가공동체의 大義에 항복하는 말하자면 忠君을 위해 孝를 멸(滅)하고 君臣有義를 위해 父子有親을 죽이는 대의멸친(大義滅親)의 길로 치닫게 되었다.

공자의 시대에 있어 양을 훔친 아비를 관가에 고발하여 아비의 죄를 증언한 자식은 불효자지만 대의멸친의 시대에 있어 아비의 죄를 증언한 자식은 오히려 公을 위해 부자유친의 사사로운 정을 멸한 멸사봉공의 애국자로 현창(顯彰)된다.

임금에 대한 신하의 절대적인 복종, 아버지에 대한 아들의 무조건적 순종, 남편에 대한 아내의 맹종을 골자로 한 동중서의 三綱과 孝를 ① 천자의 孝, ② 제후의 孝, ③ 경대부의 孝, ④ 士人의 孝, ⑤ 庶人의 孝로 구분한 『효경』이 진한 시대 이후에 성립된 중앙집권적 정치체제와 봉건적 계급 질서를 합리화시키려는 의도로 한대(漢代)에 출간된 것은 결코 우연이 아니다.

살아 계시는 부모를 봉양하고 공경하며 저녁때면 부모의 잠자리를 보살펴드리고 새벽이면 일찍 일어나 부모에게 문안인사드리는 혼정신성(昏定晨省)의 예(禮)가 효도의 전부라면 이 세상 어느 자식인들 효자노릇 못하겠는가? 하지만 살아 있는 부모에 대한 孝는 빙산의 일각일 뿐 지나 변종 유교의 특징인 허례허식의 번문욕례(煩文縟禮)는 선친이나 선조 등 죽은 부모와 조상에까지 孝의 개념이 확대 연장되는 추효(追孝)로부터 발생되었다.

추효란 무엇인가?

증자께서 말씀하기를 "돌아가신 부모를 정성껏 모시고 먼 조상을 추모하여 받들면 백성의 덕이 두터워질 것이니라."

(曾子曰 愼終追遠民德 歸厚矣 - 『논어』 學而 9)

맹의자가 孝에 관해 묻자 공자가 말씀하시기를 "효는 어김이 없어야 하는 것이니라. 살아 계실 때는 예로서 부모를 섬기고 죽은 뒤에는 예로서 장사지내고 예로서 제사하는 것이니라."

(孟懿子問孝 子曰無違生事之以禮死葬之以禮祭之以禮)(『논어』 爲政 5)

"조상 귀신의 영혼이 아닌 다른 사람의 귀신에게 제사 지내는 것은 아첨하는 것이다."

(子曰非鬼而祭之諂也)『논어』 爲政 24)

"죽음 섬기기를 삶을 섬기듯 하고 죽은 사람 섬기기를 살아 있는 사람 섬기듯 하는 것이 孝의 지극함이다."

(事死如事生事亡如事存孝之至也) (『중용』19장 5)

우리는 흔히 죽은 사람을 사망했다 말하는데 공자는 死와 亡을 엄격히 구별하였다. 死는 육신이 죽은 후부터 장례 치르기 전을 말하는 것으로 장례 치르기 전까지는 죽은 것으로 간주하지 않으며 장례를 치른 후가 亡이다. 따라서 죽음 섬기기를 삶을 섬기듯 예로서 장사 지내는 것은 상례(喪禮)에 속하고 죽은 사람 섬기기를 살아 있는 사람 섬기듯 하는 추효(追孝)의 예는 제례(祭禮)에 속한다.

孝의 기본인 상례와 추효의 제례 및 사당 제도는 『예기』에 상세히 기록되어 있는 바, 오호16국 시대와 수, 당의 불교 전성시대를 거치며 쇠퇴일로를 걷던 공자의 예법은 남송의 주희에 의해 주문공가례(朱文公家禮)로 부활하였고 약칭 주자가례(朱子家禮)가 생활화되어 있었던 한양 조선시대에 이르러 이재(李縡)의 사례편람(四禮便覽)으로 집대성되었다.

A라는 양반집의 아버지가 죽었다고 가정할 때 『예기』, 『주자가례』, 『사례편람』에 수록되어 있는 예법대로 하자면 장례에서부터 3년 탈상 후 신주를 사당에 모시기 위해 사당신주를 고쳐 쓰는 개제(改題)의 제사인 길제(吉祭)에 이르기까지 27가지 과정을 거쳐야 한다.

1) 초종(初終) 2) 고복(皐復) 3) 수시(收屍) 4) 발상거애(發喪擧哀) 5) 전(奠) 6)고묘부고(告廟訃告) 7) 습(襲) 8) 반함(飯含) 9) 영좌, 혼백, 명정(靈座, 魂帛, 銘旌) 10) 소렴(小殮) 11) 대렴(大殮) 12) 택지, 택일(擇地, 擇日) 13) 발인(發靷) 14) 출상(出喪) 15) 하관(下棺) 16) 제주(題主) 17) 성분(成墳) 18) 초우(初虞) 19) 재우(再虞) 20) 삼우(三虞) 21) 졸곡(卒哭) 22) 부제(祔祭) 23)시묘(侍墓) 24) 소상(小祥) 25) 대상(大祥) 26) 담제(禫祭) 27) 길제(吉祭)다.

담제가 끝나면 3년상을 마쳐 탈상이지만 사대부가에서 실질적인 탈상은 길제 이후가 된다. 하지만 추효(追孝)의 예법은 탈상 후에도 계속된다. 먼저 사당에서 올리는 초하루, 보름의 삭망제(朔望祭)가 있다. 1년에 24번 지내는 삭망제는 상중(喪中), 상후(喪後)에 관계없이 날짜를 지켜 치러야 한다. 특히 정월 초하루와 팔월 보름날의 삭망제는 큰 제사로서 이름도 차례(茶禮) 혹은 절사(節祀)라 한다. 4계절의 매중월(每仲月: 2, 5, 8, 11월)에 지내는 사시제(四時祭), 중삼(重三, 3월 3일) 단오(端午, 5월 5일) 청명(淸明, 寒食 하루 전) 칠석(七夕, 7월 7일) 중양(重陽, 9월 9일) 동지(冬至)에 지내는 세속절사(世俗節祀)도 있다. 그밖에 집안에 경사(慶事)가 있을 때 수시로 지내는 사당의 고유제(告由祭)가 있다.

종법(宗法)제도하에서 한가문의 종자(宗子)는 1년에 최소 30번 이상의 제사를 지내야 하고 매일 새벽 죽은 조상의 신주에 인사드리는 제사 아닌 제사인 신알(晨謁)을 드려야 하고 밖에 나갈 때 "다녀오겠습니다"라고 고하고 다녀와서는 "조상님 은덕으로 무사히 다녀왔습니다"라고 출입고(出入告)를 반드시 행해야 한다. 1년 내내 제사로 시작하여 제사로 끝난다. 만약 공자가 만들고 주자가 보완한 추효(追孝)의 예법을 어기면 성인(聖人)의 예법을 어긴 무례자로 사대부사회에서 낙인직혀 축출되며 일반백성의 경우 풍교(風敎)를 어지럽히고 강상(綱常)을 위반한 죄로 관가에 잡혀가 치죄(治罪)된다.

이것이 바로 예(禮)라는 이름의 촘촘한 그물로 속박하여, 무조건 복종형의 인간을 주조(鑄造)해내는 공산당의 사상독재보다 더 무서운 예제독재(禮制獨裁)의 본질이다.

아리스토텔레스는 "인간은 사회적 동물"이라 했지만 공자는 이보다 한술 더 떠 "예를 배우지 않으면 사회생활을 할 수 없다"(不學禮無以立-『논어』 季氏 13)고 하였다. 공자에 있어 孝와 追孝는 상례 제례의 상위적 개념인 예제(禮制)에 종속된다.

그렇다면 여기서 인류 역사상 최초로 孝道의 철학적 의미를 신학(神學)적 의미의 신도(神道)와 접목시킨 한검단군의 가르침에 조명(照明)하여 공자류의 孝와 追孝의 禮法이 어떻게 正道를 이탈했는지 한번 살펴보기로 하자.

어떤 사대부가에 초상이 나 그 집안의 기둥이었던 아버지가 죽었다. 유가족의 입장에서는 가슴이 찢어지는 아픔이다. 아버지가 죽었다는 눈앞의 현실을 도저히 믿을 수 없다. 효심이 지극한 상주는 아버지의 영혼이 아직 멀리 가지 못했을 것이라 확신하고 지붕 위로 아버지의 두루마기를 받쳐 들고 올라가 북쪽을 향해 초혼(招魂)의 '복'(復: 돌아오소서)을 외쳐댄다. 물에 빠진 사람 지푸라기 잡는 심정으로 고복(皐復)을 행했지만 한번 떠난 영혼은 다시 돌아오지 않는다. 실망한 상주는 아버지의 죽음을 어쩔 수 없는 현실로 받아들여 시신을 수습하고 발상거애(發喪擧哀)한다. 그러나 한편 아버지가 아직도 살아 돌아올 것이라는 한 가닥의 희망 속에 아침저녁으로 아버지의 영좌(靈座)에 조전(朝奠) 석전(夕奠)을 올린다.

초종으로부터 하관에 이르기까지는 죽은 사람으로 간주하지말라는 공자의 가르침에 따라 전(奠)은 장례시까지 계속된다. 고인의 영혼이 빙의(憑依)할 임시 위패인 혼백(魂帛)을 장례 전에 만들고 하관과 동시에 아버지의 영혼을 반혼(返魂)시켜 신주에 모시고 집으로 돌아온다. 여기서 야기되는 의문점은 아버지가 죽은 직후 지붕 위에 올라가 "존귀한 아버지의 영혼이시여! 부디 돌아와주소서" 3번을 고복(皐復)해도 돌아오지 않던 영혼이 어떤 연유로 장례식에 때맞추어 홀연히 돌아와 신주에 빙의하게 되는지? 나아가 "아버님의 육신은 비록 무덤으로 가셨사오나 영혼만은 집으로 돌아가시게 되어 신주 이미 이루어졌으니 엎드려 헤아리건데 존귀하신 영혼께서는 옛 것(죽은 육신)을 버리고 새것(신주)을 쫓아서 부디 신주에 神지피시고 의지하소서"의 제주축(題主祝)을 낭독하면 아버지의 영혼은 유가족들의 청원에 못이겨 나무토막에 불과한 신주를 새로운 삶의 터전으로 삼아 집으로 돌아오게 되는 것인가?

더욱 가관인 것은 아버지의 영혼이 신주에 빙의했다고 확신한다면 무엇 때문에 무덤 상석(床石) 뒤쪽에 혼유석(魂遊石)을 조성하나? 신주에 안주해 있던 영혼이 밤중에 무덤 속으로 도망가 누워 있다가 바깥 세상을 구경하기 위하여 혼유석에 나와 앉아 노닌다? 이 무슨 황당한 괴기담인지 도무지 이해할 수 없다.

그러나 공자는 고인의 신주를 사당에 모셔 죽은 사람을 산 사람 모시듯 하는 제례를 통하여 참신(參神), 강신(降神), 유식(侑食), 합문(闔門), 계문(啓門), 삼헌작(三獻酌)의 과정을 거쳐 운감(殞感), 사신(辭神), 음복례(飮福禮)하는 제사야말로 성인(聖人)이 가르친 신도의 실천이라 주장한다. 신도는 천도(天道)와 같은 말인데 도대체 신도가 무엇인가? 직역하면 신도는 신의 道, 천도는 하나님의 道인데 앞의 道자 해설에서 말한 바와 같이 道는 ○이므로 神道는 유일신의 ○이고 天道는 하나님의 ○이다.

『주역』계사전에 나와 있는 말과 같이 형상 없는 道는 영혼이고, 형상 있는 器가 육신임은 두말할 필요조차 없다. 분명한 것은 神道가 조상의 신주를 사당에 모셔놓고 나무토막에 불과한 신주에 제사 드리는 행위가 아니라는 사실이다. 순수 ○으로만 존재하는 우주의 道體인 한인상제의 천령이 형상을 가진 사람의 육신 속에 친히 강림하여 사람의 육신을 內土의 왕국으로 삼아 진리의 광채를 발산하는 인생 여정 자체가 바로 신도의 발현이다. 그럼 육신이 죽으면 신도는 동시에 진멸(盡滅)되는가? 아니다. 죽는 것은 생자필멸(生者必滅)의 육신이지 영혼이 아니므로 내토의 왕국인 인신은 죽어도 천명(天命)은 결코 죽지 않고 우주의 본체인 상제의 천령으로 자기 복귀하게 된다.

고구려는 이를 다물(多勿)이라 했고, 불교는 이를 타타가타(如來如去)로 표현했으며, 도교는 복귀어무극(復歸於無極)으로, 유교와 동학은 천도무왕불복지리(天道無往不復之理)로 표현했는 바 – 이 모두『천부경』의 "一妙衍萬往萬來用變不動本本心本"에서 유래되었음은 서장에서 이미 말했다.

하지만 공자와 주자는 天道(신도)를 춘하추동 4계절이 순환하는 하늘의 자연적 작용으로 해석하고 천도에 준거한 人道를 사람이 반드시 지켜야할 인륜으로 규정함으로써 우주의 中이며 道體인 상제의 本心이 천도라는 진리를 깨닫지 못하고 있다.

공자와 주자는 육신과 영혼의 분리가 죽음이라는 사실은 알았으나 죽은 아버지의 영혼이 상제의 천령으로 자기 복귀하여 천인합일이 된 줄은 알지 못하고 시신을 붙들고 통곡하며 아버지의 무덤 곁에 초막을 짓고 3년간 시묘(侍墓)살이를 하며 죄인 노릇을 해야만 지효(至孝)라 강변한다. 죽음은 자연적 현상인데 왜 아버지의 죽음에 자식이 죄인이 되는가? 아버지의 육신이나 상주의 육신이나 황제의 육신이나 거지의 육신 할 것 없이 오행의 물질 화합으로 이루어진 육신은 영원불멸의 영혼과는 달리 언젠가는 죽고 부패되어 없어질 성질의 것이며 나무토막에 불과한 신주 역시 그러하다.

그러므로 시신이 안장된 무덤과 신주에 대한 지나친 존경을 자식에게 강요하는『예기』와『주자가례』는 이를 자식된 도리로서 마땅히 실천해야할 인륜의 예라고 변론하지만 썩어 없어질 물질에 대한 외경(畏敬)과 숭모(崇慕)는 효도도 아니고 신도도 아니다.

살아 있는 육신이라야 식욕도 있는 법인데 죽은 부모의 시신 앞에 아무리 좋은 조전 석전을 올려봐야 무슨 소용이며 또한 상제의 영혼으로 이미 돌아가 자기 복귀를 달성한 형상 없는 부모의 영혼이 어떻게 다시 나타나 제사 음식을 받아먹을 수 있나? 이런 이유로 효친(孝親)은 어디까지나 내 육신의 본생처(本生處)인 부모의 살아있는 육신을 봉양하고 공경하는 행위이다.

한편 효도는 부모의 죽은 육신인 시체에 대한 존경이 아닌 부모 영혼에 대한 공경이다. 나는 부모로부터 육신만 물려받았을 뿐 나의 영혼은 하나님으로부터 본래 되었고 부모의 영혼과 모든 사람의 영혼 역시 그러하다. 그러므로 부모의 영혼을 향한 공경심은 가아(假我)의 육신을 벗어 버린 후 하나님의 영혼으로 다물(多勿)하여 天人合一의 本心本을 이룬 하나님의 신령에 대한 공경이다. 孝道가 禧道요, 신도가 효도인 것이다. 이런 연유로 한검단군께서는 그의 즉위조서에서 "너희 부모를 공경함이 곧 한인 하나님을 공경하는 것"(惟擊爾親 乃克擊天)이라고 말씀하신 것이다.

부모의 시체에 회한의 눈물을 하염없이 쏟아 붓는 행위를 지극한 효도로 오해하고 상제의 본령으로 자기 복귀한 부모의 영혼을 나무토막의 신주에 체포하여 신주에 엎으려 절하고 제사 드리는 행위를 신도로 착각하는 공자의 철학에는 형이상학적 사유가 전혀 없을 뿐 아니라 상제와 만 백성은 둘이 아닌 하나라는 천민위일(天民爲一)의 인식론도 없으며 인생이란 한번 왔다가 한번 가면 끝장이라는 종말론적 사고방식에 사로잡혀 현세의 인사만 중요시할 뿐 내세관이 없다.

이러한 의미에서 공학(孔學)은 철학도 신학도 아닌, 시간과 공간에 따라 적용 범위가 제약받을 수밖에 없는 윤리학에 불과하며 공자는 장례식에 조사나 쓰고 제사에 축문이나 작성하는 예문가(禮文家)일 뿐 철학자도 아니고 성인도 아니다.

묵자는 허례허식으로 가득 찬 유가의 3년상 제도를 다음과 같이 비판하였다.

유가는 관짜는 것을 중요시하고 시체 싸는 옷과 이불을 불필요하게 많이 준비하며 장례식에 무리를 지어 참석한다. 그리하여 삼년 동안 통곡하고 나면 다른 사람의 부축을 받아야 일어날 수 있고 지팡이를 짚어야 걸을 수 있다. 귀가 있어도 듣지 못하고 눈이 있어도 보지 못하니 천하를 잃어버리는 것과 같다.

重爲棺槨 多爲衣衾 送死若徒 三年哭泣 扶然後起 杖然後行 耳無聞 目無見 此足以喪天下

먹고 살 것이 풍족한 사대부 계급에게는 3년 복상이나 3년 시묘살이가 대수롭지 않을 수도 있으나 살아 있는 처자식을 부양하기조차 힘든 일반 서민에게 죽은 아버지의 무덤을 3년 동안 지키는 시묘살이의 예를 강요하는 것은 무리다. 부모가 죽었을 때 자식이 눈물을 흘리며 통곡하는 것은 아주 자연스러운 인간적 행위이다. 하지만 3년 복상 기간 내내 끊임없이 울고, 남들보다 더욱 슬픈 곡성을 내어 더 많은 눈물을 흘리는 것이 효자를 가늠하는 척도라면 이것 또한 불합리하기 짝이 없다.

사람의 눈물샘은 그 양이 한정되어 있어 슬픈 일을 만나 흘리게 되는 하루 눈물의 총량은 하루에 방뇨되는 오줌의 양보다 오히려 적다. 삯을 주고 대곡(代哭)을 고용하거나 사람들이 보는 앞에서만 아이고 아이고 가짜 울음소리를 내거나 혹은 물을 찍어 발라 눈물을 흘리는 체하면서 비통을 가장할 수밖에 없다. 결국 눈물샘의 유한성과 눈물의 자발성을 무시한 유가의 상례, 제례는 수많은 위선자와 이중인격자, 가짜 효자, 억지 열녀를 양산해내는 허례허식의 예제라 아니할 수 없다.

죽은 사람을 산 사람 모시듯 하는 추효(追孝)의 예(禮)는 죽은 시신을 산 사람의 육신처럼 존경한다는 말과 같다. 따라서 시체 존경 사상을 예의 이름으로 미화하는 유가의 장례법은 그들과 전혀 다른 장례법 - 예컨대 불교의 다비(茶毘), 예맥과 몽골의 풍장(風葬), 티베트의 조장(鳥葬), 아메리카 인디언들의 수상노천장(樹上露天葬) 등을 싸잡아 인류의 대의를 저버린 야만인들의 풍속이라 맹렬히 비난한다. 하지만 다비, 풍장, 조장, 노천장을 행하는 사람들은 육신을 가아(假我), 영혼을 진아(眞我)로 보기 때문에 영혼이 입다가 버린 헌 옷에 불과한 시체는 어떻게 처리되어도 좋다고 생각한다.

다시 말해 시신을 불태워 한 줌의 재로 변한 뼛가루를 바람에 흩날려 보내던지 혹은 들것이나 보자기에 시신을 싸 나무 위에 매달아놓아 자연 풍화 되게 하던지 혹은 까마귀나 독수리가 시신을 쪼아 먹어치우던지 말던지 관계없이 진아의 영혼은 유유히 창조주의 ㅇ으로 승천한다고 믿는다.

『예기』에 "천자의 죽음은 붕(崩), 제후의 죽음은 훙(薨)으로 부른다." (天子死曰崩 諸侯曰薨)하였는데 붕어(崩御)니 훙서(薨逝)니 하는 표현은 어디까지나 육신의 죽음에 한정된 뜻이다.

한편, 승천(昇天), 승하(昇遐)할 때의 昇은 오를승(登也)으로 육신을 버린 임금의 영혼이 하늘로 멀리 날아올라 상제의 ㅇ으로 돌아가는 것을 이르는 표현으로 귀천(歸天) 같은 뜻을 지니고 있다. 『삼국유사』 혁거세왕 편에 "나라를 다스린 지 61년째 되던 해 왕께서 승천하셨다"(理國六十一年王升于天)하였고, 『삼국사기』 동명성왕 편에도 "가을 9월에 왕께서 승하하셨다"(秋九月王升遐)고 기록하고 있고, 혁거세왕과 동명성왕 이외의 다른 왕들의 죽음은 모두 승천이 아닌 훙(薨)으로 표기되어 있다.

그러나 진실을 말하자면 승하 또는 승천은 임금에게만 국한되는 용어가 아니라 모든 사람에게 해당된다. 임금의 영혼이나 거지의 영혼 할 것 없이 모든 ㅇ은 상제의 ㅇ으로부터 본래 되었기 때문에 육신을 버린 모든 ㅇ이 상제의 ㅇ으로 귀향(歸鄕)하는 것은 필연적 귀결이다.

사람마다 상제의 O을 구유하고 있다는 점에서 모든 사람이 하나님의 아들인 天子임에도 불구하고 天子의 개념이 주문왕, 혁거세왕, 동명성왕 등 왕조를 창건한 시조왕에만 적용되는 제한적 의미로 국한된 것은 공자 이래 유가의 어용학자들이 천명(天命)의 뜻을 의도적으로 오역한 데 기인한다.

서장에서 밝힌 바와 같이『중용』1장 첫 구절인 天命之謂性은 하나님이 영혼은 영원불멸의 신성(禧性)이다라는 뜻인데 유가들은 이를 하늘의 명령을 性이라 부른다로 왜곡하여 天命을 인격신이 아닌 애매모호한 성격의 하늘이 내리는 명령으로 잘못 해석하고 있다. 살아 있는 사람의 육신에 친강한 상제의 O이 천명이며 육신을 버린 천명이 다시 상제의 O으로 돌아가 合一하는 것이 昇天이다.

지나변종유교의 제사의식에 단군의 유풍(遺風)을 가늠케 하는 부정할 수 없는 두 개의 뚜렷한 흔적이 있다. 첫째, 기제축(忌祭祝)이나 묘제축(墓祭祝)에 나오는 '호천망극(昊天罔極)'의 4글자다. 昊天罔極은 "은혜가 하늘같이 넓어 헤아릴 길이 없다"라는 뜻이며 부모와 남편, 임금의 제사 축문에만 사용할 수 있다.

아버지의 기제축 내용은

歲序遷易 諱日復臨 追遠感時 昊天罔極 謹以淸酌 庶羞 恭伸尊獻 尙饗
세서천역 휘일부림 추원감시 호천망극 근이청작 서수 공신존헌 상향

세월의 순서가 옮기고 바뀌어 휘일이 다시 돌아오게 되니 오래된 날로 거슬러 올라갈 수록 아버님의 은혜 저 높은 하늘과 같이 크고 넓어 가히 헤아릴 수 없아온지라 삼가 맑은 술과 여러 제수(祭需)로서 공손히 헌작의 전(奠)을 올리오니 바라옵건데 흠향하소서

하지만 위의 축문에 등장하는 호천망극(昊天罔極)은 결코 "아버님의 크나크신 은혜 하늘과 같이 크고 넓어 가히 헤아릴 수 없습니다"라는 뜻이 아니다.

제사란 무엇인가? 제사란 무덤 속에서 이미 부식되고 육탈되어 형체가 완전히 흩어진 아버지의 시신을 대상으로 존경심을 표시하고 감사의 말씀을 전달하는 인륜의 행위가 아니다.

살아 있는 아버지의 육신과 살아 있는 아들의 육신 간에 부자자효(父慈子孝)의 인륜이 유효할 뿐, 죽은 시체와 살아 있는 육신 사이에는 어떠한 인륜도 성립하지 않는다. 선(禮)자 해설에서 말한 바와 같이 아버지의 ○이나 나의 ○이 모두 상제의 ○으로부터 분유된 것이기에 나를 포함한 참제자(參祭者)의 ○과 상제의 본령으로 복귀하여 天人合一을 이미 이룬 아버지의 ○이 서로 감응하고 교감하여 탈아(脫我: 엑스타시)의 일체화로 완성되는 것 - 이것이 바로 제사의 참 뜻이다.

天을 sky적 의미의 하늘로 해석하면 호천(昊天)은 여름 하늘이고, 天을 heaven적 의미의 하늘로 보면 昊天은 하나님, 천제, 상제, 조물주를 말한다. 농경시대의 여명에 살았던 고대인들은 춘하추동의 계절이 바뀔 때마다 우주의 창조주며 주재자인 일신이 각각 다른 역할의 묘용(妙用)으로 현신(顯身)한다고 믿어 계절에 따라 다른 신칭을 사용하여 하나님을 불렀으니 이른바 창천(蒼天), 호천(昊天), 민천(旻天), 상천(上天)이 그것이다.

1) 창천(蒼天)은 봄 하늘을 말한다. 봄은 얼었던 땅이 해빙(解氷)되고 겨울잠을 자던 뱀과 개구리가 기지개를 펴며 일어나며 강남갔던 제비가 돌아오고 초목이 새싹이 틔우는 재생의 계절이다. 하지만 창천을 봄 하늘로만 보는 것은 sky적 의미의 자연 天에 국한될 뿐이며 만물을 소생시키는 주재자가 상제인 이상 heaven적 의미의 창천은 하나님, 한문으로

상제, 천제, 조물주를 뜻하는 신칭이다. "蒼天이 조람(照覽: 밝게 굽어보심)하시는데 어찌 나쁜 짓을 하겠습니까?"의 창천은 하나님을 말하지 봄 하늘의 자연 天을 말하는 것은 아니다.

2) 여름 하늘이 昊天이다. 여름은 만물이 크게 성장하는 계절로서 만물이 무성하게 자라기 위해서는 무엇보다 강렬한 태양빛에 의한 풍부한 일조량과 시의적절하게 내리는 비가 필요하다. 따라서 태양광명으로 만물을 성장시키고 폭염과 가뭄에 목마른 중생에게 은혜로운 단비를 내려주시는 주인공이 호천이므로 호천(昊天) 또한 창천(蒼天)과 마찬가지로 상제를 뜻한다.

『시경』 운한(雲漢)에 나오는

가뭄이 길어 주나라 백성으로 살아남은 자 거의 없는데 호천상제께서는 우리를 불쌍히 여기지 않네.

固餘黎民 靡有孑遺 昊天上帝 則不我遺

의 구절이 대표적 예이다.

3) 가을 하늘은 旻天이다. 가을은 결실과 추수의 계절이기 때문에 heaven적 의미의 旻天은 햇곡식과 햇과일 등 먹을 것을 풍성하게 주셔서 우리 중생을 사랑으로 돌봐주시는 자애로운 상제를 뜻한다.

『시경』 주송(周頌) 신공지습(臣工之什)에 나오는

밝고 밝은 상제께서 굽어 보살펴 주심에 해마다 우리를 먹일 풍년을 들게 하시는구나.

明昭上帝 迄用康年

의 구절이 민천상제(旻天上帝)의 은덕을 노래한 대표적 詩이다.

4) 겨울 하늘은 上天이다. 겨울은 추수한 곡식을 창고에 저장하고 내년 농사를 위해 피로에 지친 심신을 쉬게 하는 안식의 계절이며 또한 태양과 지구와의 거리가 가장 멀어지는 계절이기에 겨울 하늘은 가장 높은 上天이 된다. 하지만 heaven적 의미의 上天은 가장 높은 하늘에 홀로 계시는 상제라는 뜻이다.

『시경』 문왕지습(文王之什)에 나오는

> 육신의 형상이 없는 上天의 하나님은 목소리로도 냄새로도 그 존재를 나타내지 않으시니 참으로 지극할진저.
>
> 上天之載 無聲無臭至矣

의 구절이 상천상제를 노래한 대표적 시다.

봄에는 금강산(金剛山), 여름에는 봉래산(蓬萊山), 가을에는 풍악(楓嶽), 겨울에 개골산(皆骨山)이라 불리는 산은 4개의 전혀 다른 산이 아닌 하나의 똑같은 금강산을 계절따라 다르게 부르는 이명일 뿐이다. 이와 마찬가지 논법으로 蒼天上帝, 昊天上帝, 旻天上帝, 上天上帝의 신칭 중 상제 두 글자를 생략해버리고 그냥 蒼天, 昊天, 旻天, 上天으로 불러도 그것은 sky적 의미의 자연 天이 아닌 우주에 한 분밖에 계시지 않는 지고(至高)의 존재인 한인하나님을 가리키는 약칭임을 알아야 한다.

따라서 호천망극(昊天罔極)은 호천상제망극(昊天上帝罔極)의 6자를 4자로 줄인 수사(修辭)이다. 여기서 창천, 민천, 상천을 제쳐두고 호천(昊天)을 쓴 이유는 불타는 듯한 태양으로부터 방사된 폭염과 이에 따른 가뭄, 천둥 번개를 동반한 갑작스러운 소낙비와 태풍, 장마 등 - 변화무쌍한 여름 하늘의 역사를 주관하는 상제는 인간의 삶과 죽음도 주관하시므로 이를 대자대비하고 전지전능한 상제의 은혜와 공덕에 비유하여 호천망극으로 표현된 것이다.

그러므로 호천망극의 정확한 뜻을 풀어 말하자면 "육신을 버린 아버님의 ○이 상제의 ○으로 되돌아가 天人合一을 이룩하게 해주신 호천상제님의 크고도 넓으신 은혜 가히 헤아릴 수 없는지라 이에 상제의 ○으로 귀가한 아버님의 ○과 내 육신 속에 친히 강림한 상제의 ○이 하나의 동일한 ○임을 깨달아 제사를 올리나니 부디 감통(感通)하시기를 축원하나이다"가 된다.

이렇게 해석해야만 아버지의 영혼을 존경하는 경친(擎親)과 하나님의 천령을 공경하는 경천(擎天)이 두 개의 분리된 가치가 아닌 통합된 하나의 진리로 세워져 한검단군의 가르침인 유경이친 내극경천(惟擎爾親 乃克擎天: 너희 어버이를 공경함이 곧 하나님을 공경함이니라)과 일치할 수 있다.

호천망극에 이어 한검단군의 가르침이 남아 있는 또 하나의 결정적 증거로 조율시이(棗栗柿梨)의 실과진설법(實果陳設法)을 둘 수 있다.

고래로 제수진설(祭需陳設)에는 말도 많고 탈도 많다. 오죽하면 "남의 제사에 곶감 놓아라 대추 놓아라 참견 말라"는 말이 생겨났겠는가?

『주자가례』가 생활화되었던 이조시대에는 제수진설법을 둘러싸고 사색당파들 간에 논란이 끊이지 않았다. 예컨대 어동육서(魚東肉西, 물고기는 동쪽, 육고기는 서쪽)가 옳으냐, 홍동백서(紅東白西, 붉은색의 제수는 동쪽, 흰색의 제수는 서쪽)가 옳으냐, 좌포우혜(左脯右醢, 포는 제상의 왼쪽에, 젓갈류는 오른쪽)냐, 좌면우병(左麵右餠, 국수는 왼쪽 떡은 오른쪽)이냐 하는 것들이다. 하지만 실과진설법에 있어 대추, 밤, 배, 감의 순서 중 배와 감의 위치를 바꾸어 대추, 밤, 감, 배의 서열로 동쪽으로부터 서쪽으로 차례로 배치하는 진설법은 사색당파 모두 한결같았다. 도대체 대추, 밤, 감, 배에 내포된 상징성이 무엇이기에 조율시이(棗栗柿梨)의 순서대로 진설되어야 하는가?

대추는 씨가 하나이기 때문에 임금을 상징한다. 하늘에 2개의 태양이 없듯이 나라에는 반드시 한 사람의 왕만 있다.

밤은 씨가 없지만 밤 3개를 제상(祭床)에 올려놓음으로써 영의정, 좌의정, 우의정의 3정승 즉 정부를 상징한다. 감은 씨가 6개이므로 6조(六曹)를 상징한다. 배는 4실 4방(四實四房)으로서 4개의 방에 4개의 씨가 들어 있다. 사실상 씨가 4개인 것이다. 4의 숫자로 상징화될 수 있는 대상은 춘하추동의 사시(四時)와 동서남북의 사방(四方)밖엔 없다.

그러나 한 명뿐인 왕과 3명의 정승과 6명의 판서가 4시 4방을 다스릴 수는 없다. 따라서 한 명의 왕과 3명의 의정부와 6명의 판서가 다스리는 조선 8도를 상징할 수 있는 8의 숫자가 필요하지만 8개의 씨를 함유하고 있는 실과는 없다. 그리하여 4실 4방의 배를 씨 4개 +방(房) 4개 = 씨 8개가 되는 괴이한 셈법을 사용하여 8의 숫자를 조선 8도 강산에 억지로 짜맞추게 된 것이다.

하여튼 1명의 왕과 3명의 정승과 6명의 판서와 조선 8도 강산으로 상징되는 조율시이의 실과진설법은 나라의 근간인 백성의 존재를 철저히 무시하는 유교적 관존민비 사상의 발로로서 주자가례에도 명문화되어 있지 않은 진설법이다.

예문(禮文)에는 단지 조동율차(棗東栗次)라 했을 뿐이다. 무슨 말이냐 하면 붉은색의 대추는 붉은 태양이 떠오르는 동쪽에 놓고 그 다음에 밤을 놓는다는 뜻이다. 대추와 밤만 제상(祭床)에 올릴 수 있는 필수품목으로 정했을 뿐 감이나 배, 그 밖의 다른 실과에 대한 언급은 한마디도 없다. 이로 미루어 대추, 밤, 감, 배를 제상의 남단에 올리는 실과진설법은 공자 당시 주나라의 제례도 주자 당시의 송나라 풍속도 아닌 조선왕조

특유의 방식임을 알 수 있다. 하지만 명청(明淸)의 제후국으로서 천제(天祭)를 지낼 자격조차 없는 조선왕조의 역대 군왕과 사대부들이 주자가례에도 없는 예법을 스스로 창안하여 시행했다고 보기는 어렵다. 따라서 조율시이의 실과진설법은 조선조 이전에 존재하였던 고려나 신라의 풍속을 계승한 것이 분명하다.

고려의 팔관회(八關會), 신라의 숭천교(崇天敎), 백제의 효천교(效天敎), 고구려의 경천교(擎天敎) 및 동맹(東盟), 발해의 진종교(眞倧敎), 부여의 대천교(代天敎) 및 영고(迎鼓), 예맥의 무천(舞天), 요나라의 국중대회(國中大會), 금나라의 보본단(報本壇), 청나라의 주신교(主神敎) – 이 모두가 하나님의 ○과 나의 ○, 하나님의 天心과 나의 一心(忠)이 하나임을 확인하여 믿는 신인합일(神人合一)의 선의식(禮儀式)이며, 천제(天祭)로서 그 근원을 한검단군의 가르침인 천단교(天壇敎)와 소도(蘇塗)신앙에 두고 있다.

이에 의거하여 대추, 밤, 배, 감에 내포되어 있는 상징성과 그 의미를 바르게 해석하면 아래와 같다.

① 대추: 씨가 하나인 대추는 한인하나님을 상징한다. 1(하나)은 모든 수의 시작이다. 1이 있으므로 2, 3, 4가 있고 10억, 100조로 뻗어나가는 무한의 수가 있다. 만약 1이 없다면 2, 3도 없고 100억 100조로 불어나는 무한의 수도 존재할 수 없다.

1은 불변의 상수(常數)이며 만물을 낳는 모수(母數)이다. 단군 철학에 나타나는 一은 구체적으로 한검단군이 즉위조서에서 밝힌 惟一天心 즉 오직 하나밖에 없는 하나님의 마음이다. 하나님의 유일천심이 사람의 육신 속으로 친강하여 一心(忠)이 되었고 육신을 버린 후의 一心은 승천하여 一의 본고장인 天心으로 돌아가 합일된다. 만물이 一에서 나와 一로 돌아가므로 一은 출발점이자 귀착점이다.

② 밤(栗) 3개: 씨가 없는 밤 하나를 씨(心) 한 개로 쳐 밤 3개를 제상에 올린다. 밤 3개는 天, 地, 人을 표시하는 제물(祭物)이므로 천신한인, 지신한웅, 인신한검의 삼신일체(三禃一體)를 상징한다. 지신님의 一心도 사람의 一心도 모두 한인하나님의 유일천심을 전수받은 것이므로 용사(用事)에 있어서는 三心으로 갈라져도 회삼귀일(會三歸一)하면 一心의 태극이 된다. 2장에서 밝힌 태양앙명인중천지일도가 바로 이것이다.

③ 배(梨): 방(房) 4개와 방 속에 들어 있는 씨 4개의 배는 우주 자체를 상징한다. 우주는 무한한 공간과 영원한 시간의 시공연속체다. 배의 방 4개와 씨 4개는 우주의 사정사시(四正四時)를 상징한다. 우주는 무한한 공간이기 때문에 가장자리도 없고 센터도 없어 동서남북의 방위도 없지만 편의상 동서남북의 사정(四正)을 설정한 것이며 우주는 영원한 시간이기 때문에 과거 현재 미래도 없고 춘하추동도 없지만 편의상 사시(四時)를 설정한 것뿐이다.

④ 감(枾): 씨가 6개인 감은 육극(六極)을 상징한다. 상방(上方)에 존재하는 모든 별들의 총화(總和)로서의 天과 하방(下方) 지구의 地와 우주의 동서남북이 6극(六極)이다. 무한한 공간과 영원한 시간의 복합체인 우주는 동서남북의 사정(四正)이 상응 교호(交互)하고 천지상하(天地上下)가 서로 화답하여 이룩되는 육합(六合)의 기초 위에서 질서정연하게 운행된다.

다음으로 최악의 효(孝) 사상인 지나 변종 유교의 종법(宗法) 종자(宗子) 제도를 고찰해 보자.

『예기』에 지자부제(支子不祭)라는 말이 있다. 곁가지 아들은 제사를 지낼 수 없다는 뜻이다. 제사를 받드는 주인은 반드시 종자(宗子)라야만 하는데 宗子는 대개 적통장자(嫡統長子)를 세우는 것이 원칙이다. 하지만 본처 소생의 아들이 3명 있는 경우에 있어 맏아들은 몹쓸 병이 있고 둘째는 위인이 너무 부실하여 宗子로서 자격 미달이라 판정되면 막내가 宗子의 지위를 계승할 수도 있다. 왕가에서는 宗子를 원자(元子) 또는 세자(世子)로 부르는데 한양 조선 4대 세종이 좋은 예이다. 세종은 태종의 맏아들이 아닌 셋째 충녕대군으로서 태어나자마자 元子가 되고 8살에 世子가 된 태종의 적장자(嫡長子)인 양녕대군이 폐세자(廢世子)된 후 둘째인 효녕대군마저 제치고 종통(宗統)을 이어받아 왕이 되었다.

이 경우 세종의 법적 지위는 宗子이고 孝子이며 원경왕후 민씨에서 태어난 ①양녕대군, ②효령대군, ③성녕대군과 효빈 김씨가 낳은 ④경녕군, 신빈 신씨가 낳은 ⑤함녕군, ⑥온녕군, ⑦근녕군과 선빈 안씨가 낳은 ⑧의녕군과 숙의 최 씨가 낳은 ⑨희녕군과 덕숙옹주 이 씨가 낳은 ⑩후녕군과 고씨가 낳은 ⑪혜녕군의 법적 지위는 지자(支子) 내지 제자(諸子: 宗子를 제외한 나머지 아들)가 된다. 宗子는 부모상을 당하면 상주(喪主)가 되고 사당 제사를 주관하는 제주(祭主)가 되며 종법(宗法)제도 하에서 법적으로 공인된 유일한 孝子가 된다. 지자(支子)나 제자(諸子)는 아무리 효심이 깊어도 孝子를 감히 칭하지 못하는데 그 이유는 孝子某官某 敢昭告于(효자 아무 관직에 있는 아무개는 감히 조상 신위께 밝혀 고하나이다)의 제사 축문에 나오는 孝子 칭호는 제주인 宗子만이 공식적으로 사용할 수 있기 때문이다.

종법제도에 의해 강제로 만들어진 孝子와 효심이 깊어도 孝子를 칭할 수 없는 제자(諸子) 간에 야기되는 갈등은 왕실의 경우 막강한 권력을 행사하여 쉽게 봉합(縫合)할 수 있으나 권력도 없고 재산도 넉넉지 못한 민가(民家)의 경우 피를 나눈 형제끼리 반목의 골이 깊어져 급기야 골육상쟁으로 치닫기도 한다.

본처 소생의 아들 3형제를 둔 어느 민가(民家)에서 맏아들, 둘째 아들을 제치고 셋째 아들이 宗子가 되었다고 가정해 보자.

재산 상속 문제에 있어 유목 사회는 말자(末子) 상속권, 농경 사회는 장자 상속권이 일반적 관례이나 종법제도 하에서는 宗子 상속권이 불문율이다. 이에 따라 宗子는 제사 비용을 충당하기 위해 설정된 제전(祭田), 묘소에 딸린 묘전(墓田), 위토전(位土田)과 가문의 선산(先山) 등 모든 재산을 상속받는다. 뿐만 아니라 첫째, 둘째를 제치고 셋째가 宗子가 되면 가문의 족보에 셋째인 宗子가 長子(맏아들)로 기록되고 자연연령이 宗子보다 높은 첫째, 둘째는 법적으로 宗子의 동생이 되어 제자(諸子)의 지위로 전락한다. 이른바 형제 서열의 역차(易次: 차례가 바뀜)가 이루어진 것이다.

이렇게 되면 첫째, 둘째는 보따리를 싸 종가(宗家)로부터 분가(分家)해 나가게 되고 형제간은 물론 그 자손들 간에 왕래도 뜸해지고 서로 대면하기도 싫어하는 소원한 사이가 되어 명목상 한 집이나 실질적으로 남남이 되어 버린다. 만약 아들 3명을 둔 어느 민가에서 宗子집에는 후손이 없고 남은 두 형제 집을 통틀어 아들이 하나밖에 없다면 그 아들의 운명은 어떻게 되나?

이러한 경우 사당 제사가 끊어지는 절사(絶嗣)의 위기를 막기 위해 종갓집에 무조건 그 아들을 입양시켜 가문의 종통을 계승해야만 한다. 宗子의 친형제 집에도 아들이 없다면 촌수가 먼 같은 성 씨 집안의 아들이라도 반드시 입양입후(入養立後)시켜 제사를 잇게 해야 한다.

맹자는 "불효에 세 가지가 있지만 그 중 뒤를 이을 후손이 없는 것이 가장 크다고 말하였다"(孟子曰 不孝有三 無後爲大一)(『맹자』 離婁 26)

맹자가 말한 무후(無後)는 가문의 종통을 승계할 아들 즉 宗子를 뜻한 것이다. 아들을 생산하지 못하는 것은 여자 단독의 책임만도 아닌데 왕가나 사가를 막론하고 아들 생산 못하는 여인은 칠거지악(七去之惡) 중 가장 무거운 죄를 지은 중죄인으로 낙인 되어 축출되었다.

이러한 의미에서 종법제도가 낳은 최악의 사례를 하나 들어보자.

7대 독자로 내려오는 어떤 사대부 가문의 A라는 宗子는 늦도록 후사(後嗣)가 없었다. 7대째 내려오는 독자이다 보니 형제도 없고 당내친족(堂內親族: 8촌 이내의 부계 혈통을 공유한 사람들)도 없어 자연히 입양할 사내아이도 없었다. 후사를 자가생산할 수밖에 없다고 판단한 A 宗子는 늦도록 본처로부터 아들 소식이 없자, 할 수 없이 소실을 들여왔으나 소실 또한 아들을 낳지 못하였다.

"무정한 세월은 흘러만 가고 나이는 점점 많아지는데 후사마저 없으니 조상에 불효요, 이러다가 만약 가문이 문을 닫게 되면 죽어 무슨 낯으로 조상을 대하리오." 자책에 자책을 거듭한 끝에 최후의 수단으로 씨받이를 들여와 드디어 오매불망 바라고 바라던 아들을 얻게 되었다.

비록 씨받이의 몸에서 태어났으나 하나밖에 없는 아들이었기에 그를 세워 A 宗子를 계승하는 종손(宗孫)을 삼았다. 그런데 일이 공교롭게 되느라 5년이 지난 어느 날 그동안 감감무소식이던 첩실이 회임하여 그로부터 천만뜻밖의 옥동자를 얻어 종손을 바꾸게 되는 일이 벌어지고 말았으니 이것이 이른바 이종주사(移宗主祀)이다.

이종주사란 씨받이에서 태어난 아들에게 부여되었던 종자의 지위가 소실에서 태어난 아들로 옮겨가 A 宗子가 죽은 후 제사를 주관하는 가문의 종자 즉 주인이 바뀌었다는 뜻이다.

사건은 여기서 끝나지 않았다. 이종주사가 이루어진 5년 후 천우신조(天佑神助)의 기적이라고밖에 표현할 수 없는 큰일이 벌어지고 말았으니 폐경 직전의 늙다리 본처가 아들을 낳아 宗子를 또 다시 바꾸는 2차 이종주사가 일어나게 된 것이다.

『예기』나 『주자가례』에 의하면 본처의 몸에서 태어난 아이는 적자(嫡子)이고 소실 태생이나 씨받이 태생은 서출(庶出)이므로 가문의 종통을 잇는 계세(繼世)의 적통은 어디까지나 강보에 쌓인 채 누워 있는 본처 소생의 어린아이에게 있기 때문이다.

  종법의 정치 사회적 기능은 宗子와 제자, 적출과 서출, 본처와 첩실에 다르게 적용되는 제도적 차별 대우를 마치 사람의 작위(作爲)가 아닌 천부(天賦)적인 것으로 조작하여 宗子를 주축으로 하는 가부장적 독재를 합리화하려는 데 있다.

  그 어느 누구도 어머니를 스스로 선택해서 출생할 수 없는 법인데 아버지 본처의 뱃속으로부터 태어나느냐 아니면 아버지 첩의 뱃속으로부터 태어나느냐에 따라 자식의 운명은 미리 결정된다. 아버지의 첩에서 태어난 서출은 살아서도 차별 대우를 받고 죽어서도 차별 대우를 받는다. 공자와 그의 제자들은 천자, 제후, 경대부, 사(士), 서민의 신분적 위계질서와 아버지에 대한 생모의 지위에 따라 적통(嫡統)과 윤통(閏統)에 다르게 적용되는 차별 대우를 천부적인 것으로 위장하기 위해 순임금 밑에서 법무장관을 지낸 고요모의 입을 빌려 이렇게 합리화했다.

  상제께서 하는 일을 天子가 대신하여야 합니다. 하늘나라에서도 질서를 유지하는 상법(常法)이 있어 우리에게 오륜을 지키도록 명령하셨으니 삼가 오륜을 두터이 하십시오. 하늘나라 위계질서에도 계급에 따라 다섯 가지 다른 예법이 있어 이를 지키도록 명령하셨으니 천자, 제후, 경대부, 사(士) 그리고 일반 서민은 각자에 해당되는 오례를 지켜야 합니다. 다 같이 이를 받들고 서로 공경하도록 하여 화목하고 참되게 하십시오. 상제께서 명령하시는 내용에는 큰 장점이 있으니 천자, 제후, 경대부, 사(士), 일반 서민의 신분과 계급을 나타내는 다섯 가지 다른 복색과 상을 당했을 때 입어야 할 다섯 가지 상복으로 다섯 가지 등위를 차별화해야 합니다.

상제께서 우리 인간에게 벌을 내리심은 죄가 있기 때문이니 죄질에 따라 범죄자의 얼굴에 먹으로 문신을 새겨 넣는 묵형(墨刑)과 범죄자의 코를 잘라내는 의형(劓刑)과 범죄자의 발뒤꿈치를 잘라내어 앉은뱅이로 만드는 비형(剕刑)과 범죄자의 고환을 거세시키는 궁형(宮刑)과 범죄자를 참수(斬首)하는 대벽(大辟)의 오형(五刑)을 사용하시어 정사에 힘쓰시고 또 힘쓰시옵소서.

天工人其代之 天敍有典 勅我五典五惇哉 天秩有禮 自我五禮有庸哉 同寅協恭和衷哉 天命有德 五服五章哉 天討有罪 五刑五用哉 政事懋哉懋哉 (『서경』 우서 고요모에서)

적통과 윤통의 엄격한 구별과 그에 상응한 차별적 대우는 개인에만 국한되는 것이 아니라 역사의 무대에서 수없이 명멸해간 각 왕조의 정통성을 판단하는 잣대로도 작용한다. 공자와 주희로 대표되는 지나 유교의 역사관은 정명(正名)을 기초로 한 군신 간 상하 관계를 지렛대로 삼아 일체의 사회적 인간적 관계를 상하 신분의 수직 관계로 파악하여 그 명분을 확정하는 점에 가로놓여 있다.

공자의 정명은 무엇이고 주자의 명분은 무엇인가? 직역하면 正名은 바른 이름이고, 名分은 이름을 나눈다는 말이지만 실제로 전혀 그런 뜻이 아니다. 正名은 이름에 정직해야 한다, 이름에 충실해야 한다는 뜻이고, 名分은 이름에 따른 분수에 충실해야 한다, 즉 자기 분수를 안다는 뜻이다.

풀어 말하자면, 신하라는 이름이 붙은 자는 어떤 경우에도 王이라는 이름이 붙은 자에게 반역해서는 아니 되고, 아들이라는 이름이 붙은 자는 아버지라는 이름이 붙은 자를 거역할 수 없고, 아우라는 이름이 붙은 자는 형의 이름이 붙은 자에게 무조건 공손해야 하고, 첩의 자식이라는 이름이 붙은 서자는 정실부인의 자식이라는 이름이 붙은 적자에게 절대 복종해야만 하는 당위성 이것이 바로 『춘추』에 일관되게 흐르고 있는 공자의 正名사상이다. 공자의 正名을 계승한 주희의 名分도 이와 같아서 사농공상(士農工商)의 수직적 계급 질서에 기반을 둔 국가 사회에 있어

士의 이름이 붙은 자는 자자손손 학문에만 종사하고 조정에 출사(出仕)하여 王을 보필하되 어떠한 경우에라도 王의 자리를 넘보지 말아야 하고 농민의 이름이 붙은 자는 자자손손 농업에만 전념하여 사대부 계급으로의 신분 상승을 도모하지 말아야 하고 대장간에 종사하는 공인은 칼 만들고 낫 만드는 천직에 충실하여 다른 업종으로의 직업 전환을 모색하지 말아야 하며 소금 장수는 소금 장수로서의 자기 분수를 알아 그에 합당한 사고와 행동을 해야 하며 오랑캐(夷)의 변방 민족은 華자가 붙은 中華 민족에 절대 복종해야만 천하가 평화로워진다는 결론이 주희적 명분론의 골자이다.

이에 따라 주희는 이름에 붙은 자기 분수의 자각을 기초로 한 군신 간의 절대적 명분이 명백하게 나타나 실현되고 증명되는 무대로 역사를 인식하였다. 그러나 현실의 역사는 난신적자(亂臣賊子)에 의한 왕위 찬탈과 이에 따른 왕조의 교차가 빈번하게 발생하는 어지러운 회전무대이기에 굴곡과 탁류의 소용돌이 없이도 절대적 도덕이 실현되는 평화로운 무대로 역사를 인식하기 위해서는 적통을 正, 윤통을 邪로 규정하여 邪를 깨뜨려 正을 선양하는 파사현정(破邪顯正)에 입각한 역사의 정통성을 변론할 필요가 있었다.

예를 들어 『자치통감』(資治通鑑)의 저자인 북송의 사마광(司馬光)은 후한의 쇠퇴와 때를 같이하여 등장한 위, 오, 촉의 삼국 중 어느 나라가 정통성을 가지고 있는지? 시비를 가리기 매우 어렵다고 했는데 주희는 유비의 촉한(蜀漢)을 정통으로 인정하고 조조의 위(魏)와 손권의 오(吳)를 윤통(閏統)으로 보았다.

조씨(曺氏)나 손씨(孫氏)는 후한의 신하이지만 촉한의 유씨(劉氏)는 한고조 유방(劉邦)의 피를 이어받은 황실의 적자(嫡子)이기 때문에 유씨를 적통 계승자로 인정할 수밖에 없다는 이유에서였다. 만약 유씨의 촉한이 3국을 병합하여 통일 제국을 세웠더라면 正名과 名分에 기초한 적통 계승론은 유가의 정통 사학으로서 그 권위를 인정받았을 것이다.

그러나 현실 역사의 흐름은 조조의 아들 조비가 후한의 마지막 황제 헌제(獻帝)를 폐하여 위(魏)를 세우고 위의 신하였던 사마의의 손자 사마염이 위를 멸망시켜 진(晉) 제국을 창건하는 방향으로 전개되었다. 말하자면 역사의 기승전결(起承轉結)이 적통에서 적통으로 흘러간 것이 아니라 오히려 윤통에서 윤통으로 승계되고 매듭지어진 것이다. 윤통이 적통을 누르고 승리자가 되는 정치적 현실을 더 이상 외면할 수 없게 된 주희는 이에 말을 바꾸어 비록 윤통이지만 혼란한 세상을 평정하여 통일 국가의 천하대업을 완수한다면 어제의 윤통도 오늘의 적통이 될 수밖에 없다는 논리로 기존 역사를 변호할 수밖에 없었다.

여기에 이르러 정명론과 명분론의 바탕 위에서 군신 간의 절대적 도덕이 실현되는 무대로서의 유가의 역사 인식은 타당성을 완전 상실해 버리고 힘을 앞세운 강자의 현실 지배 구조를 옹호하는 어용 사학으로 전락하고 만다.

결국 유가의 역사의식은 허위의식임이 폭로된 것이다.

전술한 바와 같이 종법 제도는 대가족 중심의 혈연공동체를 기반으로 한 宗子 위주의 가부장 독재를 합리화시킨다. 예를 들어 농경 사회의 생산 주체인 대가족의 단위를 평균 100명 내외의 구성원으로 계산한다면 인구 천만 명의 국가는 10만 개의 혈연공동체와 각각의 혈연공동체를 대표하는 10만 명의 가부장(家父長)을 가지게 된다. 이렇게 되면 10만 개의 혈연공동체 위에 서 있는 국가는 자연히 대가족 연합 국가의 성격을 띠게 된다.

국가가 기반으로 하는 10만 개의 혈연공동체는 10만 명의 상이한 가부장에 의해 통제되지만 10만 개에 이르는 혈연공동체 간의 횡적 연대 즉

사회적 유대는 오직 국가라는 매개자를 통해서만 보증된다. 그러나 국가는 10만 개의 혈연공동체를 기반으로 하지만 국가는 가족과는 달리 비혈연적 관계에 놓여 있는 사람들의 수평적 연대로 맺어진 결사체(結社體)다.

이렇게 해서 등장한 이론이 유가의 국가론인 천하일가론(天下一家論)으로서 국가는 천하일가요 천하일가가 곧 국가다. 國家를 직역하면 나라 국(國) 집가(家)의 나라 집이지만 실제로는 "온 나라가 한 집안이다" "전 국민이 모두 한 집안 식구다"라는 뜻이다. 따라서 국가라는 이름의 비혈연적 공동체를 피를 나눈 일가친척 내지 한 집안 한 식구의 혈연공동체로 전환시키기 위해서는 무엇보다 선언적 의미의 한 지붕 한 가족 개념보다 법적 의미의 혈연성을 부여해야 할 필요성이 제기된다. 이러한 요청에 부응하여 새롭게 정의된 국가는 군거(群居) 본능에 의해 습관화된 집단생활을 영위하는 비혈연적 인간 집단의 단수 조합이 아닌 황제를 법적 아버지인 적부(嫡父)로 삼고 백성 모두를 황제의 적자(嫡子)로 보는 의제화(擬制化)된 혈연공동체로서의 국가이다.

의제화된 혈연공동체로서의 국가가 한 지붕 한 가족의 일가(一家)인 이상 집안의 최고 어른인 가부장(家父長)은 한 명밖에 있을 수 없고 그 한 명의 가부장이 만백성의 적부(嫡父)인 황제임은 당연지사(當然之事)이다. 백성이 황제의 적자로 간주되고 황제가 만민의 아버지로 추앙되는 일은 유교의 종법제도 하에서는 충분히 가능한 일이다.

일단 황제가 만민의 적부(嫡父)가 되면 孝의 대상이 친부(親父)로부터 적부(嫡父)로 옮겨가게 된다. 남의 집에 양자로 들어간 자가 친부모의 상(喪)에 3년 복상(服喪)을 할 수 없고 사당제사를 받들 수 없듯이 만민의 적부(嫡父)인 황제가 죽으면 사상(私喪)은 일체 정지되고 백성 모두가 3년간 상복을 입어야 한다. 이리하여 황제에게 마음을 다하여 충성을 바치는 忠君과 천하일가의 유일한 가부장인 황제에게 효도하는 大孝는 용해(溶解)되어 하나의 가치로 통합된다. 忠君이 大孝요, 大孝가 忠君인 것이다.

맹자는 "부모를 섬기는 것이 사람 섬기는 일의 근본이다"(事親事之本也 -『맹자』離婁편) 라고 말하면서도 물효(物孝)와 심효(心孝)와 대효(大孝)의 차이를 확연히 구별 지었다.

부모가 고기를 좋아하면 고기 반찬을 해 올리고 생선을 좋아하면 싱싱한 생선회를 밥상에 올리는 이런 류의 孝를 맹자는 "이른바 부모의 입과 몸을 봉양(奉養)하는"(所謂養口體者也-離婁편) 물효(物孝)라 했고, 부모의 마음을 평안하게 해 드리는 심효(心孝)를 "증자 같은 분은 부모의 마음을 봉양하였다고 말할 수 있다. 부모를 섬기는 일은 증자께서 하신 것처럼 하여야 옳다"(若曾子則可謂養志也 事親若曾子者可也-離婁편)는 말로서 물효(物孝)보다 더 높이 평가하였다.

맹자가 말하는 大孝는 순임금의 고사에서 유래된 말이다. 순의 아버지 고수(瞽瞍)는 일찍이 상처(喪妻)하고 후처를 맞아 상(象)이라는 아들을 두었다. 그런데 고수와 순의 계모와 상, 이 세 사람은 평소부터 순을 미워하여 죽일 기회만 엿보고 있었다.

한번은 순을 시켜 곡식 창고를 고치게 하고는 순이 지붕으로 올라가자 사닥다리를 치워버린 후 창고에 불을 질러 죽이려 하였고 또 한번은 순을 시켜 우물을 파게하고는 일을 마친 순이 밖으로 나오려하자 흙을 쏟아 부어 생매장하여 죽이려 하였으나 두 번 다 실패하고 말았다.

이런 황당한 일을 당했음에도 불구하고 순은 불평 한마디 없이 평소 하던 대로 완악(頑惡)한 생부와 모진 계모를 지극 정성으로 봉양하였다. 어느 때 순은 가을철에 추수를 하면서 소출이 적은 것을 탄식하여 하늘을 우러러 민천상제(旻天上帝)를 부르면서 울었는데 그 이유는 식량이 모자라 부모를 공양하지 못할 不孝의 죄를 민망스럽게 여겼기 때문이다. 임금이 된 후에도 순의 효행은 계속되었다.

한때 자신을 죽이려 했던 부모를 궁전으로 모셔 아침이면 부모 처소의 섬돌 아래 이슬을 맞으며 선 채로 부모의 기침을 기다리고 저녁이면 손수 이부자리를 깔아 지극 정성으로 효도하였다. 뿐만 아니라 백성을 대함에 있어서도 항상 부모를 모시듯 진실 되고 겸손한 마음으로 진심전력하니 나라 사람 모두가 이에 감복하여 순임금의 大孝 정신을 본받게 되었다. 맹자의 평가를 직접 들어보자.

大孝란 죽을 때까지 부모를 사모하는 것이다. 임금의 신분으로 나이 50이 되어서도 부모를 사모하는 것을 나는 위대한 순임금에게서 처음으로 보았다.
大孝終身慕父母五十而慕者 予於大舜見之矣 (萬章편)

순께서는 임금이 된 후에도 어버이 섬기는 도리를 다하니 한때 순을 구박하여 그를 죽이려고까지 했던 순임금의 생부인 고수도 마침내 기뻐하기에 이르렀다. 고수가 기뻐하기에 이르러서야 천하의 아버지와 아들이 모두 안정되었으니 이를 일컬어 大孝라 한다.
舜事親之道而瞽瞍底豫 瞽瞍底豫而天下化瞽瞍底豫而天下之爲父子者定此之謂大孝 (離婁편)

맹자가 말하는 大孝와 주자가 말하는 大孝는 그 의미가 전혀 다르다. 맹자가 말하는 大孝는 순께서 임금이 되고 난 후에도 부모를 하늘처럼 우러러 지극 정성으로 효도하는 심정적 연장선 위에서 백성 섬기기를 부모 섬기듯 함으로써 천하인민을 감복케하여 그 영광을 천하의 아버지들과 아들들에게 되돌려주는 것이고, 주자의 그것은 친생 부모와의 사사로운 정리(情理)를 떠나 모든 영광을 천하일가의 의제(擬制) 가부장(家父長)인 황제에게 돌리는 孝이다. 주자는 『대학전』(大學傳) 9장에서 이렇게 말한다.

孝는 임금을 섬기는 행위이며, 제(弟)는 윗사람을 섬기는 것이고,
자(慈)는 백성을 부리는 길이다.
孝者所以事君也 弟者所以事長也 慈者所以使衆也

아마도 주희는 나를 낳아주고 길러주신 친부모를 봉양, 공양하는 것을 소효(小孝)로 생각했던 것 같다. 따라서 주희는 각 집안의 小孝가 확대되어 천하일가의 유일 가부장인 황제에까지 미치는 大孝로 발전하여 忠君과 大孝가 하나의 가치로 수렴될 때 제가(齊家) – 치국(治國) – 평천하(平天下)가 이루어진다고 믿었다.

국가의 최고 권력자인 황제에게 충성을 바치는 忠君 사상과 집안의 유일 가부장인 황제에게 효도하는 주희적 의미의 大孝 사상이 손등과 손바닥의 관계라는 점을 이해하기 위해 가부장 독재의 살아 있는 모델인 김일성, 김정일 체제를 예로 들어 설명해 보자.

김일성은 왕조시대의 어떤 황제보다 더 큰 권력을 행사하는 북한의 절대 권력자다. 미제국주의의 침략으로부터 조국을 수호하고 미제의 앞잡이인 남조선 괴로도당을 소탕하고 남조선 인민을 해방시키기 위해 김일성의 절대 권력은 어쩔 수 없는 시대적 요청으로 합리화된다.

이에 따라 북한의 모든 어용 언론 매체들은 김일성 주석을 향한 절대 충성이야말로 북한 인민으로서 반드시 지키고 실행하여야 할 고귀한 의무로 규정하여 이를 적극 선전한다. 또한 김일성 주석의 절대적 권위를 부정하거나 항거하는 자는 어김없이 반동분자의 낙인을 받아 수용소에

격리되거나 처형된다.

　의제(擬制) 혈연공동체인 북한에서 김일성은 인민들을 낳아주고 먹여주고 입혀주고 길러주는 자애로운 어버이 수령으로 불리기도 한다. 탁아소나 유치원에 가는 북한 어린이들은 "우리를 낳아주시고 먹여주시고 입혀주시고 길러주시는 자애로운 어버이 수령님의 하해 같은 은혜를 효도로서 보답하여 충성의 깃발을 높이 들자" 운운의 구호를 일률적으로 복창한다. 식량이나 옷가지 등 생필품의 배급권을 김일성 개인이 독점하고 있는 체제의 특성상 "어버이 수령님께서 우리를 먹여주고 입혀주고 길러주신다"는 주입식 교육은 어느 정도의 설득력을 가질 수 있다.

　문제는 "어버이 수령께서 우리를 낳아주셨다"는 표현인데, 4~5세의 어린이들에게 조기 성교육을 실시하여 어떤 생물학적 경로를 통하여 출생했는지를 알려줄 수도 없고 그렇다고 숙청당할 위험을 무릅쓰면서까지 "너를 낳아 먹여주고 입혀주고 길러주는 사람은 김일성이 아닌 너의 부모"라고 공언할 수도 없어 이래저래 출생으로부터 사망에 이르는 인민 개개인의 운명이 전지전능한 어버이 수령의 섭리와 은총에 의해 좌우되는 사이비 신학의 지배 하에 놓여 있게 된다. 이리하여 김일성 주석에 대한 절대 충성과 어버이 수령에 대한 지극한 효도는 손등과 손바닥의 관계처럼 절대 충성이 大孝가 되고 大孝가 절대 충성이 되는 忠孝일체 유일사상으로 굳어져 의제혈연공동체를 지탱하는 버팀목이 된다.

　김일성의 뒤를 이은 김정일 체제의 본질도 같다. 달라진 것이 있다면 '어버이 수령'에서 '불세출의 명장인 장군님'으로 공식 호칭이 바뀌었을 뿐 '장군님'은 여전히 대(代)를 이어 인민들에게 충성과 효도를 강요하는 사이비 종교집단의 교주 같은 존재다. 무릇 어버이의 칭호를 가진 자는 자식을 배부르게 먹여주어야 할 의무가 있다. 자식에게 밥도 먹여주지 못하는 무능력한 어버이가 자신의 무능은 반성하지도 않으면서 계속 자식의 효도를 요구한다면 그 집안의 장래는 어떻게 되겠는가? 혈연적으로 아무런 관계가 없는 의제혈연공동체의 구성원들에게 어버이 수령이 아무리 충성과 효도를 강요하고 사상 통제를 강화시킨들, 아사자가 속출하고 탈주자가 폭증한다면 체제의 해체 내지 붕괴를 막을 방도는 아무것도 없게 된다.

홍수, 가뭄, 전쟁 등의 요인으로 흉년이 들면 평상시에 양민(良民)이었던 사람들이 삶의 근거지를 상실하고 거지 떼나 도둑 떼 등의 유랑민으로 전락한다. 그리하여 유랑민에 의해 야기되는 소요, 폭동 사태 내지 대규모 민란의 연속은 결국 굶주린 백성에게 확실한 밥그릇을 보장해줄 수 있는 가부장의 교체로 귀결되는 것 - 이것이 바로 동양사의 특징인 역성혁명의 왕조 교체사이다.

맹자는 民爲貴 社稷次之 君爲輕(민위귀 사직차지 군위경)이라 했다.

"백성이 제일 귀하고 백성이 항심(恒心)을 갖고 항상(恒産)에 힘쓸 수 있는 토지와 곡식이 그 다음이며(사직의 社는 토지, 稷은 곡식을 말함) 우선 순위로 봐 임금은 제일 가볍다" 는 뜻이다. 맹자와는 반대로 주자의 의제혈연공동체는 임금을 절대시하고 무학문맹(無學文盲)의 백성을 지배의 대상으로 설정하여 토지와 곡식은 백성의 忠君과 大孝를 강요하기 위한 수단으로서 임금이 백성에게 하사하는 일방적 시혜물(施惠物)로 여긴다. 원점으로 돌아가 다시 한 번 孝의 자발성과 慈와 孝의 상대성을 논한 가륵단군의 가르침을 상기해 보자.

爲父當慈 爲子當孝(위부당자 위자당효)
아버지된 자 마땅히 자식을 사랑하고 자식된 자 마땅히 부모에 효도하며,

父須慈其子 子必孝其父(부수자기자 자필효기부)
아버지가 마땅히 그자식을 사랑하면 자식된 자도 반드시 아비에게 효도한다

자식을 통치하기 위한 수단으로 조건적 사랑을 베풀 아버지도 없고 아버지의 폭력이 무서워 억지로 효도하는 자식도 없다. 慈와 孝는 일방통행이 아닌 쌍방 통행이기 때문이다.

이러한 의미에서 자식에 대한 부모의 의무와 사랑은 도외시한 채 자식의 일방적 효도만을 강조하는 종법 제도하의 번거로운 추효의식(追孝儀式)과 의제혈연공동체의 유일 가부장에게 바쳐지는 주희적 大孝는 한검단군과 가륵단군의 가르침에 완전히 위배되는 사이비 孝인 것이다.

5. 사인여천(事人如天)

수운가사(水雲歌詞) 불연기연(不然其然)에 다음과 같은 구절이 있다.

烏子之反哺兮 彼亦知夫孝悌(오자지반포혜 피역지부효제)
까마귀 새끼가 삼켰던 먹이를 어미 까마귀의 입에 도로 토해내 먹여줌으로써 어미를 봉양함이여! 너 역시 孝와 공경이 무엇인지를 아는구나

어미 까마귀는 먹이를 부리로 잘게 쪼개어 새끼들 입에 넣어줌으로써 자식들을 양육한다. 지극한 모정의 어미 까마귀도 그러다가 늙어지면 날개에 힘이 빠지고 비상 능력이 약해져 먹이 사냥에 나서지는 않지만 그래도 굶어 죽을 염려는 없다. 효성이 지극한 새끼 까마귀가 먹이를 물어다 어미 까마귀를 봉양하기 때문이다.

어미 까마귀의 지극한 모성애에 힘입어 어른이 된 새끼 까마귀는 어머니가 자신을 키울 때 그랬던 것처럼 침으로 삭혀 묽은 액젓으로 만든 먹이를 어미의 입속에 도로 토해냄으로써 어머니를 먹여 살린다. 새끼를 낳아 지극 정성으로 양육하는 모성애와 낳아주고 길러준 은혜를 되갚는

보은(報恩)의 효도는 동물의 세계에서도 볼 수 있는 아름다운 광경이며 인간을 포함한 동물계 전체에 통용되는 보편적 진리다.

하지만 인간 세계에 있어 부모의 자식 사랑과 자식의 부모에 대한 보은의 효는 동물 세계의 그것처럼 친자 친부모에 국한되는 순혈주의(純血主義)의 범위 내에 머무를 수만은 없다. 혈연적 가족의 좁은 울타리를 넘고 사회적으로 확산되어 천하의 모든 자식을 내 자식처럼 사랑하고 천하의 모든 부모를 내 부모 섬기듯 효도하는 사회로 고양(高揚)되어야만 우리 모두가 한 집안 한 식구라는 공동체의식이 생겨나게 된다. 그렇지만 당장 내 부모 효도도 잘못하면서 어찌 천하의 부모들을 거론할 수 있으며 내 자식 사랑이 우선인데 어찌 천하의 자식들을 내 자식처럼 사랑할 수 있겠는가?

실천도 못하면서 말로만 천하인민을 모두 존경하고 사랑한다 운운하는 것은 박애주의를 가장한 위선자들의 전매특허적 발언이다. 따라서 내 부모에게 먼저 효도한 다음 여력이 있으면 남의 부모도 내 부모처럼 효도, 공경하고 내 집 자식부터 먼저 사랑한 후에 남의 집 자식에까지 사랑의 손길이 확대되어야 만 올바른 순서가 된다. 바로 이러한 맥락에서 맹자는 양혜왕에게 "내 집 노인을 먼저 공경하고 효도한 후에 남의 집 노인에게까지 미치는 老吾老以及人之老와 내 집 어린이부터 먼저 사랑한 후 남의 집 어린이에 미치는 幼吾以及人之幼를 仁의 실천 방법으로 제시하였다.

순서로 보나 논리로 보나 다 맞는 말이긴 하나 다음과 같은 모순점이 있다. 내 집 노인과 내 집 어린이는 나와 같은 피를 나눈 인연으로 맺어진 혈연이지만 남의 집 노인과 남의 집 어린이는 나와 혈연적으로 아무 관계가 없다. 따라서 내 집 아이가 아무리 못난 짓을 하고 치매에 걸린 내 집 노인이 인간의 상식으로 도저히 납득할 수 없는 행동을 한다 해도 혈연이라는 이유 하나만으로 감싸줄 수 있지만 남의 집 노인과 남의 집 어린이가 어리석고 못난 행동을 계속한다면 내 집 식구처럼 관대히 봐줄 수가 없다. 왜냐하면 인간이란 대개 자신의 약점은 잘 보지 못하면서도 남의 약점만 잘 보는 공평하지 못한 눈을 가지고 있기 때문이다. 인간은 원래 이기적 동물이지만 그 이기심을 교묘한 변론으로 위장할 수 있는 간지(奸智) 또한 뛰어난 동물이다. 몇 가지 예를 들어보자.

〈예화 1〉

밥 한 그릇을 식탁에 놓고 이제 막 식사하려는 어떤 사람에게 거지가 나타나 "밥 한 술 주십시오" 구걸했다.

그러자 그 사람이 거지에게 말하기를 "나도 배가 고파 이제 막 먹으려는 참이요, 먹다가 배가 불러 더 이상 먹기 싫으면 그때 주겠소" 그리고 나서 마파람에 게 눈 감추듯 밥 한 그릇을 후다닥 해치우고 한다는 말이 "사실 밥 한 그릇을 먹었지만 나는 아직도 배가 고프오, 내 배가 불러야 남 생각을 하는데 내 배가 계속 고프니 어쩌겠소. 배가 불러 더 이상 밥 먹기를 꺼려하는 그런 집을 찾아가 구걸해 보시오."

여기서 이 사건을 평가해보자면 위의 사람은 애초부터 거지에게 밥을 줄 생각이 전혀 없었던 것이다. 만약 밥 줄 의향이 있었다면 자신이 먹는 밥의 반을 덜어 거지에게 나누어 주었어야 했다. 자기 배가 고파봐야 남 배고픈 것도 알지 자기 먹을 것은 다 배불리 챙겨 먹으면서 어찌 배고픈 사람의 절박한 사정을 이해할 수 있겠는가?

지나 5천 년 역사상 암군(暗君) 중의 암군으로 평가받는 서진(西晉)의 혜제(惠帝) 사마충(司馬衷)에게 어떤 신하가 보고하기를

"폐하, 금년에 유례없는 흉년으로 인하여 강남에서만 이미 수십만 명이 굶어 죽었다 합니다." 이 말을 들은 사마충은 "참으로 어리석은 백성이로다. 쌀이 없으면 고기를 먹으면 될 것을 왜 굶어 죽는지 도대체 이해

할 수 없구나"라고 발언하여 시립한 신하들을 아연실색케 하였다는 고사도 있다.

〈예화 2〉

현금 10조 원을 가진 부자에게 어떤 자선단체의 임원이 찾아가 "불우한 이웃을 위해 부디 적선 좀 해 달라"고 부탁했다.

부자 왈 "쓸 데가 너무 많아 10조 원도 나에게는 많은 돈이 아니다. 하여튼 내 돈을 쓸 만큼 쓴 후 그래도 남아도는 돈이 있다면 그때 적선하겠으니 연말에 한 번 더 들려 달라" 연말이 되어 다시 찾아간 그에게 부자는 "내 그럴 줄 요량은 했지만 돈을 써보니 남는 돈이 한 푼도 없고 오히려 천 억 정도 부족하다 그러니 돈을 물 쓰듯이 쓰고도 남는 집을 찾아가서 부탁해 보라" 말하였다.

적선이 무엇인가? 적선은 자신이 쓸 돈 중의 일부를 떼어 기부하는 것이지 돈이 썩을 정도로 남아돌아 적선하는 사람은 아무도 없다.

위 두 예화에 맹자가 말한 "내 집 노인에게 먼저 효도한 후 남의 집 노인에 효도하는 老吾老以及人之老와 내 집 어린이부터 먼저 사랑한 후 남의 집 어린이를 사랑하는 幼吾以及人之幼를 대입시켜 보자.

내가 배불리 먹고 난 후 남는 밥이 있으면 거지에게 주겠다와 내 돈을 쓸 만큼 쓰고 그래도 썩어 남아도는 돈이 있다면 적선하겠다는 말은 老吾老以及人之老와 幼吾以及人之幼와 같은 맥락의 말로서 결국 하기 좋은 소리이고 듣기 좋은 소리일 뿐 실천가능성이 전혀 없는 허언(虛言)에 불과할 따름이다.

이러한 의미에서 사람을 두루 널리 사랑하는 박애(博愛)가 사실상 불가능하다고 본 공자는 묵자의 겸애주의와 도가(道家)의 무차별적 평등사상을 비난하면서 孝와 사랑의 범위를 가족 내로 축소시켜 촌수의 멀고 가까움에 따라 친(親)함의 차등을 두는 친친지쇄(親親之殺)와 같은 피를

나눈 친족(親族)과 더욱 더 친분을 두터이 쌓는 친친위대(親親爲大)가
仁을 실현하는 최선의 방법임을 강조하였다.

仁이란 사람이 행하는 바 친족과 친하게 지냄이 가장 크고, 義란 마땅함이니
현자를 높이 받듦이 가장 크다. 친족과 친함에 있어 촌수에 따라 더 친하고
덜 친한 친(親)함의 차별화와 현자를 대우함에 있어 그 현명함의 차이에 따라
현자의 등급이 결정되는 것 - 이것이 바로 예(禮)가 발생하는 바탕인 것이다.
仁者人也 親親爲大 義者宜也 尊賢爲大 親親之殺 尊賢之等 禮所生也
(『中庸』 20장)

결국 공자가 말하는 사랑(仁)은 석가모니가 말하는 무연(無緣)의 동체
대비(同體大悲)도 아니고 예수가 말하는 무조건적 사랑도 아닌 인간관
계의 친소(親疎)에 따라 조건 지워지는 차별적 사랑이다. 차별애(差別
愛)는 동물의 세계에서 흔히 볼 수 있는 사랑의 형태로서 오리 동네에서
자라난 백조가 성장함에 따라 일반 오리들과는 다르게 나타난 신체적 특
성 때문에 미운 오리 새끼로 취급되어 온갖 천대를 받듯이 공동체의 화
합을 방해하는 결정적 요인이 된다.

따라서 공동체를 분열시키는 차별적 사랑이 공동체를 하나로 묶는 무
차별적 사랑으로 전환되기 위해선 자신의 부모를 섬기듯 모든 사람을 섬
기는 사인여친(事人如親)을 넘어 남녀노소 지위 고하에 관계없이 모든
사람 섬기기를 하나님 섬기듯 하는 사인여천(事人如天)의 정신을 가지
지 않으면 안 된다. 事人如天은 어려운 일이 아니다. 하나의 진리만 터득
하면 얼마든지 가능하다. 한검단군은 즉위조서에서 항준천심(恒遵天心)
즉 "너희 육신 속에 이미 강림해 있는 하나님의 마음인 天心을 항상 지켜
라"고 말씀하셨다.

모든 사람에게 天心이 친강해 있다는 전제 하에서 한검단군은 이어 말씀하기를

克擎于天親于民 爾乃福祿無窮(극경우천친우민 이내복록무궁)

하나님을 공경함은 하나님의 天心이 이미 강림해 있는 사람들의 一心과 一心이 以心傳心으로 서로 감통하여 하나님과 사람이 둘이 아닌 하나임을 깨닫는 것이니 이 진리를 터득하게 되면 너희들에게 내리는 하나님의 복록이 무궁하리라

하셨다. 여기서 親자 해석에 주목해주기 바란다. 부모와 자식 간에는 피와 살을 나누었으므로 親한 게 당연하다. 하지만 반드시 혈통이 같다고 하여 친해지는 것이 아니다. 만역 혈통이 같기 때문에 친하고 부부의 경우와 같이 공간적으로 늘 가까이 있어 매일 얼굴을 마주하고 살갗을 서로 비벼대는 사이를 친하다고 한다면 혈통이 다른 사람끼리 만나 친구(親舊)가 되고 나아가 코끼리와 생쥐, 악어와 악어새가 친구가 되는 현실을 설명할 수 없게 된다.

왕양명(王陽明)은 형해(形骸: 겉모습)를 사이에 두고 너와 나를 분별하는 것이 아닌 오직 一心으로 서로 감통하여 너와 나의 외관적(外觀的) 차별상을 소멸시키는 것을 親의 뜻으로 정의했다.

一心인 忠은 惟一天心으로부터 분유된 것이고 사람마다 一心을 가졌기에 사람 하나하나가 모두 하나님이다. 그러므로 克擎于天親于民은 우주의 본체인 하나님의 天心으로부터 유래된 사람들의 一心이 서로 감통하여 하나님과 사람이 하나가 되는 천인합일, 다시 말해 하나님을 공경함이 곧 사람을 공경함이요 사람을 공경함이 곧 하나님을 공경하는 사인여천의 우주정신인 것이다.

하나님의 天心이 사람들의 一心으로 강림한 진리를 확실히 알았기에 한검단군은 순행(巡行) 중에도 일반삼포토(一飯三哺吐)하고 일목삼악발(一沐三握髮)하면서까지 백성 섬기기를 하나님 섬기듯 하셨고 한검단군으로부터 일심감통의 교화(敎化)를 받아 진리를 터득한 순임금도 자신을 낮추어 백성 섬기기를 부모 섬기듯 사인여친의 大孝를 발양(發揚)할 수 있었다.

혈통의 멀고 가까움에 따라, 겉모습의 미추(美醜)에 따라, 사회적 지위의 고하(高下)에 따라 친친지쇄(親親之殺)와 존현지등(尊賢之等)의 차별적 사랑을 강조한 공맹(孔孟)의 무리들이 어찌 경인즉경천(擎人卽擎天)의 진리를 알 수 있겠는가?

6. 극애물(克愛物)

한검단군의 가르침 중 가장 중요한 부분으로서 홍익인간이 되기 위한 필수과목이 바로 克愛物 사상이다. 더욱이 뉴톤류의 기계론적 세계관에 기초하여 인간의 공리(功利)만을 위해 자연을 착취할 대로 착취한 결과 환경보전 문제가 인류 문명의 존폐를 좌우하는 화두로 등장한 오늘, 이 위기를 극복할 수 있는 유일한 방법은 克愛物의 우주정신으로 되돌아가는 수밖에 없다.

먼저 克愛物의 개념 정리부터 해보자.

克은 이길극(勝也) 능할극(能也)이고, 愛는 사랑애이고, 物은 물건이 아닌 지구에 살고 있는 사람 이외 생물의 총칭(摠稱)이다. 따라서 克愛物을 두 가지로 해석할 수 있는데, 첫 번째 克을 이길극으로 볼 때 克愛物은 특정 생물에 치우친 사랑, 즉 편애(偏愛)를 극복한다는 뜻이고 두 번째 克을 능할극으로 볼 때의 克愛物은 인종, 피부 색깔, 남녀노소, 지위 고하에 관계없이 사람을 능동적으로 사랑하듯이 자연계의 모든 생물을 능애(能愛)한다는 뜻이다.

대부분의 사람들은 나비 매미 잠자리 등 시각이나 청각에 즐거움을 주는 생물은 좋아하지만 거미 거머리 구더기 파리 모기 등은 귀(貴)찮은 존재로 여겨 혐오한다. 하지만 대부분의 사람들이 혐오하는 생물들을 조물주가 창조하였을 때는 인간들이 잘 알지 못하는 나름대로의 합당한 존재 이유가 다 있는 것이다.

노자는 『도덕경』 5장에서 天地不仁을, 79장에서 天道無親을 이야기했다. 天地不仁은 하늘과 땅은 특정한 생물을 편애하지 않는다는 뜻이고 天道無親은 모든 존재는 하나님의 o 을 받았기 때문에 하나님은 특정한 존재와 특별히 친(親)한 것이 아니라 모든 존재와 다 친하다는 뜻이다. 天道無親의 입장에서 보면, 인간들이 혐오하는 구더기, 거머리, 파리, 모기의 존재도 자연 질서의 조화와 생태계의 역동적 평형을 유지하기 위해 조물주께서 생명을 부여한 고귀한 존재들이다.

태양이 언제 선한 존재와 악한 존재, 사랑하는 존재와 미워하는 존재를 따로 구별하여 선하고 사랑하는 존재에게만 햇빛을 주고 악하고 미워하는 존재에게 햇빛주기를 거부한 적이 있었던가? 또한 신령스러운 대지(大地)는 인간들이 하찮게 여기는 이름 없는 잡초나 독초, 그리고 인간들이 혐오하는 거머리 구더기 파리 모기를 포함한 모든 생물을 어머니처럼 따뜻하고 너그러운 품으로 감싸안아 말없이 먹여주고 길러준다.

선악과 애증의 개념은 인간이 만들어낸 심작용(心作用)의 부산물일 뿐 호호탕탕(浩浩蕩蕩)한 하늘과 땅은 애초부터 선악과 애증을 구분하는 감정이 따로 없다. 天地不仁하고 天道無親하기 때문에 하나님의 天心을 받은 우리 인간도 이를 본받아 고운 사람, 미운 사람, 해충 이충 약초 독초 차별하지 않고 중생일체를 너그럽게 감싸 안아 내 몸처럼 能愛할 수 있어야만 비로소 홍익인간이 될 수 있다.

대한민국의 교육 이념인 홍익인간에 관해 그동안 너무나 많은 곡해가 있어 왔기에 여기서 잠시 홍익인간이 무엇인지 개념 정리부터 해야 할 것 같다. 국어사전이나 역사책에는 "널리 인간세계를 이롭게 하는 국조 단군의 건국이념", "사람에게 널리 이익을 주는 단군의 정치사상" 등으로 짤막하게 소개되어 있을 뿐 그 이상의 구체적 설명이 없다. 심지어 홍익대학교 총장을 지낸 이향녕은 "홍익인간의 이념은 개인의 사익과 전체의 공익을 협동시킨 이념이다. 개인주의는 자유에만 치중 전체의 이익과 평등을 해치는 경우가 있고 전체주의는 공익을 위주로 하는 나머지 평등에만 치중하여 개인의 사익과 자유를 해치는 경우가 있다. 그런데 홍익(弘益)이라는 이념은 개인과 전체를 다 포함시키고 있다.

단군한배검(단군왕검)의 정신은 동방적 농경사회의 생활 이념인 평화성을 협동성으로 승화시켰고 그것을 홍익인간이라는 이념으로 완결시켰다. 운운." 궤변을 늘어놓고 있다. 결연히 단언하거니와 홍익인간의 이념은 농경사회에 국한되는 한시적 사상도 아니고 개인주의와 전체주의의 모순점을 지양(止揚)극복할 수 있는 정치적 이데오르기도 아니며, 사람들에게 최대의 이익과 최대의 행복을 안겨주는 공리(功利)주의도 아니며 박애에 기초한 인도주의사상도 아니다.

한검단군 즉위조서에 나오는 다음 문장을 보자.

恒遵天心 克愛物 爾扶傾 無陵弱濟恤 無侮卑 爾有厭則永不得禧佑

항상 너희 백성들의 육신 속에 거주하고 있는 天心을 지켜 미운 사람 고운 사람 해충 이충 독초 잡초 차별하지 말고 중생을 두루 널리 사랑할찌어다. 기울어져 쓰러져가는 존재들을 부축해주고 약한 존재를 능멸하지 말고 불쌍히 여겨 구제할 것이며 낮은 자를 모멸하지말찌어다. 만약 너희 백성들이 이러한 진리의 법칙을 넘어 너희들 속에 강림해 있는 天心의 가르침에 어긋난 행위를 한다면 영원히 하나님의 도움을 얻지 못할 것이니라.

한검단군의 말씀을 다시 음미해보자.

"너희 백성들, 기우러지고 쓰러져가는 자를 부축하라"는 뜻의 爾扶傾에 있어 기울어질경, 무너질경의 傾은 오랜 굶주림이나 빈혈증세로 쓰러지는 자나 병고로 자리에서 일어나지 못하는 병자 등 사람존재만을 지칭하는 말이 아니다. 질병으로 죽어가는 소 돼지 등의 가축, 쓰러져가는 나무, 태풍으로 쓰러진 벼(禾)등 신체의 평형상태를 상실한 모든 생물 존재를 일컫는 말이다.

"약한 자를 능멸하지 말라"는 뜻의 無陵弱에 있어 弱은 어린이나 임산부, 노인 등 신체적 약자와 권력도 돈도 없는 사회적 약자로서의 서민 등 사람존재만을 말하는 것이 아니다. 소 말 개 초목 등 인간에 비해 약자의 위치에 있는 모든 동식물이 포함되는 의미이다.

"낮은 자를 모멸하지 말라" 뜻의 無侮卑에 있어 낮은 자도 사다리형 계급구조의 밑바닥을 차지하고 있는 천민이나 벼슬의 품계가 낮은 자, 부모의 높은 지위에 비해 상대적으로 낮은 위치에 있는 자식 등 사람 존재만을 말하는 것이 아니다. 개미 뱀 지렁이 지네, 들판에서 자라고 있는 이름 없는 풀(草)등 사람의 눈으로 내려다 볼 수 있는 모든 생물이 낮은 자(卑者)에 해당된다.

만약 한검단군이 말씀하신 爾扶傾 無陵弱 無侮卑에 함축된 의미가 인간존재에게만 국한되고 인간과 밀접한 공생관계에 놓여있는 동식물의 존립여부가 인간의 자의(恣意)에 따라 어떻게 처리되어도 상관없는 것이라면 이는 분명 克愛物의 홍익정신에 위배된다. 인간생활에 반드시 필요한 생필품 예컨대 밥이나 빵, 입을 거리, 질병치료에 사용하는 약재, 책상, 의자, 종이 등 모든 생필품이 자연계의 다양한 동식물의 체내에서 나오는 것이기 때문에 홍익정신의 발현 범위는 인간세계의 좁은 울타리를 벗어나 인간세계와 자연의 세계를 함께 아우르는 중생일체합일정신으로 승화되어야 한다. 그러므로 克愛物의 홍익정신은 장자의 말을 빌려 한마디로 표현하자면 "하늘과 땅은 나와 함께 태어나고 나와 만물이 더불어 하나되는" 天地與我幷生而 萬物與我爲一의 정신이다.

오늘날 환경보호단체들이 즐겨 인용하는 밀러(Miller)의 유명한 먹이 사슬 구조는 풀 메뚜기 개구리 송어 사람 등 다섯 생물의 상관성을 논하고 있다.

사람 한명이 일년을 살기 위해서는 최소 300마리의 송어(옛날 논에서 볼 수 있었던 작은 송어가 아닌 미국산 무지개 송어를 말함)가 필요하고 송어 한 마리는 300마리의 개구리를 먹어치우기 때문에 300×300=9만 마리의 개구리가 필요하다 그리고 9만 마리의 개구리는 한 마리당 300마리의 메뚜기를 먹기 때문에 9만×300=2천7백만 마리의 메뚜기를 필요로 하고 2천7백만 마리의 메뚜기는 풀 1천 톤을 먹어 치운다. 결국 사람 한 명당 1년에 1천 톤의 풀을 없애는 셈이 된다. 이를 역으로 계산해볼 때, 풀 1천 톤이 없어지면 2천7백만 마리의 메뚜기가 굶어죽고 2천7백만 마리의 메뚜기가 죽으면 9만 마리의 개구리가 굶어 죽고 9만 마리의 개구리가 죽으면 300마리의 송어가 죽고 송어가 굶어 죽으면 마지막에 사람이 죽게 되는 연쇄반응이 일어나게 된다.

어떤 생명 하나만 없어져도 다른 생명이 살 수 없기 때문에 풀의 생명=메뚜기의 생명=개구리의 생명=송어의 생명=인간생명, 즉 모든 생명의 값어치가 같아지는 생명의 등가(等價)법칙이 성립된다.

한검단군께서 공연히 克愛物하라고 가르치신 것이 아니다. 인간들이 하찮게 여기는 풀 한 포기의 생명도 인간의 생명과 마찬가지로 존귀하고 소중하다는 진리를 깨달은 사람-이런 사람이 바로 홍익인간이고 홍익인간이 되는 교육 과정에 克愛物은 필수과목이기 때문에다.

제석천한인으로부터 깨달은 자의 정법(正法)인 아뇩다라삼먁삼보리를 얻어 득도한 석가모니의 불교도 인상(人相)을 버리라고 가르친다. 인상(人相)을 버린다 함은 나는 사람이고 너는 메뚜기 너는 잡초이기 때문에 사람인 내가 너희 메뚜기나 잡초보다 훨씬 우월하고 존귀한 존재라고 여기는 잘못된 생각을 버리라는 뜻이다. 열손가락 깨물어 아프지 않는 손가락이 없듯이 풀 메뚜기 개구리 송어 사람이 모두 하나님의 o 적 기화(氣化)로 이루어진 생물로서 누가 더 귀하고 누가 덜 소중하냐의 차별이 없는 그야말로 천도무친의 사랑하는 자식들인데 왜 하나님은 메뚜기는 풀을 먹고 개구리는 메뚜기를 잡아먹고 송어는 개구리를 사람은 송어를 잡아먹도록 만들어 놓은 것일까?

한 종이 다른 종을 잡아먹도록 장치된 연쇄적 생명구조의 도덕적 필연성은 무엇인가?

이에 대해 동학의 해월신사는 "모든 생물은 각각의 개체마다 모두 한울님인 物物天이지만 한울님의 총체적 기화작용을 완성하기 위해 한울님으로서 한울님을 먹는 以天食天으로 우주를 키운다. 한울님으로서 한울님을 먹는 以天食天은 어찌 생각하면 理에 상합치 않음과 같으나 그러나 이것은 인심의 편견으로 보는 말이요. 한울님이 하늘 전체를 키우기 위하여 同質이 된 자는 상호부조로서 서로 기화를 이루게 하고, 異質이 된 자는 以天食天으로 서로 기화를 통하게 하는 것이니 그러므로 하늘(우주)은 일면에서 동질적 기화로 種屬을 養케 하고 이질적 기화로 종속과 종속의 성장 발전을 도모하는 것이니 總히 말하면 以天食天은 곧 한울님의 기화작용으로 볼 수 있는데 수운대신사께서 '至氣今至願爲大降 侍天主造化定 永世不忘萬事知'의 三七 주문 중 侍자를 解義할 때에 內

有種卽이라 함은 한울님을 이름이요, 外有氣化라 함은 以天食天을 말한 것이니 至妙한 천지의 妙法이 도무지 氣化에 있나니라"고 하였다.

以天食天의 道를 말씀한 해월신사의 논법에 따르면 나와 송어와 개구리와 메뚜기와 이름 없는 풀은 서로가 남이 아닌 같은 동포다. 나와 나 이외의 모든 사람은 人吾同胞요, 나와 송어와 개구리와 메뚜기와 이름 없는 풀은 物吾同胞다.

결국 物吾同胞를 以天食天함은 내가 나를 죽이고 나를 먹어 신령님이 거주하고 있는 나의 육신을 양생함으로써 촘촘한 그물망으로 서로 연결되어 있는 각종 생명연대의 전일적(全一的) 천망(天網)을 성장 발전시킴에 그 도덕적 정당성이 부여된다.

克愛物이 반드시 不殺生을 의미하는 것은 아니다. 오히려 불살생교조주의가 더 큰 비극을 초래할 수 도 있다 석가모니와 거의 동시대의 사람인 마하비이라(Mahavira)에 의해 창건된 자이나(Jina)교도 불교와 마찬가지로 무살생(無殺生)을 지켜야 할 계율(戒律)의 으뜸으로 삼는다. 무살생의 계율을 지키기 위해 자이나교도는 될 수 있는 한 외출을 삼간다. 외출하게 되면 개미나 굼뱅이 등의 생명을 발로 무심코 밟아 비고의적 살생을 저지를 가능성이 높다고 판단하기 때문이다.

어쩌다가 친척의 결혼식이나 장례식 등 꼭 필요한 외출을 하게 될 경우 자이나교도는 큰 부채를 휴대하는데 이는 걸어가는 길바닥 위에 개미를 보거나 혹은 파리나 모기가 달려들 경우 "이놈 악마야! 너희가 감히 신성한 나로 하여금 무살생의 계율을 파계(破戒)하도록 유혹하는 것이냐" 버럭 고함을 지르며 이들을 부채로 쫓아보내기 위해서 이다. 직업선택에 있어서도 자이나교도는 무살생계를 파기할 위험성이 높은 직종, 예컨대 관리나 군인 등의 공직, 발품을 많이 팔아야 하는 농업이나 상업은 기피한다. 그들이 가장 선호하는 직업은 고리대금업이다. 고리대금업이야말로 개미 한 마리 죽이지 않고도 방 안에 가만히 들어 앉아 먹고 살 수 있는 최상의 직업으로 간주하기 때문이다. 이들에게 돈을 빌려가는 사람들은 주로 바이샤(Vaisya: 농공상에 종사하는 일반 서민) 계층 인데, 이들 중 상당수는 흉년이나 기타 이런 저런 이유로 채무상환능력을 상실하게 된다.

바로 이때 자이나교도인 고리대금업자는 마치 거미줄에 걸려든 먹이를 후닥닥 먹어치우는 거미 같이 큰 부채를 들고 어슬렁거리며 나타나 채무자의 토지나 재산을 차압하고 상환능력을 상실한 채무자를 노예(Sudra)로 만들고 채무자의 딸을 빼앗아 비첩(婢妾)으로 삼는다. 그야말로 소잔등에 올라탄 쇠파리 한 마리 죽이지 않으려다가 소를 죽게 만드는 결과이다. 물론 자이나교 신자인 고리대금업자는 개미 한 마리 죽인 적도 없고 채무자와 그의 가족들의 신체에 피를 낸 것도 아니어서 무살생계를 충실히 지켰다고 말할 수 있다. 하지만 채무자의 가정을 파괴하여 채무자의 가족을 노예와 비첩으로 만든 만행은 결국 의도된 학살이며 간접살인으로서 개미 만 마리 죽인 죄보다 더 무거운 죄악이다.

미물들까지 사랑하는 克愛物의 정신은 좋으나, 克愛物도 사람섬기기를 하나님 섬기듯 하는 事人如天 다음의 순서이다. 사람이 사람을 사랑하고 난 후에 동식물을 사랑 하는게 순서이지 사람도 사랑할 줄 모르는 사람이 동식물만 사랑한다면 그런 사람은 정상적 상태의 사람으로 볼 수 없다. 자이나교의 무살생교조주의와 원광법사로부터 나온 살생유택(殺生有擇)의 대의(大意)를 대비해보자.

원광법사가 제시한 화랑의 세속오계는 『삼국사기』 열전(列傳) 귀산(貴山)편에 다음과 같이 수록되어 있다.

"화랑 귀산(貴山)과 추항(箒項)은 사량부 사람으로 청도 가실사(嘉悉寺)에 있는 원광법사를 찾아가 종신토록 지켜야 할 계(戒)를 구하였다.

이에 법사가 말하기를 불계(佛戒)에 보살계가 있어 그 종류가 10가지인데 그대들은 왕을 모시고 있는 신하로서 능히 감당치 못할 것이다. 지금 세속에 오계(五戒)가 있으니 첫째, 한마음으로 임금을 섬기고(事君以忠) 둘째, 孝로서 어버이를 섬기고 (事親以孝) 셋째, 신의로서 벗을 사귀고 (交友以信) 넷째, 싸움에 임하여 물러남이 없고(臨戰無退) 다섯째, 생명을 죽이되 가려서 하라(殺生有擇)는 것이다.

귀산과 추항이 다른 명은 다 받들 수 있으나 소위 살생을 가려서 하라는 것만은 잘 이해되지 않습니다. 하니 법사 말하기를 여섯 재일(齋日)과 봄 여름에는 죽이지 않으니 이는 시기를 가리는 것이요 집에서 기르고 부리는 동물을 죽이지 않으니 말 소 닭 개를 이름이요, 작은 생명을 죽이지 않으니 그 고기가 한 점도 되지 않는 것을 이르니 이는 죽일 대상을 가리는 것이다. 이와 같이 하여 오직 그 소용 한도내에서만 죽이고 많이 죽이지 않으면 이것이 바로 세속의 선계(善戒)니라"

원광법사가 귀산과 추항에게 내린 세속 오계 중 가장 관심을 끄는 조항은 살생은 하되 가려서 하라는 살생유택(殺生有擇) 계이다.

주지하는 바와 같이 불교의 오계(五戒: 不殺生, 不偸盜, 不邪淫, 不妄言, 不飮酒) 중 첫번째가 불살생계이다. 그런데도 이것을 모를 리 없는 당대의 고승인 원광 – 일찌기 수나라에 유학하여 경론율(經論律) 삼장(三藏)에 두루 통하고 귀국하여서는 육신통(六神通)을 얻어 가실사와 안홍사에서 점찰법회(占察法會)를 정기적으로 열고 황룡사 백고좌회(百高座會) 때마다 상수(上首)자리에 앉아 군신을 상대로 대승경전을 강론하던 바로 그 사람으로부터 석가모니가 친히 정한 불살생계율을 파기하고 제한적 살생을 허락하는 살생유택계가 나온 것은 정말 놀라운 일이다.

그러나 화랑의 세속오계는 그 이름이 말해주 듯 문자 그대로 세속계일 뿐 불교의 오계와 아무런 관련이 없으므로 석가모니가 정한 계율을 파계

했다 보기도 어렵다. 세속(世俗)이라면 옛날부터 전해져 내려오는 풍속이라는 말이기 때문에 살생유택계는 단군조선 시대의 수두제천(蘇塗祭天)으로부터 유래되어 삼국에까지 전승된 단군사상의 유풍으로 볼 수 있다.

석가모니와 같은 지인(至人)이 아닌 보통사람의 경우, 한 평생을 살아가면서 파리, 모기, 빈대, 벼룩 등의 해충을 한 마리도 죽이지 않고 생을 마감한 사람은 아마 없을 것이다. 또한 발육기에 있는 어린이들이 제대로 성장하기 위해서는 동물성 단백질의 섭취가 필요불가결의 사항이라는 점을 인식하고 있음에도 불구하고 육류나, 생선 한 번 먹지 않고 일생을 채식으로 일관한 사람도 없을 것이다. 때문에 올바른 목적에 봉사하는 제한적 살생은 누구나 부딪치고 감당해야할 피할 수 없는 일이다.

단지 죽이는 대상과 시기가 문제인데 단군시절부터 내려오는 살생의 법도(法度) 중 먼저 택물(擇物)을 말하자면

① 새끼 벤 동물은 죽이지 않는다

② 알을 품고 있는 닭이나 꿩 등의 조류는 죽이지 않는다

③ 포유류 동물에 있어 젖먹이, 어류에 있어 치어, 가금류의 병아리 등 어린 새끼는 죽이지 않는다.

④ 될 수 있는 한 암컷은 죽이지 않는다. 씨암닭을 잡아 먹으면 닭의 종자가 끊어지기 때문이다.(『삼국유사』 태종무열왕편에 "왕은 한 끼에 장끼 3마리씩 잡수셨다"고 기록되어 있다.)

⑤ 집에서 키우는 개는 잡아먹지 않는다.

오늘날까지 내려오는 이른바 정구불식(情拘不食)의 원칙이다. 원광법사가 살생유택계에서 말한 "기르고 부리는 가축을 죽여서는 아니되니 말, 소, 닭, 개를 이름이요"(不殺使畜謂馬牛鷄犬)의 구절은 예부터 전해 내려오는 우리의 풍속을 뒷받침하고 있다.

택물(擇物)에 이은 택시(擇時)는

① 봄과 여름에는 살생하지 않는다. 동물의 경우 봄은 발정(發精)과 교미(交尾)의 계절이며 식물에 있어 봄은 새싹이 돋아나는 계절이다. 또한 여름은 만물이 무럭무럭 자라나는 성장의 계절이다. 때문에 봄, 여름에 살생하면 가을에 어떠한 수확물도 기대할 수 없게 된다.

② 불살숙(不殺宿), 잠자는 동물은 죽이지 않는다.

③ 불살란(不殺卵), 새 거북이 두꺼비 개구리 물고기 등 난생(卵生) 동물이 낳은 알이나 이들이 알을 낳는 산란기에는 죽이지 않는다.

④ 식사 중인 동물은 죽이지 않는다.

이상으로 세속에 전해져 내려오는 살생대상의 택물과 택시를 살펴보았는 바 원광법사가 말한 살생유택계의 택물, 택시는 모두 다 전래의 우리 풍속에 부합되나 다만 6재일에 살생하지 말라는 점은 특이하기에 이를 한번 살펴보기로 하자. 6재일(六齋日)이란 한달 30일에 있어 8일, 14일, 15일, 23일, 29일, 30일의 6일을 말한다. 6재일에는 중생들이 선행을 하는지 악행을 하는지를 살펴보기 위해 지국천황(持國天王), 증장천왕(增長天王), 광목천왕(廣目天王), 다문천왕(多聞天王)의 4천왕이 순시하는 날이기 때문에 6재일에 살생해서는 아니 된다고 불교는 말한다.

살생은 왜하나? 한마디로 말하자면 고기를 먹거나 팔기 위해서이다. 가축을 잡거나 산에 사는 동물을 사냥하거나, 물고기를 잡는 살생은 아무런 이유 없이 그저 취미로 하는 살생이 아니라, 살생한 대상물의 고기를 먹거나 팔기위한 행위이다.

그러므로 6재일에 살생해서는 안된다는 원광법사의 말은 한 달 30일 중 8일 14일 15일 23일 29일 30일을 제외한 나머지 24일에는 고기를 먹어도 괜찮다는 말과 같은 것이다.

석가모니는 고기를 먹지 말라고 가르쳤다.

잡아먹는 소나 돼지가 혹시 전생에 있어 육식자(肉食者)의 부모일 수도 있으므로 육식하는 행위는 오히려 악업을 증장(增長)시켜 업보를 소멸시킬 수 없다는 것이 그 이유였다. 그렇다면 석가모니가 세운 불법을 수호하는 사천왕들은 한 달 30일 내내 사람들이 살생하고 고기 먹는 악행을 감시하여야만 하는데 왜 한 달에 6일간만 감시해야 하는지의 의문이 생긴다. 이로 미루어 6재일에만 살생하지 말라는 원광법사의 말은 석가모니의 가르침과는 아무런 관계가 없다는 사실이 판명되었다.

통계에 의하면 질병으로 사망하는 한국인 가운데 위암 사망률이 가장 높고 직장암, 심장병, 당뇨합병증, 간암 등이 뒤따르고 있다. 이러한 질병은 50년 전의 한국인들에게는 매우 낯설었던 병으로 이 모두 식생활패턴이 급속히 서구화되어 가는 와중에서 과다한 육류 섭취로 인하여 생긴 질병이다. 60세가 넘은 세대들 중에는 설이나 추석 같은 명절, 부모의 생신이나 조상 제삿날에 그때 당시 유행했던 농담으로 소나 돼지가 헤엄치고 지나간 멀건 국물을 맛있게 먹었던 기억이 있을 것이다.

쌀로부터 풍부한 탄소화물을 얻고 채소나 산나물로부터 충분한 비타민을 섭취하고 여기에 곁들여 종종 먹게 되는 멀건 국물이 오히려 건강에는 더욱 좋다.

오늘날 신세대들을 보라! 초등학교 학생 가운데 비만증 어린이도 많을 뿐 아니라 심지어 당뇨병을 위시한 각종 성인병에 걸린 20대 청년들의 수도 급격히 증가하고 있다. 이러한 비만증 어린이와 성인병 청년들은 의심의 여지없이 김치나 채소류는 거의 먹지 않고 오로지 과다한 육류섭취와 치즈, 피자, 초콜렛, 아이스크림으로 집약되는 서양식 식사법에 어릴 때부터 길들여져 온 사람들이다. 이러한 현상은 한국뿐만 아니라 산업화되었거나 산업화 과정에 있는 나라들의 젊은이들에게 공통적으로 나타나고 있는 신드름이다. 그러므로 6재일에 살생하지 말라는 원광법사의 살생택시계(殺生擇時戒)는 적어도 한 달 30일 중 6일은 육류를 먹지 말라 그래야만 오행이 두루 기통(氣通)하여 온전한 건강을 유지할 수 있다는 한(桓)의학 전래의 양생법(養生法)을 말씀한 것이다. 앞서 말한 대로 건강이란 몸 튼튼할 健자에 마음 편할 康자가 합해진 정신과 육체의 역동적 평형 위에 이루어진 조화를 뜻한다. 따라서 건강 최대의 적은 정신과 육체의 균형이 무너져 질병이 엄습할 틈을 제공하는 것이다.

발전과 진보의 강박관념에 사로잡힌 현대 산업문명의 무차별적 자연파괴는 궁극적으로 인간성 파괴와 직결되는 병든 인간 들을 대량으로 생산해 내고 있다. 따라서 인간세계 전체로서의 전일적(全一的) 건강은 자연환경과 인간세계와의 조화와 더불어 만인대만인의 무제한적 경쟁이 아닌 인간 대 인간으로서의 상호신뢰와 협력의 바탕 위에서 인간이 만든 사회적 문화적 환경을 어떻게 적절히 조화할 수 있느냐에 달려 있다. 우주의 근원적 질서와 인간과의 부조화, 자연계의 다양한 생물과 인간과의 부적절한 관계, 그리고 인간 대 인간의 불화가 치유할 수 없는 병을 불러오는 정인(正因)이라면 이의 극복은 우주와 인간, 만물과 인간, 인간 대 인간의 관계를 전일적 조화의 본래 모습으로 되돌리는 수밖에 다른 길이 없다.

여기에 바로 天地不仁과 天道無親의 하나님 정신과 지신님 정신을 본(本)받아 克愛物해야 할 필연성이 있다. 하나님을 공경하는 擎天과 사람을 공경하는 擎人과 물오동포(物吾同胞)인 동식물의 생명을 공경하는 擎物은 3개의 동떨어진 가치가아닌 하나의 동일진리다.

단군사상의 정통계승자인 동학의 해월신사는 擎天, 擎人, 擎物의 三擎을 이렇게 천명했다.

"사람은 첫째로 擎天을 해야 되나니 이것이 선사(先師: 수운대신사)께서 창명(創明)하신 도법(道法)이라 경천의 원리를 모르는 사람은 진리를 사랑할 줄 모르는 사람이다. 왜 그러냐 하면 한울님이 진리의 충(衷)을 잡고 계시기 때문이다. 그러나 경천은 결단코 허공을 향하여 상제를 공경하는 것이 아니요, 내 마음 속에 이미 친강(親降)해 있는 한울님의 天心을 공경함이 곧 경천의 道를 바르게 아는 길이니라.

둘째, 擎人이니 擎天은 경인의 행위에 의지하여 사실로 그 효과가 나타나는 것이다. 경천만 있고 경인이 없으면 이는 농사의 이치는 알되 실지로 종자를 땅에 뿌리지 않는 행위와 같으니 道 닦는 사람을 섬김에 마치 한울님을 섬기는 것처럼 한 후에라야 비로서 道를 바르게 실천하는 자라고 할 수 있느니라. 그러므로 도가(道家)에 사람이 오거든 사람이 왔다 이르지 말고 한울님께서 강림하셨다 이르라, 사람을 공경치 아니하고 귀신을 공경하여 무슨 실효가 잇겠느냐?

어리석은 풍속은 귀신을 공경할 줄은 알아도 사람은 천대하나니 이것은 죽은 부모의 영혼은 공경하되 살아있는 부모를 천대함과 같으니라, 한울님이 사람을 떠나 별도로 존재하지 않으신지라, 그러므로 산 사람을 버리고 한울님만을 공경한다는 것은 물을 버리고 해갈(解渴)을 구하는 자와 같으니라.

셋째는 擎物이니 사람이 사람을 공경함으로써만 도덕의 극치가 되지 못하고 나아가 만물을 공경함에까지 이르러서야 비로소 천지기화(天地氣化)의 덕에 합일될 수 있나니라"

7. 성기(成己)

직역하면 成己는 자신을 이루었다는 뜻이다. 자신을 이루었다는 말은 곧 홍익인간이 되었다는 뜻이다. 홍익인간이 되기까지의 과정은 한검단군 즉위조서에 나오는 天心이 친히 강림하여 나의 一心(忠)이 되었으므로 나와 하나님은 분리 될 수 없는 하나의 같은 존재라는 인식으로부터 출발한다. 비단 나에게만 불멸의 天心이 강림해 있는 것이 아니라 可滅的 육신을 있게 해준 나의 부모는 물론 모든 사람이 다 그러한지라 부모를 공경하고 효도하는 행위를 넘어 모든 사람을 부모 모시듯 공경하는 행위야 말로 곧 하나님을 공경하는 경천이다.

그러나 사람이 사람을 공경하고 사랑하는, 다시 말해 사랑과 공경의 대상이 사람에게만 한정되는 孝親과 事人如親만으로서는 홍익인간이 되었다고 말할 수 없다.

사람과 공생관계에 있는 지구의 다양한 동식물, 하나님으로부터 사람과 똑같이 성명정삼진(性命情三眞)을 받은 중생을 사람 사랑하듯 사랑할 수 있는 克愛物에까지 이르러서야 비로서 홍익인간이 될 수 있다. 하나님의 天心이 사람에게 강림해 있기 때문에 天地不仁하고 天道無親하는 하나님의 우주정신을 본받아야만 하나님을 대신하여 능히 세상에 직립(直立)하여(其代天而 能立於世) 하나님의 역할을 사람이 대리(代理)할 수 있게 된다(天工人其代之).

8. 자유(自由)

자유는 오늘날 누구나 즐겨 사용하는 단어이다. 하지만 4200년 전 자유라는 단어를 처음으로 창제하여 사용하신 분은 아사달 조선의 3세 단군인 가륵천황이었다. 오늘에 있어 사람들이 즐겨 사용하는 자유의 의미는 대개 구속으로 부터의 해방, 또는 나쁜 상태로 부터 좋은 상태로의 진입(進入)을 말한다.

예컨대 감옥으로부터 해방되어 자유를 다시 찾았다. 세끼 밥도 못 먹는 지긋지긋한 가난으로부터 자유를 얻어 년간 1억 달러의 상품을 수출하는 중견기업체의 사장이 되었다 등이다. 감옥으로부터 해방되어 다시 찾은 자유는 법률적 내지 육체적 의미의 자유이고 가난으로부터 해방되어 획득한 자유는 정신적 선택권의 자유이지만 가륵단군이 말씀하신 자유는 하나님과 하나님의 외적기화(外的氣化)의 변양(變樣)인 만물을 나와 동일시하여 아무런 걸림돌이 없는 일체무애인(一切無碍人)으로서의 도덕적 자유이다.

육체[적 자유이던 형이상학적 의미의 자유이던 현재 우리가 사용하고 있는 자유의 개념이 대부분 서양의 관념론철학에서 나왔고 또한 전술한 바와 같이 서양의 관념론 철학이 단군철학의 禮에서 갈라져 나간 지류이기 때문에 먼저 서양철학에서 나온 자유의 개념 을 간단히 살펴보기로 하자.

서양철학에 있어 영혼의 자유를 최초로 언급한 철학자는 피타고라스(B.C. 570~500)였다. 그는 영혼을 선, 육체를 악으로 설정하여 영육 대립설을 제기하면서 육체가 잠자거나 죽은 후라야 영혼이 자유로워지며 육체가 사멸하고나면 불멸의 영혼은 다시 부활하여 새로운 육신으로 윤회(metempsychosis)한다고 생각하였다.

자신의 영혼을 끊임없이 카타르시스(katharsis, 淨化)함으로써 윤회를 벗어날 수 있으며 카타르시스의 수단으로 우주 절대자의 영혼에 자신의 영혼을 합일시키는 길만이 대자유의 테오리아(theoria, 靜觀)를 성취할 수 있다고 강조하였다.

피타고라스의 영향을 받은 소크라테스(B.C. 469~399)와 플라톤(B.C. 427~347)은 영혼을 천상적인 것 육신을 지상적인 것으로 간주하여 영혼이 육신의 속박으로부터 벗어날 때, 즉 육체의 무덤으로부터 해방될 때 영혼은 비로서 대자유를 누릴 수 있다고 믿었다. 소크라테스는 육신의 죽음을 조금도 두려워하지 않았다. 소크라테스가 독배를 마시고 유유히 죽을 수 있었던 이유는 육신 속에 머물러 있는 영생의 영혼은 본래신의 영혼이므로 육신이 죽은 후 영혼의 신들 사이로에 자기복위(自己復位)가 곧 대자유임을 믿었기 때문이다. 따라서 육체가 살아있을 동안 인간이 해야 할 일은 성공, 명예, 쾌락, 영달이 아닌 영혼의 아르테(arete, 知德 합일의 탁월성)를 완성하는 것이다.

소크라테스에 있어 德은 善의 추구이고, 不德은 무지한 영혼이며 영혼의 지식이란 소피스트(sophist, 궤변가)의 기술知나 책이나 선생의 가르침을 통해 얻게 되는 後得知가 아니기 때문에 영혼의 내면세계에 있어서의 자기와의 끝없는 대화인 다이아로그(dialogue, 문답법)에 의해 얻어지게 된다. 소크라테스의 사상과 생활 방식으로부터 두 개의 다른 철학사조가 배태되었다.

소크라테스가 말하는 善의 추구를 쾌락(hedone)으로 보고 德을 쾌락향수의 능력으로 보는 학파는 쾌락주의 철학의 퀴레네파(Cyrenatic school)가 되었고 반대로 부나 명예 입신출세 등 세속적 가치를 거부하는 소크라테스의 반쾌락(反快樂) 비향수(非享受)의 자기억제를 찬양하는 학파는 금욕주의 철학의 퀴니코스파(Cynic school)가 되었다.

헬레니즘시대에 이르러 퀴레나파의 철학을 계승한 에피쿠로스(B.C. 342~270)는 인간의 자연적 욕구인 쾌락만이 행복한 생활의 시작이며 끝이라 규정하면서 쾌락의 종류를 동적쾌락(動的快樂, Kinetik hedone)과 정적쾌락(靜的快樂, Katastematic hedone)으로 분류하였다. 동적쾌락은 육체가 필요로 하는 최소한의 요구를 만족시키는 쾌락으로서 배고플 때 밥먹고 목마를 때 물마시고 추울 때 두터운 옷을 입는 것과 같은 종류의 것이다.

그러나 육체의 기본적 요구를 넘어선 쾌락 추구 – 예컨대 미식미주(美食美酒) 위주의 식생활 패턴, 호화롭고 사치스런 의상과 보석에 대한 지나친 욕구, 여색(女色) 남색(男色)에 대한 과도한 관능적 탐욕 등은 건전치 못한 것으로 이러한 종류의 쾌락은 탐익자의 몸과 마음을 황폐화시킨다. 따라서 육체에 필요한 욕구를 만족시켜주는 동적 쾌락보다는 정신에 환희를 안겨주는 정적쾌락이 전정한 의미의 쾌락이라고 에피쿠로스는 말한다. 파란이 없는 마음의 평형상태, 신에 대한 공포와 죽음에 대한 공포로부터 해방된 자유로운 정안(靜安)의 마음 상태를 에피쿠로스는 아타락시아(Ataraxia)로 명명했다.

한편 로마 오현제(五賢帝) 중 일인으로서 후기 스토아학파(Stoics school, 금욕주의학파)의 대표자인 마르쿠스 아우렐리우스(120~180)는 "물질적 세계로부터 내적 영혼의 자유를, 고뇌에 찬 현실로부터 달관과 자제에 의한 정신적 해방"을 설파하였다. 인생에 있어 무엇이 가장 큰 기쁨이며 무엇이 진정한 쾌락인가?

에피큐리안이즘(Epicureanism, 쾌락주의)은 리비도(libido, 성적본능)를 만족시키는 찰나적 쾌락이 아닌 육욕을 극복한 이지적(理智的) 환희, 감각적 욕구로부터 이지적 분별, 평소 의문을 갖고 고뇌해오던 진리를 한순간에 깨달아 온몸과 마음이 황홀경에 몰입하는 법열(法悅)의 환희를 최상의 쾌락으로 본다. 반면 스토이시즘(Stoicism, 금욕주의)은 욕망으로 부터의 자유, 육체적 쾌락의 이성적 무시 내지 주관적 마음의 평형에서 자유를 찾으려 한다. 이리하여 아타락시아(Ataraxia)를 추구하는 쾌락주의와 육체적 욕구의 자기억제를 통하여 정신적 해방과 영혼의 자유를 궁극적 목표로 삼는 금욕주의는 비록 그 출발점은 달랐으나 빵 한 조각과 물 한 잔의 안빈낙도(安貧樂道)적 간소한 생활 방식에 자족하는 점에 있어 그 종착점이 같아지게 된 것이다. 쾌락주의와 금욕주의의 종착역이 동일하다는 점은 진정한 쾌락은 진정한 금욕과 동반한다는 사실을 시사해준다.

역사적 실예로 거지철학자 디오게네스(B.C. 4년 경)와 대승불교 창시자 중의 한 사람인 나가르쥬나 용수보살(B.C. 2~3세기)의 인생을 통하여 금욕과 쾌락의 일원성(一元性)을 살펴보자.

걸레 같은 옷을 걸치고 술통 속에 기거하며 걸식으로 배를 채우고 흐르는 시냇물을 손바닥으로 떠서 마시는 디오게네스는 확실히 육신의 편안함을 의도적으로 거부하는 반쾌락(反快樂) 비향수(非享受)의 금욕주의자이다. 하지만 금욕주의자인 디오게네스에 있어 가장 큰 쾌락은 우주의 근본 질서에 육신의 욕망으로부터 벗어난 자신을 합일시켜 대자유의 진리를 향수하는 것이었다. 나가르쥬나의 인생은 보다 극적이다. 젊은 시절의 나가르쥬나는 인생의 쾌락은 오직 정욕을 만족시키는데 있다고 확신하여 두 벗과 함께 주색에 빠져 왕궁을 수시로 출입하며 궁녀들과 정사(情事)를 즐기다가 일이 탄로되어 두 벗은 사형당하고 혼자 도망가 살아 남았다. 죽다가 살아난 그는 정욕은 오히려 향락이 아닌 괴로움의 근본이라는 것을 깨닫고 그 길로 출가하여 승려가 되었다.

처음에는 정욕의 만족을 쾌락으로 여겼으나 깨달은 다음부터는 반대로 정욕의 철저한 자기억제 즉, 금욕을 쾌락으로 받아들인 것이다. 그에게 있어 진정한 쾌락은 『대지도론』(大智度論), 『중론』(中論) 등의 저서를 통하여 대승불교의 심오한 진리를 깨닫고 이를 대중들에게 널리 전파하는 일이었다. 금욕주의자나 쾌락주의자를 막론하고 그들은 물질에 오염되지 않는 영혼의 자유와 진리의 개안(開眼)을 진정한 기쁨으로 받아들였던 것이다.

신피타고라스파의 아폴로니우스(?~96년)는 영혼을 선, 육신을 악으로 규정하여 영육이원론적 대립으로 우주를 설명하면서 자유는 육체의 질료악(質料惡)으로부터 영혼이 해방되어 지고의 善인 신과의 융합을 이룰 때 성취될 수 있다고 말하였다.

초월적신이 왜! 세계에 현현하며, 왜 인간의 영혼에 내재하는가? 유전하는 세계를 현상계로, 항존하는 불변의 실제존재(Ousia)를 이데아계로 보는 플라톤주의는 보편적 일자(一者)인 이데아가 다양한 개별적 존재에 편재(遍在)하는 분활의 하강운동과 다양한 존재가 보편적 일자로 귀일하는 통합의 상승운동을 통하여 우주의 근본적 질서가 유지된다고 말한다.

플라톤주의의 종교화가 신플라톤주의이다. 플라톤이 말하는 보편적 일자는 신플라톤주의의 플로티누스(205~270년)에 있어 "모든 사물, 모든 개념 이전의 초존재(超存在)인 지고(至高)의 신 즉, 하나님"으로 구상화되었다. 따라서 우주의 모든 존재는 하나님의 이성이 유출되어 세계에 모습을 드러낸 하나님의 현신(顯身)이기 때문에 모든 존재는 하나님에게로 귀환하려는 테오리아(Theoria)의 본능을 가진다. 여기서 말하는 테오리아는 일반적으로 정관(靜觀), 탈아(脫我)로 해석되지만 보다 정교하게 표현하자면 모든 존재가 하나님이고 하나님이 모든 존재임을 직관으로 아는 신물양망(神物兩忘)의 경지를 말한다. 신플라톤학파의 일종인 그노시스파(Gnosis, 하나님의 영혼과 나의 영혼을 동일시하는 직관에 의한 인식)의 발렌티누스2와 독일 신비주의의 태두인 에크하르트(1260~1327년)는 보편적 일자인 신과 합일하는 엑스타시스(탈아의 황홀경)는 인식대상과 인식주체와의 차별이 없어지는 자기직관에 의존하지 않으면 안된다고 강조한다.

에크하르트는 말한다. "만물의 근원인 신성(神性, deitas)은 지식을 초월한 것, 한계를 지을 수도 특정의 성질을 부여할 수도 없는 무(無, neichts)이며 오직 그노시스(Gnosis)에 의해서만 받아들일 뿐이다. 무(無: 불교의 空, 노자와 실존철학의 無와 같은 의미, 하나님은 하나의 큰 O으로 육신의 형상이 없어 눈으로 볼 수 없기 때문에 無이며 존재하지 않기 때문에 無가 아님을 알라)가 모든 존재의 근본적 근거이므로 신의 존재여부, 영혼의 불멸성에 대한 논증적 지식은 폐기되어야 하고 오히려 인간과 항상 함께 하는 신을 부지불식간에 신앙으로 받아들이는 것이 중요하다. 이것은 이미 단순한 인간의 행위가 아니라 인간의 내면에 있어서 신의 행위이며 인간 영혼에 있어 신의 불꽃(seelenfunklein)이다. 이러한 혼의 불꽃에 의한 신과의 합일은 자기를 이탈한 방념(放念, abgeschiedenheit)이며 아성(我性)을 탈피할 수 있어야 신과 일체가 될 수 있다.

에크하르트의 신플라톤적 탈아(脫我)사상은 르네쌍스시대 최고의 철학자인 쿠자누스(1401~1464)에 계승되었다. 쿠자누스는 인간의 인식을 ①이성(ratio), ②감성(passio), ③신을 볼 수 있는 직관적 이성인 지성(intellectus)의 3단계로 구별하였다. 쿠자누스가 말하는 신은 무한한 우주에 편만(遍滿)해 있는 절대적 극대자(極大者)임과 동시에 미세한 티끌 속에도 존재하는 절대적 극소자(極小者)이며, 극대자와 극소자의 통일이기 때문에 세계 속에 존재하는 각각의 사물은 모두 만들어져있는 신으로서 그 속에 전 우주를 반영하며 따라서 사람하나하나가 모두 소우주의 하나님이다.

쿠자누스의 철학은 스피노자(1632~1677년)의 3가지 인식, 독일 관념론에 있어서 오성(悟性, verstand)과 이성(理性, vernunft)의 구별, 그리고 각각의 개별적 모나드(monad, 단자)가 전 우주를 대표하고 표현한다는 라이프니쯔적 사상의 선구자가 되었다.

스피노자(1632~1677년)가 말하는 세 종류의 인식이란, 첫째 인간의 육체적 감각적 인식은 무질서하고 혼란스럽고 불완전한 관념에 불과하므로 이는 제일종의 낮은 단계인 표상(表象, imaginatio)일 뿐이다.

제 2종의 인식은 정신에 근거한 이성(ratio)으로 증명을 통하여 진리를 추구한다. 다시 말해 오성(판단력)을 매개로 하여 보편개념(notiones communes)을 추구하는 인식이다.

제 3종의 인식은 정신에 근거하되 오성(悟性)의 매개를 통하여 증명이 필요하지 않는 최고의 직관지(scientia intuitiva)를 말한다. 만물 안에서 신을 보는 쿠자누스의 직관지가 관념론적 범신론이라면 모든 사물을 신의 표현 내지 신의 변화된 모습으로 보는 스피노자의 직관 지는 유물론적 범신론이라 말할 수 있다.

스피노자에 있어 하나님-즉, 전일적 실체로서의 결과적 자연(natura naturata)은 "자기원인으로서 자기 자신의 본질에 의해서만 제약되기 때문에 자유로운 것이다. 자연의 내부에는 우연적인 것이 하나도 없고 모든 것이 신의 본성인 필연성에서 일정한 방식으로 존재하고 작용하도록 결정되어있다. 사물은 지가 자신의 본성에 따른 필연성에 근거하여 존재하는 한 자유로운 것이다. 따라서 자유는 필연성의 인식이다. 인간은 기쁨, 슬픔 물질의 욕망 등 수동적 감성(passio)에 대한 굴종으로 자유를 상실한다. 따라서 인간의 자유는 정신의 해방, 즉 해탈에 달려있다." (스피노자의 『윤리학』중에서)

라이프니츠(1648~1716년)는 세계의 실체를 불가분의 전일체(全一體)로 보는 스피노자의 이론에 찬동하면서도 그 실체가 크기와 형태에 구속되는 공간적 연장(延長, extension)을 가져서는 안되며 의식적, 정신적인 것이어야 한다고 강조한다. 왜냐하면 크기와 형태를 갖는 것, 즉 다시 말해 일정한 physical body를 가진 존재는 무한히 분할될 수 있으며 아무리 분할하더라도 더 이상 나눌 수 없는 통일체로 될 수 없다는 것을 의미하기 때문이다. 더 이상 나눌 수 없는 불가분(indivisible)의 실체란 육신의 형상이 없는 하나님의 o 뿐이다. 수학의 부호로 표현하자면 0÷0도 0이고 0÷1000조도 0이다. 0은 아무리 나누어도 0일 뿐이기 때문에 0이야말로 불가분의 통일체인 것이다.

라이프니츠는 o 을 모든 존재 즉, 우주를 형성하는 개개의 모나드를 하나의 질서로 통합하는 연속성의 원리로 생각하였다. 무생물과 식물, 동물, 인간 사이에 질적인 차이는 없고 다만 발전에 의한 정도가 차이가 있을 뿐이라고 라이프니츠는 말한다.

① 무기물은 잠자는 모나드에서 생긴 물체이다.
② 식물은 생명력으로서의 표상(imaginatio)은 있으나 아직 잠자고 있다.
③ 동물에 이르러서야 비로소 감각과 기억이 있는 혼의 모나드 즉 꿈꾸는 모나드가 된다.
④ 인간은 정신을 가지고 있으며 이는 감각과 기억 이 외에도 이성과 오성의 힘을 구비한 모나드에서 생겨난다.

따라서 각각의 모나드에 의한 우주의 표상은 작용 원인에 의해 생긴 ①에서 목적원인을 가진 ④를 향해 애매모호한 상태에서 분명한 상태로, 혼란에서 질서로, 암흑에서 광명으로, 열악한 상태에서 최선의 상태로 진화하는 아리스토텔레스적 엔텔레키아(完成態)를 지향하므로 이것이 바로 각 단계에 있어 모나드가 누리는 자유다. 칸트→피히테→셸링→헤켈로 이어지는 독일 관념론 철학(Deutscher ideailsmus)에 있어 오성과 이성의 구별이 신플라톤주의를 계승한 쿠자누스의 철학에서 비롯되었음은 앞에서 지적한 바와 같다.

칸트(1724~1804년)는 경험의 세계에 한정되어 있는 사유능력을 오성(悟性)으로 보고 경험을 초월한 이데(idee: 플라톤적 의미의 idea를 칸트는 idee로 불렀다)를 완전한 사유능력을 갖는 이성으로 보았다.

칸트는 인식의 두 뿌리를 감성과 오성으로 규정한다, 감성은 감각 소재를 직관으로 통합하고 오성은 직관의 소재를 과학적 사유 능력으로 통합한다. 인식작용에 있어 감성과 오성이 서로 협력할 수 있는 연결고리는 순수직관으로 불려지는 시간과 공간이며 이는 아프리오리(apriori, 先經驗的인 것)이다. 시간, 공간이 왜 아프리오리인가? 시간, 공간이 없다면 아무것도 감각될 수 없기 때문에 시간과 공간은 감각에 선행한다. 또한 시간, 공간은 인간이 만들어낸 개념이 아니다. 모든 개념에는 사물의 다수성(多數性)을 전제하는데 시간, 공간에는 다수성이 없다. 따라서 감각도 아니고 개념도 아닌 선험적인 시간 공간 없이는 어떠한 직관도 불가능하다. 시간은 내적 대상이 현상하는 형식이요 공간은 외적 대상이 현상(現象)하는 형식이다. 갖가지의 대상은 시간 안에서만 체험되기 때문에 인간의 오성은 경험된 것만을 사유하는 한계성을 가지고 있다.

그러므로 시간 공간을 초월하여 무제한으로 무제약자(無制約者)를 사유하는 능력은 이성에 맡겨질 수밖에 없다. 이성은 모든 소재를 이데(idee)로 통합한다. 칸트가 말한 이데의 3가지는 ①내적경험의 제일 원인으로서 영혼(seele), ②모든 외적 경험의 목표로서의 세계(welt) ③모든 내적 외적 경험의 목표로서의 신(Gott)이다. 따라서 이데는 지식의 대상이 아닌 신앙의 대상이며 신앙은 인식의 영역이 아닌 행위의 영역 즉, 실천이성의 영역에 속한다.

순수이성에 기반한 논리적 주관에서 자아는 존재하나 현실의 사물에서 자아는 존재하지 않는다. 자기 자신의 영혼을 객관적 대상으로 인식하려는 노력은 결국 추리의 오류를 가져올 수 있다.

마찬가지 논법으로 순수이성은 우주의 존재를 증명하나 동시에 이것과 모순되는 비존재도 증명될 수 있다. 순수이성은 4가지의 안티노미(antinomy, 이율배반)을 가진다. 첫째, 우주는 시간적으로 태초(太初)가 있으며 공간적으로 일정한 한계에 닫혀있다고 하는 정립(定立)과 시초도 없고 공간적 한계도 없는 무제한이라는 반정립(反定立)사이에 있다. 둘째, 우주는 부분과 전체의 정립, 반정립에 있으며, 셋째, 자유에 의한

인과성과 자연의 필연성사이에 있으며, 넷째, 절대적 존재인 신 즉, 필연적 존재의 유무(有無)에 관한 이율배반에 놓여 있다.

한정된 기간 동안 육신을 소유하고 있는 현상계의 인간은 필연성의 인과 관계에 속하지만 불사불멸의 영혼을 가지 본체계로서의 인간은 신과 동격이므로 영원한 자유인이다. 영혼과 우주와 우주의 본체인 하나님은 순수이성(이론이성이라고도 함)으로는 인식 불가능한 공허한 개념이지만 실천이성에 있어서는 증명이 요구되지 않는 신앙의 필연적 요청이다.

인간의 감성은 인간을 필연성의 세계에 종속시키지만 인간의 의지는 자유의 세계에 있다. 따라서 철학의 출발점은 신의 존재를 증명하거나 영혼의 부재(不在)를 증명하는것이 아닌 자유와 필연성의 문제로 귀착된다. 신학과 과학은 별개의 것으로 경험의 세계에 한정된 과학적 사유는 증명을 요구하지 않는 실천이성에 그 우위를 양보할 수밖에 없다. 하지만 필연성이 지배하는 자연의 세계는 현실이며 인간의 도덕적 자유가 팽배하는 당위(當爲)의 세계는 이상일 뿐이다.

결국 칸트는 자연적 필연성과 인간의 도덕적 자유사이에 야기되는 괴리를 통합하지 못하고 당위와 현실, 자유와 필연을 분리한 채로 방치했으며 이 과제는 헤겔(1770~1831년)에 의해 다시 제기된다.

스피노자에 있어 자유는 신의 본성인 필연성을 인식하는 것이며 칸트는 자연의 필연성과 인간 자유 사이의 모순을 방치한 채로 두었고 피히테는 칸트적 개념의 인식주체인 순수이성과 행동주체인 실천이성을 자발적 사유의 주체인 절대적 자아로 통합하였고, 쉘링적 의미의 절대적 자아는 그 속에 존재와 지식, 객체와 주체적 사유를 무차별적으로 포함하고 있는 보편적 일자(신플라톤적 개념인 神)이다.

헤겔은 감성에서 오성으로, 오성에서 이성으로, 이성에서 절대知로 나아가는 의식의 발전사를 정신현상학(phanomenologie des geistes)으로 규정하면서 자연과 역사는 절대知의 실현과정일 뿐이라 말한다.

나 자신을 자유의 이성으로 보고 객관적 현실을 인과 관계의 필연성으로 볼 때 주체인 나에 대립하는 객관적 현실은 나로부터 탈회(奪回) 소외된 것이기 때문에 자연, 역사, 세계 등 모든 객관적 대상은 본래의 나(주체)로부터 떨어져나간 소외된 나, 주체로부터 분리된 객체다. 자연과 역사는 주체에 대립되는 모순에 의해 운동, 발전하며 또한 모순에 의해 자기는 자기가 아닌 대립물을 만들어 내지만 절대知(절대적 자아, 절대 정신, 절대 이념, 세계 정신이 모두 같은 말이다)는 무매개적인 직관知을 통해서가 아닌 모순된 자기 모습, 즉 자기 소외를 지양(止楊, aufheben)하여 자신과 동일한 진리의 모습으로 현현되어야만 자신을 탈환 회복할 수 있는 자기 복귀가 가능해진다.

헤겔이 말하는 절대知는 자연, 역사, 인간정신의 현실 속에 대상화 되어 있는 소외 된 자기를 부정(否定, negation)이라는 카테고리를 통해 다시 자기 자신의 본래 모습으로 복귀하려는 당연한 논리적 귀결이다. 여기서 자기 복귀의 자기와 이성과 절대知의 의미에 오해 없길 바란다. 헤겔이 말하는 자기 복귀의 자기는 피히테나 쉘링의 절대적 자아와 같은 말로서 일시적인 육신의 형상에 한정되어 있는 육아적(肉我的) 의미의 자기가 아니라 나와 신을 둘이 아닌 하나의 존재로 인식하는 신아적(神我的) 자기이며 절대적 자아도 이와 같다. 또한 독일관념론철학에서 말하는 이성(理性)은 교육의 혜택과 성숙된 경험의 연륜으로 인하여 후천적으로 갖게 되는 인간의 이성이 아니라 신플라톤주의에서 말하는 보편적일자인 신의 광명 즉 신성(deitas)으로부터 유출된 인간영혼에 있어서의 신의 불꽃(seelenfunklein)을 뜻하는 신화적(神火的) 이성이며 절대知(세계정신, 절대정신, 절대이념) 또한 이와 같다.

콩 심은 데 콩 나고 팥 심은 데 팥 나며 하늘에 반짝이는 무수한 별들은 궤도를 이탈하지 않고 운행을 계속한다. 한 그루의 사과나무가 열매를 맺기 위해선, 씨가 뿌려지고 뿌려진 씨가 발아해서 뿌리를 내려 가지들이 뻗어나면서 잎사귀가 생기고 꽃이 피어 사과 열매가 맺힌다. 이러한 일련의 과정이 자연에 있어서 인과관계의 필연성이다.

자연과 세계(우주)가 신의 자유의지가 만들어 낸 필연성의 산물이고 신아일체적 절대적 자아의 탈회(奪回)된 모습이라면 신과 동일한 존재(신아일체의 신아적 자기)인 인간이 창조하고 주관하는 인간의 역사 속에도 분명히 신성으로부터 유출된 인간 본성의 자유의지가 역사적 필연성으로 재현되지 않으면 안된다. 이렇게 되어야만 절대정신(절대知)의 자기 자신으로의 복귀가 가능해진다. 신의 이성으로부터 유출된 인간 이성의 승리가 곧 역사적 필연성이라면 자유는 필연성의 실현이며 절대정신을 구성하는 최고의 내용이다.

따라서 자유는 주관적 정신에서 객관적 정신으로 지양(止揚)되고 다시 객관적 정신의 자기 복귀인 절대정신으로 승화될 때 실현될 수 있다. 주관적 정신은 육아적(肉我的) 자기에 의해 규제받는 나홀로 만의 정신으로서 외물(外物)의 영향을 받기 때문에 이는 저급한 형태로의 정신의 자기상실이며 절대정신의 자기소외이다.

개인이 제멋대로 규정하고 미화(美化)하는 주관적 정신 즉, 양심은 잘못된 것일 수도 있으므로 개인이 원망(願望)하는 바를 위하는 것 보다 전체 구성원(가족, 사회, 국가 등)이 공통적으로 희망하는 당위성(當爲性)에 충실한 정신이 객관적 정신이다. 주관적 善과 객관적 善이 통일된 인륜(人倫, sittlichkeit)과 주관적 사랑의 관계와 객관적 계약의 관계가 합일된 결혼을 헤겔은 객관적 정신의 표본으로 제시한다.

이러한 객관적 정신이 자연과 역사에 있어 자기소외를 극복하여 자기복귀를 달성하는 절대정신으로 상승될 때 자유는 실현된다. 수많은 가족

단위의 집결체가 시민사회이고 시민사회의 발전이 국가라면 국가야말로 이성의 실체이고 시민들이 복종해야 할 현실적 이성이며 개인의 도덕을 신장하고 자유를 실현할 수 있는 궁극적 목표이다.

"국가는 각 개인의 보편적 의지를 인식하고 신앙하고 욕구함으로써 각자가 자유를 향수하는 현실사회이다. 말하자면 국가는 세계에 있어서 신의 발자취이며 지상에 현존하는 신의 이념이다. 그러나 국가는 또한 객관적 정신이며 절대정신으로 고양되어야 할 것이지만 국가는 예술 법률 도덕, 학문 등의 기초이며 중심점이다." (헤겔의 『법철학』 중에서)

여기서 등장하는 문제가 악명 높은 국가이성의 실체이다. 인류 역사를 절대정신(이성)의 시간적 전개로 파악하였던 헤겔에 있어 프랑스혁명은 절대정신의 승리를 자축하는 '빛나는 일출(日出)'이며 인간의 누스(nus, 이성)가 비로소 현실세계를 지배하게 된 살아 있는 증거였다.

하지만 혁명성공 후 현실적 상황은 어떻게 전개되었는가? 혁명주체인 자코방당의 당통, 마라, 로비스피에르는 부패한 왕족과 구체제에 기생하던 귀족계급뿐만 아니라 수많은 무고한 평민들, 그리고 심지어는 어제까지의 혁명 동지를 오늘에 혁명의 공적(公敵)으로 몰아 국가 이성(reason detat)의 이름으로 무자비하게 학살하였다.

국가이성의 행패는 프랑스혁명에만 한정된 것이 아니었다. 헤겔철학의 신봉자인 히틀러는 국가이성의 이름으로 유태인 600만 명을 학살하였고, 레닌은 국가이성의 이름으로 맨세비키들을 처형했으며, 스탈린 역시 국가이성의 이름으로 혁명동지였던 토로츠키, 부하린, 카메네프 등을 살해하고 2천만 명의 양민을 노동자 계급의 공적으로 몰아 강제노동수용소에 수감하였다. 이렇게 볼 때 국가이성의 역사적 주소는 키로친(단두대)과 아유츠비츠 유태인 도살장과 스탈린치하의 수용소군도이며 국가이성의 역사적 실체는 결국 국가이성을 빙자하여 과대망상적 권력욕을 분식(紛飾)하기 위한 로비스피에르, 히틀러, 스탈린의 폭주하는 미친 이성일 따름이다. 이러한 의미에서 "이성적인 것이 현실의 당위성으로 현현(現顯)되어야 한다"고 믿었던 헤겔좌파(left-wing Hegelianism)의 대표적 철학자인 마르쿠제가 "프랑스 혁명으로부터 볼세비키혁명에 이르는 역사상의 모든 혁명은 이성의 승리가 아닌 이성의 패배(절대정신의 패배)로 귀결되었다"고 평한점은 너무나 당연하다 아니할 수 없다.

서양관념론철학사를 일관컨데 예수 탄생 이전에 오르페우스(Orpheus)교의 영향을 받아 활동하였던 피타고라스(B.C. 510~500), 엠페도클레스(B.C. 500), 플라톤(B.C. 427년 출생) 등 그리스 철학자 중 특히 플라톤의 형이상학철학체계는 영혼의 불멸과 윤회(soul's immortality and transmigration)를 초석으로 삼은데 반해 기독교가 로마제국의 국교가 된 후 플라톤의 사상을 계승하였던 철학자들은 영혼의 윤회를 전혀 언급조차 하지 않고 있다.

예컨데 그노시스파의 그노시스자(신과 사람을 동일한 존재로 받아들이는 인식), 에크하르트의 만물의 근원이 되는 신성(deitas), 쿠자누스의 신을 볼 수 있는 직관적 이성인 지성(intellectus), 데카르트의 선경험적인 생득관념(idea-innata), 스피노자의 증명을 필요로 하지 않은 제3종의 직관지(scientia intuitiva), 칸트의 아프리오리(apriori)와 실천이성, 피히테와 쉘링의 절대적 자아, 헤겔적 의미의 이성과 절대정신 등은 영혼의 윤회를 전제로 하지 않은 한 도저히 이해할 수 없는 철학적 개념들이다.

위에서 말한 철학 개념들은 모두 플라톤의 이데아에서 파생된 개념들이고 또한 플라톤적 표현을 따르자면 영혼의 윤회는 곧 이데아의 윤회이기 때문에 먼저 이데아의 참 뜻이 무엇인지를 알아 둘 필요가 있다. 이데아는 모든 존재에 선험적(先驗的)으로 주워지고 있으며 현상계에 모습을 드러낸 모든 존재는 파라데그마(paradeigma, 원형)인 이데아를 모방

(mimesis)한 것에 지나지 않는다고 플라톤은 말한다.

이데아란 ①생성과 소멸을 초월한 것으로 나지도 않고 죽지도 않는 불생불멸(不生不滅)의 진실제(眞實際, ousia)이다.

②현상을 초월한 본질(essentia)로서 시간과 장소에 따라 변화하는 상대적인 것이 아닌 어떠한 경우에도 변치않는 절대적인 것이다.

③특수한 개체에만 존재하는 것이 아닌 모든 존재에 항구적으로 상주(常住)하고 있는 보편적 일자(一者)이다.

결국 플라톤의 이데아는 육신의 형상 없이 순수 o만으로 항존(恒存)하는 우주의 본체(本體), 이체(理體), 도체(道體)인 하나님의 영혼을 말하는 것이다.

플라톤의 저작 중 압권으로 꼽히는 『국가』(Rebublic)를 비롯하여 메논(Menon), 심포지움(Symposium), 파이돈(Phiaidon), 파이드로스(Phaidros)는 영혼의 불멸과 윤회를 다룬 이데아론으로 중심 주제를 삼고 있다.

이데아는 사람들의 머리속에 들어있는 관념이나 개념이 아니며 우주의 본체인 신(福)의 o 이 물리적 신체를 가진 만유(萬有)에 분유(分有)되어 善과 美의 이데아로 현상계에 출현한 것이기 때문에 이데아를 관념으로 번역하고 플라톤이나 헤겔 같은 idealist philosopher를 관념론철학자 혹은 이상주의철학자로 번역하는 것은 크게 잘못된 것이다. 자유는 영혼의 속성이므로 플라톤의 이데아는 마땅히 '영혼의 자유', 또는 '대자유를 얻은 영혼'으로 번역되어야 한다. 맥밀란출판사에서 펴낸 『철학백과사전』에서 헤겔 철학전문가인 에딘바라대학의 액톤(Acton)교수는 정신을 의미하는 독일어 geist의 정확한 영어 표현은 mind라면서 헤겔의 Phanomenologie des geistes를 Phenomemology of mind(마음현상학)로 Philosophy des geist를 Philosophy of mind (心哲學)로 영역하였다.

이에 따라 헤겔이 말한 geist의 3종류인 주관적 정신, 객관적 정신, 절대정신도 영어로는 subjetive mind (주관적 마음) objetive mind(객관적 마음) absolute mind(절대적 마음, 절대心)가 된다. 경험적 감각, 인식, 이해, 열망, 자의식, 상상, 기억, 만족추구 등은 모두 주관적 마음이며, 개인의 만족추구 보다는 전체 구성원(가족, 사회, 국가 등)이 공통적으로 희망하는 당위성에 충실한 마음이 곧 객관적 마음이다. 사막을 걸어가던 일단의 여행자들이 마침내 오아시스를 발견했을 때 무슨 말이 필요하랴. 사이좋게 물을 나누어 마시며 오랜 갈증을 해소하는 암묵적 합심이 social morality(공익에 기반한 사회 도덕)에 충실한 객관적 마음이다.

헤겔의 절대적 마음은 플라톤의 이데아와 신플라톤주의의 일자로부터 유출된 광명과 칸트의 이데(idee)와 피히테와 쉘링의 절대적 자아를 계승한 개념이다. 문제는 하겔이 하나님의 마음인 절대적 마음을 법인체로서의 추상저 개념에 불과한 국가의 마음과 동일시하데 있다. 절대적 마음(절대정신)과 절대적 자아가 무엇인지 이해하기 위해서 먼저 상입상즉(相入相卽)이론을 알아야 한다. 相入은 mutual entry, 즉 相互移入을 줄인 말이다.

옛날 60년대 초기 종로 5가 어느 다방에 서로 모르는 손님 30명이 커피를 마시고 있었다. 이 때 외부에서 걸려온 전화를 받은 마담이 "김사장님, 전화왔습니다 전화받으세요" 하자 30명이 다 일어서서 카운터로 몰려갔다. 공교롭게도 30명이 모두 김씨였고 그들 직함이 모두 무슨 사업을 하던 사장이었다. 이 경우 김사장=30명, 30명=김사장이라는 등식이 성립하여 김사장과 30명은 상호이입한다.

원효의 유명한 질그릇 비유를 살펴보자. 10억 개의 티끌이 모여 하나의 커다란 질그릇이 되었다. 여기서 10억 개의 티끌에 언어기능을 부여한다면 티끌들은 저마다 "내가 질그릇이다" 말할 것이며 질그릇 또한

"나는 10억 개의 티끌이다. 10억 개의 티끌 중 나 아닌 것은 하나도 없다" 할 것이다.

의상조사(義湘祖師) 법성게(法性偈)에 나오는

一微塵中含十方 一切塵中亦如是(일미진중함시방 일체진중역여시)

하나의 작은 티끌 속에도 시방세계가 다 나타나 있고, 티끌모여 이루어진 하나의 우주 역시 낱낱의 티끌을 다 함용(含容)하고 계시네

의 구절이 티끌과 우주라는 이름의 질그릇, 중생과 창조주와의 상호이입을 설명해주는 좋은 본보기다.

相卽은 phenomenal entity, 즉 현상적 동일성을 말한다. 가만히 있던 물이 바람을 만나 높이뛰기를 하면 파도가 되고, 물이 얼으면 얼음, 얼음이 녹으면 물이 된다. 따라서 相卽은 파도가 즉 물이고, 물이 즉 파도이며, 물이 즉 얼음이고, 얼음이 즉 물이라는 뜻이다. 범신론(汎神論, pantheism)과 만유재신론(萬有在神論, Panentheism)은 相入相卽의 이론 위에서만 성립한다.

범신론은 창조주와 그가 창조한 우주를 동일한 것으로 인식하여 우주만물을 창조주의 영혼 또는 창조주 天心의 체현(體現)으로 보는 철학사상 내지 종교적 믿음을 말한다.

티끌의 입장에서 질그릇을 보고 중생의 입장에서 창조주를 보는 관점은 범신론이며 반대로 질그릇의 입장에서 티끌을 보고 창조주의 입장에서 중생을 보는 관점이 만유재신론이다. 일체중생은 하나님의 天心이 강림하여 현상계에 출현한 하나님이요, 하나님 아닌 중생은 하나도 없으므로 하나님과 중생, 중생과 하나님은 相入相卽한다. 나는 나로부터 와 나에게로 가는 타타가타(如來如去)이므로 나와 하나님은 동일 존재다.

최소 2사람이 있어야 나와 너라는 상대성이 성립하는 것이기 때문에 나와나 하나님과 하나님은 상대성이 아닌 절대성이다. 하나님과 나를 2개의 서로 다른 존재로 보면 상대적 자아가 되지만 禮을 통해 나와 하나님을 동일존재로 파악하면 절대적 자아가 되며 이와 마찬가지로 하나님의 一心과 나의 一心을 똑같은 마음인 如心으로 보면 절대적 마음이 된다. 그러므로 피히테와 쉘링의 절대적 자아와 헤겔의 절대심(絶對心, absolute mind), 왕양명이 말한 心外無物(내마음 밖에 한 물건도 없다)의 心, 해월신사가 말한 心外無神(내마음 밖에 한울님이 없고 한울님은 내 마음속에 살아 계신다)의 心은 수많은 세계를 유전(流轉)하고 수많은 육신을 윤회하여 현재의 내 몸 속에 머무르고 있는 하나님의 마음인 惟一天心이고 道心이며 本心이다.

現生 육신에서 생겨난 주관적 마음과 객관적 마음은 세계를 주관적 세계와 객관적 세계로 분리하여 객관적 세계에 나타난 대상의 현상적 차별상을 진실제(眞實際)로 받아들이는 망심(妄心)에 불과하지만 하나님의 마음인 一心(道心, 天心, 本心, 절대심)은 세계에 현현(現顯)된 겉모습의 차별상을 뛰어넘어 모든 존재에 친강한 一心의 절대평등성을 요달(了達)하여 一切唯心照의 거울에 투영된 만물이 一物임을 깨닫는 진해탈자(眞解脫者, moksa)이다. 때문에 신령이 살고 있는 집으로서 一心이 추구하는 궁극적 목표는 진해탈을 통해 얻게 되는 대자유다. 인간은 현상계와 본체계를 살아가고 있는 두 세계의 시민이다.

인간의 육신은 식욕과 성욕의 지배를 받는 필연성의 세계인 욕계(欲界)에 살고 있지만 일신의 광명으로부터 유출된 인간의 영혼은 선과 악, 미와 추, 정의와 불의, 순간과 영원의 구분이 전혀 없는 본체계의 자유세계에 살고 있다.

인간의 영혼은 본래청정(本來淸淨) 명명불매(明明不昧) 무소부재(無

所不在) 전지전능(全知全能) 요료상지(了了常知) 상주불변(常住不變)의 하나님 영혼이기 때문에 시초가 없는 과거로부터 종말이 없는 미래에 이르기까지 시종일관 자유로운 것이다.

다만 나의 육신 속에 거주하는 영혼이 하나님의 청정무구(淸淨無垢)한 영혼임을 깨달은 본각자(本覺者)와 미망(迷妄) 속에서 깨닫지 못한 불각자(不覺者)의 차이에 따라 자유인이 되느냐 아니면 고과(苦果)인 육체가 겪는 여러가지 괴로움을 나만의 불행으로 여겨 저주받은 인생으로 스스로를 낙인 찍는 비자유인이 되느냐로 확연히 나누어진다. 타리(他利)는 모르고 자리(自利)만 알고, 미식과 리비도(libido)의 탐닉(耽溺)과 편안한 잠자리만 찾는 육체의 요구에 영혼이 항복한 결과, 육체라는 이름의 악마에 영혼을 팔아넘긴 자는 좁은 의미의 선택적 자유만 있을 뿐 도덕적 자유를 상실한 비자유인이다. 그러나 이러한 비자유인도 한시적일 뿐 영원한 것은 아니다.

왜냐하면 임마누엘(신과 같은 지혜를 가진 존재)이나 부처나 성인이 本覺을 얻은 자유인이고 어리석은 중생과 범부(凡夫)가 불각(不覺)의 비자유인이라면 깨달음의 시기가 빠르냐 늦느냐에 따라 임마누엘과 범부, 부처와 중생의 차이가 있을 뿐 어리석은 중생이 부처가 되고 범부가 임마누엘이 됨은 하나님의 영혼으로부터 이전된 인간 영혼이 반드시 성취해야 할 필연적 운명이기 때문이다. 그러므로 윤회생사의 회수가 모자라 전세(前世)의 업(業)을 소멸시키지 못하여 나의 영혼이 하나님의 영혼이요 하나님의 영혼이 내 영혼이 되는 신아위일(神我爲一)의 대자유와 필연성의 동일률(同一律, law of identity)을 깨닫지 못한 한시적 비자유인도 백만 번 천만 번 인간으로 태어나 여러 가지 경험을 축적하다 보면 언젠가는 궁극적 깨달음을 얻어 일체무애(一切無碍)의 자유인이 될 수 있다. 이것이 바로 여러 생(生)을 살며 끊임 없이 배우면서 진화하는 영혼의 궁극적 목표로서 도달하게 되는 대자유이고 임마누엘이며 성불(成佛)이다.

나의 Identity가 禣我爲一의 절대적 자아임을 자각한 후 만유에 내재한 본질이 자신의 一心(忠)과 똑같은 一心임을 인정하여 萬物與我爲一의 관점에서 보는 자와 보는 대상 사이에 가로 놓인 주체와 객체의 장벽과 生과 死를 구별짓는 분단생사(分段生死)의 장벽을 함께 허물어 一心에 아무런 장애가 없는 一切無碍人으로 化하는 것이 바로 홍익인간을 이룬 成己 이후에 얻게 되는 대자유이다.

9. 개물평등(開物平等)

成己, 自由 다음에 開物平等이 뒤따른다. 開物平等이 무슨 말인지 우선 뜻풀이부터 해보자. 開는 열개(啓也), 통할개(通也) 발할개(發也) 등으로 쓰이나 여기서는 광명이 발(發)한다. 능력을 발휘(發輝)한다 할 때의 발할開로 해석하여야 한다. 物은 만물물, 무리물(類也) 등으로 사용되지만 여기서는 지구에 살고 있는 인간 이외 동식물을 합친 모든 생물을 뜻한다.

가륵단군이 말씀하신 開物平等을 해석하자면 모든 생물들이 갖고 있는 고유의 능력에 기초한 역할은 모두가 절대평등하다는 뜻이다.

구체적 예로 여기 100평의 배추밭이 있다고 상정해 보자. 보통 1평의 비옥한 토양에는 대략 수 억 개에 이르는 박테리아, 곰팡이, 말미잘과 원생동물(原生動物) 그리고 지렁이나 지네 같은 무척추 동물들이 살고 있다. 인체와 마찬가지로 토양의 건강도 역동적 평형상태(dynamic equilibrium)위에서 유지될 수 있다. 탄소(carbon), 질소(nitrogen) 그리고 토양 속에 함유된 여러 광물질은 생태계 순환을 위해 필요불가결한

화학 성분이고 태양에너지는 토양 순환을 가동시키는 자연 연료이다. 토양박테리아는 배추가 영양을 섭취할 수 있겠금 질소고정(nitrogen fixation)의 화학변형을 수행한다.

사람들이 하찮게 여기는 뿌리깊은 잡초는 배추가 영양분을 섭취할 수 있겠끔 미량의 탄소와 질소를 표토층(表土層)으로 이동시킨다. 지렁이와 지네는 끊임없이 토양을 분쇄하여 토양의 다공성(多孔性)과 유연성을 유지시켜 준다.

옛날 우리네 할아버지들은 귀를 땅에 대고 지렁이 울음소리를 확인함으로써 토양의 건강성을 확인했다. 지렁이 울음소리는 여치 울음소리와 너무나 흡사하기 때문에 지렁이 울음소리와 여치울음소리를 구별할 수 있는 능력은 훌륭한 농부가 되기 위한 필수적 자격요건이었으며 지렁이가 울지 않는 땅은 이미 죽은 땅(死土)으로 어떠한 작물도 잘 자랄 수가 없다.

각종 유기물의 자연스러운 순환에 기초한 토양의 건강성이 보장되는 전제조건 위에서 농부는 밭을 갈고 씨를 뿌리고 물을 주고 퇴비를 사용하여 토양의 비옥도를 더욱 높혀 유기물을 토양에 되돌려주고 여름 내내 땀방울을 흘림으로서 배추농사의 풍성한 수확을 기약할 수 있다. 그렇다면 여기서 배추농사의 주체가 누구인가? 대부분의 사람들은 농부를 배추농사의 주인공으로 지목하겠지만 정답은 배추농사에 직접 참여한 토양박테리아와 뿌리깊은 잡초와 지렁이와 농부의 사자(四者)가 배추농사를 성공으로 이끈 주체다. 태양 에네지와 탄소, 질소는 농부의 노력여하에 관계없이 선천척으로 주어진 조건이니 예외로 치고 만약 토양 박테리아가 질소고정의 화학변형을 수행하지 않고 잡초가 영양분을 표토층으로 운반하지 않고 지렁이가 흙속에 구멍을 뚫어 토양의 다공성과 유연성을 유지시켜 주지 않는다면 농부의 배추농사는 결코 성공할 수 없다.

따라서 미생물인 토양 박테리아와 무명의 잡초와 무척추의 지렁이가 그들만의 독특한 재능과 능력을 발휘하여 성공적 배추농사에 쏟아부은 역할은 씨뿌리고 물주고 거름주면서 배추농사에 전념한 농부의 역할과 결과적으로 평등한 것이다. 성공적 배추농사를 수(數)로 표현해 1로 본다면 토양박테리아, 잡초, 지렁이, 농부의 역할은 값어치로 따져 각각 $\frac{1}{4}$에 해당되기 때문에 $\frac{1}{4}+\frac{1}{4}+\frac{1}{4}+\frac{1}{4}$을 합산해야 비로서 온전한 1이 된다. 이것이 바로 미생물로부터 고등생물인 인간에 이르기 까지 지구에 살고 있는 모든 존재가 그들의 고유한 능력에 따라 수행하는 역할의 가치가 절대평등임을 밝힌 開物平等의 진정한 의미이다.

農者天下之大本은 한검단군의 말씀이고 農者萬事之本은 6세 달문단군의 말씀이다.

그런데 수입농산물에 문호를 개방한 우루과이라운드 때나 한미FTA체결을 반대하는 항의시위 때마다 한국농민들은 어김없이 農者天下之大本의 플래카드를 앞세워 농민이 천하의 가장 큰 근본이라고 주장한다. 문제점은 農者를 농민으로 잘못 해석한데 있다. 農자는 대부분의 경우 농사농으로 사용되지만 農者가 반드시 농민만을 의미하는 단어는 아니다. 포괄적 의미의 農은 "힘써 부지런히 일한다"는 뜻이다. 그러므로 農者天下之大本은 "힘써 부지런히 일하는 존재여! 그대는 이 세상의 크나큰 근본이로다"라는 뜻이고 달문단군의 農者萬事之本은 "힘써 부지런히 일하는 존재자야 말로 세상만사의 근본이다"라는 뜻으로 農者는 가륵단군 즉위조서에 나오는 勳勉致産者(훈면치산자)와 같은 말이다. 勳勉致産者는 '부지런하게 공(功)들여 진심전력을 다하여 생산하는 존재'라는 뜻이므로 農者와 뜻이 같다.

아무리 4천년 전이라 할지라도 어찌 농민만이 있었겠는가? 나무를 다듬어 여러 가지 기구를 만드는 목수나 돌을 다듬는 석공도 있었을 테고 소금 굽거나 질그릇 만드는 수공업자, 그리고 아이들을 가르치는 훈장도 있었을 텐데 하물며 天地不仁의 福道를 躬行實踐하는 단군의 입장에서 다른 업종에 종사하는 사람들을 완전 무시하고 농민만을 편애하여 農者의 뜻을 농민으로 한정지을 이유가 어디에 있는가?

農자는 굽을곡(曲)자와 때진(辰)자가 합성된 글자이다. 때문에 때를 맞추어 혹은 무시(無時)로 수시(隨時)로 허리 굽혀 땀흘리며 부지런히 힘써 일하는 존재자는 모두 農者이며 勳勉致産者다.

> 내 평생에 공(功)을 들인 것들이
> 하루아침에 무너질 때 낡은 연장을 다시 들고
> 허리를 굽히노라   - 영국시인 키플링의 詩 -

위의 시에서 키플링은 허리를 굽혀 열심히 일하는 불특정(不特定)의 어떤 農者를 묘사하고 있다. 그렇다면 허리가 아예없는 무척추의 지렁이와 잡초, 그리고 사람의 육안으로 식별하기 힘든 무내(無內)의 토양박테리아는 農者로서 자격이 있나 없나를 질문하지 않을 수 없는데 그 대답은 開物平等의 네 글자 속에 포함되어있다.

開物의 物은 사람 존재가 아닌 동식물 존재들을 의미한다. 여름 내내 허리를 굽혀 부지런히 배추농사에 전념한 농부는 물론, 뿌리로 영양분을 표토층으로 운반한 잡초와 흙 속에서 질소 고정의 화학변형을 주도한 토양 박테리아와 비록 굽힐 허리는 없으나 허리 대신 온 몸을 던져 흙 속을 헤집고 누비면서 일편단심 구멍 뚫는 일에 몰두한 지렁이도 당연히 훌륭한 農者며 勳勉致産者다.

농부의 역할이 지렁이의 역할보다 더 귀중한 것도 아니며 잡초의 역할이 농부의 역할보다 더 못한 것도 아니다. 토양 박테리아와 잡초와 지렁이와 농부의 사종농자(四種農者)는 각각 수명의 상대적 길고 짧음과 상이한 신체적 차별상을 모두 뛰어넘어 배추농사에 절대 평등한 역할을 수행함으로써 開物平等의 구체적 내용이 과연 무엇인지를 우리 인간들에게 교시해 주고 있다.

이는 결국 인간을 포함한 자연계의 모든 생물이 독립적개체로는 존립할 수 없고 하나로 통일된 생명연대의 전일적 그물망 속에서 상호의존적이고 상호보완적일 수밖에 없는 운명공동체임을 증거할 뿐 아니라 기독교의 잘못된 자연관에 기반을 둔 자연계의 지배자로서 인간이 아닌(창세기 1장 28절: 자식을 많이 낳아 수를 불려 땅에 충만하라, 땅을 정복하라, 바다의 물고기와 공중의 새와 땅에 움직이는 모든 생명을 지배하라) 지렁이와 잡초 심지어 미생물까지와도 연대를 맺어 더불어 살아가야 할 필연적 동반자로서 인간의 위치를 확인시켜 주고 있다. 자연계의 지배자가 아닌 만물과 필연적 동반자 관계로서의 인간의 위치를 인식하고 수용하는 자가 곧 홍익인간이다.

홍익인간이란 구체적으로 말해 첫째, 모든 존재들의 생명 및 생명현상(어머니 뱃속에 있는 1~2개월 쯤 된 未生兒, 병아리가 되기 직전의 달걀 등)에 대한 심오한 외경심(畏擎心)을 가지고 개미의 생명이나 잡초의 생명이 결코 나의 생명 못지않게 귀중한 생명임을 인식하여 모든 생명의 등가원칙(等價原則)을 확실히 신앙하는 자.

둘째, 시방세계에 두루 존재하는 만물이 비록 나와는 전혀 다른 모습의 현상적 차별상으로 나타났으나 만물에 내재 된 본질이 나의 육신에 친강해있는 惟一天心과 동질의 동일자(同一者) 임을 혜안으로 조견하여 만물이 변하여 내가 되었는지 내가 변하여 만물이 되었는지 둘 다 잊어버린 물아양망(物我兩忘)의 홀황탈아(惚惶脫我) 정신으로 克愛物의 신도를 실행하는 자.

셋째, 배추농사의 예화에서 보듯 토양 박테리아, 잡초, 지렁이가 각각 수행하는 역할과 농부가 수행하는 역할을 절대평등으로 보는 開物平等의 만물역할평등론을 조물주께서 축복해주신 자연의 섭리로 받아들여 자연생태계의 역동적 평형상태를 교란하고 파괴하는 자가 아닌 자연의 진정한 지킴이로서 인간의 사명에 충실한 자라야 한다.

농경사회의 지상과제는 농업생산력을 꾸준히 향상시키는 일이다. 소나 말의 힘을 빌려 밭을 갈고 윤작(輪作)하고 퇴비를 쓰고 천적(天敵)을 이용하여 병충해를 막아 생산력을 증강시킨다. 인간 이외 다른 생물들의 힘을 빌리지 않고 인간 단독의 힘만으로 생산력 향상을 기대 할 수 없다.

따라서 한검단군의 가르침인 克愛物에 함유된 생명의 등가원칙과 가륵단군의 가르침인 開物平等의 만물역할평등론은 인간의 현실생활과 별관계가 없는 공허한 주제가 아니라 땀방울 흘리며 허리 굽혀 부지런히 일함으로써 유형무형의 가치를 생산하고 창조하는 農者로서의 인간이 반드시 터득해야 할 생활의 지혜다.

동서고금의 철학종교사상을 통틀어 만물역활평등론의 開物平等을 중요한 주제로 다룬 사상체계는 단군철학이 유일하다.

가륵단군의 즉위조서에 나와 있는 成己, 自由, 開物平等의 순서로 연결된 철학사상을 만인이 수긍하는 공인된 진리로 세워 국가와 국민이 지향해야 할 궁극적 목표로 설정한 사람은 나이 9살에 조의선인(皁衣禮人)이 되어 수차례에 걸쳐 대당(對唐)전쟁을 승리로 이끈 고구려의 위대한 영웅 연개소문이었다. 조선왕조 세조 때 불태워 없애버린『조대기』(朝代記)에 다음과 같은 구절이 있다.

蘇文旣得志 行萬法爲公之道 成己 自由 開物平等 三忽爲佺
소문기득지 행만법위공지도 성기 자유 개물평등 삼홀위전

『한단고기』에는 위의 문장이 이렇게 잘못 번역되어 있다.

"연개소문은 드디어 뜻을 얻어 만법을 행하니 대중을 위한 길은 成己, 自由, 開物平等으로 하고 삼홀(三忽)을 전(佺)으로 하였다."

爲公之道를 2글자로 줄이면 公道가 되는데 公道란 만인에 의해 공인된 진리라는 뜻이다.

成己, 自由, 開物平等이 모든 사람이 수긍하고 공인하는 진리라면 다음 4글자 三忽爲佺은 무슨 뜻인가?

忽은 잊어버릴홀자로 잊어버릴망(忘)과 뜻이 같고 佺은 신선이름전(仙人)이다. 따라서 三忽爲佺을 직역하면 3가지 혹은 3번 잊어버림으로서 신선이 된다는 뜻인데 앞 문장의 爲公之道 成己 自由 開物平等과 뜻이 전혀 연결되지 않아 三忽爲佺이 무슨 뜻인지 모르는 번역자는 한문에 국문음만 붙여 三忽을 佺으로 하였다로 옮김으로써 해석을 스스로 포기해버린 것같다. 3가지 잊어버림의 三忽은 각각 앞에 나오는 成己, 自由, 開物平等과 연결되어 있다.

다시 말해 성기의 내용에 1번 잊음의 一忽이 따르고 자유의 내용에 2번째 잊음인 二忽이 따르고 개물평등의 내용에 3번째 잊음인 三忽이 따른다. 成己는 앞에서 말한 대로 육아적(肉我的) 내가 아닌 신인합일의 신아적 진짜 나(眞我)를 성취했다는 뜻이다. 내가 하나님의 一心을 구유한 바와 같이 다른 사람들 역시 그러하므로 나와 나 이외의 사람들은 모두 동일 존재다. 고로 인식론적인 관점에서 말하자면 내가 변하여 네가 되었는지 네가 변하여 내가 되었는지 둘 다 잊어버린 여아양망(汝我兩忘)의 엑스타시(ecstasy: 내가 나임을 잊어버린 탈아의 황홀경)가 첫 번째 잊음인 一忽이다.

2번째 잊음인 二忽은 자유와 연관되어 있다. 여기서의 자유는 앞서 말한 바와 같이 감옥의 구속으로부터 해방된 신체적 자유나, 설악산을 갈까 제주도를 갈까? 비빔밥을 먹을까 냉면을 먹을까? 식의 육체의 요구에 상응하는 선택적 자유가 아닌 一心(영혼)의 자유다.

하나님의 一心과 그로부터 분유된 나의 一心은 一而二 즉 나와 하나님의 두 존재로 현상(現象)되지만 二而一 결국 두 존재에 거주하고 있는 一心은 同心이므로 하나님과 나는 둘이 아닌 하나다. 고로 하나님의 一心이 향수(享受), 만끽(滿喫), 열락(悅樂)하는 자유가 선(禮)의 상즉상입(相卽相入)을 통해 나의 一心이 향수, 만끽, 열락하는 자유인지? 나의 一心이 향수, 만끽, 열락하는 자유가 나와 동일자인 하나님의 一心이 향수 만끽 열락하는 자유인지?

一者가 나누어 二者가 되었는지? 二者가 만나서 一者가 되었는지 둘 다 잊어버린 一而二 二而一 兩忘이 2번째 잊음인 二忽이다.

3번째 잊음인 三忽은 開物平等과 연관 된 잊음(忽)이다. 예의 배추농사에서 보듯 토양 박테리아와 잡초와 지렁이가 수행하는 역할은 농부가 수행하는 역할과 절대평등하다. 얼음과 파도가 물의 변형된 모습이듯이 하나님의 o 이 현현된 다양한 존재 양식인 토양 박테리아, 잡초, 지렁이를 나의 상입상즉적(相入相卽的)존재, 즉 모습이 다르게 나타난 절대적 자아로 인식하는 방법이다.

따라서 잡초가 변해서 내가 되었는지 내가 변해서 잡초가 되었는지 둘 다 잊어버린 초아양망(草我兩忘), 지렁이가 변해서 내가 되었는지 내가 변해서 지렁이가 되었는지 둘 다 잊어버린 토룡아양망(土龍我兩忘), 내가 만물인지 만물이 나인지 둘 다 잊어버린 물아양망(物我兩忘)의 잊음이 3번째 잊음(忽)이다.

三忽이 무슨 뜻인지 밝혔으니 이제 마지막 문장 三忽爲佺의 佺이 무슨 뜻인지 해명해보자. 한문사전은 佺을 仙과 같은 뜻의 신선(神仙)으로 풀이하고 있다.

이어 한문사전은 속세를 떠나 깊은 산속에 살면서 도를 닦아 늙지도 죽지도 않는 불로불사자(不老不死者) 혹은 불로불사(不老不死)의 술(術)을 얻은 자로 신선을 정의(定義)하고 있다. 하지만 도교(道教)의 영향을 받았음이 현저하게 드러난 이런 류의 해석은 전혀 진실이 아니다.

만약 신선이 不老不死者라면 이는 생자필멸(生者必滅)의 법칙에 위배되며, 不老不死의 술(術)을 획득한자가 신선이라면 이는 유사이래 불로불사의 기술이나 치료술을 습득한 의사가 한 명도 없다는 점으로 미루어 완전한 허위임이 증명된다.

서량지교수 등 소수를 제외한 대다수의 지나인들은 한문을 동이인의 창제(創制)가 아닌 지나인 고유의 문자로 알고 있으나 佺과 仙의 정확한 의미가 무엇인지 조차도 모르고 있다. 한양조선 세조시절 금서(禁書)로 지목되어 불태워 없애버린 『대변경』(大辨經)에 다음과 같은 구절이 있다.

大辨經曰神市氏以佺修戒教人祭天所謂佺從人之所自全能通性以成眞也
대변경왈신시씨이전수계교인제천소위전종인지소자전능통성이성진야

대변경에 가라사대 신시를 연 한웅은 佺으로 신계(神戒: 하나님이 내린 지켜야할 계율)를 삼아 이를 닦아 사람들을 가르치고 하나님을 제천(祭天)하니 소위 사람들이 믿고 따르는바 佺이란 스스로 능력을 다하여 하나님의 성품인 신성에 감통하여 참나(眞我)를 이루는 것이다

青邱氏以仙設法教人管境所謂仙從人之所自山也能知命以廣善也
청구씨이선설법교인관경소위선종인지소자산야능지명이광선야

청구국을 연 치우천황께서는 仙으로 법을 삼아 사람들을 가르치고 나라의 경역을 관리하니 이른바 사람들이 믿고 따르는 仙의 정신이란 자기를 山으로 여겨 산에 사는 어떤 생명도 살상치 않음으로서 善을 베풀고 넓히는 것이다

朝鮮氏以佺建王教人責禍所謂佺從人之所自宗能保精以濟美也
조선씨이종건왕교인책화소위종종인지소자종능보정이제미야

조선을 개국한 한검단군께서는 佺으로 天地人 三才合一의 진리를 깨달은 왕자(王者)가 되어 사람들을 가르치고 화(禍)를 공동으로 책임지게 하니 이른바 사람들이 믿고 따르는 佺의 정신이란 하나님으로부터 받은 性命精 三眞 中 정기를 잘 보존하여 육체와 정신의 조화 위에 아름다움을 이룩하는 것이다

故佺者虛焉而本乎 天仙者明焉而本乎 地倧者健焉而本乎 人也
고전자허언이본호 천선자명언이본호 지종자건언이본호 인야

그러므로 佺은 눈으로 볼 수 없는 형체 없는 영혼(혹은 一心)이니 하나님의 o 이 강림하여 인간의 영혼이 되었으므로 佺의 근본은 하나님에게 있으며 仙은 눈으로 밝게 볼 수 있는 중생의 목숨이니 중생의 목숨이 살아가는 水土의 땅에 근본을 두며 倧은 天地人 三才合一의 진리를 깨달은 王者인 건실한 인간에 그 근본을 둔다

『대변경』에 나온 위의 기사는 무엇보다 佺, 仙, 倧 이 이 세상에 출현하게 된 연원과 유래를 말해주고 있다.

佺은 신시개천의 주역이었던 한웅천황께서 5906년 전 (B.C. 3998) 처음으로 사용하신 문자이고 仙은 청구국(지금의 산동성 일대에 위치)의 개국자였던 치우천황께서 4714년 전 (B.C. 2707)에 처음으로 사용하신 문자이며 倧은 아사달 조선을 개국한 한검단군께서 4340년 전(B.C. 2333)에 처음으로 사용하신 문자로 결코 지나인이 만들어서 유포시킨 문자가 아니다. 佺은 사람人과 온전全의 합성어다. 우주에 완전한 존재는 우주 만물을 창조하신 하나님 한 분 밖에 없으므로 佺은 사람이 곧 하나님이라는 뜻이다.

모든 사람의육신안에 거주하는 一心은 친히 강림하신 하나님의 유일 天心인 고로 내가 변하여 하나님이 되었는지 하나님이 변하여 내가 되었는지 둘 다 잊어버린 신아양망(神我兩忘)의 황홀경이 곧 伩이다.

仙은 사람人과 뫼山의 합성어다. 나에게 하나님의 一心이 강림해 있는 것과 마찬가지로 산신령님과 산에 사는 온갖 종류의 동식물에게도 똑같은 하나님의 一心이 강림해있으므로 山이 바로 나이고 내가 바로 山이다. 고로 내가 변하여 山이 되었는지 山이 변하여 내가 되었는지 둘 다 잊어버린 산아양망(山我兩忘)의 황홀경이 곧 仙이다.

한양조선 시절 정수동이라는 기인이 경주에 살고 있었다. 어느 날 만삭의 아내가 갑자기 복통을 일으키며 해산기미를 보이자 다급한 정수동이 한약방에 약을 지으러 가다가 우연히 친한 친구를 만났다. "나는 여차여차한 사정으로 약방에 약 지으러 가네만 도대체 자넨 어딜 가는가?"

정수동이 묻자 친구 왈 "난 지금 금강산 구경 가는 중일세." 이 말을 들은 정수동이 다짜고짜 말하기를 "나 역시 금강산구경이 평생소원인데 이 기회를 놓치면 언제 금강산을 찾겠는가? 나도 자네와 동행하겠네." 마누라 해산이고 약이고를 다 잊어버린 정수동은 이렇게 친구와 의기투합하여 금강산으로 잠적해 버렸다. 얼마의 세월이 흘렀는지 모른다. 금강산 구경을 다 마친 정수동이 마침내 귀가하여 자기집 사립문을 열고 안으로 들어서자 동자 한 명이 불이나케 달려나오며 이렇게 말했다.

"아버지 어데 갔다 인제오십니까?"

머쓱해진 정수동이 "네 나이 올해 몇 살이냐?"고 묻자 "만 일곱 살이 되었습니다." 대답하는 것이 아닌가. 아내의 해산도 아이의 태어남도 세월의 흐름도 전혀 몰랐던 정수동은 결국 7년을 금강산에서 보낸 셈이다. 7년에 걸친 정수동의 금강산 선유(仙遊)는 정수동이 변하여 금강산이 되었는지 금강산이 변하여 정수동이 되었는지 둘 다 잊어버린 산아양망(山

我兩忘)의 황홀경 속에서 한순간이 7년이요, 7년이 한순간인 신선놀음에 함몰된 것이다.

"倧은 사람人과 우러러 받들宗(奉也)의 합성어다. 따라서 倧은 사람들이 우러러 받드는, 진리나 도덕, 원칙 등이므로 倧이 곧 儒며 한검단군의 가르침인 倧教가 곧 儒教가 된 까닭이다. 儒는 사람人과 먹을需의 합성어다. 사람들에게 가장 중요한 먹을거리는 쌀(米)이다. 쌀은 자기 자신을 죽여 사람들에게 봉사함으로서 위대한 사랑을 실천하고 성취하나니-이것이 소위 말하는 유교의 살신성인(殺身成仁) 정신이다. 그러므로 내가 변하여 쌀이 되었는지 쌀이 변하여 내가 되었는지 둘 다 잊어버린 미아양망(米我兩忘)의 황홀경이 곧 儒다. 倧教의 궁극적 목표는 참나를 이루는 成眞이고 仙教의 궁극적 목표는 뭇 생물의 생명을 살상하지 않고 존중하고 보호함으로써 착함을 넓히는 廣善이며 倧教의 궁극적 목표는 허리 굽혀 땀방울 흘리며 부지런히 일하는 農자의 정신과 두루 중생을 이롭게 하는 弘益을 위해 나를 죽이는 殺身成仁의 정신으로 아름다운 세계를 실현함에 있다.

이제까지의 설명을 바탕으로 『조대기』(朝代記)에 나와 있는

"蘇文旣得志 行萬法爲公之道 成己自由 開物平等 三忽爲倧"을 풀이하면 다음과 같은 내용이 된다.

"연개소문은 마침내 뜻을 얻어 온갖 법령을 시행하고 가륵단군의 즉위조서에 나오는 홍익인간의 핵심사상인 성기, 자유, 개물평등을 모든 사람이 수긍하는 공인된 진리로 받들었다. 成己, 自由, 開物平等에는 각각 탈아(脫我)의 황홀경에 몰입한 상태 속에서 3가지 잊음(三忽)이 따르는 바. 成己에 따른 잊음은 나의 육신 속에 거주하고 있는 一心(혹은 O)은 친히 강림하신 하나님의 惟一天心이고 모든 사람이 그러한지라 네가 변하여 내가 되었는지 내가 변하여 네가 되었는지 둘 다 잊어버린 汝我兩忘

의 잊음이고, 자유에 따른 잊음은 때와 장소를 가리지 않고 무내(無內)의 미생물로부터 무외(無外)의 천체에 이르기까지 우주 시공 연속체에 편만(遍滿)한 모든 존재에게 자유자재로 왕래하는 하나님(一妙衍萬往萬來)의 一心이 향수, 만끽, 열락하는 자유가 하나님만의 자유인지? 하나님과 동일 존재인 내가 누리는 자유인지? 일자(一者: 하나님)가 나누어 이자(二者: 하나님과 나)가 되었는지? 二者가 회동하여 一者가 되었는지? 둘 다 잊어버린 一而二 二而一 兩忘의 잊음이며 開物平等에 따른 잊음이란 농부인 내가 변하여 지렁이, 잡초, 토양 박테리아가 되었는지? 지렁이, 잡초, 토양 박테리아가 변하여 농부인 내가 되었는지? 탈아의 황홀경 속에서 둘 다 잊어버린 物我兩忘의 잊음이다.

그러므로 成己, 自由, 開物平等의 대의(大義)와 그것에 따르는 세 가지 잊음인 삼홀(三忽)의 구체적 내용이 무엇인지를 알고 실천해야만 비로서 참 나(眞我)를 이루어 사람이 곧 하나님인 倧敎의 홍익인간이 될 수 있다."

오늘날 소위 말하는 문명위기론은 농업위기론에서 시발한다. 2차 산업인 제조업과 3차 서비스산업이 아무리 발달해도 1차산업인 농업이 무너지면 문명은 와해된다. 천년 후에도 캄퓨터나 가솔린을 연료로 사용하는 교통수단이 존재할지 여부는 미지수이지만 천년이 지나고 만년이 지나더라도 인간의 신체구조가 변할 리 없고 또한 사는 날까지 건강한 신체를 유지하기 위해 매일 일정한 양의 영양분을 반드시 섭취해야 한다는 점에 있어 농업은 가히 영원한 산업이라 말할 수 있다.

세계농업의 척도인 최선진 미국 농업을 대표적 케이스로 설정하여 잠간 조명해보자.

산업혁명 이전의 영농 방법과 현대영농방법의 근본적 차이점은 소나 말을 이용해 농부가 밭을 가는 전통적 방식 대신 현대농업은 기계가 밭을 갈고 기계가 수확물을 거두어들여 기계가 탈곡한다. 기계를 움직이는 동력은 석유이고 비료도 퇴비가 아닌 석유화학제품이기 때문에 결국 농사의 주체는 농부도 기계도 아닌 석유이다. 석유회사만 돈벌고 대규모 기계농만 살아남은 결과 영세농민은 대도시로 흘러들어 도시 빈민층을 형성하게 되어 골치 아픈 사회적 문제로 대두된 지 이미 오래다.

옛날 농민들은 주로 윤작(輪作)을 했다. 원활한 생태적 순환을 위해 해마다 단일종이 아닌 다른 작물을 교대로 재배함으로서 토양의 균형을 유지했고 윤작으로 인해 특정작물을 선호했던 곤충들이 사라지게 됨으로 병충해를 예방할 수 있었으며 농약의 필요성을 느끼지 못하였다.

윤작의 지혜를 무시한 오늘의 영농방법은 시장에서 높은 가격을 받을 수 있는 단일종(예: 아스파라가스, 선인장, 겨울철 수박 등)을 계속 재배함으로써 토양의 균형을 파괴시키고 농약에 갈수록 면역성이 강한 대규모 병충해를 유발시킨다.

석유화학비료와 석유화학농약의 과다 사용은 토양의 평형을 파괴하여 질소 고정에 참여하는 토양 박테리아를 죽이며 유기물(지렁이, 지네, 말미잘 등)의 양을 감소시키고 토양의 수분 보존력을 저하시켜 토양을 물기 없는 딱딱한 덩어리로 만들어 경작불능의 사토(死土)를 증가시킨다.

세계 최대 농업국인 미국의 폐경지(廢耕地)는 날로 증가 추세에 있다. 한편 작물이 흡수 할 수 없는 석유화학비료는 지하수와 강과 호수로 스며들어 수질을 오염시킨다.

결국 단일 작물재배와 화학비료 과다사용은 생태계의 평형을 파괴하여 병충해를 증가시키고 병충해가 극성을 부릴 수록 농부는 더 독한 농약을 살포하는 악순환이 계속된다. 오늘날 식탁에 오르는 식품의 대부분이 심하게 오염되어있으며 심지어 오염된 식품을 먹은 젊은 여인들의 모유까지 오염시켜 젖먹이 유아들의 건강을 위협하고 있다. 오늘날 안심하고 먹을 수 있는 청정식품은 지구 어느 곳에서도 쉽게 발견할 수 없다. 브라질, 중국, 호주 등 대규모 농경지를 보유한 국가들은 미국식 영농방법을 그대로 쏙 빼어 닮은 복사판으로서 주곡인 쌀마저 자급자족할 수 없는 한국 같은 작은 나라 소비자에 있어 농약 덩어리인 중국산 농산물은 말 그대로 공포의 대상이며 재앙 그 자체이다. 그렇다고 국산 농축산물이 깨끗하냐하면 그런것도 아니다.

오염된 미국산 사료를 먹고 자란 국산, 가축의 육류나, 가금류식품, 비수기 과일과, 비닐하우스에서 출하되는 각종 채소와 열대과일도 모두석유를 먹고 자란 식품들이다. 기계농의 대안으로 전통적인 유기물 농업이 각 지역에서 늘어나고 있는 추세는 매우 바람직한 현상이지만 자본 집중적이고 에네지 집중적인 거대 농축산물 회사에 대항하기에는 아직 역부족이다. 미국의 대규모 기계농업은 밀, 옥수수, soy-sauce-bean(간장, 된장, 식용유 페인트의 원료로 사용되는 콩)의 3대 작물로 세계 식량 시장과 사료 시장을 지배하고 있다. 식량과 가축들이 먹는 사료(주로 옥수수)는 국제정치 무대에서 전략 무기화된 지 이미 오래다.

1970년대 초 중동의 산유국들이 카르텔을 형성하여 석유의 전략무기화를 선언하자. 당시 미국무장관이던 키신저는 미국산 식량과 사료의 전략무기화 선언으로 맞불작전을 놓아 이에 대응 했다. 식량과 사료의 전략무기화 선언에 편승하여 카길(Carghil)같은 초거대 농산물회사는 마치 군사작전을 수행하듯 기상위성을 통해 러시아, 중국 등 거대 식량소비국가의 작황을 수시로 관찰하고 예측하여 생산량과 공급량을 조절함으로 인해 국제식량사료시장에서 미국이 누리는 독과점적 지위는 당분간 계속될 것 같다.하지만 문자 그대로 당분간에 불과하다. 앞으로 30년 이내 기계농업을 지탱해주는 원동력인 사용가능한 석유자원이 고갈된다는 진실은 미국의 독과점적 지위뿐만 아니라 범세계적으로 만연하고 있는 기계농업의 철저한 몰락을 수반하기 때문이다. 이제 시간은 얼마 남지 않았다.

따라서 소 잃고 외양간 고치는 인간 특유의 어리석음을 범하지 않으려면 사람들의 사고방식이 변해야 됨은 물론 이거니와 특히 인간생물이 지구에 사는 여타 다른 생물들과 어떠한 관계이며 나아가 어떠한 관계로 정립되는 것이 바람직 한가?에 대한 근본적 성찰이 요구된다. 무엇보다 예수께서 가짜문서로 지목한 모세 5경 중 창세기 1장 27, 30절에 근거하여 뭇 생물의 지배자와 소유주로서 여호와에 의해 선언된 인간의 지위를 폐기처분해야만 한다.

르네상스는 부루크하르트의 말처럼 '신인간의 발견'으로 정의된다. 르네상스적 의미의 신인간은 신정주의(神政主義, theocentrism)의 굴레에서 해방된 인간을 신대신 역사의 주체로 설정한다. 간단히 말해 인간이 아닌 신을 역사 진행의 주체적 운영자로 보는 사람은 구인간, 신정주의 대신 인본주의를 주장하는 사람이 신인간의 개념적 정의다.

하지만 르네상스는 인류 역사와 인류 문화에 있어서 인간의 지위가 무엇인가를 규명하는데는 크게 성공했으나, 뭇 생물이 살고 있는 자연계에 있어서 인간의 지위가 무엇인지를 해명하려는 노력은 전혀 하지 않은 체 『창세기』 1장 27~30절에 나오는 자연계의 지배권을 가진 소유주로서 인간의 독점적 지위를 그대로 계승하고 있다.

르네상스예술의 최고 걸작으로 회자되는 레오나르드다빈치의 모나리자상을 보라. 모나리자 뒤에 산과 시냇물이 희미하게 그려져 있지만 그림의 주제는 어디까지나 화면의 대부분을 차지하고 있는 모나리자의 큰 얼굴과 그녀의 입가에서 미풍에 가랑잎 흔들리듯 잔잔하게 퍼져나오는 이상야릇한 미소이다. 비단 모나리자뿐만 아니라 르네상스를 대표하는 예술품 중 그 어느 장르도 인간과 자연의 합일을 바탕으로 한 선도풍(仙

道風)의 작품은 없으며 자연계를 인간의 편의를 위한 부속품으로 취급하고 자연계에 군림하는 존재로서 인간의 위상만 크게 강조할 뿐이다.

그러므로 농업위기론을 토대로한 문명위기론은 잘못된 기독교 신학으로부터 출발하여 르네상스와 기계론적 세계관을 거쳐 진화론의 적자생존 법칙에 이르기까지 다른 생물과 공존하는 동반자로서의 인간생물의 지위대신, 만물의 지배자, 만물의 영장, 자연 생태계의 독점적 소유주로서의 인간생물의 지위를 잘못 정립한데서 빚어진 자업자득이요, 자승자박이다.

위기를 새로운 기회로 전환시킬 수 있는 방법은 오직 하나 밖에 없다. 그것은 인간과 여타 생물과의 관계를 수직적 먹이사슬 구조로 파악하여 만물의 지배자로서 잘못 정립된 인간의 위치를 아주 낮은 단계로 스스로 강등시켜 잡초와 인간, 인간과 지렁이와의 관계까지도 수평적 동반자관계로 재정립하는 수 밖에 없다.

그렇게 되려면 세계는 인간을 위하여 창조되었고 인간의 행복을 위해 세계는 오늘도 존재하고 내일도 존재할 것이라는 오만불손한 인간중심적 세계관을 결연히 버려야 한다. 그리하여 겉모습의 상이성과 수명의 길고 짧음을 초극하여 모든 생명의 가치가 동일가임을 설법하신 한검단군의 克愛物정신과 인간사회의 기초산업인 농업에 있어 토양 박테리아와 잡초와 지렁이가 각각 수행하는 역할이 농부의 역할과 절대평등하기 때문에 사자 모두를 훌륭한 농자로 보는 가륵단군의 開物平等 철학을 겸허히 수용할 줄 아는 홍익인간으로 거듭 태어나야만 한다.

특정한 생물을 편애하지 않는 天地不仁의 천신님이고 지신님이신데 천신님과 지신님의 대리자인 인간으로서 어찌 유아독존의 망상에 빠져 개물평등, 물아양망의 홍익인간 정신을 폐기할 수 있겠는가?

〈제1권 끝〉